JN280847

三重県の行政システムはどう変化したか

――三重県の行政システム改革(一九九五年～二〇〇二年)の実証分析――

吉村裕之 [著]

三重中京大学地域社会研究所叢書 7

和泉書院

まえがき

　本書は、私が三重県庁に勤務するなかで生じた関心に基づき、行政システム改革による行政システムの変化について行政学と隣接の諸学に関連付けて論じることを目的としている。この関心とは、「地方政府の行政システムはなぜ変化するのか」、そして、「今日の地方政府の行政システムは行政改革によってどのような方向へ変化するのか」である。

　このことに関心を持ったのは、地方分権型行政システムとは何かという疑問からである。地方分権への流れは、地方政府の中央政府からの自律的な政策形成や意思決定の可能性が高まる一方で、地方政府に政治・行政システムのあり方や能力を問うであろう。さらに、今日の財政危機の下では、地方政府もより小さなコストで地域の住民の生活を支えるという課題に取り組むことが求められるであろう。この意味で、地方分権化により権限が増えつつも財源が減少することで、地方政府は、いかなる資源をどの公共サービスにどこまで振り向けるべきかをもう一度自らの「行政運営」を再考せざるを得ないのではなかろうか。ここで問われていることは、地方政府の行政システムが新たな環境条件に適合していくためには、具体的にどのような行政システムが有効であるかである。つまり、1990年代後半からの行政改革の行く先は、地方政府の存在価値に関する本質的な問いかけにほかならないと思われる。

　本書はこのような疑問に答える実証的研究である。本書の研究対象は、三重県の行政システム改革による行政システムの変化である。また、研究対象とする行政システム改革の期間は、県職員の意識改革である「さわやか運動」の取組が始まった1995年から2002年までの約7年間である。ただ、2002年においても、行政システムの重要な構成要素の1つである人事管理制度が改革途上であるため、行政システム改革はこの時点では未完である。このことから、内容的には、さらなる研究対象期間が必要であると思われる。しかし、この研究対象期間の限定は、行政システム改革により、行政システムを構成する諸制度

の多くがほぼ改革されていること、また2002年度には、三重県がこれまでの行政システム改革の取組の集大成として「政策推進システム」と「行政経営品質向上活動」を2大戦略とする新たな行政システムへの転換がはかられるとしたこと、さらに強いリーダーシップにより行政システム改革を推進してきた北川三重県知事の2002年末における3期目知事選（2003年4月）不出馬宣言を契機によってもたらされたものである。また、この期間限定は、行政システム改革大綱「平成10年度　行政システム改革」及び総合計画「三重のくにづくり宣言」の策定年度であった1997年度を事実上の起点として始めた私の研究に一区切りをつけるものである。

　本書の問題認識と分析のための理論的枠組みについての考え方についての詳細は、別に第1章で記述したので、ここでは本書の特徴と構成について簡単に述べておきたい。

① 本書は、一貫して三重県の行政システム改革上の素材を取り扱うが、このことは、行政システム改革の変遷を描くことを目指すものではない。本書は、あくまでも個々の制度の変化とその制度間の諸関係の変化からみた地方政府の行政システムの変化に関する研究論文であって、素材はこの意味で考察されることになる。

② 本書は、行政システムの中核的行政活動が情報処理活動であるという観点から、行政システムの変化を理解する。このことは、行政システムの行政活動は組織によって担われるが、組織は、人材・財源を利用して活動するにあたって、まず、活動に必要な情報を収集・分析した上で、活動に関する意思決定（情報処理）を権限に基づき行わなければならないという観点である。この場合、人材・財源といった行政活動資源や組織は、情報処理のためのインフラストラクチャーの機能を果たすことになる。しかし、このことは、行政活動において、行政活動資源のうちの権限の配分方法や情報資源の処理方法が人材や財源といった他の行政活動資源の管理方法や組織編成を一方的に規定するという関係にあることを意味するものではない。すなわち、行政システムの行政活動には、権限に基づき意思決定（情報処理）した内容を実現できる能力のあるインフラストラクチャーが必要である一方で、インフラス

トラクチャーを十分に活用できる能力のある情報処理（意思決定）方法が必要であるという相互規定的な関係にあることを意味するのである。このように、行政システムのサブシステムである情報処理システム、情報処理権限の配分制度、財源管理制度（予算編成制度）、人事管理制度、職員定員管理制度、組織編成制度などの諸制度がお互いに適合し、有機的に関連していなければ、行政システムの行政活動が有効的・効率的とはならないと考えられる。以上のような観点から、本書では、権限配分方法の変化と情報処理（意思決定）方法の変化及びその変化に対応した人材・財源といった行政活動資源の管理方法の変化と組織編成の変化を実証的に研究することにより、地方政府の行政システムの変化が明らかにされることになる。

③　以上のように、本書では、システムは構成要素（サブシステム）が有機的に結びついて相互作用しあい、より大きな全体として統合されたものであるというシステム論的な観点から、行政システムのサブシステムである「制度」に注目する。また、「三重県の行政システム改革の目標が行政の役割をサービスという観点から見直し、生活者を起点とする行政運営を基本目標に展開することにより、地方分権時代にふさわしい県政の確立をする」（三重県行政改革推進本部　1996 年）ということから、三重県の行政システムの改革されるべき中核的要素を「公共サービスの提供」とその際行われる「意思決定」の在り方及びそれらにかかわる行政活動と考え、その諸側面やそれに影響を与える諸要因を主に注目する。そして、この分析にあたって、本書では、「地方政府の行政システムはなぜ変化するのか」「今日の地方政府の行政システムは行政改革によってどのような方向へ変化するのか」という疑問を行政学や経済学の分析用具を使って論理的な整理が試みられることになる。

これまで、三重県の行政システム改革に関する主な研究論文は、全国の地方政府や学界から注目を集めた「事務事業評価システム」をはじめとする個々の制度に関係するものがほとんどであり、「行政システムを構成する個々の諸制度の変化がトータルとしての行政システムをどのように変化させたか」を研究することはほとんど行われていない。ただ、三重県から『行政システム改革 8 年間の軌跡』として、すべての改革項目をほぼ網羅した実証分析結果が公表さ

れている。しかし、『行政システム改革 8 年間の軌跡』も、個々の改革されたシステムについて一体的・相互補完的には議論されていない。このことから、本書では、三重県の行政システムを構成する個々の制度の変化とその制度間の諸関係から行政システムの変化の実証分析を行う。そして、この実証分析を通して、今日の変化する地方政府の行政システムを分析するための理論的枠組を作ることを試みる。とくに、地方政府の多くが行政改革に取り組んでいる今日、変化した行政システムをトータル的に分析するための理論的枠組の構築は、地方政府にとって必要不可欠な課題といえる。この意味で、このような課題にこたえられる理論的枠組を作ることに、本書の研究の試みが少しでも寄与すれば幸いである。

　本書は、松阪大学審査学位論文（博士）「1990 年代後半における地方政府の行政システムの変化―三重県行政システム改革（1995 年～2002 年）の分析を通して―」を大幅に修正したものである。論文作成にあたっては、多くの方々のお世話になった。とくに、三重県庁で行政の仕事に携わってきた実務者であり、研究活動とはほとんど無縁の世界で生きてきた私に対して、叱咤激励とともに、論文の質を高めるための貴重な指導や助言をしていただいた三重中京大学大学院政策科学研究科の博士論文の主査高橋保幸教授、副査平松正敏教授、前松阪大学大学院政策科学研究科皆川治廣教授（駒澤大学法科大学院教授）、前松阪大学大学院政策科学研究科吉田民雄教授（東海大学政治経済学部教授）の諸先生には感謝の言葉を言い尽くせない。また、本書の出版に関して、三重中京大学地域社会研究所の伊藤力行所長（三重中京大学大学院政策科学研究科教授）、菊池理夫三重中京大学大学院政策科学研究科長（三重中京大学大学院政策科学研究科教授）には大変ご尽力いただいたことに心から感謝の意を表したい。さらに、論文作成において、情報提供、助言をしていただいた三重県庁職員の方々に、この場を借りてお礼申し上げたい。

　2006 年 2 月

　　　　　　　　　　　　　　　　　　　　　　　　吉　村　裕　之

目　　次

まえがき

第1章　行政システム改革の分析枠組 ……………………………… 1

第1節　行政システム改革に対する問題認識 ……………………………… 1
第2節　地方政府とは何か ……………………………………………………… 5
　1．地方政府に対するシステム的見方 ……………………………………… 5
　2．情報処理システムとしての行政組織 …………………………………… 7
　3．地方政府の存在価値 ……………………………………………………… 8
第3節　分析枠組みとしての新しい公共管理（NPM：New Public
　　　　Management）及びガバナンス …………………………………… 12
　1．新しい公共管理 ………………………………………………………… 12
　2．NPM の新たな段階 …………………………………………………… 15
　3．ガバナンス ……………………………………………………………… 16
第4節　分析枠組みとしての比較制度分析 ………………………………… 19
　1．NPM と比較制度分析 ………………………………………………… 19
　2．組織活動と情報処理 …………………………………………………… 20
第5節　新しい行政運営システムモデル …………………………………… 38

第2章　三重県の行政システム改革と環境の変化 ……………… 49

第1節　外部環境の変化の要因と行政システム改革 ……………………… 50
　1．社会階層構成の変動 …………………………………………………… 50
　2．地方分権化の流れ ……………………………………………………… 61
　3．中央政府の行政改革の動向と「地方行政改革」の推進 …………… 64
　4．グローバル化の進展と 1990 年代における日本企業の構造改革
　　　の取組 …………………………………………………………………… 69

5．行政分野における民間セクターの台頭………………………… 75
　第2節　内部環境の変化の要因と行政システム改革……………………… 77
　　1．財政危機の進行………………………………………………………… 77
　　2．行政責任の追及………………………………………………………… 78
　　3．1995年県知事選挙における政治変動 ……………………………… 79
　第3節　現代マスメディアによる世論形成………………………………… 80

第3章　中央集権型システム下の行政改革（田川県政下の行政改革）
　……………………………………………………………………………… 85

　第1節　1985年度の行政改革 ……………………………………………… 86
　第2節　1985年度行政改革の主な実績 …………………………………… 89
　第3節　田川県政の行政改革と開発主義的な県政運営の強化…………… 94
　第4節　1995年度の組織機構改革 ………………………………………… 96
　第5節　総合計画と行政運営の関係からみた中央集権型システム下の
　　　　　行政運営の特徴……………………………………………………… 101

第4章　地方分権型行政システム構築に向けた行政改革
　　　　　（北川県政下の行政システム改革）………………………… 109

　第1節　北川県政と行政システム改革……………………………………… 109
　　1．行政システム改革の始点……………………………………………… 109
　　2．行政システム改革の推進体制………………………………………… 111
　　3．行政システム改革の取組局面の3区分……………………………… 113
　　4．行政システム改革とNPM …………………………………………… 116
　第2節　行政システム改革の第1局面（成果主義に向けた県職員の意識改革）
　　……………………………………………………………………………… 121
　　1．さわやか運動の取組…………………………………………………… 121
　　2．事務事業評価システムの導入………………………………………… 125
　　3．事務事業評価システムと県職員の自己制御………………………… 127
　第3節　行政システム改革の第2局面

　　　　　（目標管理型行政運営システムの構築に向けた取組）………… 131
　　1．「行政システム改革大綱」の策定 ………………………………… 131
　　2．「行政システム改革大綱」における課題認識 …………………… 132
第4節　「行政システム改革大綱」による行政システム改革の取組内容
　　　　　……………………………………………………………………… 134
　　1．市場（競争）原理の導入による改革 …………………………… 134
　　2．顧客主義による改革……………………………………………… 137
　　3．業績・成果によるコントロール（成果主義の管理）手法導入によ
　　　　る改革……………………………………………………………… 138
　　4．行政運営における企画管理部門の集権化・執行部門の分権化
　　　　（裁量権の拡大）と両部門の分離などの組織改革（ヒエラルキー
　　　　の簡素化）………………………………………………………… 142
　　5．総合計画による行政運営のコントロール強化………………… 149
第5節　行政システム改革の第3局面
　　　　　（目標管理型行政運営システムへの転換）……………………… 153
　　1．「政策推進システム」及び「行政経営品質向上活動」と行政
　　　　システム改革……………………………………………………… 153
　　2．「率先実行」取組（ボトムアップ型行政システム改革への転換）… 155
　　3．政策推進システムの構築（目標管理型行政運営システムと住民
　　　　参加型行政運営システムの構築）……………………………… 157
　　4．「新しい総合計画」と政策推進システム ……………………… 159
　　5．みえ政策評価システムと政策推進システム…………………… 159
　　6．行政活動資源配分システムと政策推進システム……………… 163
　　7．組織機構改革と政策推進システム……………………………… 165
　　8．県民参画システムと政策推進システム………………………… 169
　　9．県職員の自己制御システムの精緻化と政策推進システム……… 170
　　10．新しい「率先実行」取組（目標管理型行政運営システムの強化）… 173
　　11．行政経営品質向上活動（顧客主義の行政運営システム改善活動）… 176
第6節　1980年代の行政改革と1990年代後半の行政システム改革との

連続と断絶……………………………………………………… 182
1．田川県政の行政改革と北川県政の行政システム改革の特徴の
比較…………………………………………………………… 182
2．行政組織機構・職員定員数の変動比較（1980年代後半〜1990年代）
……………………………………………………………… 188

第5章　行政システム改革と地方政府の存在価値の実現………… 209

第1節　行政システム改革と地方政府の存在価値……………… 209
1．行政システム改革の「存在価値」に対する認識…………… 209
2．行政システム改革と「存在価値」の実現に向けた取組…… 210
3．目標管理型行政運営システムと「存在価値」の実現……… 214
第2節　行政システム改革と「民主制」の確立・推進…………… 218
1．地域社会・経済環境からの民主統制の強化………………… 218
2．住民参加と県民等との政策合意形成………………………… 220
3．地方議会からの民主統制の強化……………………………… 221
4．三重県議会からの民主統制の強化と執行機関の対応……… 222
第3節　行政システム改革と「効率」の向上……………………… 225
1．三重県の行政組織における情報処理方法の変化…………… 225
2．行政活動資源管理権限配分の変化と双対原理……………… 263

第6章　未完の人事管理制度改革とインセンティブ問題………… 285

第1節　行政システム改革と人事管理制度改革………………… 285
第2節　三重県の人事異動制度…………………………………… 287
1．人事異動制度と給料等級の昇格メカニズム………………… 287
2．採用試験区分と昇任メカニズム……………………………… 290
3．部長級職と人事異動制度……………………………………… 298
4．人事異動制度における非公式な昇任メカニズム…………… 300
5．三重県の昇任年齢と昇任メカニズムの特徴………………… 304
6．公式の昇任メカニズムの限界とインセンティブ問題の発生…… 307

第3節　三重県の給与制度……………………………………… 315
　1．給与制度……………………………………………………… 315
　2．給料等級の昇格とインセンティブ………………………… 318
　3．給与制度に対する県職員の意識…………………………… 324
第4節　三重県の人材育成制度………………………………… 326
　1．OJTと人事異動 …………………………………………… 326
　2．OJTと中間管理職の役割 ………………………………… 328
　3．OJTと2002年度の組織機構改革 ………………………… 330
第5節　業績評価と勤務評価制度の導入……………………… 331
　1．従来の勤務評価制度と限界………………………………… 331
　2．勤務評価制度導入と人事管理制度改革…………………… 332
　3．三重県の勤務評価制度の内容……………………………… 333
　4．「定期勤務評定」の目標設定と業績管理 ………………… 337
　5．「定期勤務評価」の運用…………………………………… 340
　6．勤務評価制度と「新率先実行取組」「行政経営品質向上活動」…… 341
第6節　三重県の成果主義的人事管理制度改革計画案……… 344
　1．人事管理制度改革計画案の主な特徴……………………… 344
　2．人事管理制度改革における留意点………………………… 357

第7章　結びにかえて―三重県の新しい行政システムと行政
　　　　システム改革の今後の課題― ……………………… 363

第1節　新しい行政システム…………………………………… 364
　1．目標管理型行政運営システムの構築……………………… 364
　2．情報処理形態の変化………………………………………… 365
　3．情報処理形態の変化と組織機構の改編…………………… 367
　4．双対原理と行政活動資源管理制度の変更………………… 368
　5．インセンティブ制度の変更………………………………… 370
　6．インセンティブ制度と新しい行政組織文化の形成……… 371
第2節　行政システム改革に対する県職員の評価と意識の変化……… 374

x　目　次

  1．三重県職員労働組合による第1回（1998年）職員アンケート
   調査結果……………………………………………………………… 374
  2．三重県職員労働組合による第2回（1999年）職員アンケート
   調査結果……………………………………………………………… 377
  3．三重県職員労働組合による第3回（2000年）職員アンケート
   調査結果……………………………………………………………… 378
  4．三重県総務局による県職員に対する「職員満足度アンケート
   2000」調査（2000年）結果 ……………………………………… 380
  5．三重県職員労働組合による「平成14年度組織改正に関する
   アンケート」調査（2002年）結果 ……………………………… 381
  6．三重県総務局による「組織改正にかかるアンケート」調査
   （2002年）結果 …………………………………………………… 382
 第3節　行政システム改革の今後の課題……………………………… 383

引用・参考文献……………………………………………………………… 391

第1章　行政システム改革の分析枠組

第1節　行政システム改革に対する問題認識

　福祉国家は、社会に対して公共サービスを提供し、安定した社会秩序を維持し、また国民経済に対しても統制的・誘導的に公共サービスを提供し、より望ましい社会状態や経済状態を積極的に創出することで国家の正統性を確保していた。しかし、1970年代以降の先進資本主義諸国では、ケインズ主義的な福祉国家体制による社会保障などの社会福祉政策の増大と経済成長促進政策の拡大、さらにはさまざまな社会的問題の改善や解決についても公共政策の役割に大きく期待されたことなどにより、官僚機構の肥大化＝「大きな政府」を招くことになった。

　一方、1980年代以降、世界経済の低迷及び経済のグローバル化にともなう減税など国際的な負の競争拡大による慢性的な赤字財政といった構造的危機により、福祉国家体制を支えてきた所得再配分政策等の機能が困難となった。そのうえ、政府の提供する公共サービスが減少しないばかりか、社会の成熟化にともない国民の行政ニーズが多様化・複雑化していき、従来型の公共サービスの提供体制が機能不全に陥ってしまった。この問題にいかに対処するかが、1980年代以降の先進資本主義諸国の最も重要な課題となったのである。

　このような課題に対応するため、各国において、これまでの福祉国家体制下の行政改革とは異なる新たな行政改革へのアプローチが試みられている。日本においても、1990年代に入り、従来の行政システムが時代遅れのもの、存続不可能なものであるという議論が多くなされている。この議論では、新しい行政システムへの変化は「官から民へ」あるいは「大きな政府から小さな政府

へ」等々の言葉で彩られている。現実には、1990年代後半以降、それまでほとんど使われることがなかった「情報公開」「アカウンタビリティ（説明責任）」「政策評価」「透明性」「住民参加」あるいは「コラボレーション（協働）」という言葉が行政の中で基本的に使われるといったことからも、確かに今日の行政システムが環境条件の変化に適応して急速に変化しつつあることは否定できなくなってきている。

　しかし、この行政システムの変化は、環境条件の変化に応じて、ただ機械的に進行するわけではない。行政システムの外部環境である地域社会・経済環境や中央政府との関係といった客観的要因に左右される。また、行政システムの内部環境である行政システムを構成する諸個人の考え方や行動によっても行政システムの変化は左右される。このように、行政システムの変化は、この2つの環境の変化が入り交じる結果として生じると考えられる。いずれにせよ、外部環境と内部環境の状態に応じて、行政システムは自らを維持し、あるいは変化を余儀なくされることになる。このことは、環境の変化によって時代的意義を失った行政システムを、より望ましいシステムに変革するために、いかにして1つのシステムから他のシステムへと移行をはかるのかといったシステム移行の問題が生じることを意味する。この意味では、1990年代後半以降、日本の地方政府の多くが行政改革に取り組んでいることは、今日の環境の変化が現存の行政システムのパフォーマンスを低下させる方向に進んでいることへの対応であると考えられる。今、地方政府に求められていることは、より迅速にパフォーマンスの高い行政システムを実現するために、どのような行政改革を行う必要があるのかを明確にすることであろう。

　ところで、行政改革は、機能低下した既存の行政システムを新しい環境条件に適合した行政システムへ移行させることを意図し、取り組まれる。しかし、環境が急激に変化した場合、行政改革の所期の目的達成が困難となるかもしれない。また、地方政府の職員は、外部環境の構成員でもあることから、地方政府の職員の行政改革へのニーズが個人の中で分裂することさえ起こりうるかもしれない。さらに、地方政府の管轄する地域社会・経済環境からのニーズも多様であり、行政改革の目的も、それらすべてを包含する抽象的なものとならざるを得ない。この結果、行政改革は、必ずしも所期の意図した目的どおり行わ

れるとは限らず、意図が複合的で、一貫しないことがしばしば起こりうる。また、地方政府の自律と地域社会・経済環境への応答責任、公共サービスの外部環境への適応性と公平性・効率性、多数決と個人の自由など、複雑な価値の間で行政改革が行われる。この結果、行政改革の進行過程では、行政改革の所期の目的が曖昧化し、改革すべき課題も方法も流動化する可能性が生まれることとなる。

さらに、行政改革は、一定の安定状態にある既存の行政システムを意図的に破壊する。このことから、新たな行政システムが安定するまでの間は、地域社会・経済環境などの外部環境に対して、地方政府の正統性の基盤となる役割も不安定となる。この結果、新たな行政システムが環境の変化に適応できない場合、不安定さが更に増幅する可能性も生まれる。

このように、既存の秩序を破壊し、新しい秩序を構築する行政改革は、行政システムを取り巻く外部環境の不確実性が常につきまとうことになる。とくに、1980年代から1990年代にかけて、行政システムの外部環境は、地方政府の予想を越えて変化してきており、そのうえ多くの不確実性に覆われているため、必ずしも新たな行政システムの姿が明確にはなっていないのである。この結果、地方政府を覆うのは、この点に関する見通しのなさであり、地方政府の未来展望のなさであり、何を目的にするかに関する意見の不一致や混乱である。ここでの問題は、確かな見通しの欠如のまま、ただ行政改革をがむしゃらに推し進めるだけとなる可能性が生じることである。行政改革が古いシステムを壊して、どのように作り替えるのかという的確なビジョンが必要であり、このビジョンがないと改革することが自己目的化してしまうことになりかねない。

このビジョンを描くためには、行政改革が現実にどのように行われているのか、そして行政システムが全体としてどのような方向に変化するのか、に関する的確な認識が必要となる。すなわち、行政改革により、行政システムを構成する諸制度の1つひとつに重大な改革が進むならば、行政システム自体は、当然違ったものに変化するであろう。この改革の結果として、行政システムは、どのようなシステムへと作り替えられるのであろうか。今日の行政改革は、既存の行政システムの否定や破棄を意味するだけであろうか。または、基本的な制度を維持した上で、それに修正を加えていくのであろうか。いずれにしろ、

現在の行政システムの改革をどのように理解するのかが問われることとなる。

このことについて、1990年代後半からの三重県の行政システム改革を推進した北川知事は、「今起こっている時代の変化は、明治維新とか戦後の改革とはけたの違う、文明史的転換だ」といった時代認識の下に、三重県の行政システム改革を「改革」よりは「革命」に近いものと位置付けたのである[1]。すなわち、北川知事は、三重県の行政システム改革が「生活者起点に立ったデモクラシー」の新生であり、「行政の無謬性」という役人文化・県庁組織文化を変えることを目指すものであるとし、三重県の行政システム改革を「フランス革命」あるいは中国の「文化大革命」に例えたのである[2]。このことは、行政改革の潮流を否定するものではなく、ここでの「革命」とは、その社会的インパクトが従来の行政改革に比べ、より広く根源的なことを示しているのかもしれない。であるならば、三重県の行政システム改革により、急激に、そして根源的に行政システムがどのように変化したのか、また変化するのか、を明確にしなければならないこととなる。

第 2 節　地方政府とは何か

1．地方政府に対するシステム的見方

　行政システムのような社会システムとは、社会学者の富永健一によれば、「複数の諸部分が何らかの有意味な関係によって、結びついて相互作用しあい、より大きい全体として統合されるもの」[3] であり、システムを取り巻く「環境に対して一定の境界を維持しつつ環境と相互依存的全体であって、構成要素の特性に還元されない全体的特性を持つもの」[4] である。すなわち、社会システムは、システムを構成する個々の要素の間に何らかの機能的な関係が成立していなければならない。また、社会システムは、システムを構成している諸要素が単に因果関係的に結びついたバラバラな集合体でない。ただし、社会システムの各諸要素は、異質な機能を持つとともに、諸要素がその機能を最大限に達成したとしても、そのことで直ちにシステムの性能が最大になるとは限らないということである。

　さらに、社会システムは、一定の環境条件の下で存続・発展するために、それ自身の機能的要件を充足することによって、環境にはない当該システムの固有の秩序を維持することになる。社会システムは、この秩序を維持するため、システムを外乱から守り、システム構成員をそのシステムの目的に方向付けなければならない。このことから、そこにはコントロールが欠かせなくなる。なぜならば、社会システムがそれぞれある程度の自律性を持ちつつ維持されているのは、システムの中で行動しているシステム構成員個人がシステムを構成する様々な制度的な枠組みの中でそれを支持する行動をとり続けているからである。

　このようなシステム的な見方によれば、地方政府の行政システムとは、地方政府の任務の中で政策マネジメントをゆだねられたシステムであり、様々な制度の集まりと仮定できる。すなわち、行政システムは、システムを構成する諸

制度間に何らかの機能的な関係が成立している複合体である。また、行政システムは、地方政府の構成員の集団的な組織活動によって機能することになる。つまり、政策マネジメントは、複数の構成員で構成された組織によって担われることになる。この組織は、地方政府の部局等の名前で呼ばれる組織である。この意味で、行政システムは、制度とその担当組織の活動によって成立することになる。

　さらに、組織が人間を構成要素とするならば、どのように人間の行動を考えるかによって、説明される組織現象も異なってくる。人間の行動は、行動選択としての意思決定が先行する。意思決定とは、行動主体である人間が目標を実現するための代替的選択肢の集合が与えられたとき、その各選択肢がもたらすであろう諸結果を予測し、その結果がもたらす効用を計算した上で、ある基準により1つが合理的に選択されることである。この組織内の人間の合理的な意思決定行動の理論的基準としては、無限合理性を備えた人間行動のモデルである「合理的モデル」とH. A. サイモンの限定合理性を備えた人間行動のモデルである「非合理的モデル」による理論とに大きく二分される[5]。この二分法に従うと、意思決定の基準は「最適化基準」と「満足化基準」とになる。前者の意思決定を「最適化」決定、後者の意思決定を「満足化」決定と区分されるのである。

　最適化意思決定は、すべての代替的選択肢を相互に比較しうる諸基準の集合が存在しており、かつ当該選択肢がそれらの諸基準からみて他のすべての代替的選択肢よりも良いという条件を満たさなければいけない。一方、満足化意思決定は、限られた数の代替的選択肢を逐次的に探索し、また各選択肢のもたらす結果及び効用について限られた範囲内で期待を形成し、その効用が一定の基準を超えていれば、その選択肢を採用するというプロセスで行われる。この2つの意思決定の相違は、最適化意思決定の場合では、どのような意思決定プロセスを経ようと結果として採択される「最適解」は、定義上一義的に決まるが、満足化意思決定の場合では、意思決定の結果として採択される「満足解」は、意思決定プロセスのあり方に高度に依存していることである。この意味で、合理性に限界がある人間の行動を説明する場合には、意思決定のプロセスを解明することがより重要となる。

このような人間の限定合理的な存在とみる観点からは、組織は人間が複雑な環境に対処するために必然的に生まれた仕組みと考えることができる。つまり、組織は、人間の合理性の限界にもかかわらず、複数の人間が協働したならば達成可能な目的がある場合に、個人の合理性の限界を克服するため人工的に作られることとなる。この組織は、構成員個人に課せられた制約を縮減し、また絶えず合理性を追求することになるのである。

以上のように、システム的な見方から行政システムを理解するためには、人間の限定的合理性の下での様々な仕組みの役割と有効性、それら仕組みを安定的な仕組みとして成立させているインセンティブの構造、それぞれの異なる制度間の相互依存関係の特徴などを体系的に分析すること、しかもそれらの制度を「総体」として考察することが重要であると考えられる[6]。

2．情報処理システムとしての行政組織

地方政府は、外部環境に対して自らを遮蔽した存在ではなく、外部環境との間で資源を交換することで成り立つオープンシステムである。このため、地方政府が存続するためには、情報を組織外部から収集し、それをもとに判断を下し、再び外部に働きかけを行っていくという一連の情報処理を行わなければならない。とくに、政策実施を担う行政組織が適切な行動を行うためには、行動を決める意思決定の際に、行政組織は十分な情報処理を行う必要がある。このように、行政組織は、意思決定のための情報処理システムとしての側面を持つことになる。この側面を注視すると、行政活動とは、行政組織外部から情報を収集し、それをもとに判断を下し、再び行政組織外部に発信していくという一連の情報処理過程と見なせるのである。

この情報処理過程における行政活動の情報資源とは、ある情報ストックと見なすことができる。個々の情報ストックは、公共サービスのある側面を表象する情報（つまり、住民にとっての価値を担った情報）が何らかの媒体（たとえば、人、金、モノなど）の上に乗ったものと見なせる。また、情報は、人、金などの行政活動資源をつなぎ、行政組織の活動を統一化・効率化すると考えるならば、行政組織は、情報処理＝意思決定の束、あるいは情報の束から構成されているとも見なせる。すなわち、行政活動とは、こうした行政活動資源間の

情報のやりとりといった情報処理過程と見なせるのである。

　行政組織の情報処理過程においては、ある資源から別の資源へ情報が発信されることによって（たとえば、職員が起案書を作成することは、人材から紙媒体へ情報が発信されたことである）、同一内容の情報が異なる媒体に乗り移ったり、一方、ある資源が他の資源から情報を受信することによって、異なる媒体上で情報処理され、情報内容が異なるものになることがある。このように、基本的には、行政活動は、情報の発信と受信との組み合わせによって記述することができることから、行政組織は、情報ストックと情報の発信・受信の体系と見なせるのである。たとえば、福祉サービスは、福祉担当職員という人媒体の上に、住民にとっての価値を担った福祉サービス政策情報が乗ったものと理解できる。このような政策は、福祉担当職員が行政ニーズと福祉技術に関する情報を融合することにより創造される。また、福祉サービスに体化される情報は、政策マネジメントサイクル（Plan-Do-See）に沿い流れる。そして、福祉サービスは、最終的な情報の束として住民に届けられることとなる。一方、住民は、このような情報の束である福祉サービスを受信し、解釈し、意味を付与し、そのサービスを受けることとなる。福祉サービスは、利用者に使用価値という情報の束を発信し続け、住民満足度は、それによって決まる（評価を受ける）ことになる。以上のように、情報処理過程を考えると、政策マネジメントシステムは、住民満足の創造を目的とする総体的な情報処理システムということになる。

3．地方政府の存在価値

　地方政府が存続するためには、地域社会・経済環境から安定的に資源を調達することが必要である。このためには、地方政府の存在価値の実現が地域社会・経済環境に地方政府の正統性の根拠として認められ、地域社会・経済環境からの忠誠・支持を得なければならない。すなわち、地方政府が地方政府として存在できる理由は、究極的には地方政府の存在価値に基づくパフォーマンスへの地域社会・環境からの忠誠・支持である。

　地方政府の存在価値について、W.ハンプトン（1996年）は、①地方政府が何らかの形で政治権力の民主制を強化することに寄与すること、②地方政府に

第 2 節　地方政府とは何か　9

よる公共サービスの供給が中央政府などそれ以外の供給形態よりも効率的であること、と主張する[7]。また、地方政府の存在価値について、日本の地方政府の基本的な組織と運営を定めた地方自治法では、法律の目的として「民主的にして能率的な行政の確保」を第 1 条に明記している。

　以上は、地方政府が住民福祉の増進をはかるためには、行政運営が住民自身の責任において民意に基づいて民主的に行われ、同時に効率性の高い公共サービスが提供できる行政であることが求められている。このように、従来、主張されてきた地方政府の存在価値は、「民主制」と「効率」と考えられるのである[8]。公共サービス提供過程におけるこの 2 つの存在価値の実現過程を単純化すれば、地方政府は、地域社会・経済環境からの行政ニーズを具体化する有効な公共サービス群の中から、効率的なサービスを選択・確定し、行政ニーズに適切にこたえる公共サービスを生産・供給することであろう。

　地方政府の 2 つの存在価値の実現は、地方政府の行政運営に影響を及ぼすことになるであろう。このことについて、長浜政寿（1957 年）は、地方自治を発展させる上での問題を「民主主義と能率」のジレンマとして論じている。このジレンマとは、地方自治の発展にとって、本来、民主主義の発展を基本としながらも効率を無視できないことを意味している。また、このジレンマは、社会・経済環境から情報を直接収集し、公共サービスの需要の予測・確定を実質的に担っている今日の肥大化した行政にとって、「住民参加」と「テクノクラシー」という 2 つのパラドックスをどう処理するかという問題でもある[9]。この公共サービスの提供過程における「民主制」の実現と「効率」の実現とのジレンマの問題は、住民が公共サービスの提供をコントロールできるシステムいう側面と公共サービスの生産における効率性という組織内の技術的側面との問題にいきつくことになるであろう[10]。

　では、地方政府が 2 つの存在価値をどのように実現することができるのかを考察してみよう。住民が公共サービスの提供をコントロールできるシステムとは、公共サービス提供にかかわる「民主制」である。また、公共サービスと「民主制」の関係は、公共サービスの有効性と密接に関係することである。すなわち、ここでの地方政府の目標である住民の行政ニーズに的確に応えるという公共サービスの有効性とは、地域社会・経済環境における利害関係者の需要

にどの程度的確に応えることができるかを示す外部基準であり、また地方政府が何を為すべきかを決定する基本的な基準であり、「民主制」と密接に関係する概念である。

　公共サービスの有効性を地方政府が高めるためには、地方政府は的確に地域社会・経済環境がどのような公共サービスを望んでいるのかをサービスの種類、質・量として把握する必要がある。ただ、公共サービスの需要の予測・確定に関する権限を地方政府が持つことは、公共サービスの需要の予測・確定の効率性を高めることにはなるが、一方で地方政府がその権限を乱用する危険が生じる。本来、公共サービスの有効性の問題は、直接的に住民の満足度と関連する問題である。公共サービスのうち、どの公共サービスを地方政府が提供するべきかといった地方政府の責任範囲の決定は、最終的には住民の意思決定の問題なのである。また、このことは、住民の側から行政ニーズに対して、地方政府による公共サービスの需要の予測・確定をいかに対応させるかという仕組みの問題でもある。この結果、公共サービスの有効性を高めるために、住民の意思決定への参加や地方政府へのコントロールが不可欠となる。このことから、住民に身近な政府である地方政府の方が有効性を向上させることになる。さらに、今日の公共サービスが対人サービス、またはサービスの性質が変化しやすいか、あるいはサービスの性質がよくわからない公共サービスが増加しているため、有効な公共サービスに対する不確実性が増す。このことから、公共サービスの需要の予測・確定は住民の同質性が高い地方政府の方が精度が高くなる。

　次に、公共サービスの生産における「効率」という問題は、地方政府が最小のコストで最大の公共サービスを生産・供給するという問題である。つまり、地方政府の公共サービスを効率よく生産・供給できるかという費用対効果にかかわる経済効率性の問題である。ここでの「効率」とは、組織の成果に対する内部基準であり、何が行われるべきかというよりも、どの程度よく行われたかという基準である。ただ、公共サービスの生産・供給は、必ずしも政府がすべてを直接生産・供給するとは限らない。公共サービスの生産・供給活動は、地方政府の公共サービスが多様化・複雑化することにより、多数の関係者間の分業により行われる。たとえば、生産者が政府であっても、発注者としての政府と供給者としての政府が一致しないこともあり得る。このことは、地方政府の

公共サービスの生産・供給の経済効率性が組織内あるいは組織外での生産・供給活動が適切に行われているかどうかに依存することを意味するであろう。

　組織外での公共サービスの生産・供給活動の場合は、契約にかかる情報処理を事前・事後に行うため、契約後に発生したアドホックな問題への迅速な対応が困難であろう。一方、組織内での公共サービスの生産・供給活動の場合は、その活動の中間過程でも命令・指示によって対処できることから、中間過程で発生したアドホックな問題への対応が迅速に行えるであろう。このことから、情報の不確実性が高い場合は、組織外の公共サービスの生産・供給活動よりも、組織内での公共サービスの生産・供給活動は効率的と考えられる。しかし、組織内での公共サービスの生産・供給活動は、競争者がいないことから、H.ライベンシュタインのX非効率性が発生しやすいという問題が生じる[11]。このことについては、住民監視が容易な地方政府では、X非効率性が生じにくく、組織活動の効率性の低下を防ぐことは容易と考えられるのである。

　以上のように、2つの存在価値の実現は、地方政府の場合、中央政府に比較して容易といえるであろう。

第3節　分析枠組みとしての新しい公共管理
（NPM：New Public Management）及びガバナンス

1．新しい公共管理

　新しい公共管理（以下「NPM」と略する）は、1970年代後半以降、主に行政部門の効率化を進めるため英国・ニュージーランドなどのアングロサクソン系諸国を中心に行政実務の現場を通じて形成された新しい行政運営の理論である。その後、NPMは、OECD諸国において普及し、1990年代の行政管理論における世界的な主流的地位を占めることとなった[12]。三重県の行政システム改革においても、このNPM手法の活用が意図されたのである[13]。

　NPMの核心は、行政部門の効率化をはかるため民間企業の経営理念や手法を行政現場に導入することである。これまでNPM手法を導入した先進諸国におけるNPMの基本原理を最大公約数でまとめてみると、①市場（競争）原理の導入、②顧客主義、③業績・成果によるコントロール（成果主義の管理手法）、④行政運営における企画管理部門の集権化・執行部門の分権化（裁量権の拡大）と両部門の分離などの組織改革（ヒエラルキーの簡素化）となる[14]。

　次に、このNPMの基本原理に従い、次章以降の分析枠組みとなるNPMの概要をまとめることにする[15]。

(1) 市場（競争）原理の導入

　従来の行政管理論は、政府による一元的な公共サービスの提供メカニズムを対象にし、公平、平等、法規則及び効率性を重要視してきた[16]。一方、NPMは、効率性、とくに公共サービスの生産・供給の効率性を高めることを最も重要視し、従来の政府による一貫した公共サービス提供メカニズムに代わり市場（競争）メカニズムを積極的に導入しようとする[17]。すなわち、NPMは、民営化・規制緩和による市場（競争）メカニズムを活用する観点から、政府と社会・経済環境との関係を対象とし、また公共サービスを生産・供給する際の行

政組織の活動を対象とする理論で構成されている。

(2) 顧客主義

　NPM は、行政運営の効率性を向上させるため、住民を「顧客」あるいは「消費者」としてとらえ、公共部門と民間企業の類似性を強調することによって、既に市場（競争）原理の中で成果を上げている民間企業システムの実績の模倣を正当化する。この顧客主義における業績・成果を測る尺度は「顧客満足度」である。「顧客満足度」の測定には、顧客のニーズとの対比で効率性を測定することが不可欠となる。この場合の効率性には、顧客のニーズの効率的な把握と効率的なサービスの供給という2つの効率性が問われることになる。前者は、公共サービスの有効性を表すものであり、後者は、最小のコストで最大の効果をあげる公共サービスの経済性を意味する。民間企業では、市場価格によりその商品の価値が測定できるため、企業活動の効率性は市場を通して確保できる。しかし、公共部門の場合は、市場価格が十分に活用できないため、公共サービスを提供する行政活動の効率性の確保は民間企業ほど単純ではない。公共サービスの価値決定は、民間企業のように市場を通してではなく、住民の価値選択に問わなければならない民主主義の問題、すなわち有効性を問うことになる。

　このことは意思決定基準の問題である。民間企業の経営の場合は、「利潤」という単一の基準をもとに運営されていく。しかし、公共部門の行政運営の場合は、政策の「有効性」と「効率性」といった2つの基準による適正化が必要となる[18]。「有効性」は、住民の求める価値を表し、政策目標として示される。また、「効率性」は、最小のコストで最大の効果をあげる行政運営の経済性を表す。NPM は、行動規範の異なる2つの機能分離を明確にすることで、政府の「有効性」「効率性」を確保するシステムを構築することになる。

(3) 業績・成果によるコントロール（成果主義の管理手法）

　NPM は、公共サービスの需要の予測・確定は政策の問題、つまり政治的な意思決定であるとする。そして、政策目標を集権的に設定する。一方、個別事業への資源配分や個別事業の選定などの運営レベルの意思決定は、集権的な意

思決定の範囲内で分権的に対応する。NPM は、意思決定過程におけるこの2つの仕組みが組み合わせられた目標管理型行政運営システムを中核的なシステムと位置付ける。つまり、目標管理型行政運営システムは、集権的流れと分権的流れが融合した意思決定システムである。NPM は、情報処理システム構造の中に分権化と集権化を成り立たせることによって、「意思決定プロセスを根本的に変革する」[19]とで、コントロール（管理）システムに変革をもたらすことになる。

目標管理型行政運営システムにおける集権的な意思決定の仕組みは、トップマネジメント部門が把握した住民ニーズに基づいて、政府の政策形成・政策目標に対する優先付けの意思決定を行い、この政策目標を事業実施部門（現場）の事業目標へブレークダウンを行うことにより、現場での政策の有効性の確保がはかれるような仕組みである。一方、分権的な意思決定の仕組みは、政治主導で決定された政策目標の効率的な実現をはかるため、目標達成のための有効な事業の選択と効率的な実施が可能となるように事業実施部門（現場）への権限委譲が行われる。また、同時に、現場における業務・成果測定によって現場のコントロール管理が行われる仕組みである。

このように、目標管理型行政運営システムは、有効な行政組織目標の設定（政策目標の形成）が前提となることから「民主制」の確立が不可欠となる。つまり、目標管理型行政運営システムは、地方政府の2つの存在価値を実現するシステムである。ただ、目標管理型行政運営システムでは、「効率」よりも「民主制」が優先されることになるであろう。この意味は「民主制」の保証があってこそ「効率」の追求ができるということである。

(4) 行政運営における企画管理部門の集権化・執行部門の分権化（裁量権の拡大）と両部門の分離などの組織改革（ヒエラルキーの簡素化）

NPM は、公共サービスの需要の局面と生産・供給の局面とに区分し、政府自身の生産も民間部門の生産管理方法を導入することにより、生産効率性を高めることを議論する。この企画管理部門と執行部門の分離は、NPM が自由主義国家における「政治」（＝企画管理部門）と「行政」（＝執行部門）の分離による効果的な政府運営を現代国家に適応したものとみることができる。しかし、

当時の政府機能と比較すると肥大化した現代の政府機能の下では、政治機能である政策の企画立案を政治家のみで行うことはほとんど不可能であろう。このため、現実的には「政治＋行政の企画管理部門としての行政のトップマネジメント部門」と「執行部門としての行政の事業実施部門」の分離による仕組みを作ることを意図しているのであろう。

　この２つの部門の役割は、前者がトップマネジメント機能である政府の政策形成・政策目標設定を行うことであり、後者は、政策目標を達成するための執行管理の適切な手段（施策・事業）の選択と効率的な実施することである。この分離の結果、執行部門では、業務を担う主体は業績・成果を達成しうるものであれば、主体にこだわらず競合させることが可能となる。また、行政ニーズの多様化や不確実性が増加する環境に有効的・効率的に適応するため、この分離を前提に執行部門へ運用レベルの権限が大幅に委譲され、執行部門の裁量権が拡大される。さらに、NPMは、企画管理部門と執行部門の分離といった組織改革や裁量権を拡大する「分権化・権限委譲」といったものがどれだけ成果をあげたかということを計るとともに、その成果に対する責任を追及するために、アカウンタビリティが重要な概念として強調される。組織内の「分権化・権限委譲」が進展すると、執行部門の現場組織の全体組織からの遠心化の可能性が生じる。これを防ぐために、NPMでは企画管理部門と執行部門との間に「契約」という仕組みを導入することで、企画管理部門はアカウンタビリティを一層強化し、コントロール力を確保することになる。

２．NPMの新たな段階

　英国では、議院内閣制の下で二大政党制による「民主制」が機能しており、選挙プロセスにおいて政治のビジョンや目標が選定される。行政の執行機関は、政党の示す目標実現ための方法の効率的な選択と効率的な執行を担うことになり、この過程では、住民は「顧客」と位置付けられる。このように、住民を「顧客」と位置付けると、行政の第１の責務は「顧客ニーズ」を反映した行政運営を行わなければならないことである。つまり、事業実施の効率性よりも住民ニーズの把握と政策目標の有効性の確保が優先されることになる。このことについて、英国では、中央政府を中心に「政治」と「行政」の機能分担が明確

化し、「政治主導」の仕組みが確立していたことから、この明確な「政治」と「行政」の分離を前提にした政治プロセスで政策の優先順位付けが行われていたのである。

　このことから、アングロサクソン的な初期の NPM では、政策目標の優先付けや住民の参加・協働についてはあまり議論されず、原則的には、政府の意思決定過程への住民の参画は想定されない。しかし、今日のように、公共サービスへの住民のニーズが多様化・複雑化し、また「政府の失敗」や「市場の失敗」による NPO などの参加が不可欠となってくると、初期の NPM の手法が適用できるとは限らなくなる。とりわけ、財政危機の下で、政府が公共サービスの提供により正統性を確保するためには、「あれかこれか」という公共サービスの選択結果に対する正当性の確保が課題となる。

　この課題解決の重要な方法の1つが行政への住民参加である。すなわち、住民参加という政治の正統性化手段の模倣による政治的な正統性の確保である。このことが、初期の NPM でいう「顧客」を超えた住民の行政への参加・協働が強調される根拠となる[20]。この意味で、新たな NPM では、外部環境に対するマネジメント機能が拡大することになる。初期の NPM の「顧客・契約」モデルを超えて、住民との「協働型」モデルへのシフトは、「ガバナンス」とのクロスオーバーとなるのである。

3．ガバナンス

　今日のボランティア活動や NPO などのように、住民が公的な問題を自分達だけで解決する動きが強まっている。すなわち、「政府」でも「民間」でもない、「公」とよばれる領域の拡大である。このことは、「公」の場における多元的な主体の参加・活動の拡大を意味するとともに、従来の政府＝公共サービスの提供活動と民間＝営利活動という二分論の変革を示している。この新たな動向にアプローチしているのが、行政学の分野におけるガバナンスの議論である。

　ガバナンスの概念は、近年多用されており、訳語としても「統治」「共治」などいろいろ使われているため、一義的に定義することは困難である。ただ、ガバナンスは、統治者が一方的に被統治者を統治するものではなく、両者間の信頼関係をはじめ、社会の諸構成員の協力や合意によって統治するという意味

あいを強く持っている[21]。すなわち、ガバナンスとは、従来の政府の社会・経済に対する一元的な調整形態である「ガバメント＝統治」に対置される用語であり、諸ネットワークを通じて展開される多元的で自己統治的な調整形態を指している。このことは、政府による集権的・統制的な支配形態であるガバメントとは異なり、ガバナンスを「個人間の自己組織的なネットワーク、組織間の共同的な調整、システム間の中心へと統合されない調整」、つまりそれぞれが一定の自律性を持つ多種多様な組織が非統制的で相互連関的な連結・調整するシステムととらえられているのである[22]。

このガバナンスの定義について、ガバナンスについての代表的論者の1人であるR.A.W.ローズ（1996年）は、公共政策論の観点から彼の論文「新しい政治統合・政府無き統治」の中で、ガバナンスについて詳細に分析し、理論化を試みている。彼によれば、従来、ガバナンスの概念が①最小の国家、②コーポレイト・ガバナンス、③NPM、④良いガバナンス、⑤社会サイバネティック・システム、⑥自己組織化ネットワークという6つの文脈で用いられていた[23]。また、ローズは、①最小の国家、⑤社会サイバネティック・システム、そして⑥自己組織化ネットワークにおいて使用されるこのガバナンスの概念を検討した結果、これらの議論のいずれもが近年の国家統治能力の限界と国家に代わって新しく登場してきた民間企業、アソシエーション、及びそれらのネットワークなどといった多様な統治アクターの役割が注目されていることを明らかにしたのである。

そして、ローズは、ガバナンスとは次の4点の特徴を持つものと定義する。それは、①組織間の相互依存関係、②ネットワーク構成員間の継続的な相互作用、③ゲーム的相互作用、④国家からのかなりの程度の自立性、である。また、ローズは、ガバナンスを政府よりも広く、政府以外の行為者も含むものと定義する。さらに、ガバナンスを各セクター間の境界が変動的で不明瞭化している公共・民間・ボランタリーがかかわる自己組織的・相互依存的なネットワークと定義する。この自己組織的・相互依存的なネットワークとは、ローズによれば、広い範囲にわたって存在する社会的共同調整の一形態であり、また市場とヒエラルキーの混合体ではなく、オルタナティブであり、公共・民間・ボランタリーの各セクターの境界を越えていくものである。つまり、このネットワー

クを構成する統治アクターは、多元化し、また公共サービスの提供についての政府と民間の役割分担は、副次的な問題となるのである[24]。

　以上、考察してきたとおり、ガバナンスは、新たに第3の統治原理として流動的・開放的な政策ネットワークを打ち出し、この中に政府を埋め込み、政府自体の相対化・流動化、革新をはかろうとする。同時に、政府か市場の活用かという2項区分的な対立が多元化・相対化されることになる。すなわち、ガバナンス的行政運営は、初期のNPMが企業経営や市場原理に力点を置いているのに対して、市場経済や社会との相互作用で最適な問題解決をはかろうとする。この結果、ガバナンスでは、政府と市場と社会の境界がネットワーク化されるため、相互作用の領域が拡大することになる。とくに、1980年代以降の新しい行政運営の現実をとらえるためには、政府・市場間の多様な中間領域レベルでの議論が必要となり、ガバナンスはその一環をなすであろう。

　このように、行政運営上のガバナンスといった形態の出現は、福祉国家体制が再編される過程における主要な動向の1つとして、複数の統治アクター構成された多様なネットワーク形態により、公共サービス提供等の調整を行う新しい行政運営形態が台頭してきたことを意味しているのである。

第4節　分析枠組みとしての比較制度分析

1．NPMと比較制度分析

　今日の行政改革の特徴は、NPM手法の導入により行政運営の「効率」の向上とガバナンス的手法による「民主制」の確立・推進を追求しつつ、新たな行政運営方法の変革をもたらすことである。行政改革へNPM手法を導入するにことについて、白川一郎（2002年）は、「元来アングロサクソン的な、日本とは異なる制度のもとでの導入」のため、「そのまま日本の地方政府に導入することはあまり意味のないケースもある」と指摘する。そして、「日本の既存の制度的枠組みについても、NPMの導入が可能なように見直すことも必要」であると主張する[25]。つまり、NPMの基本原理による手法を導入すれば、行政システムの所期の機能目的が達成できるとは限らず、日本の行政システムの特性を勘案してNPMの手法を使った行政システムを構築する必要があるということである。

　この意味で、日本の行政システムの特性を明らかにする分析枠組みとしては、青木昌彦（1992年、1995年、1996年）による比較制度分析が有効であろう。比較制度分析は、組織の一体性と情報効率性を確保するためには、情報資源・情報処理権限の配分・利用と人材・財源といった資源の配分・利用の側面との関係が互いに集権化と分権化という異なる仕組みにより結合されなければならないとし、青木はその原理を「双対原理」と名付けている。彼は、それぞれの国の経済制度の成り立ちの違いにより組織活動である情報処理形態に相違が生じ、その結果、「双対原理」を成り立たせる情報資源・情報処理権限の管理システムと財源・人材という活動資源の管理システムの権限配分の組み合わせが異なることをアメリカ及び日本の企業組織の分析から明らかにしている。また、彼は、日本の中央政府の行政組織について分析し、中央政府の行政組織が日本の企業組織と類似の組織構造が見られ、準同型性を有するとしていることを明

らかにしている。この準同型性と規定した要因として、彼は、中央政府の行政組織における構成員に対する人事管理権が各省庁に分散化していることが日本の企業組織のシステムと異なることをあげている[26]。

一方、地方政府の場合は、行政組織の人事管理権が首長に集権化かしていることから、日本の企業組織のシステムと同型性を有しているといえよう。

以上から、NPM 手法による行政改革の先進国でもあるアメリカの企業組織と日本の企業組織との制度の違い、とりわけ NPM によるシステム改革の核である組織の意思決定システム＝情報処理システムの違いを分析する比較制度分析は、NPM 手法の導入にあたっての白川の指摘に対して有効であり、また地方政府である三重県の行政システムがどのように変化したかを分析する重要な理論的枠組みとなると考えられるのである[27]。

2．組織活動と情報処理

(1) 組織活動をコントロールする情報処理

人間は、限定合理的な存在であるため、自らの環境に関する情報を十分に獲得することができない。このため、個人が集合して組織的仕組みが作られる。さらに、その組織構成員諸個人が目的達成のために収集した情報を組織内で交換し、集団的に使用することが円滑に行われるように、組織的な調整の仕組みが作られることになる。組織は、適切な行動を展開するため、それに先だつ意思決定の際に、十分な情報収集・分析という情報処理を行う。このように、組織における組織活動と情報処理活動は不可分となり、組織は、意思決定を適切に行うための情報処理システムとしての側面を持つことになる[28]。

組織がその目的達成に利用できる情報の差により、人材や財源などの組織活動資源の利用も異なるとともに、情報処理システムとしての組織も異なることになる。地方政府が資源を投入し、サービスを産出するという純粋に技術的な投入・産出の関係とみられる組織活動も、実際は、それにかかわる組織構成員の情報の質・量、それを用いる意思決定権限の組織的配置に規定される情報処理活動によって、様々な違った結果をもたらすことになる[29]。つまり、組織内部の情報処理の違いによる情報効率性が組織活動の効率性に格差を生み出す重要な要因となる。

(2) 情報処理類型の種類

　情報処理活動が組織活動の効率性に重要な影響を与えるとすれば、組織のトップマネジメント部門は、ある判断の下に最も効率的な情報処理システムを選択するであろう。そこで、まず、行政組織の組織形態が内生的に決定される論理を、青木昌彦（1995年、1996年）の主張に沿って以下で概観する。

　行政組織は、「図1-1　組織の基本構造」のような組織の基本構造を有し、マネジメント部門とその下で専門的に分化された仕事を行う事業実施部門の職場（以下、「職場」と略する）から成り立ち、行政活動を行っていると仮定する。また、職場は相互に連関した特定の活動を行い、マネジメント部門はこうした活動の調整の総括を行うとする。このような状況の下では、行政活動条件は、職場の直接的なコントロールの及ばない不確定要因により影響を受けるとする。そうした要因を環境パラメータとし、それを次の2つに分類する。1つは、個別の職場組織の活動に個別に影響を与える個別環境パラメータであり、個々の職場の数だけ存在する。もう1つは、全体としてのシステムの活動に外部的影響を与えるシステム環境パラメータである。組織目的を実現するために、組織はこの2種類の情報を利用することになる。そして、個別環境とシステム環境に関する情報をどのように利用するかが、システム全体の情報効率性を左右することになる。

　次に、単位時間あたりの生産をより低い期待費用で実現できる情報システムをより情報効率性が高いと定義する[30]。もし、マネジメント部門が期待費用を最小化するように組織内部の情報処理システムを選択するとすれば、代替的

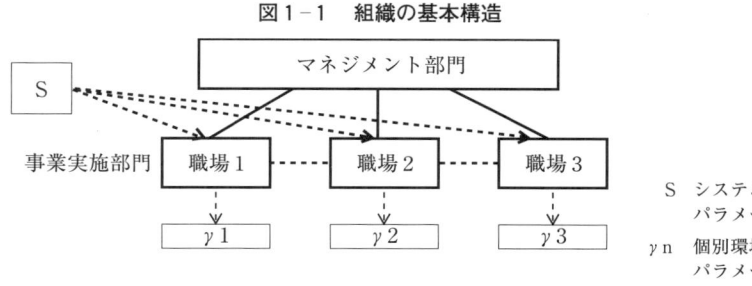

図1-1　組織の基本構造

```
            ┌─────────────────────┐
   ┌──┐    │   マネジメント部門   │
   │S │    └─────────────────────┘
   └──┘        ↓       ↓       ↓
事業実施部門 ┌────┐ ┌────┐ ┌────┐
             │職場1│ │職場2│ │職場3│
             └────┘ └────┘ └────┘
               ↓      ↓      ↓
             ┌──┐  ┌──┐  ┌──┐
             │γ1│  │γ2│  │γ3│
             └──┘  └──┘  └──┘
```

　　　　　　　　　　　　　　　　S　システム環境パラメータ
　　　　　　　　　　　　　　　　γn　個別環境パラメータ

出所：青木昌彦　1995年　46頁

な情報処理システムの中で最も情報効率性が高いシステムを採用することを意味する。ただ、情報処理システムの選択には、組織を構成するマネジメント部門と職場の限界合理性が存在するために職場の情報処理能力の限定性、現場情報のマネジメント部門への集中不可能性という2つの制約が存在する[31]。この2つの制約の下で想定される情報処理システムの類型として、青木は以下の6つをその基本型として抽出する[32]（「表1-1　情報処理類型とサブシステムの環境情報活用の相違」参照）。

　この情報処理の類型をみていくと、まず最初に両極の形態として、マネジメント部門と職場のどちらかだけが集中的に情報処理を行う形態の存在が考えられる。マネジメント部門のみが情報処理を行う類型を①古典的ヒエラルキーとする。一方、この逆に職場のみが個別環境情報を活用する類型を⑥分権的ヒエラルキーとする。次に、これら両極の情報処理類型の間にマネジメント部門と職場との間で情報処理を分担する類型として、マネジメント部門の職場に対する包摂度の高い順に機能分散型システムと情報共有型システムの2つの類型が

表1-1　情報処理類型とサブシステムの環境情報活用の相違

情報処理内容 情報処理類型	システム環境パラメータ		個別環境パラメータ	
	活用する	活用しない	活用する	活用しない
①古典的ヒエラルキー	○		○	
機能分散型システム				
②情報異化システム	○個々			○
③情報分散化システム	○個々		○個々	
情報共有型システム				
④情報同化システム	○共同			○
⑤水平的ヒエラルキー	○共同		○個々	
⑥分権的ヒエラルキー			○個々	

注：　①○印とは該当項目を指す。
　　　②個々とはサブシステムが個々にパラメータ値を観察し、個別に活用することを指す。
　　　③共同とはサブシステムが共同でパラメータ値を観察し、共同で活用することを指す。
　　　④メタシステムとはマネジメント部門、サブシステムとは事業実施部門の職場組織を指す。
出所：青木昌彦（1996年）の議論に基づき、筆者が作成。

存在する。機能分散型システムの特徴は、個々の職場における情報処理に重点を置く。機能分散型システムには、②情報異化システムと③情報分散化システムとが存在する。一方、情報共有型システムの特徴は、システム環境の情報共有に重点を置く。情報共有型システムには、④情報同化システムと⑤水平的ヒエラルキーとが存在する。

　以上の個々の情報処理類型の概要は、次の通りまとめられる。
① 　古典的ヒエラルキー
　　マネジメント部門は、システム環境及び個別環境のパラメータ値の観察を行い、得られた事前情報に基づいて、各職場の活動水準について集中的に意思決定を行う。各職場は、マネジメント部門からそれぞれの活動水準に関する指令を受け、実行する。
② 　情報異化システム
　　マネジメント部門は、システム環境及び個別環境のパラメータ値の観察を行い、得られた事前情報に基づいて、各職場の活動・選択ルールを定める。各職場は、システム環境パラメータ値の観察を分散的に行い、与えられたルールに従い、それぞれの活動水準に関する分権的な意思決定を行う。
③ 　情報分散化システム
　　マネジメント部門は、システム環境及び個別環境のパラメータ値の観察を行い、得られた事前情報に基づいて、各職場の活動・選択ルールを定める。各職場は、システム環境及び各個別環境のパラメータ値の観察を分散的に行い、与えられたルールに従い、それぞれの活動水準に関する分権的な意思決定を行う。
④ 　情報同化システム
　　各職場は、共同してシステム環境のパラメータ値の観察を行い、得られた共通情報に基づいて、それぞれの活動水準に関する共同の意思決定が臨機応変に行う。この際、マネジメント部門との共同化は排除されない。ただ、各職場それぞれが所有する個別環境に関する私的情報は、共同の意思決定に関して考慮されない。
⑤ 　水平的ヒエラルキー
　　マネジメント部門は、システム環境及び個別環境のパラメータ値の観察を

行い、得られた事前情報に基づいて、各職場の活動・選択ルールを定める。各職場は、共同してシステム環境のパラメータ値の観察を行う一方で、それぞれが個別環境のパラメータ値の観察を分散的に行う。この際、マネジメント部門との共同化は排除されない。各職場の活動水準の意思決定は、そのような結合情報に基づいて、事前にマネジメント部門により与えられたルールに従い分権的に行われる。このように、水平的ヒエラルキーは、情報同化システムよりも個別環境に関する情報処理の要素も加えた一段と高度化した情報処理類型である。

　水平的ヒエラルキーと情報分散化システムとは、職場がシステム環境と個別環境情報を同時に処理するという点で同じにみえるが、前者ではシステム環境が共同的に処理され、後者では個別的に処理される。また、この水平的ヒエラルキーは、システム環境に関する共同処理と個別環境に関する分散処理が情報システム的に階層化しているという意味で、古典的ヒエラルキーとの階層とは区別されるのである[33]。

⑥　分権的ヒエラルキー

　各職場は、それぞれの個別環境に関する情報を収集し、所与の組織活動ルールに従い、それぞれの活動水準に関する分権的な意思決定を行う。組織活動ルールは、マネジメント部門がシステム環境及び個別環境に関する事前情報に基づいて決定するが、各職場の個々の情報処理には全く関与しない。

(3)　環境条件に適合した情報処理類型

　環境条件の相違による職場の情報効率性は、情報処理類型の違いによって、決定的な差がつくことになる。では、先の6つの類型は、どのような環境条件の場合に比較優位となるかである。青木昌彦（1995年、1996年）は、この点を明らかにするために次の前提を置く[34]。

　第1に、ある職場の事業活動が他の職場の事業活動の遂行に負の影響を与えるならば、それらの職場間には競合性があると仮定する。一方、ある職場の事業活動が他の職場の事業活動の遂行に正の影響を与えるならば、補完性があると仮定する。

　競合性がある場合は、情報を共有化すると、同じ方向へ行動する結果、資源

制約の壁にぶつかり、各職場間の競合性がより顕在化する。一方、補完性のある場合は、個々の職場に特有の情報よりも、各職場間の調整が重要となる。

第2に、情報効率性を高めるために、マネジメント部門が職場の情報処理をどの程度コントロールすべきかは、個別環境とシステム環境のどちらが相対的に重要性を持つかにより異なる。個別環境がシステム環境に比べて不確実性が高い場合は、マネジメント部門と職場間の確率的相関度[35]が低いとし、逆の場合は高いと仮定する。

相関度が高い場合は、システム環境パラメータが個別環境パラメータより重要であり、相関度が低い場合は、個別環境パラメータがシステム環境パラメータより重要となる。

第3に、各情報処理類型の情報効率性は、それぞれの類型の情報処理に携わる人間の能力にも依存する。また、各情報処理類型の情報効率性の比較に際しては、職場レベルの情報処理能力は一定の水準であると仮定する。

以上を前提にして、青木昌彦（1995年、1996年）の議論から、情報処理類型間の情報効率性の比較優位について考察する。まず、情報処理能力を同等と仮定する。最も情報効率的な情報処理類型は、職場間の連関性（競合性・補完性）とマネジメント部門と職場間の確率的相関度の2つの次元に基づいて「表1-2　情報効率性と情報処理類型」のように示される。

表1-2　情報効率性と情報処理類型

確率的相関度	職場間の連関性	最も情報効率的な情報処理類型
①高	競合的	情報異化システム
	補完的	情報同化システム
②中	競合的	情報分散化システム
	補完的	水平的ヒエラルキー
③低	競合的・補完的	分権的ヒエラルキー

出所：青木昌彦（1996年）60頁の「図2　各情報システムの情報効率性」により筆者が作成。

① 確率的相関度が高い場合、まず、各職場間の連関性が競合的であれば、各職場がシステム環境パラメータ値の観察を主体にした方が効率的である。このことから、情報異化システムが最も情報効率性が良いことになる。一

方、各職場間の連関性が補完的であれば、職場が共同でシステム環境パラメータ値の観察を主体にした方が効率的である。このことから、情報同化システムが最も情報効率性が良いことになる。

② 確率的相関度が中程度の場合、まず、各職場間の連関性が競合的であれば、各職場が両環境パラメータ値を観察をした方が効率的である。このことから、情報分散化システムが最も情報効率性が良いことになる。一方、各職場間の連関性が補完的であれば、各職場がシステム環境パラメータ値を共同で観察するとともに、それぞれの職場が個別環境パラメータ値の観察を個別にした方が効率的である。このことから、水平的ヒエラルキーが最も情報効率性が良いことになる。

③ 確率的相関度が非常に低い場合は、各職場が個別環境パラメータ値の観察に集中することが最も情報効率の良い結果となる。このことから、分権的ヒエラルキーが最も情報効率が良いことになる。

(4) 情報処理過程における調整と情報処理類型

マネジメント部門による各職場との間の調整方法は、情報処理類型により、時間的に異なることになる[36]。

まず、機能分散型システムの場合、重要な計画決定は、専門的で高度な事前知識を持つマネジメント部門にゆだねられる。ここで企画・決定された事前の計画が職場に対し示される。そして、計画実行段階においては、個別的に指示した計画の実行を職場に対して要求する。一方、各職場は、その計画を与件としてそれぞれの活動遂行に必要な情報を処理することになる。また、この情報処理類型では、職場が新しい知識・情報を得たとしても、その利用はマネジメント部門が作成する次の段階の計画を待たねばならない。

この結果、機能分散型システムは、各職場が事前に決定されたルールに従って、ルーティン化された行動を繰り返せばよい安定的な環境では情報効率的である。

一方、情報共有化型システムの場合は、各職場が担当する業務活動の範囲をある程度幅を持たせている。また、マネジメント部門が企画した事前の計画も、単に一定期間のフレームを定めるにすぎない。さらに、各職場が計画実行段階

における中間情報が利用できるにしたがい、各職場はそのような情報に適応しアドホックな基準で活動することが可能となる。このため、各職場が情報処理を単独で貫徹させることがないように、マネジメント部門は、個々の職場を越えて事前に計画の水平的調整や活動中の中間情報による水平的調整を行うことになる。

不安定な環境では、マネジメント部門と職場間との調整回数が多くならざるをえないことから、情報共有型システムの調整形態が情報効率的である。しかし、激変する不確実性の高い不安定な環境では、有効な意思決定をするためには、組織が処理しなければならない情報量が大量となる。このため、必ずしも情報共有型システムのような中間情報処理型システムが情報効率的ではなく、機能分散型システムの情報分散化システムが最も環境に適合した情報効率的な情報処理システムとなると考えられる。

(5) システム間の補完性と情報処理類型の選択

同一のシステムに属していても、レベルごとに環境条件は異なることから、それぞれのレベルにおいて、最も情報効率の良い情報処理類型は異なるであろう。この結果、環境条件の差は、組織内における部門間の管理システムデザインや組織文化における違いとなって現れてくるであろう。すなわち、環境に対して一括して対応するのではなく、異なる特性を有するサブシステムに環境を分割して、その複雑性に対応するため、理論的には、各サブシステムは情報効率の最大化に適合した合理的システムを形成することになる。

しかし、現実には、1つのシステム内の様々な制度がお互いに補完し合い、システム全体としての強さを生み出すことから、必ずしも多様な職場組織が生まれることにはならない。この制度的補完性[37]の下では、あるサブシステムはその環境条件が変化し、情報効率性が低下しても、情報処理類型を変更することは、システム内での職場組織の整合性が崩れるため困難となる。また、あるサブシステムが他のサブシステムから独立して変更しようとしても、その有効性は限られる。結果として、サブシステムは慣習的・保守的なものとなるであろう。このようにして、時間が経過すると、やがて適者生存の進化的圧力を通じて、サブシステムは、1つの情報処理類型に同調化されてしまうような進

化的均衡[38]に達することになる。

さらに、進化的均衡に影響を及ぼすと考えられる「経路的依存性」[39]と呼ばれるシステムの補完性がある。システムが過去にどんな選択を行ったかによって得られた経験が異なることから、システムは、初期条件に依存して異なった経路をとり、外部環境と内部環境の変化とともに進化することになる。このことをシステムの「経路依存性」という。この経路依存性の結果、システムの異なる外部環境への適応度がシステムの歴史的・技術的・社会的・経済的環境における経験や学習の積み重ねに依存することになり、システムは、初期条件に依存しながら異なる均衡点に収束するであろう。

以上のように、システム間に制度的補完性や経路依存性がある状態では、情報処理類型を変更するような変化は生じにくいことになる。すなわち、進化均衡は、少数者の突然変異に対する安定性でもあることから、ある1つの進化均衡から他の進化均衡への移行は、「かなりのサイズを持った一塊の集団」による「同時的」変異によってもたらされることになる[40]。このことから、システム進化の可能性は、システム構成員の起業家精神の発揚に大いに依存することになる[41]。しかし、将来の期待形成がうまくできなければ、構成員の行動は、経路依存性や既存の制度的補完性によって、条件付けられ、保守的感性が支配することになる。効果的なシステムの変化には、システム構成員のかなりの部分に及ぶ将来の可能性についての期待形成に対する調整が必要となるのである。

情報処理類型の進化と企業の組織形態について、青木昌彦（1995年）によれば、企業形成の初期の段階では、情報処理機能の集中化した古典的ヒエラルキーが支配的組織形態であった。その後、企業活動に影響を与える環境の重要性が高まると、企業組織はヒエラルキー型の特徴をとどめつつも、情報共有型システムか、あるいは機能分散型システムといった要素を取り込んだ組織形態へと発展する。つまり、情報処理類型の違いが企業組織の基本的なヒエラルキー構造の進化に影響を及ぼすことになるのである。

たとえば、アメリカの企業組織は、古典的ヒエラルキーから機能分散型システムの要素を取り込んだ形態へと進化した。更に今日の外部環境の急激で連続的な変化への対応として、システム環境及び個別環境の情報を処理する情報分

散化システムの要素を取り込んだ企業組織形態へ進化してきている。一方、日本の企業組織は、古典的ヒエラルキーから情報共有型システムの要素を取り込んだ形態へと進化した。また、この企業組織形態は、1940年代の戦時中に労働力不足を共同責任で対処するため発達した情報同化型システムから、次第に個別環境情報を処理する水平的ヒエラルキーの要素を取り込んだ企業組織形態へ進化してきている。

以上の情報処理類型の進化過程の相違は、システム環境の情報が組織の構成員全体によって共有され、同方向に用いられるか、あるいは異化して用いられるか、という点であり、この相違が情報処理類型の異なる企業組織形態として進化をもたらすことになったのである。

(6) 情報処理類型の変化と組織構造への影響

組織が外部環境に対して一括して対応するのではなく、異なる特性を持つサブシステムに環境を分割してその複雑性に対応することは合理的であろう。このため、環境の不確実性は、内部組織編成に影響を与える。不確実性が増すと組織分化が進むことになる。その組織分化の方法は情報処理類型により異なることになる。

機能分散型システムでは、マネジメント部門と職場の情報処理時点が異なるため、両者の分業化・専門化がはかられるとともに、各職場間も個々に個別環境パラメータを観察する。このため、一方の職場の変更が他の職場の変更につながる可能性は少ないことから組織変更が容易である。

一方、情報共有型システムでは、両システム間の情報処理過程の時間軸上の明確な分業化・専門化がはかられていないこと、一方で職場間での情報共有がはかられていることから、ある職場の変化は、他の職場に何らかの変更を強要することになる。このことから、職場を変更する場合は、他の職場との調整をはからないと変更後の組織に問題が生じる可能性がある。この結果、情報共有型システムでの組織変更は非常に困難となる。

次に、組織に非ルーティン業務が生じたため、組織変更の必要性が生じた場合は、情報処理形態の違いから変化した組織の内容、つまり業務遂行の体制づくりが異なることになる。まず、機能分散型システムでは、非ルーティン業務

を担当する職場がルーティン業務を担当する職場とは別に存在する。もし、別に存在しない場合は、非ルーティン業務を担当する職場を作るか、マネジメント部門が既存の職場のどれかに権限を割り当てることで解決される。また、職場を越えた組織の分割・再編も、同じ職能の場合は容易である。

一方、情報共有型システムでは、ルーティン業務を担当する既存の職場が相互に協力して非ルーティン業務の解決にあたる。また、同一の職場内であれば、職能の分割・再編成も比較的容易にできるが、各職場間に及ぶ職能の分割・再編成は非常に困難である。

(7) 組織構成員と情報処理類型

情報効率性は、情報処理類型の固有の構造のみでなく、情報処理に携わる組織構成員個人の能力にも依存する。青木昌彦（1992年）は、組織構成員が学習過程を通じて獲得する職場に必要な情報処理技能を二分類する。それは、その組織固有の文化や状況に依存する文脈的技能と、標準化され組織を越えた普遍性を持つ機能的技能である。この文脈的技能は、特定の業務を果たせるだけでなく、自分の所属する管轄を越えた領域の問題にも、他の組織構成員と交渉ができ、部下の意見の食い違いをも、うまく調整できる職場組織という文脈の中で有能な技能である。一方、機能的技能は、組織構成員各人が専門的な知識を持って、個別環境に対応できる技能であり、また特化され特定の職場を越えた価値を持つ技能である。

では、情報処理形態と組織構成員の技能の関係を考察してみよう。まず、機能分散型システムでは、組織構成員個人は特化した機能的技能の取得が必要となる。このため、職場の人材育成は、組織構成員のスペシャリスト化が主となる。一方、情報共有型システムでは、組織構成員個人は文脈的技能の取得が必要となる。このため、職場の人材育成は、組織構成員のゼネラリスト化が主になるだろう。つまり、専門的情報処理を行う組織では、人材育成のスペシャリスト化が進み、統合的な情報処理を行う組織では、人材育成のゼネラリスト化が進むことになる。

さらに、個々の組織構成員が果たす職務のあり方及び人事管理がどのようなものになるのか、どのような技能を身につけた人材を組織構成員として採用す

るのかも、それぞれの情報処理類型に応じて異なることになる。

　機能分散型システムでは、ある組織構成員の職務内容と他の組織構成員の職務内容は明確に区分されており、各人の果たす職務の内容がそれぞれ事前に確定されている。このシステムでは、担当者が不明の職務は、当事者同士で決定するのではなく、マネジメント部門の裁定にゆだねられる。また、欠勤者への対応は、同一組織内の他の組織構成員がその職務の代行を務めることが困難である。しかし、職務内容が職能的に区分されていることから、組織外からその職能的技能を有する人間を補充することができれば、その職務の実行は可能となる。さらに、非ルーティンの業務が生じた場合は、非ルーティン業務を担当する組織構成員がルーティン業務を担当する組織構成員とは別に存在するか、存在しない場合は非ルーティン業務を担当する組織構成員を補充するか、または既存の組織構成員の誰かに業務をマネジメント部門が割り当てることで解決されることになる。以上のことから、同じ職務内容の場合は、組織を越えた人の異動であっても比較的容易となる。

　一方、情報共有型システムでは、組織構成員個人の職務内容のすべてが事前にルール化されていることはありえない。組織構成員は、ルーティンの通常業務をそれぞれが個々に担当し遂行しているが、非ルーティン業務の遂行も、ルーティン業務を担当する組織構成員が担当することになる。すなわち、組織構成員個々人が持っている文脈的技能を利用して非ルーティン業務を遂行するか、または組織構成員間の水平的な調整により遂行するなど組織構成員が相互に協力しあって解決にあたることになる。欠勤者への対処も、他の組織構成員が代行することが可能である。しかし、組織構成員は、所属する組織において文脈的技能を身につけ重要な戦力となるが、他の異なる組織に異動した場合は即戦力になるとは限らない。この結果、同一組織内であれば、人の異動は比較的容易にできるが、組織と組織の間の異動は非常に困難となる。

　以上のように、ルーティンな業務の処理に関しては、情報処理方法の形態が機能分散型システムであっても、また情報共有型システムであっても、組織構成員個人が基本的に対処する点では大差はない。しかし、非ルーティンな業務が生じた際、その問題や変化に対処する場面で相違が明確となるのである。機能分散型システムでは、マネジメント部門と事業実施部門が分離しているため、

緊急事態が生じた場合は、マネジメント部門の監督者の下で事業実施部門の専門家が対処することになる。一方、情報共有型システムでは、組織構成員が幅広い職務を経験することで、異常事態に対する組織構成員の知的対応能力が発達し、また職場レベルで集団全体が知識を学習・修得・共有することで情報処理能力が高まる結果、非ルーティンな業務が生じた際、その問題に対して職場レベルで対処することになるのである。

また、情報処理類型の相違による組織構成員の職務のあり方の相違は、情報処理類型に対応した人材調達方法に相違をもたらすことになる。この人材調達方法には、組織外からの採用と組織内部での配置転換による調達がある。

外部の組織からの採用については、機能分散型システムでは、組織を横断して共通する職能的技能を中心に組織が構成され、職務内容も職能的に区分されていることから、必要な職能的技能さえ保有していれば、新組織に属したその日から職務の遂行は可能である。この結果、新卒者の採用よりも、外部組織において技能を取得している人材の採用が頻繁に行われる。

一方、情報共有型システムでは、組織構成員は、同一の組織に長く属して職務を遂行していく中でその組織の文脈的技能を身につけていくため、組織の外から入ってきた組織構成員がすぐに業務を行うことは不可能である。また、文脈的技能は、その組織では重要であっても、他の組織ではあまり意味のない技能であることがしばしば生じる。一方、組織は、長期に組織構成員を所属させることで文脈的技能を身につけさせ、組織構成員を手放さないことになる。この結果、外部組織との人材交換が積極的に行われず、人材の調達の中心となるのは新卒者である。

さらに、組織内での人事異動については、機能分散型システムでは、職能的技能ごとに分断化した職場構成であるため、個々の組織構成員は勤務している職場から別の機能で構成されている他の職場へ異動することはほとんどなく、基本的には同じ職能の職場内で上下に人事異動するだけである。しかし、異なる職能の場合は、同じ組織内であっても人事異動が困難となる。同様に昇任も自分の持つ職能を担当する職場に限られることになる。一方、情報共有型システムでは、どの職場も職能的に分断化していないことから、誰が所属してもある程度の業務遂行は可能となる。このため、組織内異動はよく行われることに

なる。むしろ、組織内異動は、組織のいろいろな業務を経験することがその組織の文脈を知る上で役立つことから積極的に行われることになる。

(8)　「双対原理」と情報処理類型

　青木昌彦によると、組織がシステムとしての一体性を維持するためには、マネジメント部門が職場に対して一定のコントロールを行わなければならない[42]。マネジメント部門がすべての意思決定を行う古典的ヒエラルキーと各職場がそれぞれの活動水準に関する分権的意思決定を行う分権的ヒエラルキーは、マネジメント部門による職場のコントロールの必要性が原則的には生じない。

　一方、情報処理を分担する機能分散型システム及び情報共有型システムでは、マネジメント部門が一定のコントロールを職場に行うことになる。機能分散型システムの場合、マネジメント部門が事前に決定した各職場の組織活動ルールを通して各職場をコントロールすることは可能である。一方、情報共有型システムの場合は、マネジメント部門が各職場の組織活動ルールを必ずしも事前に決定しているとは限らない。むしろ、各職場の組織活動において重要性を持つのは、組織活動現場における各職場の情報処理である。そのうえ、情報共有型システムでは、職場レベルにおいてシステム環境情報が共同で処理・共有化されるため、各職場に情報資源が蓄積することになる。この結果、職場は、マネジメント部門に比べ情報資源に関して優位となるであろう。このため、情報共有型システムでは、マネジメント部門が自らの統制力を維持するためには、情報資源・情報処理権限の配分・利用以外の側面で各職場をコントロールする必要が生じることになる。マネジメント部門によるコントロールの方法としては、「組織構成員の人事管理権限」及び「財源・人材（定員）の配分・利用権限や組織編成権限」といったインセンティブ制度に関する諸権限のマネジメント部門による集中管理である。

　まず、組織構成員に対する主要なインセンティブ制度である人事管理制度について考察してみよう。情報効率性は、情報処理類型の固有の構造のみでなく情報処理に携わる組織構成員個人の能力にも依存するため、もし、組織構成員が必要とされる役割から逸脱してしまうと理論上完全な情報処理システムで

あっても機能しないこともあろう。このことから、組織が目的を効率的に達成するためには、情報処理過程に必要とされる組織構成員の技能の効率的な使用と発展がそれに対応するインセンティブ制度によって適当に動機付けられることが重要となる。このインセンティブ制度としては、人事管理制度がとくに重要と考えられる[43]。

人事管理制度について、機能分散型システムの場合では、組織構成員個人の特殊技能の達成度を判断基準として勤務評価を重視する。この勤務評価が可能なのは、職務区分が明確であるからである。評価の対象である職能的技能は、外部労働市場との関係で評価が可能なため、マネジメント部門による集中的な人事管理が必要ではなく、人事管理はそれぞれの職場の上司に任される。つまり、人事管理制度は、分権的・市場志向的な制度を採用することになる。また、給与制度も職務の遂行能力に対する短期的評価と結びつき、分権的・市場志向的な制度を採用することになる。

一方、情報共有型システムの場合では、勤務評価は上司による勤務評価に基づいても行われるが、この勤務評価の場合、個人間の職務の区分が不明確ということもあり、主観的な業務評価となりやすく、モニター側と非モニター側の癒着が生じる可能性がある[44]。この癒着を防ぐためには、頻繁な組織構成員の人事異動が必要となる。また、情報資源が下部組織においてもストックされるため、下部組織の自律性が高まり、組織全体の目標と異なる活動が生じる可能性がある。このため、組織構成員を規則的に人事異動させ、局所的な利益集団の発展を抑制する必要が生じる。加えて、組織構成員個人が幅広い技能を身につける動機付けも与えなければならないことから、組織構成員の規則的な人事異動が必要となる。しかし、情報共有型システムでも、人材の有効活用のために勤務評価を長期間積み上げた後で昇任の判断基準に活用されることとなる[45]。以上のことから、人事管理の専門部門としての「人事課」の設置が必要となり、また人事管理制度は、集権的・組織志向的な制度を採用することになる。

さらに、情報共有型システムでは、給与制度は年功序列賃金体系である。すなわち、この給与制度では、組織は組織構成員の文脈的技能の獲得を促進し、文脈的技能を身につけた組織構成員を長く組織に残留させるため、組織構成員

の初任給を低く抑え、年次とともに給与額を高くし、同時に退職時に支払う退職金をプールする。このことにより、組織構成員は、同一組織に定年まで所属するインセンティブが与えられることになる[46]。

　このように、同世代の組織構成員の間で階層や給与の上で差がつくのは、昇任に差がつく長期間勤務した後になるということは、組織の全構成員に対して文脈的技能取得のインセンティブを与えることになる。この結果、組織構成員は、若いときからより高い地位を得ようとして、キャリア形成で同世代間での熾烈な競争を繰り広げることになる。また、この競争は長期戦であることから、競争の結果がでるまで、組織構成員は、長期間にわたりモラールと組織忠誠心を維持しなければならない。さらに、組織構成員個々人は、長期にわたる貢献を査定されているため、下位レベルの組織へ実質権限を委譲でき、またヒエラルキーを通じた上司の指示を受けなくても管理者の権威に従うように動機付けられるのである。この結果、上司は安心して部下に対して職場における教育的訓練（OJT）を行うことができることになる[47]。ただ、組織構成員の同世代間競争は、組織構成員の怠業を抑制することにはなるものの、この競争により同世代間の協調が妨げられることが生じる可能性がある。このことから、競争相手となる同世代の同一組織への配置はできるだけ避け、異なった組織へ分散し配置する工夫がなされる[48]。

　次に、各職場組織に対するインセンティブ制度について考察してみよう。このインセンティブ制度としては、組織活動に必要な財源、人材といった組織活動資源の管理制度[49]及び組織機構の管理が考えられる。どの制度が各職場にとって有効なインセンティブとなるかは、各職場の業務の内容により異なることになる。たとえば、公共事業を業務とする職場であれば、財源配分がより有効であり、これに対して内部管理事務を業務とする職場であれば、職員定員配分がより有効であろう。ただ、財源も職員定員も、業務の増減により影響を直接受けることから、相互補完的なインセンティブ制度ともいえる。また、組織機構の拡大・縮小等の編成も、同様に職場に対するインセンティブとなると考えられる。つまり、職場の予算規模、職員定員規模あるいは組織規模を拡大できることが、組織の存続・発展につながるといった行政組織にとってのインセンティブとして機能すると考えられる。ただ、今日の政府の財政危機により、

予算や職員定員の増分主義的な実現は不可能であろう。しかし、W. A. ニスカネンの「官僚の予算最大化行動」がなくなったとは考えられない[50]。むしろ、行政組織内の予算や職員定員の獲得競争を激化させる可能性もあることから、財源や職員定員の管理制度及び組織機構の管理制度は、インセンティブ制度として依然として有効であると考えられるのである。

さらに、これらの組織活動資源や組織機構の管理も情報処理形態により異なることになる。まず、機能分散型システムの場合では、システムの内部組織がマネジメント部門と事業実施部門の職場に明確に区分され、職務や職能も特化している。そして、業務実施の職務権限も明確にマネジメント部門で事前に決められている。また、非ルーティンな問題が発生した場合は、まずマネジメント部門が扱い、新たな職務権限を職場に配分することなどで解決される。さらに、このシステムでは、情報資源の管理や職務権限の執行がマネジメント部門で中心に行われる代わりに、財源配分、組織構成員の定員配分・人材配分及び組織機構編成は、職場によって分散的に担当されることになる。このように、職場の資源利用を枠づけることによって、管理が一体的に運用されることになり、システム統合が達成されるのである。

一方、情報共有型システムの場合では、ルーティンの業務権限は、各職場の分担が決められてはいるが、各職場間の横の関係は密接であり、非ルーティンな問題も各職場間の水平的な調整によって解決される。また、このシステムでは、情報資源の管理や職務権限の執行が職場で中心に行われる代わりに、財源配分、組織構成員の定員配分・人材配分及び組織機構編成は、マネジメント部門で集中管理されることにより、システム統合が達成されるのである。

青木昌彦（1992年）は、組織がシステムとしての一体性を確保するためには、情報資源・情報処理権限の配分・利用とそれ以外の人材等の組織活動資源の配分・利用の側面との関係が互いに集権化と分権化の原理により結合されなければならないとし、その原理を「双対原理」と名付けている。もし、「双対原理」が成り立たない場合は、たとえばマネジメント部門の各職場へのコントロールが不十分あるいは過剰な場合は、前者はシステムとしての一体性が希薄になり、後者はシステムにとって過重な負担となり、職場にとって自主性が阻害されてしまうとする[51]。つまり、「双対原理」とは、求心と遠心の異なる方

向へのベクトルを持ち、それを平衡させることが組織存立の根本的な前提となることを明らかにしているのである。

　以上のことは、組織が組織活動資源等の組み合わせによって自らの目的に最も合った最適の機能を追求するエンジニアリングの体系であり、情報処理類型が変更されると、それに適合した形で組織活動資源等の管理方法も変更されることを意味しているのである。

第5節　新しい行政運営システムモデル

　NPMにおける政策の企画管理部門（トップマネジメント部門）と執行部門（事業実施部門）の分離は、政府が何を実現するかという政治的な価値の選択とその価値や目標を実現するための手段の選択や実施という2つの異なる機能を分離する。そして、NPMは、異なる2つの機能分離を明確にすることで政府の有効性・効率性を確保する目標管理型行政運営システムを構築する。

　この目標管理型行政運営システムは、2つの仕組みで構成される。1つは、トップマネジメント部門が把握した社会・経済環境からのニーズに基づいて、政府の政策形成・政策目標に対する優先付けの意思決定を行い、この政策目標を事業実施部門の事業目標へブレークダウンを行う仕組みである。もう1つは、事業実施部門の職場が組織目標達成のために有効な事業の選択と効率的な実施ができるように職場への権限委譲が行われる一方で、職場の業務・成果に対する実績評価の測定によるトップマネジメント部門のコントロールが行われる仕組みである。この2つの仕組みは、前者の集権的流れと後者の分権的流れが融合した意思決定プロセスである。

　ところで、目標管理型行政運営システムにおける情報処理形態は、機能分散型システムに適合的である。とくに、今日の環境の不確実性の増大や住民ニーズの多様化、そして地方分権の進展は、個別環境情報が重要視されることになる。このような状況下では、行政運営は、情報処理形態が個別環境情報を重視するアメリカ型の機能分散型システムの要素が不可欠となってくる。このことから、日本型「目標管理型行政運営システム」は、制度的補完性と経路依存性により、機能分散型システムへ進化せず、機能分散型システムの要素を加えた水平的ヒエラルキーの情報処理システムへと進化するであろう。

　水平的ヒエラルキーは、情報共有型システムの性格を有していることから、事業実施にあたって、トップマネジメント部門が意思決定したルールの範囲内で事業実施部門の職場は、運用に関する意思決定を行うことになる。ただ、水

平的ヒエラルキーは、トップマネジメント部門との情報処理の共同化は排除されていないという両部門に融合性が存在する。このことから、事業実施部門の職場が個別に情報処理を行う機能分散型システムほどトップマネジメント部門と事業実施部門の機能分離が明確でない。また、トップマネジメント部門の事業実施部門の職場のコントロールも事業実施の事前・事後の権限によるコントロールだけではなく、情報共有型システムの特徴である中間過程においても行われる。このように、トップマネジメント部門と事業実施部門との機能分離も、機能分散型システムに比べ曖昧化している。

　さらに、情報共有型システムの場合は、意思決定過程において、事業実施部門の職場が共同でシステム環境の情報処理を行うことから、トップマネジメント部門に比べ、事業実施部門の情報優位が顕著になる。このため、トップマネジメント部門が職場をコントロールし、組織の一体性を維持するためには、情報資源・情報処理権限の配分・利用以外の側面でコントロールする必要が生じる。機能分散型システムの要素を加えた水平的ヒエラルキーも、トップマネジメント部門に比べ、事業実施部門の職場が情報優位となる。このことから、情報同化システムほどではないにしても、「情報資源・情報処理権限の配分・利用」以外の「人事管理、組織構成員の定員配分及び財源の配分・利用、組織編成」（以下「人事管理等」と略する）といった側面でのコントロールが必要となる。

　このため、水平的ヒエラルキーにおけるトップマネジメント部門の集権的な仕組みは、トップマネジメント部門が「情報処理権限・情報資源の配分利用」を集権化することで職場をコントロールする機能分散型システムの方法ではなく、また「人事管理等」の権限を集権化することで職場をコントロールする情報共有型システムの方法のみではない。水平的ヒエラルキーにおける「双対原理」を成り立たせるためには、それらの方法が融合した「人事管理等」といった組織活動資源の配分権限がトップマネジメント部門に集権化し、これらの資源の運用レベルでの資源利用権限が事業実施部門の職場に分権化されるといった仕組みが構築される必要があろう。このような水平的ヒエラルキーの情報処理方法の要素を加えた行政運営システムが、日本型「目標管理型行政運営システム」と呼べるだろう。

40　第1章　行政システム改革の分析枠組

図1-2　日本型「目標管理型行政運営システム」モデル

（図中のテキスト）
（有効性の確保）　　　　　　　　　（効率性の向上）
（政策目標の確定＝需要の確定）　　（行政活動資源の配分＝供給の確定）
トップマネジメント部門（企画管理部門）

政策目標の設定（総合計画との連動）　反映　政策評価
調整・共有化
部長会議で調整
調整・共有化　　部局目標設定⇔部局
調整・共有化　　課目標設定⇔課
調整・共有化　　職員目標設定⇔職員
評価↑（事業実施過程）
成果主義的人事管理制度　連動　事務事業評価

中央政府／地域社会・経済環境　収集　広聴広報システム

業績評価システム　調整／連動

行政活動資源等の権限配分
中枢レベルの情報・権限の集中
人材・定員・予算・組織配分権限の集中
権限委任
運用レベルの組織活動資源管理権限の分散

組織のフラット化・柔軟化

情報提供

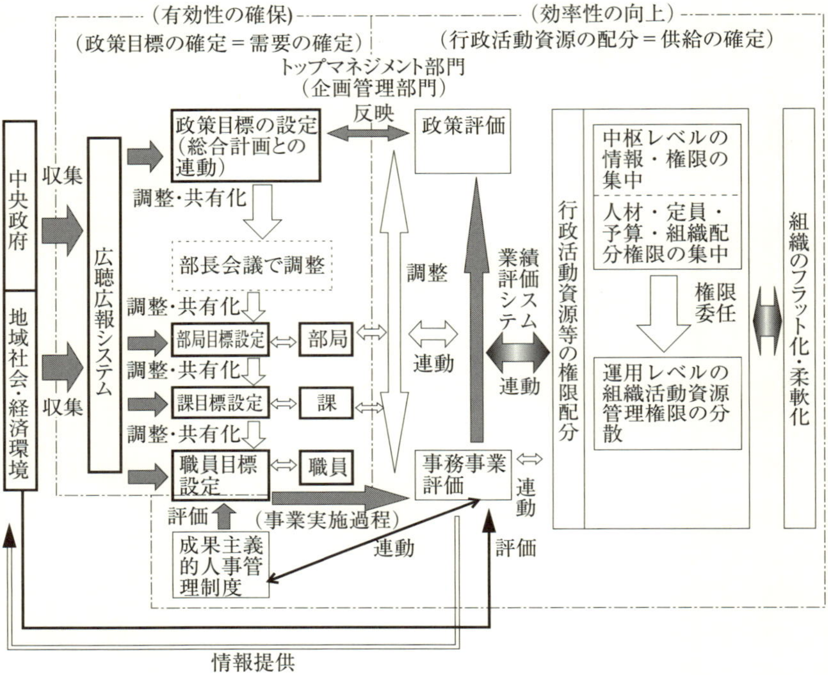

出所：筆者作成

　これまでの理論的分析枠組みから、日本型「目標管理型行政運営システム」モデルの仮説を導き出すと、「図1-2　日本型『目標管理型行政運営システム』モデル」のようになる。このモデルの主な特徴は、次の通りである。
　①　公共サービスの提供に関して、企画立案とその執行を異なる組織で行うため、内部組織の部局がマネジメント部門と事業実施部門に基本的には区分されている。
　②　公共サービスの需要の推測と確定過程では、次の仕組みにより、サービスの「有効性」を高める「民主制」が確保されている。
　　＊　広聴広報システムにより、トップマネジメント部門は地域社会・経済環境の情報や中央政府の情報を常に的確に把握している。
　　＊　トップマネジメント部門は、外部環境から収集した情報により、公共

サービスの需要を確定し、その政策目標（「マクロ計画」）を設定する。政策目標は、公共サービス提供の価値観を表し、以後の政策の方向性を示す概念提示的であり、それが住民の行動を直接的に規制したり、利益を与えたりするようなことはない。
* 部長会議等の仕組みを通じて、政策目標は事業実施部局との調整・共有化がはかられる。
* 政策目標を事業実施部門の職場の事業目標（「ミクロ計画」）へとブレークダウンされる。事業目標は、現実に予算を配分したり、いろいろな権限を行使して地域社会・経済環境に対して働きかけていく実施レベルの政策目標である。
* 地域社会・経済環境からの公共サービスの要求に的確に対応するため、事業実施部門は、公共サービスの供給を確定する事業目標を設定する際に、事業にかかわる個別環境情報と部長会議などトップマネジメント組織において各事業実施部門が共同で観察・処理したシステム環境情報を活用することになる。
* このような事業目標が迅速かつ的確に意思決定され、事業実施が行えるように、組織がフラット化・柔軟化され、「人事管理等」にかかわる活動資源の運用レベルの権限を大幅に事業実施部門に委譲されている。
* ルーティンの業務権限については、あらかじめ事業実施部門の各部局の分担が決められている。非ルーティンな問題は、各部局間の水平的な調整によって解決されるような密接な横の関係が事業実施部局間には存在している。
* この事業目標設定の際に、アドホックな問題が生じた場合は、関係事業実施部局やトップマネジメント部門との調整・すりあわせが行われている。
③ 公共サービスの供給過程では、次の仕組みにより、「効率性」の向上がはかられている。
* 事業実施部門への分権化と組織の柔軟化により、事業実施部門が全体組織から遠心化するのを防止するため、トップマネジメント部門は、事業実施部門との間に、政策目標の達成に関する「契約」を結び、事業実

施部門に組織規律が与えられている。
* この「契約」は目標設定システム及び業績評価システムで行われる。事業実施部門の業績・成果は、この業績評価システムで明らかになる。業績評価は、事業目標に対する事業評価から始まっている。
* 業績評価は、政策の優先順位の決定に際しての判断材料のよりよい情報を提供する。
* 業績評価システムにより、住民及びトップマネジメント部門へのアカウンタビリティが担保されている。
* 事業の業績目標と予算との関連付けが契約時点と事後の業績・成果査定時点で行われる。とくに、事後評価の結果は、次の予算配分、人員（定員）配分、組織機構の配置、さらには、次の政策目標設定に反映されることになる。
* 事後評価結果は、職員個々人の人事考課に反映される成果主義的な人事管理に利用される。
* この結果、事業実施部門及び職員個人に対するインセンティブが与えられ、行政運営システムが効率的に機能する。また、行政活動資源配分の最適化がはかられている。
* 事業実施の中間過程でアドホックな問題が生じた場合は、関係事業実施部門だけでなく、トップマネジメント部門との共同化による調整・すりあわせによって、問題解決がはかられる。
④ 目標管理型行政運営は、中枢的な情報資源や職務権限の管理がトップマネジメント部門で中心に行われ、運用レベルでの情報資源や職務権限の管理が事業実施部門で中心に行われる。また、「人事管理等」の権限は、トップマネジメント部門で集中管理されるが、それらの運用レベルの活用権限は事業実施部門に分権化されることで組織統合が達成されている。
⑤ 以上のように、日本型「目標管理型行政運営システム」では、地方政府の存在価値の実現がはかられている。

以上の仮説モデルの特徴によると、日本型「目標管理型行政運営システム」は、組織定員、予算、人事など資源管理制度や総合計画などの行政運営をコントロールする手段との関連の上に、行政組織特有の行政システムとして成立し

ていることになる。

　次章以降では、これまでの分析枠組みにより、三重県の行政システム改革を分析し、仮説モデルが事実に適合しているかどうかを考察することとする。

注
1）岩見隆夫・北川正恭　2000年　42頁
　　また、別の著書で、北川知事は、三重県の行政システム改革は「部分的な弥縫策」を目指したわけでなく、「全体最適」を目指す、としたのである（高塚猛　2002年　60-61頁）。
2）岩見隆夫・北川正恭　同書
　　また、北川知事は、県政は県民自身が行うことだとし、観客民主主義ではなく県民が「未来に向かって責任の持てる地球市民となって、自分たち自身で考えて」いかなければならないとする。このため、三重県の行政システム改革では、まず、県庁職員の意識改革をおこない、大多数の自立した職員と県民が自らの意思と責任で県政に参加する協働システムを構築していけば、多数の県民の意識が自立した市民に変わるとともに、三重県がデモクラシー社会に進化していくということを視野に入れた改革となっている（ばばこういち　2001年　第9章）。
3）富永健一　1995年 a　88頁
4）富永健一　1996年　82頁
5）塩沢由典　1997年　第7章
6）システム的な見方から、三重県の行政システム改革の動向を分析する有効性は次の点がある。
　　① 三重県の改革が公共サービスに着目した改革であること、このため、単に行政組織内部の改革では完結せず、行政をとりまく地域社会・経済環境との関係を視野に入れなければならないこと。
　　② この行政システム改革の中核が、「事務事業評価システム」であり、そのシステムの構成要素の最も重要な概念が顧客満足度の達成であることから、住民との関係をも見直す改革であること。
　　③ 新たな民主制として行政過程における住民との協働の導入をはかろうとしていること。
　　④ 三重県の改革は、単に三重県の行政システムの改革にとどまらず、住民の意識改革を目指した「市民革命」に連動していること。
　　⑤ 三重県の改革は、職員の意識改革から始めたこと、また改革を進める上で、人材育成に重点をおいていることは、システムの自己組織性を重視していること。
となる。
　　以上のように、三重県の行政システム改革は、行政組織内部の改革にとどまらず、今日の地域社会・経済環境との関係をも改革するものである。このことから、シス

テム的分析枠組みが有効と考えられるのである。
7）W. ハンプトン　1996年　4-8頁
8）岩崎美紀子（2000年）は、地方政府の存在根拠は住民に「近い」ことであるとし、その近さゆえに地方政府の意味が問われるとした。ここでの意味とは、存在の正統性であり、J. S. ミルの議論から、それは、「参加の機会＝民主政」と「サービスの効率性」の2つとしたのである。すなわち、人々に近い存在を正統化する要素として、参加機会の多様さと参加の有効性が高いこと、効率的で効果的な公共サービスの供給を行うこと、応答性の高さが対話型民主政を実現可能にすること、成熟した市民社会の形成に寄与する場の提供をあげている。

　三重県の北川知事は、「生活者起点の行政システム改革を進めるためには、住民が参加しやすい状況を作りだし、……住民がどんどん行政をかえていく」（岩見隆夫・北川正恭　2000年　48-49頁）という民主主義の確立と住民が費用対効果をきちんと見極められるように「より効率のよい選択」（同書　99頁）ができるようなシステムの確立を目指すとしている。すなわち、経済の「右肩上がりが終わったことで、国民は民主主義というものは、費用対効果を見極めることが重要だということに気がつき始めている。後は、政治家や行政の人間が小さい適切な政府のほうが効率的であるというのを明確に意識することだ。財政の規律は、生活者の視点からもう一度構築すべきなのである」（北川正恭　2001年）とし、三重県の行政システム改革を進める上で、「民主制」と「効率」とは切り離せないことを主張している。
9）秋吉貴雄　2000年を参照のこと。
10）斉藤　慎　1999年　35頁
11）H. ライベンシュタインは、生産効率が測定可能な投入物から機械的に計測できるものでなく、生産過程の中での企業構成員の士気や動機付けに依存するとした。しかし、組織という非市場領域の中では安定した人間関係が支配的となるため、個人間の競争は抑制される。この結果、個人の努力が最大限に達することがなく、この生産格差の発生を組織におけるX非効率と呼んだのである。この意味から、組織にとって、X非効率の存在の大小は、そのパフォーマンスを決める重要な要因となるのである（今井賢一・伊丹敬之・小池和男　1982年　15-16頁）。
12）進藤　兵　2003年3月　14頁
13）村尾信尚　1999年　19頁
14）山本清　1997年、大住荘四郎　1999年
15）詳しくは、山本清　1997年、大住荘四郎　1999年、2003年を参照のこと。
16）この効率性については、政府が一元的に決定した公共サービスの生産目標を前提とし、ある活動の実績がその目標をいかに達成したかを問う基準である「有効」と、この活動の実績が産出に対してどれだけ投入が少なかったかを問う基準である「効率」の2つの基準を行政の効率性をはかる尺度として重視したのである（西尾　勝　1976年、2001年　第18章）。
17）財政制約の強まりや行政ニーズの多様化を背景にして公的部門のシステム改革の動きは世界的潮流となっている。この動きの背景には、NPMと称される行政改革

の潮流がある。この改革は民間部門の経営手法を可能な限り公的部門にも適用させ、公的部門の活性化・効率化を「3つのE」(Economy, Efficiency, Effectiveness) の観点から実現しようと意図するものである。とくにイギリスでは「3つのE」「ヴァリュー・フォー・マネー (Value for money)」、本人・代理人理論 (Principal-agency theory) に基づく公共サービス実施部門の独立化 (エージェンシー化)、公共サービスの品質の向上のための「ベスト・バリュー (Best Value)」、消費者志向 (Consumerism)・結果重視のための「市民憲章 (Citizen's charter)」の制定、行政組織の側から政治家・市民への会計・事務事業についての説明責任である「アカウンタビリティ (Accountability)」、行政運営に経営学を導入した「マネジャリズム (Managerism)」などの行政組織管理における新しい動向が顕著である。詳しくは、国土交通省国土交通政策研究所報告書 (2001年) を参照のこと。

18) 大住荘四郎　2003年　20頁
19) 同書　8頁
20) 西尾勝 (1990年　132-133頁) によれば、元来、住民の公共サービスの需要は、多様な供給主体が種々のレベルで様々な様式によって提供する財・サービスによって充足されているのであり、公共サービスと市場財は、供給の複合構造全体の中では、その一部にしかすぎないのである。この意味からも、NPMの場合も、「政府」か「市場」かという2項区分的ではなく、中間領域型のNPMが試みられてきている。つまり、初期のNPMの経済性や効率性を中心に追求した顧客主義から、今日のNPMは効率以外の有効性などの価値に重きを置き、ステークホルダーとしての住民の積極的参加へと発展している。
21) 宮川公男　2000年　10頁
22) 吉原直樹　2000年
23) R. A. W. Rhodes　1996　pp. 652-653
24) Ibid., pp. 659-660
25) 白川一郎　2001年
26) 青木昌彦　1989年　1992年
27) NPM手法の目標管理型行政運営システムは、集権的仕組みと分権的仕組みを組み合わせた意思決定システムである。この行政運営システムは、意思決定過程に「双対原理」を成り立たせることで行政運営の効率性を確保するシステムといえよう。この意味も比較制度分析による分析は有効と考えられる。
28) H. A. サイモン (1989年　11章・12章) は、組織の最終決裁者の決定を組織の意思決定と同一視せず、上層部であれ下層部であれ、組織構成員のすべてを意思決定者とした。これは、彼が個人を単位として組織を理解したことによる。彼は、意思決定過程で主要な決定がどの個人または集団によってなされたとはいえないとし、それは多くの個人、幹部会での意思決定とそれらの相互作用を通じて導き出されたものであり、最終決裁者が意思決定することは、ほとんど従属的なことになるとしたのである。つまり、組織の意思決定過程は、組織構成員の意思が相互に影響しあって合成された決定過程であるということになる。このサイモンの観点からは、

組織は人々の意思決定の束としてとらえれることができる。
29) 青木昌彦　1995年　38頁
30) 青木昌彦・瀧澤弘和　1996年 a　58頁
　　マネジメント部門と職場の情報処理活動の組み合わせ、つまり、情報処理活動調整メカニズムが同じ技術的・環境的パラメータの下で、他の組み合わせよりも単位時間あたりの高い生産性を実現しうると期待される時、前者の組み合わせは後者より「情報効率性」が高いことになる。
31) 詳しくは、青木昌彦　1995年　48-49頁を参照のこと。
32) 青木昌彦　1995年　50-53頁
33) ただし、情報共有を主として個別情報処理を従とする意味では、ヒエラルキー化しているシステムである（青木昌彦　1995年　194頁）。
34) 青木昌彦　1995年　53-60頁
35) 個別環境パラメータの分散値のシステム環境パラメータの分散値に対する比をいう。
36) 青木昌彦　1989年　110-112頁
37) 制度的補完性には、戦略的補完性と相互補完性がある。前者は、システム外のシステムとの補完性、後者は、システム内での補完性であるが、両者の補完性についての基本的な概念は同じである（奥野正寛　1993年　283-286頁、288-289頁）。このことから、本書においては、この両補完性について、とくに区別をせず「制度的補完性」と呼ぶ。
38) 青木昌彦・滝澤弘和　1996年 b　83-88頁
39) 青木昌彦・奥野正寛　1996年
40) 青木昌彦　1995年　86-89頁
41) 起業家精神とは、困難な問題に取り組もうとする意思と、その問題を解決する創造性であり、起業家にとっての必須条件とされている（伊丹敬之・加護野忠男・小林孝雄・榊原清則・伊藤元重　1988年　57-58頁）。
42) 青木昌彦　1989年　109-117頁
43) 今井賢一・伊丹啓之（1982年　第1章）は、組織の意思決定システムが組織目標にかなうよう機能させ、そして動かしていくためには、意思決定の階層的ネットワークの分割の仕方（＝組織への権限配分の設計問題とネットワークの機能のさせ方）、つまりマネジメントコントロールの問題があるとした。マネジメントコントロールにおいては、インセンティブ制度が組織構成員にその組織へのコミットメントの動機を起こさせるためにも、また自分に与えられた役割期待を達成するように動機付けを与えるためにも、極めて重要な意味を持つとしている。具体的な形態としては、金銭報酬、昇任など人事管理制度が考えられるが、結局、すべてが被雇用者に支払われる賃金と概念的には同じであるとした。この人事管理制度には、サブシステムとしての給与制度も含まれ、当然、昇給が重要となる。
　ここでは、青木昌彦は、情報効率性が職場・集団というサブシステムを構成単位としながら、インセンティブ制度はあくまでも個人単位に制度化している。このこ

とについては、組織が人間の協働行動から形成されるという観点に立つと、組織の最小構成単位は個人であり、この個人から組織の存続発展に必要な活動を引き出すことが重要となることから、この構成単位の非対称は合理的なことである。

44) 青木昌彦は、文脈的技能の客観的指標化が困難であることから、その評価にあたっては、高い信頼性を持つことが必要であるとする。そして、人事の一括集中管理によって、上司の個別利益による左右や仲間内での共謀によるモラルハザードの発生を厳しく監視することで、評価の信頼性が保障されているとする。日本企業の評価の場合は、絶対評価ではなく、複数の上司による「AよりB」という相対的・序列の結果に依存する評価で、1回限りではなく長期間をかけてくだされる（青木昌彦　1992年　第3章）。この評価は、長期的に行われることから、自然に主観的評価は客観性を帯びてくる。また、評価を追跡することによって誤りを是正できる機会も生まれるのである。

一方、評価はマネジメント部門が行うだけでなく、同一ランクの中でも相互に評価を行っている。仲間内の評価は、状況把握の的確性、客観性、評価軸の多角性や広範囲性の点で優れている。また、より重要なのは、直接監視できることから、信頼性の高い評価が可能であり、そのことから、現実の世界では、同僚たちによる相互的・水平的評価が「それなりに組織の評価」へとなっていくケースも多い。

45) 日本の組織では、上司による勤務査定の結果、部下の賃金やフリンジベネフィットに大きな差がつくことはない。むしろ、昇任の経路やスピードに影響してくるのである。つまり、上位階層の職であるほど業務執行に対するインセンティブを与えるヴェブレン財的な存在となるのである。このため、もし昇任の段階が事前に規定されておらず、組織構成員個人の給与が個別交渉によって極めて裁量的に決まってしまうならば、組織構成員個人間の敵対や摩擦が大きな問題となるが、それを最小に抑えることによって、協調的な行動が促進されている。このように、組織構成員のインセンティブは、この長期にわたる昇任制度の中で、構造的に理解しなければならない。

46) 給与制度については「いつも後払い」が原則である。このことは、組織に不満を持ったときに退出行動をとらせる選択を防げ、この選択の制約がさらに組織に対する告発を妨げる作用をする。このような人事と給与の制度を奥野正寛（1993年）は、ランクの高低を問わず組織構成員が制約を受ける制度ということで「人質」システムと名付けた。

47) このように、知的熟練形成に長期にわたって技能向上を促す促進策が長期雇用と年功序列賃金である（小池和男　1997年　第9章・第10章）。

48) 青木昌彦　1992年　第3章、1995年、1996年　第5章、稲継裕昭　1996年　第1章

49) 財源配分制度については、大河内繁雄（2000年　286頁）の議論、また定員管理制度については、村松岐夫（1994年　206-207頁）の議論を参照のこと。

50) 八代尚宏　1992年

51) 青木昌彦　1989年　15-18頁

第2章　三重県の行政システム改革と環境の変化

　行政システム改革が求められる背景には、三重県行政を取り巻く外部環境や内部環境からの圧力要因がある。1990年代の激しい環境の変化が新しい行政ニーズを生み出し、それが正統性をもって主張され、新しい役割が行政システムに付与されることになる。この新しい役割に対して、既存の行政システムが対応できなくなったとき、そのような新しい役割に対応できる行政システムへの改革が求められる。このように、1990年代後半以降、北川知事の県政下において、行政システム改革を可能としたのには、激しい環境の変化があったと考えられる。

　この章では、三重県で行政システム改革が求められるに至った環境の変化を整理するとともに、この環境の変化が行政システム改革にどのような役割を行政システムに求めたのかを明らかにし、次章以下における三重県の行政システム改革の実証分析につなげるものである。

第1節　外部環境の変化の要因と行政システム改革

1．社会階層構成の変動

　外部環境の変化の第1は、社会階層構成変動である。最初に、今日の日本の社会階層構成変動の特徴について考察する。

　西澤晃彦は、今日の脱産業化が大都市においては、社会階層の社会的分極化をもたらした現実を明らかにしている。西澤によると、脱産業化は、次のような職業階層・所得階層に社会的分極化をもたらすことになる[1]。

① 製造部門が大都市から流出し、従来の中所得層の雇用供給を減らす。
② 経済のグローバル化により、情報を管理する中枢機能が拡大するとともに、その機能が大都市に集中することにより、専門職層・管理職層が増加する[2]。
③ 警備・清掃といった低賃金職種の雇用が新たに発生する。
④ ①の減少分を②③では相殺できないため、失業が常態化する。
⑤ ③の職種の労働者は、外国人、女性、高齢者から吸収される。

　しかし、西澤によると、東京の場合は、この社会的分極化の兆しはあるもののニューヨークやロンドンほどではない。つまり、東京の場合は、1990年代に入り、公共投資依存の経済構造の下で、製造業から流出した労働者の一定の「受け皿」として建設業部門が存在したため、社会的分極化が緩やかになったのである。

　ところで、この社会的分極化は、貧困層を作り出すとともに、一方で新しいアッパーミドル層（高収入の管理職・専門職・自由業層などの都市新中間層）を生み出したのである。東京においても、都心周辺の地上げの跡地に建てられた高層住宅が彼らの居住地域となった。この層の政治的特性としては、個々人が既得の階層性の維持に敏感であるとともに、政治参加が容易な資源を有していたことである。それとともに、問題によって限定的に分離・結合を繰り返す

形の見えにくい層であった[3]。

一方、1995年のSSM調査[4]の結果から、政治参加志向と学歴の関係を分析した小林久高は、次の7点に結果をまとめている[5]。①高学歴ほど参加志向が強まり、平等志向は低くなる。②職業別にみると、参加志向が強いのは、専門職・管理職層であり、中間にホワイトカラー層、弱いのが農業・自営・ブルーカラー層である。③若年層ほど、収入も高い層ほど、また郡部住民より市部住民の方が、参加志向が強く平等志向が弱い。④この参加志向が強いほど、民主主義に対しては肯定的である。⑤競争社会への肯定評価については、学歴が高い層ほど、収入も高い層ほど、また高齢者よりも中年や若年層ほど、より肯定的である。⑥肯定的志向が強いのは、専門職・管理職層であり、中間にホワイトカラー層、弱いのが農業・自営・ブルーカラー層である。⑦この肯定志向の強い層の人たちは、実績の分配原理を選択する人々である。さらに、この調査結果で明らかになったことは、脱産業化が社会的階層の社会的分極化をもたらし、また新階層としての都市新中間層は、民主主義や競争社会に対して、より肯定的であるということであり、今日の新自由主義的な価値観と一致するということであった。

以上、脱産業化要因による社会階層構成の変動の特徴を考察したが、次に三重県の社会階層構成はどのように変動したかを考察する。とくに、三重県と全国及び東京都における「産業構造」「高学歴化」「県民所得」及び「社会階層構成」とを比較することで、三重県の社会階層構成の特徴を明確にする。

第1に、産業構造の転換である。「表2−1　経済活動別県内総生産額比較」が示すように、県内総生産額の推移からは、三重県は、全国平均、とりわけ東京都に比べ、第二次産業の構成比が高く、脱産業化があまり進んでいない。

第2に、高学歴化の進展である。住民の高学歴化が「表2−2　学歴別住民数の構成比の変化」にみられるように、三重県においても、高学歴化は一層進むこととなった。

とくに、短大卒以上の学歴を有する県民の構成比は、全国平均や東京都の構成比を下回るものの、1980年代11％から15％へと4％増加、また1990年代15％から21％へと6％増加している。現在では、「表2−3　高校卒業者の上級学校進学率」で短大などの上級学校を含めると、高校新規卒業者のうち半数

表2-1　経済活動別県内総生産額比較　　単位：10億円、％

区分	産業区分	1985年 生産額	1985年 構成比	1990年 生産額	1990年 構成比	1995年 生産額	1995年 構成比
全国	第一次産業	9,197	2.8	9,398	2.0	8,014	1.6
全国	第二次産業	119,095	35.8	166,730	35.3	167,900	32.8
全国	第三次産業	204,580	61.4	296,140	62.7	336,136	65.6
全国	合計	332,872	100.0	472,268	100.0	512,050	100.0
三重県	第一次産業	182	4.2	187	3.1	1,789	2.8
三重県	第二次産業	1,961	44.8	2,600	43.4	27,296	42.2
三重県	第三次産業	2,229	51.0	3,211	53.5	35,589	55.0
三重県	合計	4,372	100.0	5,998	100.0	64,674	100.0
東京都	第一次産業	98	0.2	96	0.1	39	0.0
東京都	第二次産業	17,173	30.0	22,795	24.9	21,530	23.6
東京都	第三次産業	39,999	69.8	68,559	75.0	69,592	76.4
東京都	合計	57,270	100.0	91,450	100.0	91,161	100.0

注：　全国の数字は、全国平均値である。
出所：経済企画庁編「県民経済計算年報」(1988年版、1993年版、1998年版)により筆者作成。

表2-2　学歴別住民数の構成比の変化　単位：％

区分	最終学歴	高校卒	短大卒	大学・大学院卒	その他
三重県	1980年	35	5	6	54
三重県	1990年	42	7	8	43
三重県	2000年	46	10	11	33
全国	1980年	40	6	7	47
全国	1990年	45	8	10	37
全国	2000年	47	11	12	30
東京都	1980年	46	10	18	26
東京都	1990年	44	13	21	22
東京都	2000年	39	15	24	22

注：　全国の数字は、全国平均値である。
出所：国の各年「国勢調査」により筆者作成。

表2-3　高校卒業者の上級学校進学率　（各年5月1日現在）

	1990年	1995年	2000年	10年間の伸び率
三重県	32.6	40.8	47.7	+15.1
全国	30.6	37.6	45.1	+6.5
東京都	33.1	41.8	51.7	+18.6

注：　全国の数字は、全国平均値である。
出所：旧文部省「学校基本調査」（1990年版、1995年版、2000年版）により筆者作成。

近くの者が上級学校に進学しているように、今後とも全国的な傾向と同様に大学等への進学率は急速に高まり、県民の高学歴化は進むものと考えられる。

さらに、高学歴化は、企業などの従業員の就業意識にも変化をもたらすことになる。旧総理府の『今後の新しい働き方に関する世論調査』（1995年）によると、「自分の能力や適性が発揮できるのならば転職してもよい」と40歳未満では7割を超える者が答えているなど、自己実現要求の高まりがみられる。また、（財）社会経済生産性本部・（社）日本経済青年協議会の『「働くことの意識」調査』（1998年度調査）では、昇任することよりも、専門職になることを重視する者が30％となるなど、ゼネラリストとしての地位の向上とは違ったスペシャリストとして高い能力を発揮することを通じて、自己実現をしようとする意識が高まっているのである。

第3に、県民所得の向上である。「表2-4　1人あたりの県民所得の推移」と「表2-5　労働者平均月額給与額の推移」が示すように、県民所得は向上してきている。県民1人あたりの県民所得は、1980年と1995年とを比較すると1.79倍に増加してきている。また、労働者の平気給与月額も、1990年と1999年とを比較すると1.14倍に増加している。しかし、1990年代後半の経済不況のために、県民所得の絶対額は、1995年と比較すると1998年は減少している。

次に、以上の三重県の地域社会・経済環境の特徴が1980年代後半から1990年代にかけての三重県の社会階層構成にどのような変動をもたらしているか、ということである。このことについて、三重県の1980年から1995年の国勢調査（職業別・従業上の地位別）から作成した「表2-6　1980年三重県の社会

表2-4　1人あたりの県民所得の推移　　　単位：千円

区分	1980年	1985年	1990年	1995年	1998年
三重県	1,630	2,062(1.26)	2,921(1.78)	2,934(1.79)	2,904(1.77)
全国	1,709	2,206(1.29)	3,054(1.79)	3,146(1.84)	3,104(1.82)
東京都	2,337	3,203(1.37)	4,363(1.87)	4,285(1.84)	4,230(1.81)

注：①（　）内の数字は、1980年の所得額に対する伸び率。
　　②全国の数字は、全国平均値である。
出所：内閣府編「平成13年（2000年）県民経済計算年報」により筆者作成

表2-5　労働者平均月額給与額の推移　　　単位：円

区分	1990年	1995年	1999年
三重県	346,074	386,712(1.12)	394,176(1.14)
全国	370,169	408,864(1.10)	396,291(1.07)
東京都	456,795	513,369(1.12)	494,036(1.08)

注：①（　）内の数字は、1990年の給与額に対する伸び率。
　　②給与額は現金支給月額。
　　③調査対象は業所規模30人以上。
　　④全国の数字は、全国平均値である。
出所：労働省編「毎月勤労統計要覧」（1990年版、1995年版、1999年版）により筆者作成。

階層構成」[6]及び「表2-9　1995年三重県の社会階層構成」との比較により考察する。

　三重県の「総人口（29）」は、15年間で約16万1千人の増加した。人口変動の内容は、次のような特徴があった。①雇用人口、とくに、「労働人口（15）」約20万5千人増（男性約9万8千人増、女性約10万7千人増と女性の労働者化が著しい）。②「旧中間層人口（8）」の約6万3千人減（とくに減少の多いのは、「家族従事者（14）」約3万5千人減、とりわけ女性が約2万8千人減、「農林漁業従事者（9）」約1万8千人減、唯一増加したのは、「専門技術職業従事者等（13）」約3千人増）。③「鉱工業運輸通信従事者（19）」（ブルーカラー）の約5万5千人増（男性約3万6千人増、女性約1万9千人増）、「事務従業者（17）」（ホワイトカラー）の約4万6千人増（男性約8千人増、女性約3万8千人増）。④「専門技術職業従事者（13）（16）」（自営・労働者を含む。）の約4万4千人増（男性約2万6千人増、女性約1万8千人増）。⑤

第 1 節　外部環境の変化の要因と行政システム改革　55

表 2-6　1980 年三重県の社会階層構成　　　　　　単位：人、％

	階層区分	総数	(%)	男	(%)	女	(%)	国勢調査上の分類
0	15 歳以上の人口 =(1)+(23)	1,298,442	76.7	618,863	75.4	679,579	78.0	
1	労働力人口 =(2)～(22)の合計	829,632	49.0	505,243	61.6	324,389	37.2	
2	経営者階層 =(3)+(4)	28,871	1.7	27,055	3.3	1,816	0.2	
3	個人事業主	2,006	0.1	1,919	0.2	87	0.0	B(cd)
4	会社役員・管理職員等	26,865	1.6	25,136	3.1	1,729	0.2	B(ab)K(b)
5	政治的支配階層 =(6)+(7)	9,566	0.6	9,410	1.1	156	0.0	
6	管理的公務員							
7	保安職業従業員	9,566	0.6	9,410	1.1	156	0.0	I(abcd)
8	中間層 =(9)～(14)の合計	241,188	14.3	127,739	15.6	113,449	13.0	
9	農林漁業従事者	50,170	3.0	41,891	5.1	8,279	0.9	E(cd)
10	鉱工業運輸通信従事者	46,878	2.8	34,966	4.3	11,912	1.4	FGH(cd)
11	販売従事者	27,839	1.6	20,015	2.4	7,824	0.9	D(cd)
12	サービス職業従事者	11,935	0.7	6,175	0.8	5,760	0.7	J(cd)
13	専門技術職業従事者等	9,716	0.6	6,468	0.8	3,248	0.4	ACK(cd)
14	家族従事者	94,650	5.6	18,224	2.2	76,426	8.8	ABCDEFGHIJ(e)
15	労働者階層(広義)=(16)～(22)	550,007	32.5	341,039	41.6	208,968	24.0	
16	専門技術職業従事者等	53,147	3.1	26,758	3.3	26,389	3.0	A(ab)K(a)
17	事務従業員	112,623	6.7	54,807	6.7	57,816	6.6	C(ab)
18	農林漁業従事者	11,490	0.7	9,592	1.2	1,898	0.2	E(ab)
19	鉱工業運輸通信従事者	269,970	16.0	196,259	23.9	73,711	8.5	FGH(ab)
20	販売従事者	54,022	3.2	32,461	4.0	21,561	2.5	D(ab)
21	サービス職業従事者	30,796	1.8	8,042	1.0	22,754	2.6	J(ab)
22	完全失業者	17,959	1.1	13,120	1.6	4,839	0.6	
23	非労働力人口 =(24)+(25)+(26)	468,810	27.7	113,620	13.8	355,190	40.8	
24	家事	242,909	14.4	4,241	0.5	238,668	27.4	
25	通学	103,310	6.1	54,169	6.6	49,141	5.6	
26	その他(高齢者)	122,591	7.2	55,210	6.7	67,381	7.7	
27	14 歳以下の人口	385,969	22.8	197,909	24.1	188,060	21.6	
28	外国人	7,969	0.5	4,010	0.5	3,959	0.5	
29	総人口 =(0)+(27)+(28)	1,692,380	100.0	820,782	100.0	871,598	100.0	

注：①非労働力人口その他のうち、高齢者は 97,453 人。
　　②国勢調査上の分類欄は「職業(大分類)、従業上の地位(5 区分)、男女別 15 歳以上就業者
　　　数-都道府県」の abcde (a 雇用者、b 役員、c 雇人のある業主、d 雇人のない業主、e 家族従
　　　業者) と A～K・数字(職業区分記号)を表す。
　　③職業別は大分類によったので、管理的公務員は会社役員・管理職員に含む。
出所：総理府『昭和 55 国勢調査結果報告』により筆者作成。

56　　第2章　三重県の行政システム改革と環境の変化

表2-7　1985年三重県の社会階層構成　　　　　単位：人、％

	階層区分	総数	(%)	男	(%)	女	(%)	国勢調査上の分類
0	15歳以上の人口＝(1)+(23)	1,374,215	78.3	656,473	77.1	717,742	79.5	
1	労働力人口＝(2)〜(22)の合計	874,840	49.9	526,536	61.9	348,304	38.6	
2	経営者階層＝(3)+(4)	26,696	1.5	24,483	2.9	2,213	0.2	
3	個人事業主	1,767	0.1	1,648	0.2	119	0.0	B(cd)
4	会社役員・管理職員等	24,929	1.4	22,835	2.7	2,094	0.2	B(ab)K(b)
5	政治的支配階層＝(6)+(7)	10,180	0.6	9,996	1.2	184	0.0	
6	管理的公務員							
7	保安職業従事員	10,180	0.6	9,996	1.2	184	0.0	I(abcd)
8	中間層＝(9)〜(14)の合計	213,722	12.2	115,670	13.6	98,052	10.9	
9	農林漁業従事者	45,063	2.6	37,620	4.4	7,443	0.8	E(cd)
10	鉱工業運輸通信従事者	43,545	2.5	33,282	3.9	10,263	1.1	FGH(cd)
11	販売従事者	25,479	1.5	17,137	2.0	8,342	0.9	D(cd)
12	サービス職業従事者	12,060	0.7	6,553	0.8	5,507	0.6	J(cd)
13	専門技術職業従事者等	10,712	0.6	7,272	0.9	3,440	0.4	ACK(cd)
14	家族従事者	76,863	4.4	13,806	1.6	63,057	7.0	ABCDEFGHIJK(e)
15	労働者階層(広義)＝(16)〜(22)	624,242	35.6	376,387	44.2	247,855	27.4	
16	専門技術職業従事者等	69,743	4.0	38,389	4.5	31,354	3.5	A(ab)k(a)
17	事務従事員	124,616	7.1	56,316	6.6	68,300	7.6	C(ab)
18	農林漁業従事者	10,473	0.6	7,870	0.9	2,603	0.3	E(ab)
19	鉱工業運輸通信従事者	297,293	16.9	207,670	24.4	89,623	9.9	FGH(ab)
20	販売従事者	62,927	3.6	39,701	4.7	23,226	2.6	D(ab)
21	サービス職業従事者	35,705	2.0	9,716	1.1	25,989	2.9	J(ab)
22	完全失業者	23,485	1.3	16,725	2.0	6,760	0.7	
23	非労働力人口＝(24)+(25)+(26)	499,375	28.5	129,937	15.3	369,438	40.9	
24	家事	236,031	13.5	4,003	0.5	232,028	25.7	
25	通学	111,143	6.3	58,306	6.9	52,837	5.9	
26	その他(高齢者)	152,201	8.7	67,628	7.9	84,573	9.4	
27	14歳以下の人口	371,893	21.2	190,543	22.4	181,350	20.1	
28	外国人	8,222	0.5	4,121	0.5	4,101	0.5	
29	総人口＝(0)+(27)+(28)	1,754,330	100.0	851,137	100.0	903,193	100.0	

注：　①非労働力人口その他のうち、高齢者は120,705人。
　　　②国勢調査上の分類欄は「職業(大分類)、従業上の地位(5区分)、男女別15歳以上就業者数－都道府県」のabcde(a雇用者、b役員、c雇人のある業主、d雇人のない業主、e家族従業者)とA〜K・数字(職業区分記号)を表す。
　　　③職業別は大分類によったので、管理的公務員は会社役員・管理職員に含む。
出所：総理府『昭和60年国勢調査結果報告』により筆者作成。

第1節　外部環境の変化の要因と行政システム改革　57

表2-8　1990年三重県の社会階層構成　　　　単位：人、％

	階層区分	総数	(％)	男	(％)	女	(％)	国勢調査上の分類
0	15歳以上の人口=(1)+(23)	1,449,354	81.0	689,627	79.8	759,727	82.1	
1	労働力人口=(2)～(22)の合計	911,575	50.9	540,540	62.5	371,035	40.1	
2	経営者階層=(3)+(4)	27,277	1.5	24,777	2.9	2,500	0.3	
3	個人事業主	1,419	0.1	1,324	0.2	95	0.0	B(cd)
4	会社役員・管理職員等	25,858	1.4	23,453	2.7	2,405	0.3	B 14・15(ab)J(b)
5	政治的支配層=(6)+(7)	4,107	0.2	3,953	0.5	154	0.0	
6	管理的公務員	2,688	0.2	2,629	0.3	59	0.0	B 13(a)
7	保安職業従業員	10,737	0.6	10,505	1.2	232	0.0	F(abcd)
8	中間層=(9)～(14)の合計	192,178	10.7	105,375	12.2	86,803	9.4	
9	農林漁業従事者	33,749	1.9	29,580	3.4	4,169	0.5	G(cd)
10	鉱工業運輸通信従事者	42,532	2.4	32,746	3.8	9,786	1.1	HI(cd)
11	販売従事者	23,135	1.3	15,327	1.8	7,808	0.8	D(cd)
12	サービス職業従事者	11,987	0.7	6,415	0.7	5,572	0.6	E(cd)
13	専門技術職業従事者等	12,130	0.7	8,237	1.0	3,893	0.4	ACJ(cd)
14	家族従事者	68,645	3.8	13,070	1.5	55,575	6.0	ABCDEFGHIJ(e)
15	労働者階層（広義）=(16)～(22)	688,013	38.4	406,435	47.0	281,578	30.4	
16	専門技術職業従事者等	82,215	4.6	45,791	5.3	36,424	3.9	A(ab)J(a)
17	事務従業員	144,369	8.1	60,172	7.0	84,197	9.1	C(ab)
18	農林漁業従事者	8,489	0.5	6,242	0.7	2,247	0.2	G(ab)
19	鉱工業運輸通信従事者	318,434	17.8	222,257	25.7	96,177	10.4	HI(ab)
20	販売従事者	70,980	4.0	43,978	5.1	27,002	2.9	D(ab)
21	サービス職業従事者	39,601	2.2	11,573	1.3	28,028	3.0	E(ab)
22	完全失業者	23,925	1.3	16,422	1.9	7,503	0.8	
23	非労働力人口=(24)+(25)+(26))	537,779	30.0	149,087	17.3	388,692	42.0	
24	家事	248,459	13.9	7,795	0.9	240,664	26.0	
25	通学	125,217	7.0	64,721	7.5	60,496	6.5	
26	その他(高齢者)	164,103	9.2	76,571	8.9	87,532	9.5	
27	14歳以下の人口	330,251	18.5	169,452	19.6	160,799	17.4	
28	外国人	10,179	0.6	5,128	0.6	5,051	0.5	
29	総人口=(0)+(27)+(28)	1,789,784	100.0	864,207	100.0	925,577	100.0	

注：①非労働力人口その他のうち、高齢者は131,273人。
　　②国勢調査上の分類欄は「職業（中分類）、従業上の地位（5区分）、年齢（5歳段階）、男女別15歳以上就業者数－都道府県」のabcde（a雇用者、b役員、c雇人のある業主、d雇人のない業主、e家族従業者）とA～J・数字（職業区分記号）を表す。
出所：総理府『平成2年国勢調査結果報告』により筆者作成。

表 2-9　1995 年三重県の社会階層構成

単位：人、％

	階層区分	総数	(%)	男	(%)	女	(%)	国勢調査上の分類
0	15歳以上の人口 =(1)+23)	1,533,165	82.7	736,726	81.8	796,439	83.6	
1	労働力人口 =(2)～(22)の合計	979,110	52.8	583,014	64.7	396,096	41.6	
2	経営者階層 =(3)+(4)	31,913	1.7	28,974	3.2	2,939	0.3	
3	個人事業主	1,076	0.1	975	0.1	101	0.0	B 15(cd)
4	会社役員・管理職員等	30,837	1.7	27,999	3.1	2,838	0.3	B 14・15(ab)J(b)
5	政治的支配階層 =(6)+(7)	14,117	0.8	13,583	1.5	534	0.1	
6	管理的公務員	2,321	0.1	2,205	0.2	116	0.0	B 13(a)
7	保安職業従事員	11,796	0.6	11,378	1.3	418	0.0	F(abcd)
8	中間層 =(9)～(14)の合計	177,919	9.6	100,998	11.2	76,921	8.1	
9	農林漁業従事者	32,504	1.8	28,496	3.2	4,008	0.4	G(cd)
10	鉱工業運輸通信従事者	39,131	2.1	32,560	3.6	6,571	0.7	HI(cd)
11	販売従事者	21,945	1.2	13,896	1.5	8,049	0.8	D(cd)
12	サービス職業従事者	11,441	0.6	5,961	0.7	5,480	0.6	E(cd)
13	専門技術職業従事者等	13,103	0.7	8,513	0.9	4,590	0.5	ACJ(cd)
14	家族従事者	59,795	3.2	11,572	1.3	48,223	5.1	ABCDEFGHIJ(e)
15	労働者階層（広義）=(16)～(22)	755,161	40.7	439,459	48.8	315,702	33.2	
16	専門技術職業従事者等	93,745	5.1	50,705	5.6	43,040	4.5	A(ab)J(a)
17	事務従業員	159,105	8.6	63,284	7.0	95,821	10.1	C(ab)
18	農林漁業従事者	8,043	0.4	5,772	0.6	2,271	0.2	G(ab)
19	鉱工業運輸通信従事者	324,525	17.5	231,557	25.7	92,968	9.8	HI(ab)
20	販売従事者	85,220	4.6	51,334	5.7	33,886	3.6	D(ab)
21	サービス職業従事者	51,580	2.8	14,788	1.6	36,792	3.9	E(ab)
22	完全失業者	32,943	1.8	22,019	2.4	10,924	1.1	
23	非労働力人口 =(24)+(25)+(26)	554,055	29.9	153,712	17.1	400,343	42.0	
24	家事	257,055	13.9	8,941	1.0	248,114	26.1	
25	通学	116,676	6.3	60,762	6.7	55,914	5.9	
26	その他(高齢者)	180,324	9.7	84,009	9.3	96,315	10.1	
27	14歳以下の人口	303,645	16.4	155,805	17.3	147,840	15.5	
28	外国人	16,485	0.9	8,630	1.0	7,855	0.8	
29	総人口 =(0)+(27)+(28)	1,853,295	100.0	901,161	100.0	952,134	100.0	

注：　①非労働力人口その他のうち、高齢者は150,063人。
　　　②国勢調査上の分類欄は「職業（中分類）、従業上の地位（5区分）、年齢（5歳段階）、男女別15歳以上就業者数-都道府県」の abcde（a雇用者、b役員、c雇人のある業主、d雇人のない業主、e家族従業者）と A～J・数字（職業区分記号）を表す。
出所：総理府『平成7年国勢調査結果報告』により筆者作成。

「販売従事者（20）」・「サービス職業従事者（21）」の労働者の約5万2千人増（男性約2万6千人増、女性約2万6千人増）。⑥「専業主婦（24）」の約9千人減。⑦「完全失業者（22）」の約1万5千人増（男性約9千人増、女性約6千人増）。⑧「外国人（28）」の約9千人増（男性約5千人増、女性約4千人増）。⑨非労働力人口の「その他（26）」（大部分は高齢者が占める。）の約5万8千人増（うち高齢者約5万3千人増）増（男性約2万9千人増、女性約2万9千人増）。⑩「通学（25）」（学生）と「14歳以下（27）」（子供）約6万9千人減（男性約3万6千人減、女性約3万3千人減）。

　以上のような三重県の社会階層構成の変動は、全国平均及び東京都の社会階層構成と比較することで、より明確になる。

　「表2-10　三重県・全国平均・東京都社会階層構成比の比較」によると、三重県の社会階層構成は、全国平均や東京都のそれに比べ、三重県の産業構造の特徴が反映して、ブルーカラー層の比率が高く、脱産業化があまり進んでいないと推測できる。このことから、ホワイトカラー層、専門技術職の構成比率も低く、構成比数の増加も小さい。また、経済のサービス化にともない販売従事者やサービス職業従事者の構成比は増加しているが、この階層においても、構成比率・構成比数の増大とも全国平均や東京都より低い。

　このことは、国家レベルで世界都市機能を整備・充実させる東京の「世界都市」化が進められる中で[7]、東京都の社会階層が都市中間層である「ブルーカラー層」の減少と都市新中間層である「管理職」「専門技術職」「事務職」などの増加として反映されたのに対して、東京一極集中経済構造の下で、三重県は製造機能を担う「工場」として位置付けられていた結果、その反映として、社会階層では、「ブルーカラー層」の増加が更に進むことになった。

　このように、社会階層構成の変動から見ると、三重県の脱産業化は、あまり進展していないが、専門技術職やホワイトカラー層などが増大していること、また製造業の工場立地は、経済のグローバル化から発展途上国との国際競争など厳しい環境にあることから、社会階層変動の方向としては、脱産業化に進む兆しがあると考えられ、この傾向による都市新中間層の増大が新自由主義的諸価値を浮上させることになるであろう。また、三重県の社会階層においても、旧中間層が衰退しており、このことは、旧来の保守政治の基盤を掘り崩してい

表2-10 三重県・全国平均・東京都社会階層構成比の比較　　　単位:％

階層区分＼年	三重県				全国平均				東京都			
	1980	1985	1990	1995	1980	1985	1990	1995	1980	1985	1990	1995
15 労働者人口	32.5	35.6	38.4	40.7	32.3	35.4	38.4	41.1	35.4	39.9	43.4	45.6
8 旧中間層	14.3	12.2	10.7	9.6	13.5	11.7	10.2	9.2	10.6	9.0	7.9	7.6
19 ブルーカラー(労働者分)	16.0	16.9	17.8	17.5	13.9	14.1	14.5	14.5	11.2	11.3	11.4	11.1
17 ホワイトカラー(労働者分)	6.7	7.1	8.1	8.6	7.3	7.9	9.0	9.3	9.9	10.9	12.3	12.4
13・16 専門技術職	3.7	4.6	5.3	5.8	4.2	5.2	6.1	6.7	5.6	7.4	8.5	9.2
20・21 販売・サービス職	5.0	5.6	6.2	7.4	6.1	7.0	7.8	8.7	8.5	9.7	10.5	11.6
24 専業主婦等	27.4	25.7	26.0	26.1	28.6	27.2	27.3	27.4	31.2	29.0	28.6	28.5
22 完全失業者	1.1	1.3	1.3	1.8	1.2	1.7	1.5	2.3	0.9	1.9	1.7	2.0
28 外国籍労働者	0.5	0.5	0.6	0.6	0.6	0.6	0.7	0.9	0.8	1.0	1.3	1.6
26 非労働人口その他(主に高齢者)	7.2	8.7	9.2	9.7	5.8	7.1	7.7	8.6	4.0	5.0	5.5	12.8
25・27 学生・子供	28.7	27.5	25.5	22.7	30.2	28.6	26.0	23.0	29.7	27.1	23.6	20.8

注：　①階層区分名の番号は、「表2-6」から「表2-9」の階層区分欄の番号を示す。
　　　②構成比は総人口に対する階層に属する人口の比率。
出所：前掲表2-6から表2-9の表およびこれらの表に準じて算出した全国平均及び東京都
　　　の各年度の社会階層構成比により筆者作成。

くことになるであろう。さらに、女性の労働者化の増大や高齢化・少子化の進展という社会階層構成の変動傾向は、福祉などの新たな公共サービスのニーズを生み出すことになるであろう。

　以上のような三重県の社会階層の脱産業化傾向は、地方政府に「民主制」の確立・推進や「効率」の向上を求めるとともに、新たな公共サービスの提供を求めることになるであろう。この結果、このような行政運営を実現できる行政システムへの改革が要求されることになる。

　ただ、ここで注意しなければならないことは、東京都に比べ脱産業化が遅れ、また県民の高学歴化や所得水準も決して東京都ほど高くなく、そして社会階層構成の変動も東京都ほど著しくない三重県の地域社会・経済環境の状況下では、三重県の行政システム改革による新しい行政システムは、三重県特有の行政システムの形態とならざるを得ないことである。

　今日の脱産業化過程において、国際競争下で競争力を備えるに至った先進産業部門は、規制緩和や政府の役割の縮小を要求する新自由主義的傾向を強めて

いる。一方、衰退産業部門である農業や地場産業などの伝統的中小企業などは、国際化による自由化の恐怖から、ますます政府に頼る傾向が生じている[8]。このような状況下で、東京都ほど脱産業化が進んでいない三重県では、国家レベルにおける先進産業部門からの要求と、三重県レベルでの衰退部門が依存を強めるというジレンマの解決を求められることになる。つまり、三重県の地域社会・経済環境では、東京都と比較して脱産業化が進んでいないため、社会階層構成も依然として産業社会の特徴を色濃く残しており、このことが、三重県の行政システム改革に影響を及ぼすことになるのである。

2．地方分権化の流れ

外部環境の変化の第2は、地方分権化の流れである。

1980年代に、福祉国家の枠組が揺らぎ始める。経済活動が国境を越えて広がり、各国は、それぞれの行政だけでは、市場経済の不安定性やリスクをコントロールすることができなくなった。これを契機に世界同時進行的に地方分権が推進され、分権は世界的な潮流となった。たとえば、ヨーロッパでは、欧州連合という超国家機関への統合を広げる一方で、1985年に「地方自治憲章」が制定され、地方分権が推進されている。

日本で最初に地方分権が主張されたのは、1981年に設置された中央政府の第2次臨時行政調査会であった。ここでの地方分権は、中央政府の財政再建を目的としたものであった。その後、1989年のゴールドプランの成立により、現金給付による社会保障から、現物給付による社会保障へと転換することになるが、この現物給付のためには、地方政府が地域社会の実状に即応して提供することが重要となった。このため、1990年代に入ると、急速に地方分権の推進が求められるようになり、地方6団体による『地方分権の推進に関する意見書』が1994年9月に国会、内閣に提出されるに至った。また、1989年に設置された中央政府の第3次行政改革審議会も、「豊かな暮らし」を実現するため、地方分権を推進することを提唱した。さらに、1990年代初頭には、政界・経済界・労働界・学界において、枚挙にいとまがないほど地方分権が主張された[9]。この結果、1995年に地方分権推進法が成立したのである。

地方分権推進法では、第1条で「国民がゆとりと豊かさを実感できる社会を

実現することの緊急性に鑑み」地方分権を進めることが地方分権の目的であると定義している。このように、地方分権推進法成立の背景には、経済発展が物質的豊かさをもたらしたにもかかわらず、従来の公共サービスが国民の多様化したニーズに対応して供給されていないために、「ゆとりも豊かさも」実感しえないという認識があった。このことの要因には、経済が発展するにつれ、住民の生活に対応した社会資本整備や多様で個性的な公共サービスのニーズが増加してきたこと、また物質的な豊かさを追求する過程で、家族や地域社会という社会システムの機能が縮小し、公共サービスのサポートなしには、社会システムが役割を果たし得なくなってしまうなど、家族や地域社会の機能に代替する多様な生活関連社会資本整備や社会福祉サービスなどの公共サービスへのニーズが増加してきたことがある。とくに、こうした家族や地域社会の社会システム機能をサポートする公共サービスは、地域住民の日常生活に密着しているため、中央政府では、多様なニーズを適切に把握することができず、しかもこうした公共サービスは、地域住民の多様な生活実態に対応して供給せざるを得ないことから、身近な地方政府が自主的な判断に基づいて、公共サービスを供給することが必要となったのである。

このため、「ゆとりも豊かさも」実感できる社会を実現するためには、地方分権が避けて通れない課題、つまり地方分権が日本の政治・行政的課題の最重要の１つとなったのである。この結果、1994年12月「地方分権の推進に関する大綱方針」が策定され、この大綱方針に基づいて、地方分権推進法が1995年７月施行され、地方分権推進委員会が発足することになった。地方分権推進委員会の『中間報告』(1996年３月) は、地方分権型システムでは中央・地方を通じて行政スタイルが変わり、政府間関係が変わり、究極的には、地方政府の地域づくりの方策が変わるとした。このように、分権改革の目的を「地域や暮らしを変える」こととした結果、今日の地方分権の流れは、従来の行政システムのあり方の変更をも求めることになる。とくに、地方政府のとらえ方、すなわち中央政府との関係でどのようにとらえるかが行政改革の主たる議論の論点となったのである。

これまでの政府間関係では、地方政府は、中央政府が企画・立案する政策の執行を担う「中央政府の出先機関」であった。この枠組みの中でも、一部の地

方政府では、中央政府の政策を先取りする独自政策を企画・実行する「先駆的自治体」[10]とか、また、地方政府自らの判断で中央政府の示した政策・補助金メニューを選択するなど、独自的な「政策」形成を行っている地方政府も存在した[11]。しかし、このような先駆的な地方政府の動向も、相対的な自律は認められるものの、1つの政府として機能してきたかということは否定せざるをえないのである。

ところで、1999年7月14日に「地方分権の推進を図るための関連法律の整備等に関する法律」(「以下、「分権一括法」と略する)が成立し、2000年4月から施行され、機関委任事務が廃止されるなど、中央政府の地方政府への関与が大幅に削減された。この結果、地方政府の首長は、機関委任事務の廃止により本来の意味での「政府の代表」となり、また、自治事務の拡大は、中央政府による「企画は中央政府、実施は地方政府」という機能分断を減少させ、政策の企画から実施までを一貫して行える環境が生まれたのである。このように、今回の地方分権改革とは、地方政府を政府として名実とも自律させる試みであり、理念的には、地方政府が政策の企画・実施・評価という政策循環のすべての段階で主体的に執行しうる地方政府となることが求められたのである。

さらに、外部環境からの地方政府の行政運営に対するコントロールを地方政府の存在価値との関係からみると、中央集権型システムでは、中央政府からの自律性が低く、「効率」という存在価値の比重が高なり、一方、地方分権型システムでは、地域社会・経済環境からの自律性が低く、「民主制」という価値の比重が高くなる。すなわち、中央政府からの自律性が低い場合は、機関委任事務のように中央政府の企画した事業をいかに効率よく執行するかが課題であり、一方、地域社会・経済環境からの自律性が低い場合は、地域社会・経済環境の行政ニーズをいかに的確に把握し、有効な事業が行えるかが課題となるからである。このように、中央政府と地域社会・経済環境からの地方政府の自律性には、トレード・オフの関係が存在することから、地方政府の存在価値の実現は、中央政府と地域社会・経済環境からの自律性のバランスの中で、実現すべき「民主制」と「効率」との比重が異なることになる。今後、地方分権化が一層進展することから、地方政府の行政活動における「民主制」の確立・推進が地域社会・経済環境から要請されることになろう。このような地方政府の存

在価値の実現がはかれる行政システムの構築が行政システム改革に要請されることになる。

3．中央政府の行政改革の動向と「地方行政改革」の推進

外部環境の変化の第3は、中央政府による行政改革等の取組と「地方行政改革」の推進である。

1990年代後半以降、橋本内閣によって中央政府の行政改革が取り組まれた。1996年に、橋本内閣は、行政改革を推進するため、「行政改革会議」を総理直属の機関として設置した。「行政改革会議」の最終報告書（1997年）は、肥大化・硬直化し、制度疲労した戦後型行政システムから自由かつ公正な社会を形成するため、重要な国家機能を有効的・適切に遂行するにふさわしい簡素・効率的・透明な政府を実現しなければならないこと、このためには21世紀型行政システムへの転換が必要であるといった認識の下に、中央政府に行政改革を求めたのである。その内容は、官邸の機能強化策、21世紀における国家機能のあり方をふまえた行政機関の再編のあり方・中央省庁の再編、行政機能の減量・効率化等、公務員制度の改革、情報公開制度と地方行財政制度の改革への取組などであった。この報告書を受け、中央政府は、1997年財政構造改革法制定、1998年中央省庁再編等基本法の制定による中央省庁の再編などの国家行政機構再編、1999年情報公開法の制定、2001年内閣機能の強化として内閣府の設置といった改革に取り組んだのである。このような中央政府の行政改革の取組は、地方政府に対しても行政改革を迫ることになった。

従来、中央政府の「地方行政改革」推進は、1980年代の第2次臨時行政調査会の行政改革の流れの中で、旧自治省事務次官通知「地方公共団体における行政改革推進の方針（地方行革大綱）の策定について」（1985年1月22日）（以下、「地方行革大綱」と略する）にみられるように、行政の減量化＝簡素・効率的な行政システムの追求にあった（「表2-11　旧自治省の地方行革指針一覧」参照）。

旧自治省は1990年代に入ると、とくに1994年度以降、強力に「地方行政改革」を推進することになる。まず、1993年10月の第3次臨時行政改革推進審議会最終答申での「地方行革の推進」と1993年12月「地方行革推進大綱」

(閣議決定）に基づき、旧自治省は、1994年10月に「地方公共団体における行政改革推進のための指針の策定について」（以下、「地方行革指針」と略する）を事務次官通知で地方政府に示し、地方分権化の流れの中で、地方政府に簡素で効率的な行政の確立に向けて自主的に改革をはかっていくことを要請、つまり自主的・計画的な行政改革を求めた。

この「地方行革指針」の内容は、新しい行政改革大綱を各地方政府で策定すること、その際には住民等の代表者からなる行政改革推進委員会等を設置し、住民の意見等を反映させること、行政改革大綱の推進状況については公表すること、そして重点事項の改革に取り組むこと、である。この重点事項として、①事務事業の見直し（情報公開、民間委託、補助金総額の抑制等）、②時代に即した組織・機構の見直し（高齢化、国際化、情報化等社会経済情勢の変化に対応し、各地方政府の実情に応じた組織機構の見直しをはかること等）、③定員管理・給与の適正化（定員適正化計画の策定、定員管理状況の住民への公表、事務事業の見直し、民間委託等）、④効果的な行政運営と職員の能力開発等の推進（職員参加による目標設定と効果的な進行管理、研修の推進等）、⑤行政の情報化、行政サービスの向上（OA化等）、⑥公共施設の設置・管理運営の効率化（民間委託等）、が示された[12]。

さらに、定員管理については、旧自治省が1995年に定員管理モデルを地方政府に示して定員抑制を要請したのである。旧自治省は、1980年代に減少した地方公務員数・一般行政部門職員総数が1990年代に入り、ゴールドプラン推進をはじめとする高齢化対策の充実や景気対策のための単独事業等の増嵩等により増加傾向にあるとした。このため、旧自治省は、こうした定員の増加傾向の下で、定員モデルや類似団体別職員数の状況を活用するとともに、中央政府の定員管理計画を参考にして定員管理計画を策定すべき旨をあらためて示し、給与の公表に加えて定員状況の公表を推進することを地方政府に求めたのである。そこで、旧自治省は、定員抑制には事業のスクラップ・アンド・ビルドの徹底をはかることが必要としたのである。この手法は、事務統廃合、民間委託、OA化という従来の手法のほか、サンセット方式・マイナスシーリング方式・目標管理・QC、そして数値目標を掲げた定員適正化計画の作成と定員状況の住民への公表といった新しい手法であった[13]。以上のように、旧自治省は、

表2-11　旧自治省の地方行革指針一覧

地方公共団体における行政改革推進方針（地方行革大綱）について（1985年1月）	地方公共団体における行政改革推進のための指針の策定について（1994年11月）	地方自治・新時代に対応した地方公共団体の行政改革推進のための指針策定のための指針（1997年11月）
まえがき 　国・地方を通じた行財政の簡素効率化 第1　地方行革の推進体制の整備 　民間有識者等からなる委員会の設置、行政推進本部の設置	まえがき 　①国も地方分権を推進 　②地方公共団体自らの行政の効率化 第1　自主的・計画的行政改革の推進 　1　新行政改革大綱の策定：行政改革推進本部の設置、住民の意見反映のための住民の代表者等で構成する推進委員会の設置、行政改革大綱の住民への公表等 　2　行政改革大綱進行管理：進行状況の公表等、推進委員会の行政改革本部への助言、行政監査結果の行政改革への反映	まえがき 　①国の財政構造改革に対応した地方行政改革 　②自主的市町村合併と都道府県の支援 第1　自主的・計画的行政改革の推進 　1　国・地方を通じて最重要課題としての行政改革 　2　行政改革大綱の見直し：住民等の代表で構成する行政推進委員会の審議等による見直し、年度別行革実施計画の策定、職員定員や組織の管理・補助金等の整理合理化を数値目標化、積極的な新大綱・実施計画等の住民広報、国の改革に準じた行革の進行管理、定員・給与・財政・監査の状況の公表などの積極広報、行政推進委員会の進行管理、監査や専門機関による評価の反映・活用、住民の意見の反映 　3　基本的事項：サービスや経営的視点の行革、首長・職員の意識改革による自主的な責任・自己判断、職員の意欲や工夫を引き出す行革、住民参画型行革
第2　地方行政改革の重点項目 1　事務事業の見直し 　①行政が真に責任を持つべき分野領域の再点検 　②地方単独事業の抑制 　③広域市町村圏の活用 　④地方単独補助金の統廃合 2　組織・機構の簡素合理化 　①内部組織の統廃合、新増設の抑制 　②出先機関の統廃合 　③審議会の統廃合 　④外郭団体の統廃合 3　給与の適正化 　①給与水準・制度・運用の適正化 　②不適正な諸手当の是正 　③退職手当の最高限度額の是正 　④給与予算の慎重な議会審議 　⑤給与の公表等 4　定員管理の適正化 　①国の第6次定員削減計画を参考にした定員適正化計画の策定 　②事務事業の見直し、組織の簡素・合理化、民間委託などの推進 　③研修による職員の能力開発 　④定年制度施行後の定員削減 　⑤採用計画に基づく定員削減 5　民間委託、OA化 　①民間委託の推進 　②OA化による内部事務の効率化 　③職員参加による能力向上運動	第2　行革推進の重点事項 1　事務事業の見直し 　①行政の責任領域の範囲に留意 　②新たな行政課題の的確な把握 　③行政手続き制度の適正運用、規制緩和の観点からの許可手続きの改廃、情報公開の推進 　④民間委託の積極的推進 　⑤広域連合制度等の活用 　⑥補助金総額の抑制 2　組織・機構の見直し 　①高齢化・国際化・情報化などの時代の行政課題に即した行政サービスの展開、政策形成機能・総合調整機能の充実、福祉保健医療の連携強化、スクラップ＆ビルドの徹底 　②外郭団体設立にあたっての事前の十分な検討 3　定員管理・給与の適正化 　①給与水準・制度・運用・諸手当の適正化、退職手当の適正化 　②高度化・多様化する行政需要に対するスクラップ＆ビルドの徹底化による定員管理の推進 　③定員管理適正化計画の策定 　④事務事業の見直し、組織合理化、民間委託などの推進 　⑤定員状況の公表等 4　職員の能力開発 　①職員参加による目標管理	第2　行革推進上の主要事項 1　事務事業の見直し 　①整理合理化：年度別重点項目設定・計画的推進、継続（計画）事務の見直し、事業実施の横断的組織間調整、民間に準じた行政運営改善 　②許認可の規制緩和・廃止・統合、事務手続きの合理化 　③民間委託の推進：積極的計画的推進、行政責任の明確化、サービスの向上、国による民間委託モデルの作成 　④補助金等の整理合理化：統廃合、削減計画の策定、新規補助金等の抑制、事務の簡素化 　⑤権限委譲：都道府県事務の市町村等への委譲 　⑥地方分権に対応した行政の簡素合理化と統合化 2　組織・機構の見直し 　①新たな行政需要にマッチした組織機構への見直し 　②スクラップ＆ビルドの徹底 　③出先機関の見直し、審議会等の見直し 　④機関委任事務の廃止・必置規制の改廃に留意 3　外郭団体の見直し 　①統廃合、役員数の見直し 　②公社等の設立は十分な検討の必要 　③国による公社等のあり方モデル作成 4　定員・給与の適正化 　①定員管理の適正化：定員削減とスクラップ＆ビルドの徹底、事務事業・組織機構の徹底見直し、事務事業の民間委託及びOA化、必置規制実施に伴う職員配置の見直し 　②定員適正化計画の見直し：定員管理計画の数値目標化と目標値の公開等積極的広報、国の定員削減計画の留意、国による定員モ

地方公共団体における行政改革推進方針(地方行革大綱)について(1985年1月)	地方公共団体における行政改革推進のための指針の策定について(1994年11月)	地方自治・新時代に対応した地方公共団体の行政改革推進のための指針策定のための指針(1997年11月)
6 公共施設の設置・管理運営の合理化 ①新設の抑制 ②類似施設の複合化 ③民営化、運営の民間委託、コミュニティー施設の住民自主管理 7 地方議会の合理化 議員定数削減の引き続き検討	②研修の計画的推進 ③福祉・土木等の専門職の確保・派遣 5 行政の情報化 ①パソコン等の導入、庁内LANの整備、データベースの構築 ②窓口サービス電算化による住民サービスの向上 6 公共施設の設置・管理運営 ①新規予定施設は事前の需要分析 ②広域的視点から類似施設の役割分担 ③企画・管理運営の充実 ④管理委託の推進 ⑤料金徴収制度の活用	デルの作成 ③給与の適正化：不適切な給与制度・運用・諸手当の是正、特勤手当の抜本的見直し、退職手当の国並基準への是正、職員給与の公表等積極的広報 5 人材育成・確保 ①人材育成：基本方針の制定、研修等による人材育成の努力、他組織との積極的人事交流、政策形成・創造・法務などの能力の向上、広域共同研修、議会・監査委員・人事委員会の事務局の専門能力の向上 ②多様な人材確保：中途採用などの多様な人材確保や福祉・土木などの専門職の確保 6 行政の情報化・サービス向上 ①窓口対応の改善：職員の応接態度の改善、住民の利便性の向上、住民の立場に立った行政サービスの総合化 ②行政の情報化：情報の電子化、事務のネットワーク化、庁内LANの整備、インターネットの活用、データベースの構築、情報システムによる事務手続きの電算化・簡素化 7 公正確保と透明性の向上 ①行政手続条例の早期制定 ②情報公開制度の整備 ③監査機能の強化 ④住民への情報提供 8 財政健全化 ①経費の徹底見直し ②税徴収率の向上と受益者負担の適性化 ③計画的な財政構造の改善 9 公共施設 ①既存施設の有効活用 ②施設の新設の重点化 ③管理運営の委託、ボランティアとの協力等 10 公共事業 ①国の公共事業コスト削減対策行動指針を参考としたコスト削減 ②入札方式の改善 11 広域行政 ①広域連合の積極的活用、一部組合の広域連合化等 ②事務事業の広域的調整 ③広域圏内での料金・施設利用・人事の連携
第3 地方行政改革の計画的推進 ①自主的な行革大綱の策定 ②行革大綱の公表	第3 地方議会 自主的な合理化	第3 地方議会 1 議決事件の追加等の議会機能強化 2 委員会審議の公開、夜間議会の開催等の活性化

出所：各旧自治省通知文書により筆者作成。

1980年代にはラスパイレス指数を基準にした人件費抑制を中心に「地方行政改革」を強力に推進し、その改革が成功した結果[14]、1990年代の「地方行革指針」では、定員管理に力点を移したのである。

このように、1985年の「地方行革大綱」が給与の適正化や民間委託など、従来型の簡素・効率化を追求したのに対して、1994年の「地方行革指針」は、行政改革大綱への住民参加、大綱の情報公開、地方公務員の能力開発や行政の情報化などを盛り込んだ行政運営の質的転換を求める都市新中間層の価値観をも基盤としていたのである。しかし、「地方行革大綱」と「地方行革指針」との内容的については、「表2-11」で比較すると、とくに目新しいところはない。このことは、地方分権推進法が成立したのが1995年であったこともあり、「地方行革指針」は、また既存の地方政府の枠組みを前提とした「財政再建」に重点をおいた改革を意図した結果、行政運営全般の総点検による効率的で簡素な行政の確立を目指すという限界があった。この限界から、「地方行革大綱」が地方政府の単独事業にかかる補助金の抑制や民間委託を重視したのに比べ、「地方行革指針」は、さらに「新たな行政課題に即応した行政サービスのスクラップ・アンド・ビルド」を推進するとしたが、行政システムの作り直しという質的転換までは意図していなかったのである。

さらに、旧自治省は、「地方行革指針」の内容を改めて詳細化・強化した事務次官通知「地方自治・新時代に対応した地方公共団体の行政改革推進のための指針策定のための指針」（以下、「新地方行革指針」と略する）を1997年11月14日に地方政府に通知したのである。この「新地方行革指針」の目的は、財政危機に対応した地方財政健全化にあったが、さらにそれに加えて、中央政府の行政システム全体の合理化を目的とする財政構造改革と歩調を合わせる旨の指導、民間委託・外郭団体の統廃合・職員定員数の削減・公共工事のコスト縮減等に関する中央政府によるモデル提示、行政改革の数値目標化や計画的推進というように行政システム全体に及ぶ「上からの行政改革」が強力に進められた[15]。

この「新地方行革指針」の特徴は、「表2-11」で比較すると、「地方行革指針」の内容とほとんど同じであったが、項目が項目数の増加・詳細化・具体化し、地方分権化の流れとは逆に、中央政府の関与の度合いが強化されたことで

第1節　外部環境の変化の要因と行政システム改革　　69

ある。項目的には、公正の確保と透明性の向上の関係、財政の健全化の関係外郭団体関係、広域行政関係などが重視されているなど、外部環境の変化を反映したのである。また、「新地方行革指針」では、職員の意欲や工夫による改革、また個々の職員の「自己決定」・「自己責任」による改革を意図し、民間企業の能力主義的人事管理に適合した能力主義的な人事管理をより重視している。さらに、「新地方行革指針」では、「平成10年末までの早期に行政大綱を見直し、数値目標の設定等取組内容の充実をはかるとともに、これを住民にオープンにする」ことが明確に明示されている。つまり、地方政府の行政改革に対する「住民」の意見の反映、「住民」への成果公表、「住民」に対する行政の透明化、そして住民参画型行政改革という形で、都市新中間層の民主主義的な価値観に適合的な考え方が取り入れられたのである。

　このように、行政改革の大綱の策定手続きに関して、地方政府の自主性と住民参加を強調している点が1980年代の「地方行革大綱」との大きな相違であった[16]。1990年代の旧自治省の「地方行政改革」への取組は、今日の地方分権の流れと相まって、従来の行政改革のあり方の変更を求めることとなり、行政運営の「効率」の向上とともに、行政運営の「民主制」の確立・推進への配慮がなされている。こうした傾向は、「新地方行革指針」では、多くのNPMの手法が取り入れられ、より一層顕著となったのである。この旧自治省の「地方行革」への取組の結果、全国の地方政府で行政改革が取り組まれることになった[17]。さらに、今日求められている行政改革は、民間委託、組織機構の再編、職員削減、給与抑制などの改革項目だけでは十分ではなく、政策評価システムの導入など、新たな改革が推進されることになったのである。

4．グローバル化の進展と1990年代における日本企業の構造改革の取組

　外部環境の変化の第4は、経済のグローバル化の進展と日本企業の構造改革である。

　1990年代、日本企業は、国際的規模の複合的な困難に直面した。すなわち、世界経済は、貿易・金融の自由化、情報技術・運輸技術の進歩によるコミュニケーション及び輸送の容易化により経済のボーダレス化が急速に進み、企業活動が地球的規模で行われるようになった。このような1990年代からの日本企

業を取り巻く環境の変化に適応するため、日本企業の構造改革が一段と進展することになる。この結果、国際競争力を備えるに至った企業のグローバル化がますます進展し、同時にそうした企業同士の競争の場が世界に広がる大競争時代が訪れたのである。

さらに、情報通信技術革命による情報化の進展やインターフェースの標準化による情報処理のネットワーク化の進展は、企業の壁を越え拡大されることになる。このような情報化の進展は、リアルタイムで末端の情報をトップが把握することを可能とし、また従業員も企業組織のヒエラルキーにかかわらず、情報・ノウハウの共有を可能とするなど、組織内において、垂直・水平いずれの方向においてもコミュニケーションの短絡化が可能となり、企業組織のフラット化が進むこととなる[18]。加えて、このような組織内のネットワーク化の進展は、企業組織のフラット化とは別に企業組織の「モジュール化」[19]を合理的なものとする。つまり、業務をユニットとして括って、これを標準化することにより、全体のネットワーク化がはかられ、経営環境の変化に応じて直ちにその組み合わせを変更、取捨選択することができることになる。この結果、不良債権処理問題に加え、冷戦構造が終焉した後の世界経済の構造的変化や急速な情報通信革命に対応した企業の構造改革への取組が求められることになった。

このような日本企業の国内外の急激な経営環境の変化に対して、財界は官民あげての構造改革の徹底を求めたのである。すなわち、政府に対して、①「小さな政府」の実現と国民負担の抑制のために行財政改革を急ぐこと、②官民の役割分担を明確にし、民間ができる仕事は民間に任せること、など中央政府・地方政府の高コスト構造の是正の取組を徹底することを求めた。一方、企業に対しても、政府に対する依存体質をなくし、非合理的・協調的な競争制限的行動を止め、競争力を強化するとともに、国際的に通用する経営を目指し、収益力の強化、経営意思決定の迅速化、透明性の向上などの経営改革・再構築・体質改善の徹底に努められなければならないとした[20]。そして、このような仕組みができれば、小さな政府の実現→国民負担の抑制→民間の活躍範囲の拡大と収益性の向上→小さな政府という構造改革の好循環がもたらされ、市場原理を生かした経済運営への転換が進むとしたのである[21]。

以上のように、財界は「小さな政府」論に代表される行政に頼らない自己責

任・自立自助・努力したものが報われる社会への転換を進めるため、政府に規制緩和諸施策の推進、企業経営論理の導入や官民の役割分担による効率的な「小さな政府」を目指す行政改革の推進を求めたのである。

　さらに、NPM 手法により行政改革に取り組む地方政府は、日本企業の構造改革の影響を受けることになる。日本経営者団体連盟（以下、「日経連」と略する）は日本的経営システムの中心部分である雇用、人事、賃金、組織、能力開発等の改革指針としてとりまとめた報告書『新時代の「日本的経営」―挑戦すべき方向とその具体策―』で日本企業の構造改革の方向を示している。この報告書の「動態的組織編成のあり方」では、日本の企業組織の新しい経営手法として「1．組織編成の動向と基本的考え方」及び「2．課題解決志向の大括りされた複合職能組織の編成方法」を示している。まず、「1．組織編成の動向と基本的考え方」では、「⑴経営環境の変化と組織編成の方向」として、企業が永続的に存続し発展していくためには、変化する経営環境と組織編成との間にギャップが生じ適応力や順応力を失って硬直化しないように、常に組織機構を見直すことが重要であるとした。また、今後の組織編成は、①職能別ピラミッド型組織、②「部」「室」「チーム（グループ）」といった組織を大括りにしたフラットな組織、③事業部制の導入、事業部の分社化による独立経営組織、④プロジェクトチーム、社内ベンチャーなどの横断的集団による課題対応組織、⑤ピラミッド型組織と大括り化した組織や課題対応型組織との組み合わせによる組織編成になるとした。これらのどの組織編成を選択するかは、企業タイプ等の条件により異なるが、共通することは、今後は組織間の垣根を低くし、経営環境に柔軟に対応していくために創造性・弾力性のある動態的な組織編成を目指していく必要があるとした。

　また、「⑵今後の組織編成の方向」としては、第1に、情報化時代に対応して最も効果的に経営目標を達成できるように、ビジネス・プロセス・リエンジニアリングの考えに立ち、情報インフラストラクチャーを整備し、情報収集・分析・意思決定が迅速・的確にできる効率的・機動的組織を目指すことが求められているとした。このことにより、組織のフラット化が進み、仕事の仕方や中間管理職のあり方が見直されることになる。第2に、人間活用のために組織を動かす、すなわち人間集団に対して機能をあてはめていく日本的経営の中で、

個と集団が常にそれぞれの機能を果たしつつ、そして組織内構成員の相互協力・相互補完によって、企業全体の生産性や活力を高める組織を志向するとした。

さらに、それらを具体化する1つの方法が目標管理を活用した組織の活性化であり、従業員個々人は、全社目標と整合した部門間別目標に基づき、個々に達成目標を設定し、その達成に向けて主体に職務を遂行することが求められることになるのである。このように、従業員個々人の目標と組織全体の目標の整合性がはかられていることから、権限を従業員個々人へ委譲し、その職務を通して成果に対する従業員個々人の責任が明確になる自己完結型の組織とすることで、従業員個々人の組織への埋没化や責任のあいまいさが取り除かれることになるとした。

この結果、今後の組織編成の方向は、⑥産業構造の転換、情報化社会の到来等、経営内外の環境変化に即応できる柔軟で機動性に富んだ組織、⑦ポスト不足を解消し、人材を十分活用できる組織、⑧管理階層のフラット化により、意思決定が迅速にでき、成果を公正に評価できる自己完結的な組織になるとした。

次に、「2.課題解決志向の大括りされた複合職能組織の編成方法」では、ビジネス・プロセス・リエンジニアリングに最も重要なのがホワイトカラーを中心とする本社機構・組織のあり方であるとした。効率化・機動性等を総合的に機能させるための組織として、人事部・労務部などの単一職能別の編成では、業務の重複や調整、繁閑が生じ、組織の硬直化をもたらす可能性が大であることから、異なった職種を含めた大括りな複合職能組織を編成することにより効率的な業務遂行をすることが望まれている。

具体的には、⑨ルーチン業務を遂行するライン組織（部・課・係を置くが、中間管理職を廃止し、事務作業のスピードアップをはかる）、⑩課題対応業務・専門的業務を遂行する多様な職能を包含する大括りされた組織（研究開発などの創造的業務、経営計画などの企画判断業務、戦略業務、新規事業など課題対応業務を遂行する組織として、部局長の裁量によって、臨機応変に目的に合った職能を有する多様な人材を組み合わせチームを編成する。チームや業務遂行メンバーは、課題により柔軟に設定され、チームリーダーは、管理職の役割とプレーイング・マネージャーの機能を持つ。さらに、特定分野の専門知識・技

第1節　外部環境の変化の要因と行政システム改革　73

術を駆使して、専門的業務を担当するグループを編成する）を併存させて編成されることが望まれている。

　以上のように、従来の細分化された組織をフラット化し、課題解決志向の大括りにした複合組織にすることにより、環境変化への迅速な対応、課題に対する柔軟な組織編成ができるため、従業員個々人の能力の活用や人材の効率的配置が可能となり、ポスト不足が解消される。また、それぞれの組織において、政策マネジメントサイクル（Plan-Do-See）が完成できるような業務体制をつくることであるとしたのである。

　一方、この報告書では、「人間中心経営」が日本的経営の重要な基軸として位置付けられている。それは「欧米の企業は、ベースに機能組織があり、人間を組織・ポストにあてはめていく。わが国では組織に人間をあてはめるのではなく、構成員個々人の能力を最大に引き出すために、組織を動かす」[22]と定義される。このことは、組織に人間を機械的にあてはめるのではなく、「構成員個々人の能力を最大限に引き出すべく」、柔軟に組織が編成されるということである。

　ここでの従業員個々人の能力は、「特定の会社のみで通用する能力」ではない。この能力は、「個性重視の能力開発、独創性、創造性豊かな人材」の能力であり、基本的には、従業員個々人の「自助努力」によって獲得すべき種類の能力である。つまり、「会社も従業員のニーズに合うよう能力開発を用意するが、本人の自助努力が一層重要となる」。また、「企業が行う能力開発に従業員は積極的に参加することはもちろん、自己啓発などにより、より一層の自己実現を図るように自らの能力は自らが高めるとの意識をしっかりもつことが何よりも大切である」[23]。このような能力開発では、従業員個々人の企業外での能力開発へと広がりをもたせることが指向されることになる。この結果、必然的に、職場外職業訓練（Off・JT）、自己啓発の比重が増大してくる。このことは、今日の日本企業が必要とする従業員個々人の能力は、もはやOJTでは、養成されないことを意味するのである。また、従業員個々人は仕事をするのではなく、自己の才能あるいは能力を啓発し、自己実現を試みているのであり、つまり自己起業家的活動を行っているのであり、仕事は従業員の個人的な達成感を追求する過程となる。

さらに、このような従業員個々人の能力についてまとめた日経連のもう1つの報告書『エンプロイヤビリティの確立をめざして―「従業員自律・企業支援型」人材育成を』[24]では、「エンプロイヤビリティ」という概念を(A)「労働移動を可能にする能力」と、(B)「当該企業の中で発揮され、継続的に雇用されることを可能にする能力」からなる「雇用される能力」として定義している。この定義で重要なのは、更にこの能力を「自助努力により身につけた能力」と「企業による支援、及び仕事を通じて身につけた能力」の2つから構成されるべきとしていることである。このことは、この従業員個々人の能力の維持・開発には、「自己責任」の部分と「企業責任」の部分があることを意味する。このため、企業と従業員個々人の関係は、「従業員自律・企業支援」とされており、企業は、「従業員に一律の教育の履修を求めるのではなく、個人の能力や意思を尊重し、主体的な能力開発に対して、さまざまな支援活動を実施する」こと、つまり「個人の自己実現と、企業の永続的な発展との調和を図ることが必要」となるのである。

　以上のように、日経連の構造改革の取組は、機能分散型の情報システムの要素を取り込んだ組織形態の構築をめざすものである。

　今日の日本社会は、国勢調査によると、1970年には全就業者数の64.2％が雇用者であったものが、1990年には79.3％、1995年には75.3％を雇用者が占めている。このような雇用者中心の就業構造に日本の社会がなっていることは、企業本位の社会となっていることでもある。つまり、日本の企業は、経済的にはもとより、社会的にも極めて重要な地位を今日の日本の経済社会の中で占めたのである。

　日本の社会において大きな存在となった企業は、とりわけ第2次世界大戦後の高度経済成長の推進軸となった大企業は、高度経済成長の中で日本社会で認められた共通の価値の実現に大きな影響を与えることになった。すなわち、大企業は多くの子会社を保有しており、さらにより小規模な規模の企業のいくつかも会社化しつつ急成長し、この成長の軸であった大企業の系列に加わったため、日本の企業における大企業の占めるウェートが増大した。この結果、大企業の行動様式は、中小・零細企業にとっての目標となり、規範となっていった。このことは、大企業が頂点にいるピラミット型の企業社会を形成していたため、

その底辺にあるすべての中小・零細企業は、企業社会のトップの大企業の価値観をまねること、つまりこの価値観が中小・零細企業までも支配してしまうことを意味した。さらに、大企業の行動様式は、単に成長のテコになっただけでなく、その競争と経済主義的な価値観が社会全体を覆い、その影響は、教育、家族、行政活動などにまで及び、日本の社会の構造までも規定することになる。このようにして、日本の社会は、日本の「社会」の中核的な部分が「会社」という組織をめぐって動き、独自の文化状況をつくりだした「会社本位の社会」となったのである。この結果、「制度的補完性」の下で、NPMの手法による行政改革が従来の「管理」型のシステムから「経営」型のシステムへと行政システムの転換をはかる場合、日経連が示した日本企業の新しい経営手法を無視することはできなくなる。そして、大企業の構造改革に適応した地方政府の行政改革は、大企業の本社機能が集中している東京都における行政改革だけでなく、「会社本位の社会」構造を通して、全国の地方政府の行政改革へと波及していったのである[25]。

また、経済のグローバル化は、新自由主義的イデオロギーを浸透させ、個人の自立と自己決定・自己責任といった個人を唯一の「主体」として登場させることになる。この新自由主義の展開は、20世紀を支えてきた国民の中流幻想を突き崩していくとともに、会社本位の社会に代わって自己責任に立脚した個人本位の社会を作らなければならないという議論が世論として形成され始めた。さらに、1990年代以降の長期不況、失業率の上昇の中で、民間企業の従業員の不満は[26]、雇用や給与の安定した公務員に対する反発を増加させると考えられる。この結果、これら住民の反発への対応として、地方政府の「小さな政府」を実現するような行政改革が避けられなくなるのである。

5．行政分野における民間セクターの台頭

外部環境の変化の第5は、行政分野における民間セクターの台頭である。すなわち、ボランティア・NPO等の台頭、民間非営利・営利部門の公共サービスへの参入など住民活動の台頭があった。

1960年代後半から1970年代前半にかけては、高度経済成長に伴うひずみに対する生活防衛が客観的背景となり、全国的に企業や行政の責任を追及する対

抗・抵抗型の住民活動が噴出した。しかし、その後、時代の様相が大きく変わり、「脱福祉国家」の時代といわれる1980年代以降は、「地域づくり」「町づくり」「村おこし」などの地域性を持った住民活動が多様的・多元的・多層的な広がりを持つことになる。つまり、地域住民が住民自身の活動において、公共問題の解決をはかろうとする住民活動や地域住民の目的を実現するための手段として、行政を利用する住民活動の成熟化が進展したのである。

　また、1990年代においては、民主政治を支える基本的な制度に関して、国民国家や文化的伝統を超えて共有化していくグローバル化の現象がみられた。この時代は、日本における地方分権が実際の政策実施に移行した時期と重なる。日本においては、1980年代以降、地方政府の多くが情報公開条例を制定したが、1990年代に入ると、この制度が住民、市民オンブズマンやマスコミにより活用され、地方政府の腐敗を摘発する上で大きな威力を発揮することとなった。また、条例の制定改廃を求める直接請求やまだ制度化されていないものの政策の是非を巡る直接住民投票がしばしば行われ、地方における政策決定に大きな影響力をもつこととなった。このように、住民が自らの政策を実現するためには、政治にかかわり影響力を行使することが求められることから、既存の地方政治・行政の枠組みを越えて、地域の政治・行政過程への直接参加を目指す住民活動が活発化してきたのである。

　このような住民活動は、既存の地方政治・行政の枠組を超えて意思決定を行い、また地域の独自性を主張し政策変更を求めていく住民自治の動きでもあった。地方政府では、1990年代急速な政治参加が進み、とくに1990年代後半以降、住民参加、説明責任といった言葉が日本の行政が否定できない価値となっていったのである。この結果、住民活動を1つの独立した公共サービス提供の主体と位置付け、それら主体との協働が地方政府に求められることになり、従来の行政運営のあり方の改革が必要となるのである。

第2節　内部環境の変化の要因と行政システム改革

1．財政危機の進行

　内部環境の変化の第1は、地方政府の財政危機の進行である。つまり、地方政府における内在的な問題として、1980年代以降の財政危機が進行したのである。この財政危機のために小さな政府や効率の良い政府が求められるようになり、NPO・NGO・ボランティア等とのパートナーシップを強調するガバナンスという考え方が有力になってきている[27]。

　とくに、都道府県財政は、法人関係の税収入に依存しがちであるため、1990年代の経済不況により税収が落ち込むなど、1990年代に入り地方政府財政の公債比率が上昇している。

　一方、三重県の場合は、1990年代当初、法人関係の2税における電力関係・自動車関係のウエートが大きく、「表2-12　歳出と県税収入のギャップの拡大（一般会計）」が示すように、急激な減収となるような影響を受けず、財政は比較的健全であった。むしろ、1990年代に入っても、法人関係の税収が増加した年度もあり、三重県の財政困難が直ちに生じなかった。しかし、田川知事県政下の1985年度行政改革で生み出した余裕資源を利用して、三重県の「第3次長期総合計画」に基づく「新世紀に躍動する三重」なるものを進めたこと、とくに地方博覧会の開催、総合文化センターの建設、県営サンアリーナの建設、リゾート開発、三重ハイテクプラネット21構想などのビッグ・プロジェクトを推進したこと、また1990年代半ばから中央政府の要請による不況克服のための公共事業実施などによる本格的な財政出動が継続して実施されてきた結果、1990年代後半には、三重県においても財政的困難化がもたらされたのである。

　この結果、経常経費の財政支出に占める割合は、大都市圏の都府県ほどではないにしても増大したのである。この間の経常経費の内訳をみると、金額としては人件費が最も大きく、また増加率としては公債費が大きく増加した。この

78　第2章　三重県の行政システム改革と環境の変化

表 2-12　歳出と県税収入のギャップの拡大（一般会計）　単位：百万円

年　度	歳出額	県税収入額	うち法人2税
1988	509,507	179,630	82,663
1990	546,774	197,418	94,297
1991	589,255	205,545	87,753
1992	629,331	217,252	90,859
1993	664,389	193,335	71,347
1994	693,347	180,106	56,920
1995	703,188	198,015	64,985
1996	751,162	198,064	66,615
1997	767,046	221,785	81,244
1998	780,071	238,591	79,877
1999	763,312	194,001	50,803
2000	773,743	208,915	52,013

出所：三重県資料『三重の財政』（1996年、2000年）により筆者作成。

ことにより、経常収支比率は、1990年度62.5（全国平均70.7）から、1995年度79.0（全国平均88.1）、1998年度89.8（全国平均94.2）まで悪化した。また、公債費率も1990年度8.7（全国平均10.0）から、1995年度10.4（全国平均12.3）となり、1997年度には、全国平均を上回る14.8（全国平均14.6）、1998年度17.1（全国平均15.6）といったように、全国の地方政府の財政状況と同様に厳しい状況となったのである[28]。このような財政危機からの圧力により、新たな行政改革が必要となったことは否定できない事実である。

2．行政責任の追及

　内部環境の変化の第2は、行政責任問題の増加である。このことは、地方政府への不信問題であるが、とくに全国の地方政府で問題となった不正経理事件が、三重県でも、食料費、旅費の不正使用としてアカウンタビリティ圧力をかけたのである。
　1990年代に入ってから、行政責任がらみの不祥事が増加したことは、「行政責任」というキーワードを含む全国紙のニュース記事数の変化が示している

表 2-13　全国 4 紙（朝日・毎日・読売・サンケイ）の単語頻度　　単位：件

単　語	1994 年	1995 年	1996 年	1997 年	1998 年	1999 年	2000 年
行政改革	2,665	2,114	5,806	7,067	2,933	2,235	1,765
行政責任	95	211	461	195	134	174	137
財政危機	104	270	512	382	691	993	608
地方分権	1,751	2,033	2,464	2,502	1,804	3,068	3,419

出所：日経テレコム 21 の全国紙新聞検索データーベースより筆者作成。

（「表 2-13　全国 4 紙（朝日・毎日・読売・サンケイ）の単語頻度」参照）。ここでは、行政責任についての記事数が 1990 年代に入ってから増加し、1996 年にはピークとなり、その後はやや落ち着いていることが読みとれる。

とくに、1990 年代以降は、バブル崩壊による不良債権処理をめぐる銀行を中心とする金融行政や薬害エイズ事件をめぐる厚生行政の責任問題、地方政府の官官接待問題、カラ出張問題、大蔵官僚・厚生省高級官僚の汚職問題といった行政の責任を問うものとなっている点が特徴的である。以上のように、行政責任をめぐる様々な不祥事が今日の行政改革を推進した要因であると考えられる。この結果、これら不祥事から行政責任が問われ、行政の透明性・公開性を向上させるような行政改革が要求されることになったと考えられるのである。

3．1995 年県知事選挙における政治変動

内部環境の変化の第 3 は、1995 年知事選挙における選挙結果である。1995 年 4 月の三重県知事選挙で、田川知事の後継者と目されていた元副知事が自民党・社会党・連合・自治労・県職労・県教組等多数の各種団体が支持したにもかかわらず、北川正恭元「新進党」代議士が当選した。三重県幹部職員は、北川知事の「官の論理」から「生活者の論理」による行政運営（生活者起点の行政運営、情報公開など）、職員の意識改革、民間企業の経営手法の導入による県庁組織文化の見直し、成果主義などの諸価値を受容しなければならなくなったのである。

第3節　現代マスメディアによる世論形成

　行政改革を促進した要因には、前節までの環境の変化は直接的要因であるが、間接的に促進した要因としてマスメディアの役割がある。前掲の「表2-13」に示した「行政改革」「行政責任」「財政危機」「地方分権」は、これまで行政改革への影響について考察してきたキーワードである。全国紙の新聞記事にこのキーワードが登場した件数を時系列的に整理すると、まず「行政責任」は1996年にピークとなり、続いて「行政改革」が1996年に急増し、1997年にピークとなった。また、「財政危機」が1998年に急増し、1999年にピークとなった。そして、「地方分権」が1999年に急増し、2000年にピークとなった。以上のように、1990年代後半には、行政改革にかかわる「キーワード」が連続して全国紙の新聞記事に登場したのである。このような新聞記事は、その時代の出来事を背景としているものの、このような頻度で記事になったことは、世論形成になんらかの影響を及ぼしたと考えられる。

　実際に、今日のマスメディアは、「政治を動かす実効的な世論に関する見方として、とりわけ政治的危機に直面するさいに、やはり無視しえぬ現実的重みをもつことが否定できない」[29] ほど、現代社会における世論形成に重要な役割を果たしているといわれている。このことについて、岡田直之は、新聞と世論形成に関する議論を次の6点に整理している[30]。

① 新聞は世論を反映し、代弁する。このことは、第一義的には国民の多数意見の具現である。
② 新聞は世論を指導し牽引する。
③ 新聞は世論を増進する。新聞が特定の政治争点を大々的に報道し論評すると、世論を刺激し、世論の振幅を拡張し、その活動を激成する。
④ 新聞は世論の調整役である。多様な要求や主張をとりなし、最大公約数的な意見をとりまとめるバランサーの役割を演じる。
⑤ 新聞と世論とのパートナーシップである。新聞は世論とともに、民主政

治を担っていく責任があるが、実際は世論のペースメーカーの役割を果たす。

⑥　新聞は世論を誘導し操作する。とくに、大衆民主主義のもとでは有力な見解として浸透している。民主社会にふさわしい節度ある漸進的な世論形成に向けて指導力を発揮することが現代新聞にも期待されている。

以上のように、現代のマス・コミュニケーションの時代においては、いかなる言論もマスメディアを媒介にして伝えられなければ、政治的・社会的影響力を発揮できないということである。すなわち、マスメディアは「世論の巨大なエンジン」であり、住民を「総体として巻き込む公共的討論のための第一次的な制度的手段」[31]となっている。そして、世論が個人レベルから集団レベルへと上昇し、また、世論形成過程において、個々の住民がマスメディアのチャンネルを通して社会問題を認知し関心を持つようになるのである。

この意味で、前掲「表2-13」に示したキーワードにかかわる記事は、住民に行政改革への関心を高めることとなり、行政改革への世論が形成されていったと考えられる。また、このようにして、日本人の行政改革に関する意識は同一化していくことになる。旧自治省による行政改革に関する国民意識調査によると、全国的に同様な傾向があったことが明らかになっている[32]。

ところで、今日、マスメディアの世論への影響は、新聞と並んでテレビ放送が世論に絶大な力を持っていると考えられる。とくに、政治に関するテレビの情報伝達がアメリカのテレビニュースの影響を受けて飛躍的に増加し、住民は、政治の実態に対する情報を持ち政治的現状に対する認識を高めることになった。今日のマスメディアを代表するテレビ放送は、完全に東京に集中しており、ほとんどの情報が東京で生産されるか、あるいは東京のテレビ局を核にした系列のネットワークを通じ、東京経由で、東京から全国に拡散されていくシステムが確立している[33]。この結果、1990年代後半の発信情報量の経年変化は、全国的に増加しているものの、関東の増加幅がより大きく地域間格差が拡大している。中でも、発信情報量は東京が圧倒的に多くなるのである[34]。

1990年代に入り、東京都をはじめとする大都市圏の都府県は、財政危機から行政改革に取り組むことになった。とくに、中央政府や東京都などの行政改革の動向は、新聞やテレビなどのマスメディアのシステムを通して、全国へ情

報発信され、地方行政改革に対する世論形成の主導的役割を果たした。このようにして、マスメディアの影響は、結果的に全国の地方政府に対して、行政改革への取組を住民等が要請することを促していったのである。

以上の外部環境の変化、内部環境の変化及びマスメディアによる影響等の要因が、三重県の行政システム改革を必然化させたと考えられるのである。

注
1) 西澤晃彦　2000年　133-135頁
2) この職業階層等の社会的分極化について、旧労働省によると、1990年代に入って、「技能工、採掘・製造・建設作業者及び労務作業者」などのいわゆるブルーカラー職種の従業員全体に占める構成比は減少が続いている（労働省　1999年　21頁）。一方、専門的・技術的職業従事者、事務従事者、管理的職業従事者、販売従事者の4職種をいわゆるホワイトカラー職種と定義すると、就業者全体に占める構成比は、1975年41.9%であったが、1995年50.3%にまで高まっている。そのうち、とくに就業者の増加が著しかったのは専門的・技術的職業であり、なかでも情報処理技術者を中心とする技術者の伸びが大きかった（労働省　1998年　114頁）と分析している。
3) 西澤晃彦　前掲書　139-142頁
4) SSM調査とは、「社会階層と社会移動全国調査」の略称で、1955年以来10年ごとに実施される社会調査である。1995年の調査は調査対象が20歳から69歳までの人々で標本数は4,032であった。
5) 小林久高　2000年
6) この表の統計の取り方は、大橋隆憲（1997年）及び鷲谷徹（1997年）の統計分析表を参考にした。
7) 経済企画庁　1989年
8) 青木昌彦　1992年　第7章
9) 西尾　勝　1999年 b
　　財界からは、関西経済同友会『地域からのブレークスルーを目指して』、経済同友会『地方主権による新しい国づくりー「お上」依存の自治の創造的破壊を』、21世紀政策研究会『地域主権の確立に向けた地方自治体の自己改革』といった提言が行われている。
10) 松下圭一　1995年、1996年
11) 村松岐夫　1988年
12) 日本における行政改革が一般に「行政整理」といわれたように、日本におけるこれまでの議論は、中央政府の行政改革と同様に地方制度再編が論じられる際にも、ほとんどが地方政府の効率性を向上させるという議論が中心となっている（山田公平　1993年）。

13) 小沢辰男・二宮厚美　1995年
14) 西村美香　1999年　第4章第3節
15) 北原鉄也　2000年
16) 廣田全男　1996年
17) 坂田期雄　1996年　193頁〜
18) （財）未来工学研究所の1997年の調査によると、日本企業本社での平均的な管理階層数（社長から第一線現場職員まで）は、5年前は7.3階層であったものが、調査時点で7階層であり、望ましい階層数としては6階層というようにフラット化が進んでいることが示されている。また、情報化の進んだ企業ほどフラット化の実施率が高いことも明らかになっている（厚生労働省　2001年　123頁）。
19) 池田信夫　1997年　155頁
20) 日本経営者団体連盟 1995年　3頁
21) 日経連労働問題研究会　2000年
22) 日本経営者団体連盟　前掲書 23頁
23) 同書　48頁
24) 日本経営者団体連盟　1999年　7-11頁
25) 企業と日本社会の関係については、奥村　宏（1992年）、馬場宏二（1998年、1991年）等を参照のこと。
26) ホワイトカラー職種のうち、管理的職業従事者が減少するとともに、1998年まで増加していた事務従業者もサービス業の雇用悪化から減少に転じている。また、専門的・技術的職業従事者の増加も鈍化してきている（労働省　2000年　21頁）。この結果、1990年代後半には経済が停滞し、高度成長期のような大学卒・ホワイトカラーのパイの拡張に伴う上昇移動が一般化した社会移動の時代が終わり、上昇移動への期待が失われ、むしろ、国民には閉塞感が強くなったのである。
27) 山本　清　1999年、古川俊一　1999年
28) 三重県　「三重の財政」　2000年　第1回
29) 岡田直之　2001年　122頁
30) 同書　123-124頁
31) 同書　238頁
32) 旧自治省の2000年の行政改革に関する住民意識調査（2000年2月調査。満20歳以上の男女2000人を対象に無作為抽出。回答率70.5％）結果では、国民が「小さな政府」を期待していることが明らかになっている。
33) 井上純一　1990年　212頁
34) 経済企画庁調査局編　2000年　165-168頁

第3章　中央集権型システム下の行政改革
（田川県政下の行政改革）

　三重県の行政システム改革が求められた環境要因のうち、「財政危機」は、従来から行政改革が行われる主要な要因である。しかし、今日の行政改革には、その他の要因も存在するのであり、これらの要因を無視した行政改革は、有効性の低い改革となる可能性が大である。つまり、社会階層の変動などの要因も、地方政府の行政運営における存在価値の実現方法を問うからである。また、外部環境からの行政活動資源配分・利用など行政運営に対するコントロールについても、地方分権化が進展することで、依然として中央政府からのコントロールが存在するものの地域社会・経済環境からのコントロールが強まることとなり、行政システムはこのような外部環境の新たなコントロールの動向にも適応しなければならなくなる。

　このような環境条件の下での行政システム改革の特徴を明らかにするためには、予備的作業として、中央集権型システム下での田川知事が実施した行政改革について考察しておくことが必要と考えられる。このことから、本章では、1985年以降の田川県政の行政改革及び組織機構改革について考察する。

第1節　1985年度の行政改革

　1985年の旧自治省の「地方行革大綱」を受け、三重県は行政改革を実施するにあたって、同年4月に「三重県行政改革推進本部」(本部長：知事、副本部長：副知事・出納長、構成員：各部長等)を設置した。また、この組織とは別に、県民の有識者等の代表者(民間企業・団体関係5名、市町村関係2名、福祉団体関係1名、農業団体関係1名、県議会関係1名、労働団体関係2名、大学関係2名、計14名)で構成される三重県行政改革協議会(1985年5月～1988年5月)[1]が設置された。この行政改革推進体制の下で、三重県行政改革推進本部は、「三重県行政改革大綱」(以下、「大綱」と略する)を1985年10月に示したのである。そして、この「大綱」に基づき、おおむね3か年を目途に簡素・効率的な行政運営を目指す行政改革が実施されることとなった(「表3-1　三重県行政改革関係大綱の比較」参照)。

　「大綱」によると、行政改革の目的は、「情報化、ソフト化、国際化に対応した行政のあり方として行政の責務」を明らかにし、「国・県・市町村を通ずる行政のニュー・ネットワークの形成」を目指そうとするものであった。また、具体的な改革すべき事項については、おおむね3か年を目途に措置する事項として明示された。この改革の内容は、具体的に数値で明示された人事管理の見直しに関する一般行政職定員数の2％削減など、主に三重県の行政組織機構内部の簡素合理化に関する事項であった。一方、地方分権的な市町村との機能分担については検討するにとどまっていたのである。

表3-1　三重県行政改革関係大綱の比較

昭和60年度 三重県行政改革大綱	平成8年度 さわやか運動推進大綱	平成10年度 行政システム改革
1．はじめに ①国際化・高齢化・情報化の進展に伴う行政需要の多様化 ②財政状況の悪化 2．組織機構の簡素合理化 ①本庁及び出先機関の見直し 基本方針：政策形成組織・先見性のある組織・総合行政推進組織の充実、県と市町村の役割分担や行政需要とマッチした簡素で効率的な組織の整備→本庁の総合行政体制・出先の統合による効率化 ②審議会等の見直し 基本方針：民意を反映させる審議会等の活用、女性委員の登用・統廃合→約10％の審議会の統廃合と委員数の削減 ③公社等の見直し 基本方針：民間活力を有する外郭団体の活用と新増設の抑制、組織の合理化・効率化、役員定員の適正化→経営の見直し 3．人事管理の見直し ①定員管理の見直し 基本方針：行政需要にマッチした人員配置、簡素合理化による定員削減、能力開発による少数精鋭主義体制→2％の職員定員削減 ②職員の能力開発 基本方針：高度な能力のある職員の育成、意識改革と自己啓発の助長、女子職員の登用、職員の適正配置→研修の充実 ③職員給与の見直し 基本方針：適正な給与制度の運用→特別昇給制度の適正化 4．事務事業の見直し ①事務事業の見直し 基本方針：的確な施策の選択見直しによる廃止・縮小、効率化、応益負担の原則→スクラップ＆ビルド及びサンセット方式の導入、使用料等の見直し、毎年度5％の見直し、県単補助金の見直し、「一係一改善運動」の提案の実現化 ②許認可等事務の見直し 基本方針：時代の情勢にマッチしないものは、規制緩和・廃止、県民の利便性から出先機関での処理、事務の簡素効率化→許認可は、国へ要望、その他は、10％を目途に改善 ③事務執行方法の見直し 基本方針：簡素合理化・効率化、予算編成・執行方法の改善、権限	1．基本目標 生活者起点の行政運営 2．基本的な考え方 (1)目的・成果志向での事務事業の見直し体制の確立 (2)政策に反映される事務事業評価システムの確立 (3)先進県としての行政目標挑戦体制の確立 3．さわやか運動の推進体系 ①生活者の視点に立った行政サービスの向上 ・事務事業評価システムの導入（イ．生活者起点の行政、ロ．行政使命に基づく事務事業の展開、ハ．成果志向の行政、ニ．結果重視の行政、ホ．横断的行政課題への対応、ヘ．政策形成能力の向上、ト．行政使命に基づく庁内体制） ・事務事業の見直しと成果目標の設定による進行管理 ・職員の意識改革と政策能力の向上 ②地方分権時代にふさわしい行政システムの構築 ・県の果たすべき役割の明確化 ・県と市町村との連携強化（イ．市町村への権限移譲、ロ．県・市町村職員の人事交流の推進、ハ．県・市町村が一体となった研修システムの構築、ニ．市町村行政の支援システムの確立） ・規制緩和の推進 ・分権にふさわしい県の組織・機構とその見直し（イ．権限委譲の推進、ロ．組織の見直し、ハ．	1．基本方針 「新しい総合計画」に沿って、生活者の立場に立った行政を展開するため、行政の考え方や枠組みを見直す。組織・機構・定員の見直し、職員の意識改革、対応の仕方、組織運営の方法の改革などシステム全体の改革を実施する。 2．現状認識 ・住民の価値観の多様化、個性豊かな地域社会づくりへの対応 ・グローバル・スタンダードへの対応 ・情報公開や住民参画への対応 ・規制緩和への対応 ・財政危機への対応 3．改革の理念と方向 理念：「住民満足度の向上」 改革の方向（3つのキーワード） ①分権・自立：サービスは、住民の近くで提供する。 ②公開・参画：情報公開等により住民参画を進める。 ③簡素・効率：官民の役割分担の明確化や効率的な行政運営に努める。 4．改革への具体的な方策 (1)事務事業の見直し関係 ①事務事業の見直し：官民の役割分担、国・県・市町村の役割分担の見直し ②民間の自立自助：規制緩和の推進、住民自立への支援 ③民営化・外部委託 ④市町村への権限移譲 ⑤事務処理方法の見直し ⑥事務事業評価システムの定着化 ⑦マトリックス予算（部別・課題別予算）の編制 (2)組織の見直し ①組織機構の改革 　a．本庁組織の再編→企画・実施・評価の分離 　・評価の各機能を充実しつつ、総合行政のための各部を横断的に所管する部門を「局」、個別サービス提供部門を「部」としたマトリックス制の確立。 　・8部1部外制→2局6部制、71課室制→64課室制 　b．研究センターの連携統合による産官学の共同研究の推進 　c．県民局の充実強化・組織の部制化等による総合調整権の強化 ②組織の運営方法の見直し 　a．係制からグループ制へ 　b．総務部門の権限縮小 　c．県民局長の総合調整権の強化 　d．庶務経理事務の集中化 　e．ホームオフィスの推進

昭和60年度 三重県行政改革大綱	平成8年度 さわやか運動推進大綱	平成10年度 行政システム改革
委譲→事業費の重点配分、会計事務の合理化、OA化による事務の合理化、下部への権限委譲 5．民間委託・電算化・OA化の推進 ①民間委託 　基本方針：コスト計算による委託、民間活力の導入、委託の効率化、サービスの質等保全→庁舎・道路補修の管理委託 ②電算化・OA化の推進 　基本方針：情報のトータルシステムの構築、電算システム開発→現在の63業務に、51業務の電算化を加える、電算化・OA化のモデル課の設置、人材育成、汎用コンピュータの導入 6．公共施設の設置及び管理運営のあり方 　基本方針：設置等は全庁的総合調整、他の施設との機能的連携、設置目的の薄れたもの縮小・廃止、民間委託等による効率化、応益原則にあった使用料の設定→使用料は3年ごとの見直し、施設の管理委託の検討 7．行政の効率的な推進 ①国への要望：国と地方の機能分担のあり方、地方財源の充実強化、許認可権限等のあり方、組織・職の必置規制や職員配置基準のあり方、機関委任事務のあり方、補助金制度のあり方 ②市町村との連携：権限移譲、職員交流の推進と研修の充実、事務手続き等の改善、行政のネットワーク化 8．実施期間：概ね3か年	適正な定員管理、ニ．公社等外郭団体の事業見直し） ③開かれた信頼される行政の確立 ・情報公開の推進 ・公正・透明な行政の推進 ・行政の情報化の推進 ・行政のチェック機能の強化 ④さわやかな職場・環境づくり ・職員のやる気が発揮できる配置 ・環境づくり（イ．人材の確保・発掘、ロ．人材の育成、ハ．評価制度の改善、ニ．職員の意欲を高める職場づくり） ・事務処理方法の簡素・効率化 （イ．内部管理事務の見直し、ロ．会議及び決済方法の見直し、ハ．電子県庁構想の推進） ・職場環境の改善 目標期間：1995年度から1997年度の3か年	f．公共事業にかかる技術管理等業務の一元化 g．審議会等の見直し ③外郭団体の整理縮小 （4）定員及び給与 ①定員管理の適性化：平成10年度から平成15年度に4%(−210)の削減 ②能力・成績を反映した人事・給与システムの導入 （5）人材の育成・確保 ①職員の育成：職員研修予算の増額、職員の自主性を尊重した新しい職員研修体制の確立、派遣研修等の充実 ②多様な人材確保：民間企業等の経験者の別枠採用試験、中級行政職試験の上級行政職試験への統合、職種区分の見直し （6）行政サービスの向上 ①県民へのサービスの内容等の公表 ②行政情報化の推進：電子県庁化 （7）公正の確保と透明性の向上 ①情報公開の推進 ②広報・広聴機能の充実・強化→政策広聴の充実 ③監査、検査システム等の見直し：監査・出納検査・工事検査の方法改善、外部監査制度の導入 （8）経費の節減合理化等財政の健全化 ①中長期的な財政見通しの公表 ②補助金及び委託費の交付等における競争原理の導入 ③予算節約の奨励 ④発生主義会計の導入 （9）「ハコ物」建設の抑制 （10）公共工事のコスト縮減 （11）地方分権の推進 ①地方分権推進委員会勧告の尊重 ②自主的財政運営の確保 ③広域行政の推進 （12）実施へのスケジュール：2003年度まで

出所：「三重県行政改革大綱」(1985年)、「三重県『さわやか運動』推進大綱」(1996年)、「平成10年度　行政システム改革」(1998年) により筆者作成。

第 2 節　1985 年度行政改革の主な実績

　田川県政の行政改革の主な実績は、三重県行政改革推進本部がまとめた『行政大綱の実施状況（60.10〜63.3）』（1989 年 5 月）によると、次の通りであった。
(1)　機構改革（1986 年 4 月実施）
　　①本庁の部の再編
　　・8 部→7 部 1 室へ再編
　　・企画調整部、生活環境部の廃止→知事公室、地域振興部の新設（企画部門の知事直轄組織としての機能強化、地域開発の強化）
　　②本庁の課・係の再編
　　　知事部局 68 課 263 係→65 課 257 係
　　③出先機関の再編
　　　イ．農林水産部門の事務所統合化　23 事務所→8 事務所
　　　ロ．病害虫防除事務所の統合、漁民研修センターの水産技術センターへの統合、ダム管理事務所の土木事務所への統合、婦人就業センターの津高等技術学校への統合、公衆衛生学院専攻科の看護短期大学への移管、優生保護相談所の統合、中小企業労働相談所の廃止、幼稚園教員養成所の廃止、失業対策事務所の庶務課の廃止など
　　　ハ．市町村との機能分担
　　　　中央政府の地域保健のあり方に沿い、市町村に保健婦及び保健センターの設置を促進
　　　ニ．見送られたもの
　　　　公衆衛生学院（歯科技工士・歯科衛生士養成）の民間移管、昭和学寮（東京都内の県出身大学生寮）の廃止、県税事務所と出納事務所の統合＝財務事務の電算化時点
(2)　審議会の見直し

廃止 12、統合 5、新設（法必置機関） 1、28 機関で 270 人の削減
(3) 公社の見直し
住宅供給公社と土地開発公社の実質的統合、残りの公社等は欠員不補充や事務改善
(4) 人事管理の見直し
定員管理（おおむね 2％削減の結果として、一般行政部門削減数 97 名、公営企業部門 2 名、教育部門 8 名、警察部門 3 名の削減）、本庁・出先間の人事異動（1985 年度 443 名→1987 年度 544 名）、国・市町村との交流（1985 年度 26 名→1987 年度 12 名）、民間との人事交流（5 名）、民間からの人材採用（1 名）
(5) 給与の適正化
1985 年度給与改定時に従来の「わたり」の廃止→職務の格付けの適正化、ラスパイレス指数の適正化（1985 年度 104.8→1987 年度 103.9）
(6) 職員の能力開発
国立試験機関への職員派遣（19 名）、大学などからの講師招聘（45 名）、企業への派遣（1985 年度 13 名→1987 年度 16 名）、英会話研修・パソコン研修などの講座の新設（1985 年度 39 名→1987 年度 91 名）、自主共同研究（1985 年度 2 グループ→1987 年度 8 グループ）
(7) 事務事業・許認可事務等の見直し
印刷業務の縮小（将来的には廃止）、文書のタイプ浄書業務廃止、貸し付け事業の廃止（3 事業）、指導・相談業務の廃止（6 業務）
(8) 許認可事務の見直し
総事務 7,800 件の見直し→廃止・緩和 18 事務、権限委譲 420 事務、処理方法の改善 39 事務
(9) 事務執行方法の見直し
①公共事業の重点配分（小規模工事の縮小）
・農林水産部（1985 年度 52.3％→1987 年度 42.9％）
・土木部（1985 年度 72.1％→1987 年度 67.4％）
②会計事務は財務会計の電算オンライン化（1990 年度）
③予算編成は予算配当時期の見直し（2 期／年→1 期／年）

⑽　民間委託
　　①民間委託
　　　点字図書館・文化スポーツ施設管理委託（3施設）、検査業務委託（2業務）、県立病院のボイラー業務委託（1病院）
　　②庁舎管理
　　　出先機関→電話交換業務の自動化、守衛業務・機器保守業務の拡大
　　③病院業務
　　　清掃・守衛・電話交換業務
　　④道路補修・埋蔵文化財発掘調査、資格試験、計量検定検査、今後の電算化51業務の検討
⑾　電算化・OA化の推進
　　電子計算機利用検討委員会、OA化推進委員会の設置
　OA機器の整備では本庁へのパソコン・ワープロ等の配置完了
⑿　公共施設の設置及び管理運営のあり方
　　使用料・手数料の受益者負担の適正化　1986年度19件＝1億8,300万円、1987年度21件＝2億2,500万円、1988年度30件＝3億9,600万円
　以上の行政改革の「実績」の特徴は、次の3点にまとめられる。

イ．1985年の「地方行革大綱」は、第2次臨時行政調査会が答申した行政改革と同様に財政危機を要因とした人事管理制度改革、事務事業のカットなど「行政の減量化」としての性格の強い行政改革であった。

　このため、三重県の行政改革においても、効率的な行財政運営として、効率の原則（経費削減）及び公平の原則（応益負担の強化）による経費節減及び負担増が行われた。ただ、三重県の場合、比較的健全財政[2]であったことから、田川県政が行政改革を積極的・主体的に取り組んだとは考えられない。すなわち、「職員給与の適正化」「県単独補助金の根本的な見直し」「使用料等の3か年ごとの応益負担からの見直し」等の目標が「大綱」に明示されているものの、具体的な数字で目標が明らかになっている項目は、一般行政部門の職員定員数を3か年で2％削減することのみであった。さらに、田川県政の行政改革は、財政改革・人事管理制度改革・事務事業などの短期的

課題の解決に力点が置かれた。一方、将来にわたる長期的な問題を視野に入れた行政改革の推進、あるいは透明性、答責性や住民参加など地方行政における「民主制」の強化という試みについては乏しかったのである。

ロ．定員数の削減は、定員見直しや民間委託によるものが主であった。とくに、実際の定員削減は、単純労務職員の定員減が多かった（電話交換業務の自動化、守衛業務・機器保守業務の民間委託の拡大、病院の清掃・守衛・電話交換業務の民間委託、道路補修・印刷業務の縮小、文書のタイプ浄書業務廃止など）。

しかし、知事部局の職員定員数の範囲内で配置された職員の現在員数（4月1日）の動向をみると、1985年度の6,114名から1989年度の5,985名まで129名減少することとなるが、1994年度には6,171名となり、逆に57名の増加となっている。このうち、単純労務職員の現在員数（4月1日）が、1985年度の760名から1989年度の638名まで122名減少し、1994年度には569名と10年間で191名の減少となった[3]。このような職員数の動向から推測すると、単純労務職関連部門などの合理化にもかかわらず、トータルとしての職員定員が絶対数の削減とはならなかったことである。むしろ、田川県政は、その後のバブル景気の好況を反映させて新たな公共サービスを拡大させることになり、逆に職員定員数は増加したと推測できる。

結局、田川県政における定員管理は、行政ニーズの衰退部門・合理化可能部門から定員を削減し、それを原資として、行政ニーズの増加部門に振り分けられる手法がとられたことで、新たな行政ニーズに対応したと考えられる。つまり、単純労務職関連部門の定員削減分が新たな行政ニーズへの定員増加の原資となったのである。

ハ．中央政府は、行政改革の一貫として、中央政府が従来の補助金制度等の地方財政対策システムを温存しながら、補助金削減による国庫財源の余裕分を補助事業などの拡大に充て内需拡大策としたため、地方政府間の補助金などの再配分のぶんどり競争や開発地域指定競争がより一層激化することとなった。このため、三重県においても組織機構の改編では、地域開発部門が充実されるなど積極的な政策展開に連動することとなった。

三重県の「大綱」では、「行政は時代の急速な転換に伴い派生する新しい

課題……に的確に対応していくためには、時代変革を先取りし、簡素で柔軟な行政と効率的な社会システム」を作り上げなければならないとしたが、ここでの効率的な社会システムづくりに対応する行政活動とは、開発地域指定に象徴される地域開発に関する諸施策の推進であったと考えられる。つまり、民間委託などによる単純労務職関連部門の定員削減分を地域開発優先の諸施策を実現すべく県行政組織・職員をトータル的に動員する体制づくりへと連動していくものであった。

ところで、このような行政の簡素化・効率化・合理化を追求した田川県政の行政改革過程では大きな混乱が生じなかった。このことは、中央政府の動向、旧自治省の指導、そして県議会や県官僚制という既存の制度枠組みの範囲内での「行政の減量化」という目標を最も効果的に達成する戦略が採られた結果、行政改革にあたって直面する抵抗主体もなく、利害関係者の力関係が反映されていたと考えられる。すなわち、田川県政は、三重県議会において多数与党を確保し、田川知事も与党との良好な関係に努めたこと、また共産党を除く革新諸政党・三重県職員労働組合も田川県政を支持していたこと、などから批判勢力からの強い異議申し立てはなかった。また、この行政改革も、県職員とのトラブルや庁内不一致を極力招かないように取り組まれた。具体的には、田川県政は、旧自治省の「地方行革大綱」の趣旨に従い改革プランを基本的に策定したこと、県行政組織の外部に「三重県行政改革協議会」という各種利害関係団体代表で構成された特別な機関を設置するなど「コーポラティズム」[4]の形態の下で「政策共同体」[5]的に決定された事項を県職員に執行させたこと、さらには田川知事が官僚出身であり、知事就任期間が4期に及んだことから、田川知事が県官僚制の特質をよく理解し、できるだけ県職員やその代表である三重県職員労働組合[6]に対してストレスを生じさせないように、抜本的改革よりは現状改善指向型の「行政改革」を推進するという政治戦略を採ったこと、である。

第3節　田川県政の行政改革と開発主義的な
県政運営の強化

　1973年の「福祉元年」によって本格化する福祉国家化は、石油危機後の経済停滞や人口構成の高齢化という要因により、中央政府の財政規模を急速に膨脹させることになった。この結果、財政規模の急速な膨脹を防止するため、1980年代に入ると、中央政府は行政改革を実施したのである。

　この「増税なき財政再建」を目指した第2臨調路線による中央政府の行政改革は、補助金等の削減をはじめとする地方財政対策の圧縮も加わったため、大きく地方財政に影響を与えた。そのうえ、中央政府は、従来の補助金制度等の地方財政対策システムを温存しながら、補助金削減による国庫財源の余裕分を新たな補助事業などの拡大にあて内需拡大策としたため、地方政府間の補助金などの再配分ぶんどり競争や開発地域指定競争がより一層激化した。このようにして、積極的な開発競争に向け、地方政府は方向付けられることとなったのである。

　三重県においても、1985年度の行政改革以降、田川県政の重要課題の1つは、中央政府の開発地域指定の承認を取り付けることであった。1988年「総合保養地域整備法（リゾート法）（1987年制定）」の指定、1991年「多極分散型国土形成促進法（1988年制定）」振興拠点地域基本構想の承認、1993年・1995年「地方拠点都市地域整備法（1992年制定）」の指定など[7]、また1994年文化庁の「第9回国民文化祭」及び通産省「ジャパン・エキスポ」と建設省「地域イベント実施計画」とに認定された「世界祝祭博覧会」の開催、さらには「総合文化センター」「県営サンアリーナー」などの大規模施設の建設など、国土開発計画の一環として、三重県の地域社会を積極的に地域改造するような方向へ三重県政を方向転換していった。そして、1986年度以降、その推進事業主体となる行政組織機構に改編し、方向付けたという意味で、この時期の田川県政は、積極的な県政へと転換していったのである。ただ、この中央政府に方向付けられた積極的な地域社会の改造を行うにあたって、中央政府の地域指

第3節　田川県政の行政改革と開発主義的な県政運営の強化　95

定をテコに推進しようとしたといった限界はあるものの、この時期の田川県政は、消極的・堅実な県政運営ではなく、積極的な開発主義的県政運営であった。とくに、行政システムを取り巻く諸要因、三重県議会との関係、県官僚制の特性、県民との関係及び県政運営の推進主体、などに特別な変化が見られなかったにもかかわらず、このような県政運営に変化が生じたのは、中央政府との関係、すなわち中央政府主導による行政改革の状況変化に対応した「行政改革」推進勢力の戦略変更があったと考えられる。この意味で、三重県の行政組織を積極的な開発主義的県政運営に対応した行政組織として方向付ける役割を結果的に果たしたのが1985年度の行政改革であった。とくに、行政改革の重点は民間活力の導入や単純労務職関係の職務の民間委託などによる既存組織（定員）のスクラップによる地域開発等の担当組織（定員）のビルドであった。また、行政改革の手法は、田川県政が地域社会・経済環境からの支持を得ること、さらには正統性を確保するために、公共サービスの提供以外に地域経済成長を促進する政策実行を担保することでもあった。しかし、「県民の生活を保障すること」と「経済成長を促進するため企業成長を支えること（＝地域開発を行うこと）」という2つの機能を両立させるという中央政府の福祉国家的政策に依拠した県政運営は、1990年代の長期経済不況により行き詰まることになり、田川県政に代わった北川県政は、新たに行政システム改革を行うこととなる。

　高度経済成長の終焉とともに、従来の福祉国家的政策の行き詰まりに対して、1992年に中央政府が「生活大国5か年計画」構想を打ち出したこともあり、田川県政は、1995年度に「生活者」を重視するという観点から組織機構改革を実施した。しかし、この時点では、「地方分権」の観点からというよりは、やはり効率化・合理化の観点から減量経営を目指す組織機構改革に取り組んだのである。この「生活者」を重視する観点からの改革には、田川県政の北川県政へのポスト福祉国家的政策としての連続性の側面もあるが、一方「地方分権」が明確に位置付けられていない「生活者」重視は段絶している側面であり、1995年度の組織機構改革にはこの両面が現れていたのである。

第4節　1995年度の組織機構改革

　三重県では、1994年末に大規模イベントが終了することもあり、組織機構改編の必要性が生じるため、1995年度に向けて組織機構改革に取り組むこととなった。このため、組織機構改革を推進するために、知事を本部長とし、各部局長を委員とする行政改革推進本部会議及び各部主管課長で構成される同本部幹事会が設置され、組織機構改革の具体的な課題及び問題点が検討されることとなった。

表3-2　1995年度組織改正の考え方及び基本方向

課題・問題点(検討事項)	組織改正の考え方及び基本的方向
1　政策形成機能の充実強化 ①知事公室と地域振興部の役割分担と守備範囲の見直し ②新規政策の提言機能 ③採択または熟成された政策の円滑な移行 ④政策・企画型職員の養成	①・③： ・総合政策・地域振興政策の一元化による政策形成機能強化 ・県民局と連携による市町村支援、地域の県施策の進行管理・調整機能の強化 ・重要プロジェクトの構想から推進までの一元化 ・土地行政の計画から施行までの一元化 ②：知事のトップマネジメントの補佐、県政基本理念の追求など超長期的ビジョンを形成 ④：継続的な人材育成システムの構築
2　総合調整機能等の充実強化 ①総合調整機能、進行管理機能、効果測定機能の整備	・企画調整担当部の機能強化、各部局の企画調整機能の強化 ・部際間問題の円滑な調整
3　長寿社会、高齢者対策の総合的な推進 ①保健・医療、福祉、雇用、住宅、教育等の分野にまたがる長寿社会対策の横断的取組 ②各部局にまたがる高齢者対策の横断的取組 ③マンパワーの確保 ④施設整備等も含めた官民の役割分担明確化 ⑤民意の反映	①②③： ・サービスの受け手としての県民主体という考え方に立ち、県民が必要なサービスの効果的提供システムの確立 ・保健・医療、福祉の一体化に対応した生活部門の業務再編 ④⑤：民の役割分担を検討
4　環境行政の総合的・一体的推進 ①環境行政の新たな流れに対応 ②環境と調和のとれた行政の推進 ③行政と関係団体との連携、役割分担	・規制中心の環境行政から、快適環境づくり、安全環境づくりを重視した環境行政の総合的推進 ・ハード面の生活排水対策を計画的に推進するための計画部門を一元的な所掌
5　産業、商業対策への総合取組 ①産業、商業の高度化、経済のソフト化・サービス化への対応	・大企業から中小企業まで一元的に所掌し、産業・労働行政の一体的推進
6　農林水産行政の再構築 ①時代の進展に即応できる組織機構の構築 ②本庁と出先機関の役割分担 ③行政と関係団体との連携、役割分担	①②：生産振興から消費者、安全食品、農山漁村生活等も重視し行政に対応できる組織機構の構築 ③：団体再編の促進、市町村・団体との役割分担の明確化をはかり、的確に対応できる体制強化

課題・問題点(検討事項)	組織改正の考え方及び基本的方向
7　総合的、効率的な土木行政の推進 　①総合土木行政の推進 　②土木施設の維持管理体制 　③検査機能及び体制の見直し 　④都市住宅行政の総合的、一体的推進	①：県民ニーズに対応した点から面整備へ総合土木行政を推進するため、縦割り行政の弊害の除去、企画調整機能の一元化・充実化、各事業課の連携強化をはかる。 ②：効率的な施設管理 ③：検査機能の充実 ④：企画機能の充実
8　文化・生活行政の全庁的取組 　①文化行政の位置付け 　②女性政策、青少年対策等生活行政の総合的推進	・産業重視型から生活者重視型の行政へシフトし、開かれた行政、文化的・国際的でゆとりある県民生活行政を総合的に推進 ・生活を文化という観点から、文化行政と県民生活、女性政策、青少年対策等の総合的推進 ・各部にまたがる生活行政の総合調整部門と関係部局の窓口を明確化
9　出先機関における県民の利便性の向上と出先機関相互の連携強化 　①出先機関の再配置 　②出先機関におけるサービス機能の充実、現地執行体制の充実 　③本庁と出先機関の役割分担、出先機関への権限委譲 　④試験研究機関のあり方 　⑤福祉事務所、保健所のあり方 　⑥県民局制度のあり方	①：時間距離の短縮による住民生活エリアの拡大から出先機関の見直し ②③： ・地方分権の流れの中で県民サービス充実のため出先機関への権限委譲に努め、また本庁出先機関の職員配置を見直す。 ④： ・国・県、民間の役割分担の明確化、県の果たすべき役割の整理 ・時代のニーズに対応した効率的・効果的な研究システムの構築 ⑤：保健・医療、福祉の一体化に対応した事務所のあり方を検討 ⑥：本庁企画調整部門との一体化と地域情報の一元化、事業の進行管理を行う。
10　その他 　①県出資法人のあり方	・県出資法人等のあり方について、抜本的見直しとその指導体制の見直し

出所：1994年5月30日付総務部文書「組織改正の考え方及び基本方向」により筆者作成。

　一方、総務部は、この組織機構改革の考え方及び基本的方向を示した文書「組織改正の考え方及び基本的方向」を1994年6月に各部局に通知したのである（「表3-2　1995年度組織改正の考え方及び基本方向」参照）。ここで示された組織機構改革のコンセプトは、「①多様な自己実現の機会の提供、産業・研究機能等魅力ある多様な働く場の確保、魅力ある都市の創造等を進める。②高質の生活基盤『職・住・遊・学』を一体的に整備することにより、東京一極集中を排除する。③新地方時代としての環伊勢湾時代の具現をはかることで人口定住を促進していける、いわゆる『生活大国』[8]を先導的に実現していく。さらに、以上のようなことを実行できる④体制を確立する」ことであった。しかし、まだこの時点では、地方分権推進法が成立していなかったこともあり、この組織機構改革は、従来の減量的な「行政整理」的色彩の強いものであった。

各部局は、この「組織機構改革の考え方及び基本的方向」に沿って、課所の各係の業務内容見直しからはじめ、課室等のあり方、部局のあり方など基本方向に対応する組織機構改革の検討を行ったのである。この組織機構改革の結果、本庁部局の組織機構は、次の通り改編された。
① 政策形成機能を強化するとともに、必要な事業について計画から実施までを一元的に推進する部門として、「企画振興部」の創設。
② 生活者重視の観点から、生活行政施策を総合的に推進する部門として、「生活文化部」の新設。
③ 「保健環境部」と「福祉部」の組織機構改革については、同時期に中央政府において、保健所法が地域保健法と改正され、1997年4月から施行されることから、この法改正との整合性をはかるため「健康福祉部」として再編・統合。
④ 規制環境行政から快適環境づくり、安全環境づくりを含めた環境安全行政を総合的に推進する部門として、「環境安全部」の新設。
⑤ 企業誘致も含めた総合的な産業ビジョンを構築し、産業政策の新たな展開をはかるため「商工労働部」の再編。
⑥ 「農林水産部」と「土木部」は、企画調整機能を充実するとともに、部内業務の再編整理。
⑦ 「総務部」は、各部の再編に伴い、内部事務に純化。
⑧ 8部制の枠の中で、①②③④の部新設のため、「知事公室」「地域振興部」「福祉部」「保健環境部」のスクラップ。

また、本庁の部局改編にともない部局内課室も、次の通り改編された。
① 総務部：「秘書課」の編入。行政管理・行政改革・庁内事務のOA化・文書法令事務を一元化して「行政管理課」に再編。また、行政改革担当審議監（次長級）の新設。県有施設の建設から修繕までを一元的に行う「営繕室」を管財営繕課内室として編入。
② 企画振興部：庁内政策調整、土地利用計画、土地取引指導及び水資源の総合調整部門を「政策調整課」（部の主管課）に再編。長期総合的な政策形成機能強化のために「企画課」の分離新設。伊勢湾口道路早期実現のた

めに「伊勢湾口道路建設推進室」を交通政策課内室として新設。「地方課」を「市町村課」に名称変更。市町村振興支援のための地域割りスタッフ制を「地域振興課」に導入。

③ 生活文化部：消費者保護・人権等の県民生活・文化行政の総合調整部門を「生活文化政策課」（部の主管課）に再編。広報・広聴業務と情報公開業務を一元化して「広報課」に再編・編入。「統計課」の編入。人権行政部門である「同和課」の編入。「学事課」の私学行政部門の編入。地域生活における国際化推進部門である「国際課」の編入。

④ 健康福祉部：保健・福祉行政の総合調整と総合的・横断的な高齢化・少子化対策行政部門を「健康福祉政策課」（部の主管課）に再編。県立看護大学設立準備のために「看護大学設立準備室」を健康福祉政策課内室として新設。保健・医療、福祉のマンパワーの確保等保健対策を一元化して「医務福祉課」に再編。生涯対策としての健康づくり対策部門を「健康対策課」に再編。高齢者の保健福祉サービス部門を一元化して「高齢者対策課」に再編。児童福祉業務と母子福祉業務を一元化して「児童家庭課」に再編。

⑤ 環境安全部：環境審査・環境啓発・水道対策を「環境安全政策課」（部の主管課）に再編。各部所管の排水対策の総合調整部門である「排水対策調整室」を環境安全政策課内室として新設。廃棄物行政部門を「廃棄物対策課」に再編。「消防防災課」の編入。「自然環境課」の編入。「交通安全課」の編入。

⑥ 商工労働部：「商工課」（部の主管課）を「商工政策課」に名称変更。「企業立地課」の編入。

⑦ 農林水産部：団体検査・金融業務を一元化して「農林水産政策課」（部の主管課）に再編。部内公共事業の調整・効率的執行の確保のために「企画調整室」を農林水産政策課内室として新設。農業の担い手・後継者対策及び総合的経営指導部門を「農業経営課」に再編。農業と畜産業の生産振興を一元化して「農芸畜産課」に再編。家畜衛生対策強化のために「家畜衛生対策室」を農芸畜産課内室として新設。中山間地域対策等村づくり部門を「農村整備課」に再編。農村基盤整備を一元化して「農地整備課」に

再編。林業部門を「林政課」と「森林整備課」に再編。水産業部門を「漁政課」と「漁港整備課」に再編。漁業資源管理・有効利用のために「資源管理推進室」を漁政課内室として新設。
⑧　土木部関係：部内公共事業の調整・効率的な執行及び都市政策の企画機能充実のために「企画調整室」を監理課（部の主管課）内室として新設。「高速道路推進室」を道路建設課内室の「高速道路推進室」へ降格。都市行政・住宅行政部門を「都市住宅計画課」「都市住宅整備課」「建築開発課」に再編。
⑨　出先機関：県民局の「総務調整室」を「振興事務所」に再編し、市町村・管内事務所・本庁との連絡強化及び県民サービス窓口の明確化をはかる「地域調整室」を振興事務所内室として新設。

　以上の組織機構改革の結果、本庁組織機構は、1994年度8部70課室から1995年度8部67課室へと3課室の減となった。ただ、課室内に設置される課内室は、1994年度11室から1995年度13室へと2室増加した。また、知事部局の職員定員数は、1994年度に事業が終了した「世界祝祭博覧会推進課」関係分30名が削減されたが、トータルでは、スクラップ・アンド・ビルドされた結果、現状の定員数及び職員の現在員数（4月1日）が維持されたのである[9]。
　一方、1993年12月に閣議決定された「地方行革推進大綱」に基づき、旧自治省は、1994年10月に「地方行革指針」を地方政府に通知した。この「地方行革指針」に対応するため、三重県は、1995年4月1日付で総務部に行政改革担当審議監（次長級）を配置した。また、行政改革の業務を所掌する行政管理課が組織機構改革により再編強化された。このことから明らかなように、行政改革についての本格的な検討が1995年度から行われることとなったため、今回の組織機構改革には、「地方行革指針」が直接反映されてはいなかった。この「地方行革指針」による新たな行政改革の取組強化の一環として、部外組織である「三重県地方分権・行政改革総括推進室」（室長が副知事）が新設されたのは、北川県政に代わった同年の7月であった。

第5節　総合計画と行政運営の関係からみた中央集権型システム下の行政運営の特徴

　三重県は、「第2次三重県長期総合計画（計画期間が1983年度から1995年度の12年間）」（以下、「第2次長計」と略する）を1983年3月に公表した。この計画は、21世紀に向けて三重県の目指すべき基本目標「21世紀を展望しつつ、"活力とうるおいに満ちた郷土三重の創造"」と、これを達成するための基本方針を明らかにした県政運営方針が示されている。「第2次長計」における行政改革関連事項は、「第3部　計画推進のために」において、計画推進のための方法として、①県民参加、②市町村との連携、③行財政の効率的運営、④地方自治の確立、などの項目を示している。

　それぞれの項目の内容は、次の通りであった。
①県民参加に関しては、自治と連帯による地域づくりを進めるために、県民参加の県政を推進することが必要であるとし、この計画策定にあたっては、県民懇談会の開催や県民意識調査を行うとした。また、計画の実施にあたっても、積極的な参加と理解を求めていくこととした。
②市町村との連携に関しては、計画の策定・実施のために、県民との日常生活に密着した行政を担当している市町村と、より広域的な行政を担当する県との緊密な連携と機能分担が必要であるとした。
③行財政の効率的運営に関しては、県財政見通しの中で財政状況は厳しい状況が見込まれること、またこの「第2次長計」の実施には、2兆円程度の投資額が見込まれることから、行政組織機構の簡素化・合理化と職員意識の向上をはかるとともに、計画的、重点的な財政運営を推進するとした。
④地方自治の確立に関しては、住民の生活の場であり、福祉を実現する場である地域や地方が尊重される「地方の時代」を実現するため、あらゆる領域でこれまで過度に中央に集中した諸機能を可能な限り地方に分散する地方分権的なシステムに転換していくことが必要であるとした。とくに、地域における総合的・民主的な行政体である地方政府が地域に根ざした行政

を推進するためには、それを可能とする行財政の仕組みを確立することが必要であるとした。このため、事務・財源配分など中央・地方の行財政システムの見直しについて、県の内部努力と並行しつつ中央政府に働きかけるとした。

　以上の総合計画内容によると、新しい行政運営の構築に向けた行政改革は、「行政組織の簡素合理化、職員意識の向上」「国・地方の行財政システムの分権的システムへの改革」「市町村との機能分担」「県民参加の仕組みづくり」が焦点となる。ただ、「第2次長計」計画書は、B5版338頁からなるが、そのうち、「第3部　計画推進のために」に関する頁数は3頁にすぎず、そのうえ、その計画推進にあたっての体制づくりが抽象的に示されているだけである（「表3-3　『第2次三重県長期総合計画』『第3次三重県長期総合計画』と『新しい総合計画　三重のくにづくり宣言』との比較」参照）。これらのこともあり、三重県の行政改革「大綱」では、この「第2次長計」との関連付けが具体的に明確になっていない。むしろ、三重県の行政改革の内容は、第2章で考察した旧自治省の「地方行革大綱」の重点（前掲「表2-11」参照）に沿った内容になっている。つまり、「地方行革大綱」の重点が行政の減量化＝簡素・効率的な行政システムの追求ということもあり、前掲「表3-1」に示したように、「大綱」の大部分が「行政組織の簡素合理化」に関する組織の見直し、職員定員数の削減、事務事業の見直し（廃止・縮小、民間委託など）及び公共施設の使用料の見直しなどで占められていたのである。

　また、「国・地方の行財政システムの分権的システムへの改革」に関して、「大綱」では、中央政府への要望として、中央政府と地方政府の機能分担（中央政府は制度の基本を定め、事業の実施は地方政府の自主判断で運用できるように、事務と財源の再配分）、地方財源の充実、許認可権限の見直し、組織・職の必置規制及び職員配置基準のあり方の見直し、機関委任事務の整理合理化、補助金のメニュー化・統合化・簡素化などが「国への要望」として示された。さらに、「市町村との機能分担」に関しては、権限移譲の推進、職員交流の推進、事務手続きの簡素化、行政のネットワーク化が「市町村との連携」として示された。しかし、「県民参加の仕組みづくり」に関しては記述されておらず、そのうえ、「国への要望」の事項や「市町村との連携」の事項は、「行政の効率

的な推進」に位置付けられていた。これらは、「表3-1」と「表3-3」の比較で明らかなように、「住民参画による行政の推進」を目指した北川県政の長期総合計画「新しい総合計画　三重のくにづくり宣言」及び行政改革大綱「平成10年度　行政システム改革」とは全く異なるものであった。

　三重県では、「第2次長計」に引き続き、新しい県政運営方針として「第3次三重県長期総合計画（計画期間が1990年度から2000年度までの11年間）」（以下、「第3次長計」と略する）が策定され、1990年12月に公表された。この計画は、21世紀に向けて三重県の目指すべき目標である「チャレンジ21新世紀へ躍進する三重をめざして」と、これを達成するための基本方針を明らかにする県政運営方針が示されている。この「第3次長計」における行政改革関連項目は、「第4部　計画の実現に向けて」において、とくに配慮しなければならない基本的な項目として、①県民参加、②市町村等との連携、③効率的な行財政運営、④計画の進行管理が示されている。この項目について、「第2次長計」と比較すると、内容はほぼ同様であるが、①県民参加に関しては、仕組みとして具体的に情報公開・広報・啓発活動の充実により、参加しやすい体制づくりを行う、②市町村等の連携に関しては、新たに近隣府県との広域連携、中央政府への支援要請、民間活力の導入と活用、が加わり、③効率的な行財政運営に関しては、行政組織の簡素合理化以外に財源の重点配分、計画と予算の連動など効率的な行財政運営をはかる、としたのである。また、この計画では、新たに情報公開が示されているが、逆に地方自治の確立については示されていなかった。さらに、「第4部　計画の実現に向けて」は、抽象的に示されていることもあり、「第3次長計」の計画書Ａ4版270頁のうち、1頁をこの項目にあてているにすぎない。そのうえ、「第2次長計」「第3次長計」とも3か年ごとの実施計画として「推進計画」が作成されているが、この項目についての推進計画は示されていなかったのである。

　計画は、目標から行政運営をコントロールするための手段であるが、以上のように田川県政の行政改革では、三重県の長期総合計画との連動性が緊密にはかられていなかった。このことの背景には、次のことがあったと考えられる。①1962年の臨時行政調査会が中央・地方政府関係の仕組みについて「企画」と「実施」に分け、「企画」を中央政府、「実施」を地方政府の任務として提起

表3-3　「第2次三重県長期総合計画」「第3次三重県長期総合計画」と「新しい総合計画三重のくにづくり宣言」との比較

項目	第2次 三重県長期総合計画	第3次 三重県長期総合計画	新しい総合計画　三重の くにづくり宣言
1.策定年次	昭和58年(1983年)	平成2年(1990年)	平成9年(1997年)
2.開始年次	昭和58年度(1983年度)	平成2年度(1990年度)	平成9年度(1997年度)
3.目標年次	昭和70年度(1995年度)	平成12年度(2000年度)	平成22年度(2010年度)
1部 (1編)	基本構想 1．三重のあゆみと展望 2．計画の目標と課題 ・計画の目標 ・21世紀に向けての課題と今後の方向	基本構想 1．三重県を取り巻く潮流 2．21世紀の三重県 3．計画の基本方向 4．施策の基本方向 5．地域整備の基本方向 6．戦略プロジェクト	基本理念(三重のくにづくりの方向と目標) 1．くにづくりの歴史的チャンス 2．くにづくりに向けた社会のあり方 3．くにづくりの基本理念 4．私たちの取組
2部 (2編)	基本計画 1．部門別計画 ・健康で明るい社会をつくる ・豊かで住みよい県土をつくる ・文化の香り高い郷土をつくる 2．地域計画 ・広域的な県土づくり ・地域別計画	部門別計画 1．豊かな文化の創造と明日を担う人づくり 2．ゆとりと潤いのある快適空間の形成 3．健康で生き甲斐のある福祉社会づくり 4．力強く活力に満ちた産業の展開 5.21世紀を拓く県土づくり	基本政策(県の行う政策の基本方針) 1．生活者起点の県政の推進 2．5つの目標で進める政策の体系 3．総合行政で取り組む8つの重要課題 4．広域行政で取り組む新しい地域づくり 5．計画を実現するための行政運営 ・総合計画を基軸とした県行政の推進、住民参画による行政の推進、地方分権の推進、行政評価機能の強化、長期展望に立った財政運営、効率的で効果的な組織・体制づくり
3部 (3編)	計画推進のために ・県民参加 ・市町村との連携 ・行財政の効率的運営 ・地方自治の確立	地域別計画 1．北勢地域 2．中南勢地域 3．伊勢志摩地域 4．伊賀地域 5．東紀州地域	基本計画(県の行う施策の目標と方向) 1．1人1人を大切にし、人と文化を育てるために 2．安全で安心なささえあい社会をつくるために 3．自然と調和した美しい環境を創造するために 4．産業を盛んに、経済を活発にするために 5．多様な交流・連携を通じて、個性と魅力のある地域を育てるために
4部		計画の実現に向けて 1．県民の参加 2．市町村等との連携	

項目	第2次 三重県長期総合計画	第3次 三重県長期総合計画	新しい総合計画　三重の くにづくり宣言
		3．効率的な行財政運営 4．計画の進行管理	

出所：三重県「第2次三重県長期総合計画」(1983年3月)、三重県「第3次三重県長期総合計画」(1990年12月)、三重県「新しい総合計画　三重のくにづくり宣言」(1997年1月) により筆者作成。

した[10]ように、中央集権型システムの政府間関係の下では、政策の企画と実施の一体性が田川県政には求められていなかった。②中央集権体制と右肩上がりの経済成長下においては、中央政府が地方交付税や補助金などを手段としたコントロールにより、地方政府が独自の政策を追求することや自治を拡大することを妨げた。一方、地方政府は、中央政府の指揮監督に従順である限り、常に画一的な政策を行うための財源が保障され、自らが独自の政策を企画立案しなくても、行政運営がうまくいくことができた。また、中央政府の各省庁が強い自立性を持っており、省益を加算すれば国益になるであろうという予定調和的な発想による政策形成が進められてきた結果、三重県の各事業部局では、「部分最適」（部局としては「全体最適」）的な政策を追求していくことが合理的な選択であった。③中央政府が1981年に設置した第2次臨時行政調査会で主張した地方分権は、中央政府の財政再建を主な目的とするという限界があった。また、このため田川県政自身にも地方分権の問題意識はあるものの、余り強い地方分権志向がなかったといった限界があった。④県政運営方針である長期総合計画が中央政府の経済計画や全国総合開発計画等との関連から構想・策定され、一方、行政改革の「大綱」は中央政府の「地方行革大綱」を受けて策定されるという縦割り行政が反映していた。⑤これまで、日本の行政改革は、行政運営の仕組みを変えることよりも、組織機構改革や定員削減などがもっぱら主要な目標となってきたことから、目標と行政運営との関係についての視点があまり重要ではなかった、ことなどがあったのである。

注
1）委員会メンバーは次の通りである。
　　会長　三重県社会福祉協議会会長

　　　　会長代理　三重県土地改良事業団体連合会会長
　　　　委員　　　松下電工津工場長、町村会長、市長会会長、第三相互銀行社長、三重短期大学教授、三重県議会議員、日本青年会議所三重ブロック協議会会長、中川製作所社長、三重大学教育学部長（女性）、三重県経営者協会専務理事、三重県労働者福祉協議会会長、三重県職員労働組合委員長
2）財政構造の弾力性を判断する指標である経常収支比率（普通会計決算）は、1987年71.3％（全国都道府県順位3位）、1988年69.1％（6位）、1989年65.3％（10位）、1990年62.5％（5位）、1991年62.5％（6位）、1992年67.7％（7位）、1993年73.4％（10位）、1994年77.0％（13位）、1995年79.0％（12位）、1996年79.4％（10位）、1997年81.7％（8位）、1998年89.8％（24位）となっている。このように、全国の都道府県の中でも財政状態は健全であったといえたが、1994年以降一般的に妥当な健全ラインといわれる75％を超えて急速に悪化してきている。
3）三重県人事委員会『職員の給与等に関する報告及び勧告』（各年版）
　　ここでは、職員定員数の変動を考察するにあたって、職員現在員数を代替指標とした。この理由は次の通りである。「三重県職員定数条例（昭和24年三重県条例25号）」の第2条で、知事部局等の職員定員数が定められている。しかし、第3条で、職員定員数の配分は、第2条で定めた定員内で知事等が定めることとなっている。このため、通常の定員数の増減は、第2条の定員数の範囲内で行われるため、第2条で定めた職員定員数は、組織機構変動に伴い大きな変動がない限り、これまで改正されず、定員数の増減は、第3条の知事等が定める配分定員数で定められているのである。
　　また、職員の現在員数は、原則的にはこの配分定員数内となる。このため、職員定員数の変動を考察するためには、第3条に基づき定めた配分定員数によらなければならないが、この配分定員数は公表されていない。このため、定員数の変動を考察するにあたって、この配分定員数の変動に伴い正比例的に職員現在員数も変動すると推定できることから、ここでは、職員の現在員数を代替指標として、職員定員数の変動を考察するものである。
4）青木昌彦は、日本の中央政府の形態がコーポラティズムではなく、官僚制多元主義的国家であるとする。この形態は、利益集団間の利益裁定が市場に加えて、分権的な官僚機構を中核とする政府によって媒介されることに特徴がある。すなわち、共通利益を主張する際に交渉力を高めるため組織された各業界団体は、分権化した官僚機構の中の管轄部局と恒常的な接触を持ち、そのインターフェースを通じて自己の共通利益を公共政策形成過程にインプットしようとする。各省庁の事業担当の原局は、管轄下の民間利益を選別的に代表して政策を策定し、また官房組織との交渉に従事し、この交渉は旧大蔵省主計局の予算配分を通じて裁定される。ほとんど、すべての利益集団がその利益代表団体とその管轄原局を通じて、公共政策形成過程に影響力を獲得することとなるとしたのである（青木昌彦　1999年）。
　　一方、町村敬志は、東京都の政府形態について、首長、官僚、民間企業などの相

互関係が存在する形態、つまり関係利益集団と地方政府の関係は、多元主義ほど開放的ではなく、エリート主義ほど閉鎖的でもなく、コーポラティズムの関係であるとした。この形態では、政治家とテクノクラート層が密接に結びつき権力ブロックを形成し、その指導の下で限られた特権的集団が公共政策の意思決定にかかわるとしたのである（町村敬志　1994年　103-111頁）。

筆者は、田川県政全体を一貫するヘゲモニー的勢力が、田川知事を核として、知事（初当選1972年から連続当選）という経歴の中で培った県内の政財界との人脈、県幹部職員層との人脈、旧中間層を中心とした地域の草の根的保守層、最初の選挙から支持してきた自治労・教職員労組などの官公労を中心とした労働界の人脈であり、政策・計画の形成は、これら支持団体の参加する交渉によるところが大きいと考えられる。このように、中央政府の政府形態との制度的補完性から三重県政の形態も官僚制多元主義国家形態となると考えられるが、地方政府の組織形態は、中央政府の組織形態ほど分権的ではなく、組織規模が中央政府に比べて小さいこと、また選挙で選ばれた知事を中心に、人材や財源などの行政活動資源などが一元管理されていることから、地方政府は一体化している。また、ドーアによるとコーポラティズムは「社会的パートナー」と呼ばれるものが参加する中央レベルの制度（ロナルド・ドーア　1989年）とされるが、田川県政を支持した集団等は、まさに「社会的パートナー」といえ、町村の説である「コーポラティズム」を本書では準用することとした。

5）政策共同体とは、参入者が所管の官僚・政治家（委員会の議員など）・民間の専門家（審議会メンバー、職能団体など）などに限定され、参入者間に価値観の合意と緊密な人間関係が存在し、政策決定過程での政策決定も特定の価値観に基づいて、官僚主導で官僚制と他の集団との相互作用で行われる形態である（村松岐夫　1998年　40頁）。

6）「地方行革は、おおかたが行政部が主導する試み」であり、一方、「地方議会は役割がきわめて小さ」い。この議会に代わって「労働組合が、しばしば大きな比重を占めてきた」のである（中邨章　2000年　25-26頁）。

7）三重県が中央政府の地域指定を受けた主なものとしては、次の通りである。
　　①多極分散型国土形成促進法（1988年）
　　　振興拠点地域基本構想承認1991年1月第1号（北海道・高知県・岐阜県・静岡県・沖縄県・三重県）
　　②総合保養地域整備法（リゾート法）（1987年）
　　　認定地域承認1988年7月第1号（宮崎県・福島県・三重県）
　　③地方拠点都市地域整備法（1992年）
　　　地方拠点都市地域指定：津・松阪地区（1993年4月）、伊賀地区（1995年3月）

8）1992年6月宮沢内閣により策定された「生活大国5か年計画―地球社会との共存をめざして―」である。

9）定員数は増減がなかった（三重県職員労働組合資料『第106回三重県職員労働組

合定期大会一般経過報告書』)。また、知事部局の職員の現在員数は、1994年4月1日6,171人、1995年4月1日6,171人と同数であった(三重県人事委員会『職員の給与等に関する報告及び勧告』各年版)。
10) 村松岐夫　2001年　11頁

第4章　地方分権型行政システム構築に向けた行政改革
（北川県政下の行政システム改革）

第1節　北川県政と行政システム改革

1．行政システム改革の始点

　三重県の行政システム改革は、北川知事が誕生した1995年4月を起点とする。1995年の知事選で、衆議院議員から知事選に立候補し、現職の田川知事の後継者候補であった副知事を破って当選した北川知事は、就任と同時に三重県政を「生活者」[1] 重視の内容に変えることを企画した[2]。
　この行政システム改革を必要とする北川知事の時代認識は、情報革命が工業社会における主権国家の枠組みをボーダレス化することにより、行政システムのあり方にも変更を迫ることになり、情報公開と行政システムの質的転換が避けて通れなくなるという認識であった[3]。このような時代認識の下に、北川知事は、社会全体が市場原理だけで動くわけでなく、非市場的な分野である家族や地域社会などの必要性を指摘しつつも、他方では情報革命による時代の転換の中、行政にとって最も重要な仕事は、究極的には危機管理であると主張した[4]。つまり、北川知事は、政府のあり方に関して新自由主義的な「小さな政府」論的な問題認識があったのである[5]。このような北川知事の国家レベルでの時代認識と問題認識に支えられ、三重県の行政システム改革は、単なる合理化・減量化ではなく、既存の行政システムのあり方、すなわち行政システムの質的転換をはかるものとして取り組まれたのである[6]。
　最初、行政システム改革は、県職員に意識の改革を求めることから取り組まれた。すなわち、制度的補完性によるある一定の安定した状態の下では、システム構造の変動が容易ではないため、システム構造の変動には、システム構成

員の起業家精神の発揚が必要となったのである。すなわち、大半のシステム構成員自身がシステム変動を志向する意識とならないかぎり、システム構造は、変動しないことから、行政システム改革を成功させるためには、県職員の意識改革は避けて通れない取組であった[7]。さらに、北川知事が三重県職員の意識改革を求めたのは、県職員の努力水準の向上による業績改善よりも、そこで働く県職員の意識改革による有効で効率的な公共サービス提供を確保すること、すなわち起業家的気風を持った行政組織文化を構築することで、県職員が公共サービスに対して新価値を創造するような行政運営を目指すものであった。

　意識改革は、県職員に「行政は住民が主体であること」を徹底することから始まった。これまでは、機関委任事務が県行政全体の事務の大部分を占めたこともあり、何よりも中央政府・地方政府関係の基本構造を規定していたことから、機関委任事務が県職員の思考の型ないし枠組みとして機能していた。このため、「機関委任事務という法意識ないし思考の型は、実際条文に書かれている規範内容をも実務運営上の必要性をはるかに越えて、それ以上に国や自治体の職員の自由・政策形成の自由を拘束し、また実際の実務運用の場面でも、全国画一的事務処理ともいうべき奇妙な執務態度を生む」[8]ことになっていた。この結果、地方政府の固有事務であっても、画一的な思考の鋳型による実務慣行が定着してしまい、行政システム改革の実をあげるためには無意識にある県職員の中央集権的な思考の鋳型を県職員が自覚的に克服することが必要となったのである。しかし、このような三重県の行政組織文化、県職員の意識や行動様式を変えることは非常に困難なことであった。そこで、北川知事就任後の3か月目から、県職員の意識改革を中心に据えた「さわやか運動」に取り組まれることになった。つまり、この「さわやか運動」では「住民へのサービスの向上」「職員の意識改革」を最重要課題とされたのである。

　一方、北川知事就任時は、全国の地方政府で食料費やカラ出張旅費不正支給が問題化していた時期であり、また地方分権推進法が制定されるとともに、地方分権推進委員会が発足し、地方分権化が具体的に始動した時期でもあった。三重県においても、1996年5月に県職員の「カラ出張問題」が明るみになるなど、前任の知事時代に生じた不正経理問題に対する行政責任が問題化したことで、三重県に対する県民の行政不信の高まりや地方分権化への時代的潮流等

が行政システム改革の取組を一層本格化させていったのである。

2．行政システム改革の推進体制

　三重県の行政システム改革は、北川知事の強いリーダーシップと民間コンサルタントの協力の下で、民間企業の経営手法の導入を試みた「地方分権・行政改革推進室」[9]の構成職員、さらには中央政府からの改革圧力をストレートに受けた総務部幹部職員により推進された[10]。具体的には、1995年7月に副知事を室長とした「地方分権・行政改革総括推進室」が知事直轄組織として設置され、「さわやか運動」及び「事務事業評価システム」の取組が始まった。また、1997年4月には、この組織が総務部に移管され、その後の行政システム改革は、総務部が中心となり行政システム改革の大綱策定などの取組が推進された。

　この行政システム改革の大綱策定作業の中心であった村尾信尚総務部長（現関西学院大学教授）は「国際的には東西冷戦の終結、国内的にはいわゆる55年体制の崩壊という社会の大きな枠組みが変わり、他方で、社会の高齢化・少子化、環境問題の深刻化、情報化の進展、産業構造の転換などさまざまな課題を我が国は抱えている。これらの課題に的確に対応して、21世紀を明るい未来とするためには、社会のあらゆる分野で大きな改革が必要である。現在、地方分権、規制緩和、行財政改革、金融システム改革などの改革が進められつつあるが、このような改革なしには、これからの我が国の発展が見込めないという厳しい状況に我々は立たされている。また、地方公共団体もこうした状況から逃れることはできないのであり、地方公共団体においても行政のあり方を見直すとともに、新しい社会の仕組みを作って行くことが必要である[11]」といった国家レベルの視野から、三重県の行政システム改革の必要性について認識していた。つまり、大蔵省からの出向者である村尾総務部長は、北川知事と同様な国家レベルでの問題認識から、三重県の行政システム改革に取り組んだのである。

　北川知事や総務部幹部職員は、三重県の行政システムだけでなく、三重県の地域社会の運営の問題の一環として行政システム改革に取り組むことになった。このように、情報処理形態が情報共有型システムである三重県の行政組織では、

非日常的な抜本的改革が必要となる環境の変化に対しては、組織内部からの自発的な働きではなく、知事や一部県幹部職員の強いリーダーシップという県官僚制の外からの大きな働きが必要となったのである。

　地方政府は、常に背景にその管轄地域に住民が存在しているため、地域住民を代表することになる。しかし、同時にオープンシステムである地方政府においては、その地域に移りたいと考えている人々をも潜在的には代表していることにもなる。このことから、行政システム改革は、県民からの要求だけではなく、国民からの要求も視野にいれるというバランスを必要とする。この意味から、北川県政の行政システム改革が国家レベルの問題認識から実施されたことには正当性があった。しかし、現実には、三重県の行政システム改革は、国家レベルでの新自由主義的な行政への要望と既存体制下での地域社会・経済環境レベルからの行政への要望の中でバランスを見つけるべく模索していかなければならなかった。このことは過去に戻るのではなく、時代の潮流の中での折り合いであった。ただ、国家レベルの問題認識から行政システム改革を行うことは、行政システム改革が地域社会・経済環境からの影響から遮蔽され、自律的に実施することができたという一面もあった。

　また、行政システム改革を推進した総務部幹部職員は、公共サービスへの県民全体のニーズを「集約的」に「住民満足度」という表現にまとめ、行政システム改革により住民満足度の最適な実現、つまり諸々の県民等の利害調整を「最適化の問題」として、能動的・主体的に解決しようとしたのである。このように、行政システム改革の推進体制には、総務部長を中心とする「テクノクラート」[12]の存在があり、この意味で三重県の行政システム改革の取組過程は、テクノクラート化の過程でもあったと考えられる。

　さらに、彼らの行政システム改革に関する専門知識の面では、従来の県行政組織における法律的・手続き的思考様式の普及や経験的ノウハウの蓄積、それらを支えるOJTの重視に代えて、三重県の行政組織外で開発された社会科学的・体系的知識の導入・利用を拡大するベンチマーキングが導入された。とくに、三重県が目指す行政システム改革の手法については、国内には先進的な行政改革実例がなかったため、アングロサクソンの行政改革先進諸国における行政改革手法をベンチマークすることとなり、この結果、NPMによる行政改革

手法の強い影響を受けることになった。

　このように、国家レベルの問題認識から取り組まれた行政システム改革は、三重県民にとっては、必ずしもポピュリズム的な政策ではなかった[13]。しかし、一方で行政活動における専門知識・技術の重要性が増すと、いかなる分野においても政策の意思決定に関する県テクノクラートによる独占の可能性が生まれ、県テクノクラート支配の可能性が生じることになる。このため、三重県では、原則的にすべての県行政にかかわる情報公開が行われることになり、行政の透明化がはかられた。また、行政システム改革の過程においても、「生活者起点の行政運営」「住民満足度の向上」「事務事業評価システム」などシンボリックな形で行政システム改革の取組や政策効果が情報公開されることとなった。このような情報公開の取組の結果、行政システム改革がマスコミや学識経験者から高い評価を受けることになり、県テクノクラートの専門知識・技術への信頼性が証明され、県益の擁護者として、県民から一定の支持を得ることになったのである。すなわち、三重県の社会階層構成が十分に脱産業化に対応していなかったにもかかわらず、こうした信頼性によって県民の行政システム改革への反対が回避されたのである。

　さらに、行政システム改革が推進された他の要因としては、次のことが考えられる。①田川知事の後継者との知事選で当選した北川知事にとって、三重県議会は「少数与党」[14]であったが、自民党も同時に行われた県議会選挙で敗北したこと[15]、②中央政府では、橋本自民党連立政権が同様に構造改革等に取り組んでいたこともあり、県議会からのストレートな圧力が改革推進勢力に及ぶことはなかったこと、③「生活者」の視点から県政の「変革」を求めた北川県政では、コーポラティズム的な田川県政のインサイダーであった「三重県庁」という巨大な「官僚制」、業界団体や労働組合などの「既成組織」に対して政治的不満を募らせた「県民」に県政への参画を促すなど、県民等に対して県政が開放的に転換したこと、である。

3．行政システム改革の取組局面の3区分

　北川県政の行政システム改革について、1995年4月の北川知事就任時から2002年3月までの北川県政7年間の主要な動向を記載した「表4-1　行政シ

表 4-1　行政システム改革取組一覧

1995 年	4 月	北川知事就任
	7 月	さわやか運動(新たな行政改革運動) 　(さ＝サービス、わ＝わかりやすさ、や＝やる気、か＝改革) 　○　基本目標として、生活者起点の行政運営 　○　職員の意識改革・さわやかセミナー・カジュアルデー・さわやか提案・行政を成果で評価・幹部職員から研修スタート
1996 年	4 月	事務事業評価システムの導入 　○　Plan-Do-See の See の充実
	9 月	予算の不適正執行(カラ出張)問題の発表 　○　情報公開の徹底
	10 月	三重県「さわやか運動」推進大綱の策定 予算節約制度の創設
1997 年	9 月	「公的関与の考え方」に基づく事務事業の見直し内容について県議会審議開始
	9 月～11 月	みえ出前トークの実施(広聴機能の強化)
	11 月	「新しい総合計画　三重のくにづくり宣言」公表 　○　県民を「生活者」と規定 　○　880 の数値目標の設定 　○　総合行政の推進 　○　コラボレーション(協働)の促進
1998 年	4 月	行政システム改革の実施 　…「生活者起点」に立って「住民満足度の向上」を目指す 　○　「分権・自立」、「公開・参画」、「簡素・効率」 　公的関与の考え方、組織のフラット化、県民局重視、人材育成、「県民の皆さんへ」、マトリックス予算、発生主義会計、ハコ物抑制
	8 月	道路整備 10 箇年戦略の策定
	10 月	三重県型予算要求基準の設定(財政難のピンチを県政の体質改善のチャンスに) 　○　「一律カットのシーリング方式」を廃止し、「あれかこれか」方式へ
	11 月	公共事業再評価システムを導入
1999 年	2 月	「あれかこれか」の予算編成 各部局長の責任で予算の優先順位付け
	4 月	北川知事再選
	5 月	予算スプリングレビューの創設
	9 月	行政システム改革バージョンアップ 「率先実行」(みんなで、みずから、みなおす、三重づくり)
	11 月	各部局「率先実行」取組の作成・公表
	12 月	予算編成過程の情報公開
2000 年 1 月～3 月		生活創造圏ビジョン策定・公表
	2 月	各部局「率先実行」による予算・定員数の決定、芦浜原発白紙化、ISO 14000 の認証取得
2 月～12 月		環境県民運動の展開、三重環境県民会議の設立
	3 月	ISO 9000 シリーズ認証取得、行政経営品質診断結果の公表
	4 月	新情報公開条例施行(開示から提供へ) 平成 12 年度各部局「率先実行」取組の作成 (Plan-Do-See の政策マネジメントの推進) 管理職勤務評価システムの導入、新政策推進システム検討本格開始
	5 月	労使協働委員会正式スタート

	6月	1人1台パソコン体制確立
	9月	公共事業評価システム素案の公表
	10月	三重県男女共同参画推進条例の制定・公布
2001年	2月	地域価値創造予算の導入
	4月	県政戦略会議の設置、紀南交流拠点(PFI)事業とりやめ、政策推進システムの推進、行政経営品質向上活動の取組
	6月	産業廃棄物税議会可決
2002年	4月	卓越した自治体(エクセレント・ガバメント)へ

出所：行政システム改革に関する説明資料「知事行政改革取り組み H.13.11」(三重県総務局政策評価推進課) を筆者が一部加筆修正により作成。

ステム改革取組一覧」からは、以下の点が指摘できる。

　この7年間は、おおまかに3つの局面に区分できる。第1局面としては、初当選に始まり、県職員の意識改革である「さわやか運動」、カラ出張問題の発覚（1996年9月）、「情報公開」の徹底、「事務事業評価システム」の導入などが行われた知事と県職員との間に緊張が存在した期間である。第2局面としては、1998年度からの「平成10年度　行政システム改革」（以下、「行政システム改革大綱」と略する）の策定・実施、そして1997年11月に県の長期総合計画である「新しい総合計画　三重のくにづくり宣言」（以下、「新しい総合計画」と略する）の策定・実施など新たな政策を基軸とする行政運営が進行した期間である。また、同時にこうした政策を具現化していくため、「生活者起点の県政運営」「民主制の確立」「情報公開の推進」「市場原理の導入」などという姿勢が明確にとられていった県職員に「させる論理」が中心の期間である。さらに、第3局面としては、これまでの改革取組を県職員自身の内からの改革の取組へと発展させる自発的・創造的な改革を目指して、行政システム改革のバージョンアップ（機能の充実・強化）をはかることになった県職員に「任せる論理」が中心となる1999年の知事再選時からの期間である。この期間では、行政システム改革を県職員が自らの改革として自発的・創造的改革へと転換する「率先実行（みんなで、みずから、みなおす、三重づくり）取組」、また組織の自己革新能力を高める仕組みづくりである「行政経営品質向上活動」、さらに「新しい総合計画」第2次実施計画（2002年度〜2004年度）の中期的な政策の具体的な数値目標による進行管理と「みえ政策評価システム」による政策評価とを一元化した「政策推進システム」による取組が行われた。とくに、

2002年度から、三重県は、この「政策推進システム」と「行政経営品質向上活動」とを行政システム改革を進める上での2大戦略とした目標管理型システムの行政運営が行われることとなった。このことにより、これまで取り組んできた行政システム改革の集大成としたのである。つまり、三重県の行政システムは、目標管理型行政運営システムへと転換がはかられたのである。

4．行政システム改革とNPM

　行政システム改革の第1局面における理念では、成果志向と顧客志向が打ち出されていたが、行政システム改革の第2局面では、初期のNPMの基本原理に沿った市場（競争）原理志向を軸とする行政システム改革へと発展させたのである[16]。すなわち、第2局面の「行政システム改革大綱」の理念には、初期のNPMの基本原理による手法の活用が追加され、「我が国の行政に初めてNPMを導入した」[17] 行政システム改革が実施されることになった。さらに、行政システム改革の第3局面に入ると、市場（競争）原理による手法の導入に加え、NPMの基本原理である「マネジメントの責任者に委せる（Let Managers Manage）」と「成果によるマネジメント（Management by Results）」により、「①マネジメント単位ごとに、マネジメントの責任者の権限と責任を明確にすること、②成果目標を明示して、それに必要な権限と行政資源をマネジャーに付与すること（権限委譲）、③成果に対する説明責任を徹底して求める（成果主義）」といった民間企業経営の成果主義的な目標管理型の仕組みを行政システムに導入する改革[18] に発展させ、三重県独自の行政経営モデルをつくり上げるとしたのである。

　この基本原理の追加は、1990年代末からの財政危機の圧力により、少ない資源を有効に活用し、効率的に目標を達成するためには、「統治」よりも民間企業的な「経営」が問われるようになったことに起因したと考えられる。すなわち、2002年度に向けた行政システム改革の取組について、三重県は「民間で提供できないサービスを提供する」のが「公共のサービス機関」であるとした。また、このサービスの原資が税金であることから、「納めた税金に見合うサービスが提供できるか、より良いサービスが提供できないか、常に問われる」とした。このため、三重県は「組織全体のあり方を考えた、全体最適の

第1節　北川県政と行政システム改革　117

図4-1　三重県の行政システム改革とNPMとの比較

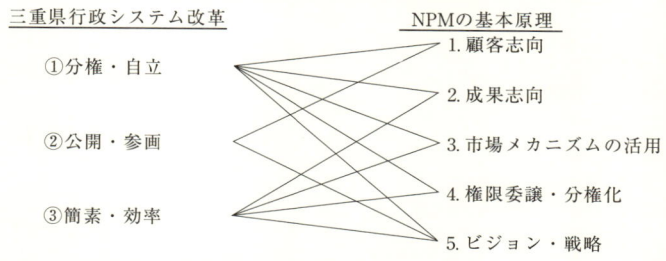

三重県行政システム改革　　　　　NPMの基本原理
①分権・自立　　　　　　　　　　1. 顧客志向
　　　　　　　　　　　　　　　　2. 成果志向
②公開・参画　　　　　　　　　　3. 市場メカニズムの活用
　　　　　　　　　　　　　　　　4. 権限委譲・分権化
③簡素・効率　　　　　　　　　　5. ビジョン・戦略

出所：『三重県の行政経営戦略～ニュー・パブリック・マネジメント（NPM）と三重県行政システム改革～』三重県総務局　2001年1月。

　『経営』をする」ことが必要であるとして、民間企業システムの経営手法である「マネジメント」を行政システムに導入し、三重県の行政運営を従来の「管理」型のシステムから、成果・業績による行政管理といった「経営」型のシステムに転換することとしたのである。

　以上のように、三重県のNPM手法による行政システム改革は、NPMの歴史的な進化と同様に、初期のNPMの基本原理である市場原理的な行政運営に比重がおかれたが、その後、業績・成果によるコントロールなど成果主義による管理、すなわち目標管理型システムの行政運営へ、そして住民参加をも組み込んだ行政運営に比重が移っていくことになる。三重県の行政システム改革の原理とNPMの原理との関係は、「図4-1　三重県の行政システム改革とNPMとの比較」に示したように整合した原理として整理され[19]、行政システム改革の取組がNPMの潮流を理論的裏付けとして進められたのである。

　また、行政システム改革の取組について、このNPMの基本原理の枠組みに沿い、三重県がまとめたものが「表4-2　行政システム改革のNPMの考え方による分析」である。この取組の内容は、主に組織機構改革が中心であった田川県政の行政改革の取組内容とは明確な相違があることは明らかである。

　ところで、今日のNPMによる行政管理の核心である目標管理型行政運営システムは、NPMの基本原理である業績・成果によるコントロールの強化をはかる「成果主義」の管理を意味するが、この基本原理は、事業実施主体の責任を問うもので「権限委譲・分権化」付与の対極の代償措置である。欧米諸国の

表 4-2 行政システム改革の NPM の考え方による分析

NPM の基本原理	行政システム改革の主な具体的施策	取組状況
1. 顧客志向	情報公開	新条例（H12年4月施行）、予算編成過程の情報提供（開示から提供へ）
	県民の皆さんへ	一般指針・個別指針（29機関（H12年度8機関、H13年度1機関））作成・公表
	広聴・広報	「みえ出前トーク」等、「政策推進システム（仮称）」との連携
	総合行政・広域行政	「新しい総合計画 三重のくにづくり宣言」で明確に位置付け
	行政経営品質向上運動	H12年3月診断結果の公表（480点～490点）、H12年度セルフアセスメント、H13年度重点取組
	NPO	NPO活動の支援、NPOとの協働（パートナーリング）
	労使協働委員会	生活者起点にたった緊張感のある労使協働
2. 成果志向	（政策推進システム）事務事業評価システム	基本事務事業・事務事業目的評価表の作成・公表、政策推進システム
	総合計画の数値目標	880の数値目標、H14年度第2次実施計画スタート
	「率先実行」取組（各部局の年次計画報告）	H12年度本格実施
	発生主義会計	H4年度分以降作成・公表
	ISO 14000、ISO 9000	ISO 14000（H11年度本庁認証取得、H12年度県民局認証取得） ISO 9000（H12年度までに5組織認証取得）
	ベンチマーキング	H10年度10テーマ、H11度11テーマ、H12年度40テーマ以上実施
	道路整備10か年戦略	重点整備箇所選定、整備スケジュール策定（前期118、後期110完成）
	ファシリティマネジメント	ハコ物抑制、県遊休地総点検、県有施設有効活用戦略研究
	勤務評定	H12年度管理職導入
3. 市場メカニズムの活用	公的関与の考え方（事務事業の見直し）	H12年度までに187事業廃止
	民営化・外部委託化	県印刷事業廃止、実施部門での外部委託化推進（H13年4月より守衛業務委託）
	補助金・委託費への競争原理導入	H10年度6事業、H11年度3事業、H12年度2事業実施
	公共事業のコスト削減	H9～11年度の間で10％削減
	PFI	導入事業検討
4. 権限委		

NPMの基本原理	行政システム改革の主な具体的施策	取組状況
譲・分権化	外郭団体改革	5団体解散、16団体統合、エージェンシー的経営
	部局長への権限委譲	予算、組織・定数、人事に関する権限
	県民局の強化	県民局長の権限強化、県民局内組織の部制
	組織のフラット化	グループ制、ワーキンググループ
	電子県庁	H12年度より1人1台パソコン体制、ナレッジマネジメント
	地方分権	自治立法・独自政策、産業廃棄物税の創設
	市町村への権限委譲	H10年度6事務、H11年度3事務、H12年度10事務委譲
5. ビジョン・戦略	人材開発	政策形成能力開発、人事管理システム改革、オフサイトミーティング
	理念の構築・徹底化	生活者起点の行政
	戦略的マネジメント	知事のリーダーシップ(勇気と根気)と「率先実行」運動(みんなで みずから みなおす 三重づくり)

出所:『三重県の行政経営戦略～ニュー・パブリック・マネジメント(NPM)と三重県行政システム改革～』三重県総務局　2001年1月

　NPMによる行政改革の実例では、権限委譲・分権化の仕組みによる新しい行政システムの構築だけでなく、集権化の仕組みも併せて導入されている。とくに、予算総額のコントロールや戦略的な行政活動資源配分の決定には、各国とも分権化ではなく、集権化で対応している[20]。それは、組織の戦略的な意思決定である歳出総額の決定、政府全体の目標設定やそれに基づく資源配分などがトップダウンで行われていることを意味するのである。一方、行政活動資源の運営レベルの意思決定は、戦略的な方針と予算の大枠の中で個別の事業への資源配分、個別事業の選定などが分権化(ボトムアップ)で対応されている。このように、NPMの行政システム改革では、集権化と分権化とのバランスの中で、効率的な行政活動の情報処理がはかられることになる。つまり、NPMの行政システム改革は、集権化と分権化とを両立させることによって、意思決定システムに変革をもたらすことになる。
　一方、三重県の行政システム改革では、「権限委譲・分権化」が強調され、「成果主義によるコントロール」についてはそれほど強く主張されなかった。

しかし、行政システム改革では、行政活動資源の活用に関する権限や事業運営に関する権限の委譲など分権化が進められる一方で、長期総合計画と政策評価システムとの連動による行政運営の成果からのコントロールが行われている。また、トップマネジメント部門で決定されたビジョン・政策目標を事業実施部門にブレークダウンする組織運営のマネジメントツールの導入及び管理職の業績評価制度の導入による集権的なコントロールの強化、さらには組織運営や組織機構の改編におけるトップマネジメント部門の強化など集権的な仕組みが整備さたのである。

　たとえば、組織運営や組織機構の改編などによるコントロールの強化として、①庁内の最高意思決定機構である部長会議の相互調整機能の強化とメンバーの拡大、②部長職の削減（知事部局の場合、北川知事就任時の1995年度29名から2002年度20名へ削減）、③本庁課室の係及び地域機関の課の廃止とそれらを大括りしたグループ制の導入による組織のフラット化、などがはかられた。とくに、③は、いわば知事や管理職員による部下の行政活動のモニタリングを容易にし、コントロールを強めることになった。また、②の部長職ポストの減少など管理職ポスト削減あるいはポスト総数の規制は、県職員の管理職への昇任を厳しくし、その結果、管理職に昇任するには、ラインの上下関係に忠実でなければならず、北川知事のリーダーシップが貫徹しやすくなったのである。ただ、この「コントロールの強化」というイメージが強調されなかったのは、1998年度の組織機構の改編で、当初、総務部の名称を「評価局」に変更することが三重県知事側から提案されたが、県議会からは権限強化のイメージが強いという批判的な意見があったこと、また総務部の権限の縮小など知事官房部門からの事業部局への権限委譲にも積極的に取り組んだこと、など「コントロール強化＝集権化」のイメージを際だたせることを避けたものと考えられる。

第2節　行政システム改革の第1局面
（成果主義に向けた県職員の意識改革）

1．さわやか運動の取組

　行政システム改革の取組を始めるにあたって、まず三重県は、1996年10月に「三重県『さわやか運動』推進大綱　生活者起点の行政運営をめざして」（以下、「さわやか運動大綱」と略する）を策定した。その「さわやか運動大綱」の主な特徴は、次の3点に整理できる。

　第1に、1996年10月の「さわやか運動大綱」は、さわやか運動の基本目標として、「行政の役割を『サービス』という観点から見直し、県民1人1人に目を向けた『生活者を起点とする行政運営』を基本目標とする行政改革推進運動」と位置付けていることである。この行政改革推進運動とは、行政の役割を「サービス」という観点から見直し、「生活者を起点とする行政運営」を基本目標に展開することにより「地方分権時代にふさわしい県政の確立」を目指すものである。

　第2に、今回の行政システム改革が地方分権という新しい時代の潮流の中にあって、さわやか運動を従来とは異なる観点で改革を進める新たな行政改革推進運動と位置付けていることである。

　また、さわやか運動は、次の4つの柱の推進体系で構成されている。①生活者の視点に立った行政サービスの向上（a．事務事業評価システムの導入、b．事務事業の見直しと成果目標の設定による進行管理、c．職員の意識改革と政策形成能力の向上）、②地方分権の時代にふさわしい行政システムの構築（a．県の果たすべき役割の明確化、b．県と市町村との連携の強化、c．規制緩和の推進、d．分権にふさわしい県の組織・機構とその運用）、③開かれた信頼される行政の確立（a．情報公開の推進、b．公正・透明な行政の推進、c．行政の情報化の推進、d．行政の監査等チェック機能の強化）、④さわやかな職場・環境づくり（a．職員のやる気が発揮できる配置・環境づくり、b．事務

処理方法の簡素・効率化、c．職場環境の改善)、である。

　さわやか運動は、この推進体系に沿い、「目的・成果志向での事務事業の見直し体制の確立」「政策に反映される事務事業の評価システムの確立」「先進県としての行政目標挑戦体制の確立」を目指し、1995年度から1997年度の3か年間展開されることになった。この具体的な展開として、①「生活者の視点に立った行政サービスの向上」に関しては、多様化する県民の行政ニーズを的確に把握し、真に必要な仕事を最もふさわしい方法で行っていくことが重要であるとし、その仕組みとして事務事業評価システムを導入することとなる。

　このように、さわやか運動は、使命、成果及び結果志向という理念に基づいて、意思形成と行政運営の仕組みを転換させることを主な目的とするため、さわやか運動には、「図4-2『さわやか運動』の概念図」が示すような事務事業評価システムの導入による新たな政策マネジメントサイクル (Plan-Do-See) を確立させることで、組織・運営方法の改革へ連動させるという事務事業評価と組織機構改編・行政運営との連関が構想されていた。すなわち、さわやか運動では、この運動の中核となる事務事業評価システムが地方政府の行政運営の根幹的政策である「中長期財政政策」「組織定員政策」「人事管理政策」や県民とのコミュニケーションのための「広報・広聴政策」さらには「長期総合計画の策定・目標達成評価」「予算編成・執行管理」等と連動するシステムとして導入された。このことは、事務事業評価システムの情報処理方法が個別環境パラメータの観察を重視する形態となることから、この情報処理形態の変化に適合した形で「中長期財政政策」「組織定員政策」「人事管理政策」等の変更が求められることになる。

　また、②「地方分権の時代にふさわしい行政システムの構築」に関しては、いわゆる「小さな政府」論でもある。ここでの考え方は、行政システムの機能や組織構造などの合理化・減量化のためではなく、民間活動に対する規制緩和や民間活動による多くの公共サービスの提供が可能であるという前提から、三重県による一元的な公共サービス提供の必要性は減少しており、公共サービス提供の責任範囲を積極的に民間部門と分担するという認識である。

　③「開かれた信頼される行政の確立」に関しては、「開かれた」という点から、行政システム改革の推進のためには、県民と三重県との情報共有化が必要

図4-2 「さわやか運動」の概念図

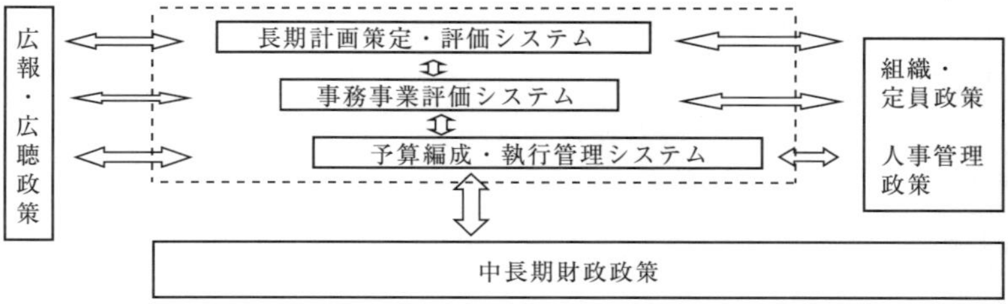

```
広                ┌─────────────────────────┐                組織・
報  ⇔            │  長期計画策定・評価システム  │            ⇔  定員政策
・                │          ⇕              │
広  ⇔            │  事務事業評価システム      │            ⇔
聴                │          ⇕              │                人事管理
政  ⇔            │  予算編成・執行管理システム  │            ⇔  政策
策                └─────────────────────────┘
                            ⇕
                ┌─────────────────────────┐
                │      中長期財政政策        │
                └─────────────────────────┘
```

出所：三重県地方分権・行政改革推進室「事務事業評価システムの手引き」
　　　1995年　5頁

となること、また市町村とは違って県民から相対的に遠い政府である県では、県民に対して改革の正当性を訴え、県政の透明性を確保するためにアカウンタビリティの保証に努めることが必要となる。このことから、三重県行政手続条例が新たに1996年3月に制定された。また、情報公開条例（1988年制定）は、新たな公開基準による情報公開に向けて1999年改正（2000年4月施行）され、この改正では県民の「知る権利」が明記された。そのうえ、これまでの「情報公開」という住民から請求を受けて公開するという姿勢から、積極的に県民と情報を「共有する」との考え方のもとに、改正情報公開条例では、「情報提供」についても言及し、より積極的に情報が発信されることとなった。このように、原則として、行政情報はすべて開示されることになり、行政情報の透明化が進展したのである。

さらに、情報公開条例に基づく情報開示よりも積極的な情報公開として、県幹部職員が県民のもとに出向き、県政について討議する直接対話型の「みえ出前トーク」が情報公開条例改正よりも早く1997年度より実施された[21]。以上の情報公開等に加え、さらに県行政の意思決定過程もオープンにするため、1998年2月に事務事業目的評価表の情報公開、そして1997年7月に行政監査のチェック機能を強化するため、監査委員に民間出身者を新たに配置したのである（なお、第3局面の2001年度からは、包括外部監査の導入がはかられた）。以上のように、第1局面では、情報公開・透明性・公正性・分権化など県民との合意形成の仕組みづくりを担保し、「民主制」の確立を目指す一方で、「効率」の向上を目指すといった改革の萌芽がみられたのである。

最後の④「さわやかな職場・環境づくり」に関しては、県職員の能力を向上させ県職員がやる気を発揮できるように、1996年度に職員研修制度を抜本的に見直すことになった。すなわち、県職員の意識改革と政策形成能力の向上を目指す「人材育成ビジョン」[22]が作成され、そこでは三重県の求める人材像が明確にされる。ビジョンでは、人材育成について、職員研修・人事管理・環境整備の側面から、それぞれの基本目標・基本方針が定められ、この基本方針に基づいて様々な施策が展開されることになった。とくに、「マイセルフ研修」制度など県職員自らの選択で技能形成がはかれる研修制度が拡充されたのである。また、県政の推進に必要な知識・経験を有する者を採用するため、組織内部における自己申告による人材募集制度や民間企業経験者等の採用制度が1996年度に創設された。さらに、知事をはじめとする県幹部職員と県職員との「フリートーク」や時代の流れを県職員が理解するための有識者による「さわやかセミナー」などが実施されるとともに、職員提案からも数多くが事業化されることとなった[23]。

第3に、地方行政改革を進めるため、旧自治省は、1994年の「地方行革指針」により各地方政府に行政改革大綱の策定を求めた。三重県独自の行政改革推進運動として取り組まれたさわやか運動も、直接の契機となったのが他の地方政府の行政改革と同様に旧自治省事務次官通知であった。しかし、三重県における行政改革大綱に相当する「さわやか運動大綱」は、必ずしも旧自治省の「地方行革指針」に沿ったものにはなっていなかった[24]。

この「地方行革指針」に示された行政改革の方向性をも規定している重点推進事項には、①事務事業の見直し、②組織・機構の見直し、③定員管理・給与の適正化、④職員の能力開発等の推進、⑤行政の情報化、⑥公共施設の設置・管理運営費抑制の計6点がある。一方、「生活者を起点とした行政運営」を実現することを目的とする「さわやか運動大綱」は、①「生活者の視点に立った行政サービスの向上」、②「地方分権の時代にふさわしい行政システムの構築」、③「開かれた信頼される行政の確立」、④「さわやかな職場・環境づくり」を推進事項として位置付けている。

この両者の推進事項を比較すると、改革取組には類似点もみられるものの、「さわやか運動大綱」では、「地方行革指針」の重点推進事項である「事務事業

の見直し」「組織・機構の見直し」「定員管理・給与の適正化」といった行政組織機構の合理化にかかわる項目が最初には位置付けられていない。そのうえ、「さわやか運動大綱」には、「行政の役割をサービスの観点から見直すこと」「県民1人1人に目を向け分かりやすい行政運営を進めること」「県職員1人1人が目標を立てて行政改革に挑戦すること」そして「行政システム改革には既成概念を捨てて白紙で考えること」など県職員の意識にかかわる事項が目標には込められていたのである。これらの相違は、地方分権推進法が成立したのが1995年5月であったこともあり、また旧自治省の「地方行革指針」が依然として既存の地方政府の枠組みを与件とした地方行政改革を意図していた結果、1994年の「地方行革指針」が行政運営全般の総点検による簡素・効率的な行政の確立を目指す「行政整理」的な行政改革の指針であったことに起因したと考えられる。

このように、「さわやか運動大綱」が旧自治省の「地方行革指針」の枠を超えていたことは、三重県の行政システム改革が従来の行政システムを「生活者起点」を軸にした行政システムに転換する試み、すなわち中央政府よりも地域社会・経済環境を重視した地方政府への作り変えを意図していたからである。

以上が「さわやか運動大綱」の特徴である。ただ、さわやか運動の推進体系の課題のうち、当初の2か年で実施されたのは、主に①「生活者の視点に立った行政サービスの向上」の諸施策、とりわけその運動の中核として「事務事業評価システム」であった。②から④の諸施策は、旧自治省の1997年の「新地方行革指針」とも連動しながら、1998年度の「行政システム改革大綱」で具体化していくことになる[25]。

2．事務事業評価システムの導入

三重県の行政システム改革が旧自治省の指針を越えた改革になっていることは、さわやか運動の核であった事務事業評価システムがよく表している。事務事業評価システムが従来の行政改革と明らかに異なっている点は、すべての事業を県民の立場に立ち、成果志向・結果重視の観点から見直すとともに、費用対効果という観点から総点検する道具・仕掛けとして、「生活者の視点に立った行政サービスの向上」のための根幹に位置付けられたことである[26]。つま

り、さわやか運動の中核として1996年4月から導入された事務事業評価システムは、三重県の行政組織文化の変革、地方分権時代に向けて政策の自律性の向上、中央集権的な思考の転換、そして成果志向・結果重視の目標管理型行政運営システムの確立を目指す仕組みとして位置付けられたのである。

また、事務事業評価システムは、「生活者起点の行政運営」を実現するための根幹のツール、つまり行政活動のあり方を改革するツールと位置付けられ、「図4-3　事務事業評価システムの目指すもの」に示した7つの方向性（①生活者起点の行政、②行政使命に基づく事務事業の展開、③成果志向の行政、④結果重視の行政、⑤横断的行政課題への対応、⑥政策形成能力の向上、⑦行政使命に基づく庁内運営体制）を目指して展開されたのである[27]。さらに、行政システム改革は、事務事業評価を出発点として、行政自らが行政運営と行政組織機構を持続的に改編していくことになる。すなわち、事務事業評価システムの導入は、個別環境を重視する情報処理形態へ情報処理方法を変更することから、情報効率性を確保するためには、情報処理のインフラストラクチャーである行政組織機構も改編せざるをえなかったのである。

ところで、これまでの三重県の行政運営では、継続事業には再検討・評価を余り行わない「プラン偏重の行政」[28]的な傾向が見られた。このような硬直化の原因は、政府の場合、財・サービス提供にかかる財源を受益者が負担する企業の場合と異なり、社会・経済環境から強制的に調達するしなければならないことから、調達した資源の使い道について納税者の合意を得なければならないこと、またこのためには、事前にチェックすることが重要となり、成果（決算）よりも計画（予算）が重要となることである。さらに、既存の施策・事業の実績に基づく評価を行わざるを得ないような仕組みに欠けていたことや議論の基礎となる政策情報が乏しかったことも「プラン偏重の行政」の原因であった。

しかし、事務事業評価システムの導入は、県職員に既存の施策・事業の実績に基づく評価を要求することになる。この事務事業評価システムは、事務事業評価表により全事務事業の投入資源、目的・目的達成度などが共通の様式でまとめられて標準化されているため、事務事業担当者以外の者にも、事務事業の概要を理解することが可能となる。また、すべての成果が数値化されるため、

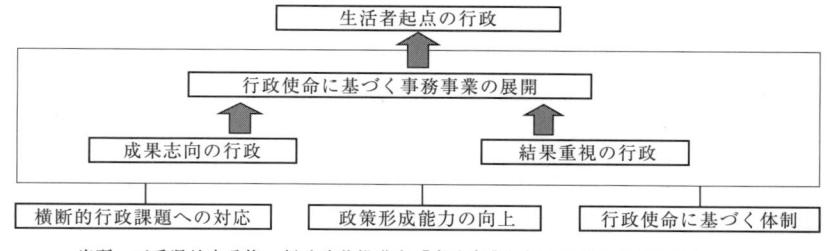

図4-3　事務事業評価システムの目指すもの

```
              生活者起点の行政
                    ↑
         行政使命に基づく事務事業の展開
              ↑              ↑
         成果志向の行政     結果重視の行政

   横断的行政課題への対応  政策形成能力の向上  行政使命に基づく体制
```

出所：三重県地方分権・行政改革推進室「事務事業評価システムの手引き」
　　　1996年　13頁

事務事業の相対的な比較が可能となる。さらに、事務事業目的評価表が情報公開されることにより県民との情報の非対称が少なくなるため、政策形成過程の透明性が向上し、事務事業評価システムが県民とのコミュニケーションツールの機能を果たすことになる。この結果、県民との情報の共有化がはかられるなど、事務事業評価システムは、政策形成過程への住民参加の基盤となる可能性も生まれる。以上のように、事務事業評価システムは、継続的な行政運営改革のツールとしての機能を持っていたのである。

3．事務事業評価システムと県職員の自己制御

　三重県が政策の決定及び実施という地方政府本来の機能を実現するためには、県職員個々人の個別目標とは区別された三重県の行政組織としての組織目標が必要となる。また、この組織目標の実現に向けた県職員の効率的な行動には、職員間の協力関係が必要となる。このためには、行政組織が1つの組織としてまとまるためのある種の組織規律が必要となる。言い換えれば、組織構成員の行動が組織目標の実現に資するような状態を作り出すのがこの組織規律である。

　組織規律には、組織構成員に対して明示的な基準が必要となる。たとえば、民間企業では、この基準として利益率が課せられ、この基準は、市場メカニズムという物差しで常に評価される。さらに、民間企業の製品に対する需要予測・確定も市場メカニズムにより決定されることになる。つまり、Plan-Do-Seeのマネジメントサイクルの中に市場による評価システムが確立しており、この基準による評価が企業組織の効率性を向上させる役割を果たしていると考

えられる。
　一方、地方政府の場合は、市場メカニズムに代わるような評価システムが存在しない。このため、組織目標の実現に必要な公共サービスの需要予測・確定では、政治メカニズムによる決定という事前のコントロールが行われることになる。しかし、これまで実質的には、このコントロールは、中央政府が機関委任事務制度を通して行っていた。ここでの機関委任事務制度は、地方政府のある種の組織規律となり、同時に組織構成員の行動を律していたのである。地方政府の組織構成員は、自らの限定的合理性から慣行を基準にして行動することになるが、この機関委任事務制度が組織構成員の思考の枠組みとして、地方政府の組織構成員にとっての慣行となっていたのである。
　三重県の場合も、行政組織目標の大部分は、中央政府から機関委任事務として与えられており、三重県の行政運営が法令や要綱基準に従い適正な手続きにより執行され、組織目標を達成することが重要であった。この意味で、三重県は、目標が外部の中央政府から与えられていることから、その結果の有効性については、あまり責任を負わなくても良く、適正な手続きでどれだけの活動をしたか、つまり効率性としてのアウトプットが問題とされた。この結果、三重県のこれまでの行政システムは、この機関委任事務に定められた基準をもとに、予算の執行・法令等の施行など決められたことを的確・効率的に行えるシステムとして構築されることとなった。
　しかし、今日の急激な環境の変化に対応するためには、行政活動資源投入のコントロールや手続きの準拠性が行政運営にとって過度の制約となり、行政システムの有効性・効率性の追求が困難となってきている。すなわち、地方政府の行政活動をコントロールする評価基準としての役割を果たしてきた機関委任事務制度が廃止されたうえ、住民が求める公共サービスが多様・複雑になり、単に決められたことを執行するだけでは、住民満足が得られなくなってきているのである。そのうえ、政府の場合は、公共サービスの需要の予測・確定及び供給の確定も、民間企業のように市場価値を基準にして行うことができず、価値の選択を住民に問わなければならないという有効性（民主制）の問題が存在する。このことは、住民の選好による公共サービスの需要の予測・確定及び供給の確定を行うことで、公共サービス提供が実現されるための手段を確定する

ことが可能となり、この時点ではじめてアウトカムあるいはアウトプットが特定化され、手段の効率性という問題へと転換されることを意味する。この結果、民間企業では、組織目標の達成は利益率で単一に測定できることになるが、政府では、有効性とこれを実現するための手段の効率性といった2つの尺度で論じなければならないことになる。このことから、三重県では、その価値をはかる手段の1つとして事務事業評価システムを導入し、新たな政策マネジメントサイクルの確立を目指したのである。この政策マネジメントサイクルは、組織目標からの一定の組織規律によるコントロールの下で、事務事業の評価結果を次の企画段階へフィードバックすることにより、組織目標を有効的・効率的に達成できる行政活動及びその活動の基盤となる組織や行政活動資源配分制度などの行政運営の仕組みの整備につながっていくことになる。すなわち、事務事業評価システムの目的・成果であるアウトカムの問題から事務事業を見直さなければならなくなることから、「住民満足度の向上」といった組織目標により、行政運営が常に見直されることになる。

　このように、この事務事業の見直しが可能となるのは、三重県の行政システム改革がNPMの考え方を基礎に事務事業評価システムを中核ツールとしたことである[29]。NPMでは、公共サービスの需要の予測・確定（目標）を政府が決定したとしても、成果を生み出す公共サービス供給方法（手段）は選択しうることが行政運営の前提となっている。このことから、NPMの考え方は以上のような見直しに対応できたのである。すなわち、事務事業の見直しにあたっては、有効性・効率性の高い公共サービス供給手段が政府自身の一元的な行政活動以外に存在すれば、政府が直接供給する必要がないという観点から、常に政府自らが事務事業を実施することの意味及び手法の適切さを立証することが必要となったからである。

　また、新しい政策マネジメントサイクルは、事務事業担当者にこれまでの機関委任事務という思考の枠組みの変革を求める仕組みとして機能するとともに、事務事業担当者の成果志向の政策形成能力を向上させることにもなる。さらに、すべての事務事業に対して事務事業評価システムを導入することにより、すべての県職員に対して目標や成果を常に意識させる効果、すなわち個々の県職員自身が常に目標が達成されているかどうかをモニタリングすることを欠かせな

くなるような効果が生じる。このように、事務事業評価システムは、事務事業の評価過程を通して県職員に現実的な意識改革を強いる契機となるのである。そのうえ、事務事業の評価過程で県職員間に成果志向の新しい価値観や意識が定着していくことから、事務事業評価システムが地域社会・経済環境の変化に対応できる県職員を育成する機能を果たすことにもなるのである。

　ところで、この事務事業評価システムは、事務事業担当者による自己評価システムであることから、常に県民等が満足する目標の設定及び達成度という具体的基準の設定と評価を事務事業担当者が行わなければならないこと、また事務事業担当者が自ら自己評価し、それを情報公開することにより、県民の評価、すなわち外部のモニタリングを受けることになる。このため、外部のモニタリングを意識した事務事業担当者は、自らの行政活動を自己制御することにより恒常的に規律化することになる。このように、県職員の自己評価システムとなる事務事業評価システムは、事務事業を最も良く知る県職員が評価するという観点からも、また評価結果を次の企画段階へフィードバックさせ行政運営を有効化・効率化していくという観点からも、合理的な仕組みとなっていたのである。

第3節　行政システム改革の第2局面
（目標管理型行政運営システムの構築に向けた取組）

1．「行政システム改革大綱」の策定

　1998年4月には、さわやか運動も3か年が経過し、「行政システム改革大綱」による行政システム改革への発展には、第2章の環境変化からの外部圧力、とりわけ不正経理問題からのアカウタビリティ圧力、またさわやか運動で取り組んできた行政システム改革の取組、さらには事務事業評価システムの導入という内部圧力があった。これらの圧力により、三重県はこれまでの行政システム改革の取組を発展させた「組織機構改編」等を含む新たな行政システム改革に取り組むことになった[30]。すなわち、「生活者起点の行政運営」への転換を目指したさわやか運動は、情報処理形態及びそのインフラストラクチャーとしての組織機構、人事管理制度、予算編成制度など総体としての行政システム改革を必要としたのである。このため、「さわやか運動大綱」を発展させた「行政システム改革大綱」（改革期間を2003年度までの5か年とし、とくに2000年度までを集中期間する行政改革）を1998年3月にとりまとめ公表したのである。「さわやか運動大綱」も民間の経営手法を導入する行政改革推進運動であったが、「行政システム改革大綱」は1997年の旧自治省の「新地方行革指針」を先取りする形で、より明確にNPMの基本原理を理念とし、民間企業の経営手法の導入を試みるのである。

　この「行政システム改革大綱」は、公共サービスを受ける住民の立場に立って、「生活者起点の県政」[31]を推進するため、「住民満足度の向上」を行政システム改革の理念として、「分権・自立」「公開・参画」「簡素・効率」という3つのキーワードで理念をまとめている。具体的には、1995年4月から「図4－4　行政システム改革の考え方」に示した21項目（a～u）の改革に取り組むことになる。

132　第4章　地方分権型行政システム構築に向けた行政改革

図4-4　行政システム改革の考え方

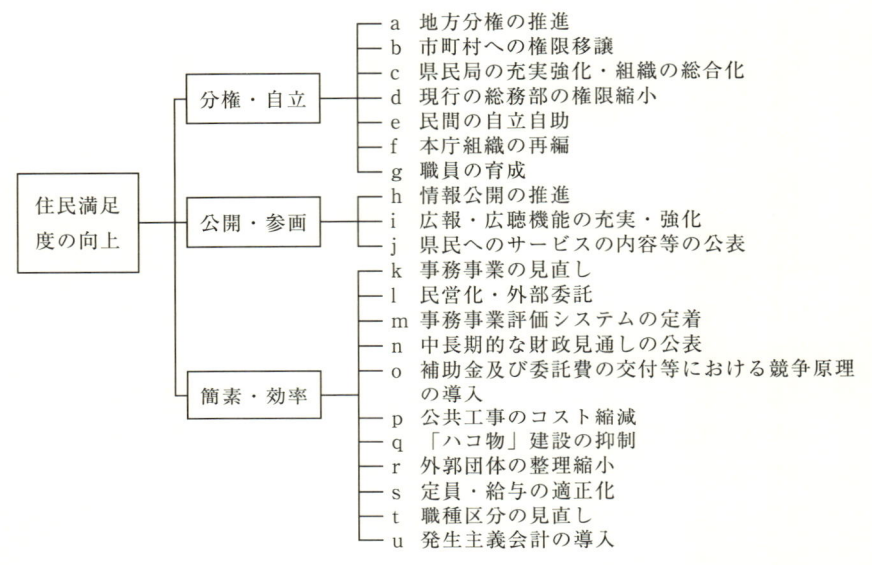

住民満足度の向上
- 分権・自立
  - a　地方分権の推進
  - b　市町村への権限移譲
  - c　県民局の充実強化・組織の総合化
  - d　現行の総務部の権限縮小
  - e　民間の自立自助
  - f　本庁組織の再編
  - g　職員の育成
- 公開・参画
  - h　情報公開の推進
  - i　広報・広聴機能の充実・強化
  - j　県民へのサービスの内容等の公表
- 簡素・効率
  - k　事務事業の見直し
  - l　民営化・外部委託
  - m　事務事業評価システムの定着
  - n　中長期的な財政見通しの公表
  - o　補助金及び委託費の交付等における競争原理の導入
  - p　公共工事のコスト縮減
  - q　「ハコ物」建設の抑制
  - r　外郭団体の整理縮小
  - s　定員・給与の適正化
  - t　職種区分の見直し
  - u　発生主義会計の導入

出所：三重県資料「平成10年度　三重県行政システム改革」(1998年3月)により筆者作成。

2．「行政システム改革大綱」における課題認識

「さわやか運動大綱」では、行政システム改革を必要とする課題認識が十分に明確化されていなかった。しかし、「行政システム改革大綱」では、課題認識がより一層明確化されたのである。課題認識としては、①日本人の価値観が多様化するとともに、経済的豊かさから生活的豊かさに関心が移るなど個性豊かな地域社会づくりが求められていること。②情報化・経済のボーダレス化の進展により、行政もグローバルスタンダードへの適応が重要となっていること。③民主的行政を実現するため、情報公開・住民参画などの基盤整備の推進が必要となっていること。④市場の信頼性が増大していること。⑤少子・高齢化の進展により、経済力が低下してきていること。⑥財政危機になっていること、である。そして、これらの社会・経済環境の変化に的確に対応できるように、行政システムは不断に見直さなければならないとされたのである。

また、「さわやか運動大綱」と同様に、「行政システム改革大綱」でも、「生活者」といった行政改革シンボルが多用されることになり、県民にとっての改革、県民にとっての有効性・効率性とは何か、という「市民主義」的な視点の萌芽がみられたのである。さらに、「さわやか運動大綱」が県民を「消費者」「顧客」として見なした観点とは別に、都市新中間層としての県民をかなり強く意識して、県民に対して納税者といった観点をより明確にしたのである[32]。このように、県民を納税者と位置付けることにより、県民の税金の使い道を知る権利の確保と住民参画を促すことになり、新たな県民観として「市民活動の参加者」としての県民観が加わることになった。

　このような認識に基づき、「行政システム改革大綱」では県民の納税者意識・消費者意識の高まりを意識しつつ、情報公開の下で公共サービスの向上に努めるとした。また、民間経済活動に対する規制緩和により、民間の創意工夫を引き出しながら、民間ができることは民間にゆだねることなど、市場（競争）原理の観点から行政の肥大化を抑制する方向で行政システム改革を実施するとしたのである[33]。

第4節 「行政システム改革大綱」による行政システム改革の取組内容

「行政システム改革大綱」による行政システム改革の取組状況は多義にわたっているが、この節では、これらの取組のうち主な項目について、第1章で考察したNPMの基本原理に基づき区分して考察することとする。ただ、取組項目によっては、複数の基本原理にかかわるものもあるが、この場合はいずれかの基本原理にまとめて考察する。

さらに、「新しい総合計画」と行政システム改革の取組との関係を考察する。

1．市場（競争）原理の導入による改革

(1) 事務事業の見直し

事務事業の見直しは、「県が行う事務事業範囲の確定」に記述の多くが割かれた。とくに、「公的関与の考え方」の基準を示し、この基準により県のすべての事務事業約3,200が見直された。この「公的関与の基準」は、最初に「民間部門」と「公共部門」との役割分担を整理し、その上で「公共部門」の事務事業を「国・県・市町村」の役割分担に整理することとしている。つまり、県政のあり方を決めるため、「公的機関が関与すべき守備範囲を示すこと」「国・県・市町村の役割分担を検討すること」であり、「県としての責任を持つべき事務事業の範囲の確定」をすることであった。このことは、結果的には「小さな政府」へと改革することにつながるものであった。

まず、「民間部門」と「公共部門」との役割分担の判断基準としては、①公共財、②外部不経済が発生する財・サービス、③独占性、つまり規模の経済が働くことで、独占的供給が効率的になる費用逓減産業の財・サービス、④市場の不完全性、つまり投資に必要な資金やリスクが大きく、民間では負担しきれないサンク・コストが発生しやすい研究開発費、市場にかかる情報非対称により市場メカニズムが働かない財・サービス、そして情報が偏在していることにより、財・サービスの適切な選択が行われないなど市場メカニズムが働かない

財・サービス、⑤ナショナルミニマムの確保に必要な財・サービス、が公的関与の必要な事業として示されている。

次に、「国・県・市町村」の役割分担の基準としては、中央政府の地方分権推進委員会の第1次勧告の役割分担の基準を準用して、次の通り示されている。中央政府の役割は、①国家としての存立にかかわる事務、②全国的に統一して定めることが望ましい事務、③全国的規模・視点で行われなければならない事務、とする。一方、地方政府の役割は、地域における行政を担うこととし、地方政府のうち県の役割は、①全県的に同一基準によって統一的に処理しなければならない事務、②主要な市町村で実施されているが、小規模な市町村では実施することの困難な事務の補足的執行、③複数の市町村にまたがる広域事業、④市町村の能力では実施が難しい大規模な公共施設の設置・管理、⑤広域的な地域計画の企画・立案、⑥市町村間の行政事務の連絡調整、格差の是正、技術的援助、争議の裁定にかかわる事務など、単一の市町村では対応できない問題やその効果が複数の市町村に及ぶ事業等に限定する、とした[34]。

この公的基準に基づき事務事業を見直した結果、202事業が廃止（事業費約34億9,300万円の削減）されることになった。廃止が多い部門の順は、旧「農林水産部」関係が90事業、旧「商工労働部」関係が36事業、「健康福祉部」関係が21事業、旧「生活文化部」関係が17事業、「教育委員会」関係が12事業、旧「環境安全部」関係が10事業、旧「土木部」関係が8事業、旧「総務部」関係と旧「企画振興部」関係が各4事業となっている。また、廃止された事業の削減額は、印刷事業関連が4事業＝約2億9,000万円、人間ドッグ事業など検診関連が6事業＝約2億2,300万円、特別養護老人ホーム事業が1事業＝約3億3,500万円、勤労者生活安定資金貸付・勤労者福祉事業資金貸付が2事業＝約5億1,000円が主な削減額で、他は零細補助金などが廃止されることになった。

また、ここでは、事務事業評価システムは、事務事業の見直しの手段として定着がはかられる。当初、事務事業評価システムは、成果志向の観点から県職員の意識改革及び県の行政組織文化の作り直しに力点が置かれていたものが、ここでは更に多義的な目的を持つものとして位置付けられたのである。この事務事業評価の結果に基づき事務事業の見直しを行うということは、最も一般的

な利用方法ではあるが、「行政システム改革大綱」において、事務事業評価システムが費用節約の仕組みに位置付けられたことは、事務事業評価システムの目的が「効率」の向上に力点がおかれたことを意味したのである。

(2) 予算編成制度の見直し

経費の節減合理化等財政の健全化として、中期的な財政見通しの公表、事務事業の見直し、スクラップ・アンド・ビルドなどによる財源不足への対応、補助金及び委託費の交付等における競争原理の導入、予算節約制度の導入、事務事業評価システムの活用、また発生主義会計の導入などに関する改革に取り組まれた。とくに、発生主義会計の導入の試みは、従来の地方政府の会計が単年度の現金の流れに着目した現金主義会計の仕組みをとっているために、地方債の発行によって増大する債務残高を十分に把握できないといった課題の解決を目指した取組であった。

具体的には、1992年度から1996年度の5年間分について、発生主義会計による財務内容が1998年2月に公表された。さらに、1999年度当初予算より、従来のシーリング方式を撤廃し、政策選択による「あれかこれか」というメリハリの効いた予算編成、2000年度当初予算からの予算編成過程の公表、2002年度当初予算から特別の予算枠で21世紀に向けて新しい価値を創造するために事業を構築する「新価値創造予算枠」コンペ方式が導入され、各事業部局が予算獲得競争を行うという疑似的エージェンシー化が一部導入されるなどインセンティブ機能が強化された。

(3) 定員数の見直し

組織の定員管理は、旧自治省の定員管理適正化計画の指導に対応して、時代の行政ニーズに見合った行政活動に必要な職員数に削減することを目標とする「定員管理適正化計画」が策定された。具体的には、1998年度から2003年度までの6年間に一般行政部門の4％程度（約210名）の削減を目標としたが、電子県庁化の推進等により[35]、2000年度には6％程度（約300名）の削減に計画目標を変更し、さらに2002年度には計画期間を1年間延長し、計画削減目標を8％程度（約400名）とした。

(4) その他

　類似の事業の整合性をはかることで、行政サービスの向上をはかるため、「業務取り決め書」による事業遂行制度（実施例としては、三重県生活排水処理施設整備計画＝厚生省所管、農林水産省所管、建設省所管の廃水処理事業の整合性をとり、廃水処理事業の一体的推進を行うことがある）などの事務処理方法の見直しの改革に取り組まれた。また、県・市町村役割分担や官民の役割分担の見直しにより、民間の自立自助の促進（規制緩和の推進＝経済規制緩和が7件、社会規制緩和が25件、住民の自立を支援する市民活動支援センターの設立）、民営化・外部委託化や市町村への権限移譲（10事務）が行われた。

2．顧客主義による改革

　行政サービスの向上をはかるため、県民へのサービスの内容等の公表に取り組まれた。県民へのサービスの内容等の公表は、イギリスの市民憲章をモデルとした県のサービス機関の約束を示す「県民の皆さんへ」の公表である。この制度は、三重県が県民に何を提供できるのかを「憲章」という形で明確化し、県民と一種の契約を結ぶものである。これによって、公共サービスを提供する三重県の監視役（モニタリング）を県民に担わせることで、三重県の行政活動の効率性を高めることになる。

　また、行政運営の公正の確保と透明性の向上をはかるため、中央政府の情報公開法制定に連動した情報公開条例（1988年制定）の見直しが行われ、情報公開条例が1999年に改正（2000年4月施行）された。この改正では、県民の「知る権利」が明記された。そのうえ、改正情報公開条例では、これまでの「情報公開」という住民から請求を受けて公開するという姿勢が改められ、県民と積極的に情報を「共有する」との考え方のもとに、「情報提供」についても言及し、より積極的に情報が発信されることとなった。

　また、このような行政情報の原則全面公開以外の取組としては、①事務事業目的評価表の公開、②県民に対する県の広聴・広報に関する決定を月ごとに議論することを目的とした各部局の幹部職員で構成する「広聴広報会議」の設置及び政策提言型広報、パブリックコメント制度の導入など広聴・広報制度の充実による意思決定過程等への県民参加の促進など、③行政監査の充実、包括外

部監査制度の導入などの監査制度の強化をはかる、ことなどがあった。
　さらに、総合行政を推進するため、「マトリックス予算の編成」にも取り組まれた。マトリックス予算とは、総合行政を推進するために、従来の各部局別の予算査定方式とは別に総合行政の課題別に予算編成を行う方式である[36]。このマトリックス予算の導入により、政策の実施が部局間を越えて連携されることで、縦割り行政による重複事業や部局間での責任所在の不明確による非効率性が克服され、事業の効率化がはかられることになる。また、このようなマトリックス予算が総合行政と一体化するために、事業執行段階における部局間・課室間の調整を担保する仕組みづくりについても取り組まれることになった。さらに、マトリックス予算は、「新しい総合計画」の政策別予算として編成されることになったのである[37]。

3．業績・成果によるコントロール（成果主義の管理）手法導入による改革

(1) 意思決定の迅速化に向けた組織運営方法の改革

　行政ニーズの多様化に効率的に対応できるように意思決定の迅速化をはかるため、組織階層のフラット化と柔軟な組織運営を行うために係制（県民局では課制）を廃止し、グループ制が導入された。とくに、グループ制の導入のメリットは、①組織階層のフラット化により意思決定が迅速化することだけではなく、②細分化された係等を大括りにすること[38]により、業務の繁閑や優先度にあわせた人員配置を容易にするとともに、新たな課題に迅速・的確に対応できる体制となり、柔軟な組織運営が可能となること、③県職員の能力、経験、知識がより発揮しやすい組織運営が実現できること、である[39]。さらに、係制の縦割りを廃し、総合的な行政を進めるため、県職員個人の裁量を大きくし、県職員の創造的な意欲を引き出すとともに、ラインの中間管理職をなくし、意思決定を早くすることとしたのである。

　従来の係制は、所属の業務を係ごとに割振り、係の業務を各担当者が分担し、係長が総括してきたが、グループ制では、まず業務を個々の県職員全員に割振るという考え方が基本となった。その上で、類似・関連する業務をグループという形で緩やかに括り、各グループの構成員のうちの1人がリーダーとなる、

といった体制であった。このグループ制は、県職員個々人の自律を基本とした組織運営の方法であり、県職員個々人が担当業務の実質的な責任者であるとの自覚を持ちながら、各業務に主体的に取り組んでいくという体制を目指したものであった。つまり、行政活動過程における「主体」と位置付けられた県職員個々人の自己起業化を目指したのである。

このような組織運営形態は、県庁の情報技術の進展と県職員の高学歴化等による情報処理能力の飛躍的な向上により担保されることになる。このことから、第3局面では、県職員全員へのパソコンの配布による電子県庁化の推進や部局レベルのフラット化である課室の廃止とチーム制の導入及び次長・課長制の廃止と総括マネージャー・マネージャー制（以下、「マネージャー制」と略する）の導入などが進むことで、ヒエラルキー的な情報処理（意思決定）構造を今日の民間企業において進められているいわゆる「オープンネットワーク」システム[40]に対応した情報処理（意思決定）構造へ転換していくことになる。

(2) トップマネジメント機能の強化

行政活動資源利用等の権限を事業実施部門へ委譲する一貫として、旧総務部の権限縮小と各事業部局及び県民局の裁量と権限の範囲拡大に取り組まれた。一方、個別重要議題について議論し、意思決定する場として、三役・各部局長・県民局長で構成する「財政会議」（予算と仕事のやり方の両面からの見直し）、「人事システム改革検討会議」（人材の育成と確保の検討）、「行政システム改革検討委員会」（行政運営の総点検・評価）、さらにはそれらの機能が2001年度に統合され、総合的なトップマネジメントの機能を持つ「県政戦略会議」が設置され、トップマネジメント機能が強化された。

この「県政戦略会議」では、行政システムの総点検・評価・新たなシステムの構築が議論され県政運営の枠組設定が行われた。また、この会議では、部局長の意思決定への参加と情報共有化がはかられ、トップマネジメントによる共同の意思決定が迅速に行われることになった。このことは、組織機構の機能分化やエージェンシー化がはかられる一方で、「県政戦略会議」などの議論を通して形成される県政運営に関する幹部職員のマクロ判断（システム環境情報処理結果）が各事業部局の行政運営をコントロールすることとなった。

以上のように、行政サービスを受ける住民に近い事業実施部門への分権化を進める一方で、県政運営に関する大枠の設定をトップマネジメント部門である知事及び知事官房部門が行い、この設定された大枠内で各事業部局に権限が委譲されるというシステム構築がはかられた背景には、次のことがあった。①急激な環境の変化に適応して有効的・効率的に県政運営を行うため、事務事業評価システムの情報処理にみられる事業実施部門の個別環境情報が重視されたこと、また②県職員全員に対するパソコンの配布など電子県庁化が進めら情報収集・処理が迅速化した結果、処理すべき情報量が増大することに対応して情報処理の分散化が必要となったこと、さらに③情報化によるコミュニケーションの円滑化が可能となることから、管理部門による県職員個々人の行政活動のモニタリングが容易になり、県職員個々人の三重県の行政組織の全体目的からの遠心化が防げたこと、などがあったのである。

　行政システム改革によるトップマネジメント機能の強化は、一方で事業実施部門への大幅な権限委譲といった分権化と一体することにより、知事及び知事官房部門による事業実施部門に対するモニタリングコストの縮減する合理的な取組であったのである。

(3) インセンティブ制度の見直し

　行政の制度や組織機構がどれだけ理論的に完璧なものであれ、組織を効果的に動かすのは県職員であることから、県職員がその制度の目的の実現に背くと組織目標が達成されないことになる。従来の人事管理制度が目標達成する行動をとるように県職員のインセンティブに有効に働きかけることができなければ、新しい行政システムは機能しない可能性が生じる。このため、県職員の組織目標に対するインセンティブを対象とする人事管理制度改革に取り組まれた。具体的には、成果主義的な能力・成績を反映した人事管理制度及び給与制度を導入する取組と県職員の育成及び多様な人材確保に向けた取組が行われた。成果主義的人事管理としては、職員の能力評定、意欲評定、業績評定を行う新しい勤務評価制度の導入がはかられた。とくに、この新しい勤務評価制度は、職員の能力開発、人材育成、人事異動等に活用がはかられるとともに、勤勉手当の支給等に反映させるとしたのである。この取組は、2000年度から課長級以上

第4節 「行政システム改革大綱」による行政システム改革の取組内容　141

の幹部職員を対象とした「定期勤務評定」「特別勤務評定」として実施されることになった[41]。

　人材育成は、県職員の研修を担当する三重県自治研修所が職員の能力主義的な人事管理の方針に沿った県職員の意識改革と政策形成能力の向上を目指す「三重県人材育成ビジョン　職員研修推進計画」を1998年3月に策定した。この計画では、三重県の求める人材像を明確にし、人材育成について職員研修、人事管理、環境整備の面から、それぞれの基本目標と基本方針を定め、これに基づいて様々な施策の展開をはかることとしたのである。具体的な研修としては、①従来の必須研修よりも職員個々人のやる気を助長し、自らが自由に選択できる研修、②各職層ごとの能力を明確にし、それに見合う研修、つまり個人の意欲と能力に応じた研修、そして③努力し、成果を上げた職員が報われることにつながるようなインセンティブが機能する研修、が重視されることになる。そのうえ、これまでの組織に必要な人材や能力を開発するだけではなく、④県職員個々人の能力や個性を伸ばし、外部労働市場でも市場価値のあるキャリアを形成できるように、県職員の希望やキャリアを考慮した個別教育計画である個々の県職員の能力開発を主とする「マイセルフ研修」に加え、⑤2001年度より県職員個々人のキャリアデザイン形成を支援する「キャリアデザイン研修」を実施するなど、県職員個々人の能力を開発する「研修」が重視されたのである。このことは、県職員個々人が自主自立により能力・キャリアの形成を主体的に考え、実行していくことを三重県が支援することを意味しているのである。また、このことは、三重県が県職員の面倒を定年までみるのではなく、県職員自らが「自分のことは、自分で考えよ」ということをも意味するのである。この結果、県職員個々人が主体的に自己の能力開発に取り組み、そして自己実現と人生設計をはかることを目指したこれらの研修は、県職員自らの「選択」と「自律・自立」を基礎とした能力開発型の人事管理制度改革へと発展することとなる[42]。

　また、多様な人材確保は、高度化・多様化する行政ニーズに対応するとともに県職員の意識改革や行政組織の活性化をはかるため、県政の推進に必要な知識、経験を有するプロフェッショナルな民間企業経験者の採用を実施した[43]。さらに、県職員の昇任年齢基準の廃止や細分化された採用職種区分の原則的廃

止、中級行政職の上級行政職への統合を行うなど、新たな行政ニーズに機動的・弾力的に対応するため、県職員のフレキシビリティー、つまり環境の変化に対する県職員の適応能力を重視する人事管理等が行われることになった。

　三重県では、以上のような民間企業の「人事考課」にあたる「勤務評価制度」の導入、県職員個々人の能力を開発する「研修」の実施、民間企業のQC運動にあたるワーキンググループなどの「提案活動」や「小集団活動」の支援と、これらの活動を県が表彰する「率先実行賞」の創設など、第2章で考察した日本企業の新しい経営手法と同様な「能力主義・業績主義的な人事管理制度」の導入を目指したのである。すなわち、田川県政の人員削減を主とした減量経営による効率化から、北川県政は、民間企業の経営手法を導入することで、公務部門の近代化（＝公務の労働生産性の向上）による効率化へ転換することを目指したのである。人事管理制度に県職員個々人が自己実現や成果を競争する仕組み等を導入することにより、一層の行政活動資源（人材）の有効活用がはかれるような行政システムが構築されることになったのである。

4．行政運営における企画管理部門の集権化・執行部門の分権化（裁量権の拡大）と両部門の分離などの組織改革（ヒエラルキーの簡素化）

(1) 組織機構の改編

　1998年度の組織機構の改編は、本庁組織機構の改編、県民局組織機構の充実強化・総合化（県民局各事務所の部制への移行等）などがあったが、この組織機構再編成の作業における重点項目が本庁組織機構の改編であった。本庁組織機構の改編については、まず県政の方向を決定する部門として、総合調整機能と評価・資源配分機能の2部門が「局」として横断的組織として構想された。すなわち、行政活動の政策マネジメントサイクルの企画・実施・評価の各機能に対応して、組織機構編成も区分（Plan＝総合企画局—Do＝事業部局—See＝総務局）して充実させるという観点から、本庁の組織機構の改編では、企画部門・評価部門と事業実施部門の3機能部門を分離することが構想されたのである。この部局横断の企画部門・評価部門の設置が構想されたことの意味は、三重県行政組織のシステム環境情報の重視であった。また、企画部門・評価部門の事業実施部門からの独立は、NPMの考え方に沿った事業実施部門への市場

（競争）原理の導入に道を開く取組を意味していたのである。

　この本庁の組織機構の改編では、具体的には政策を企画・立案する独立した部門として総合行政を推進する企画部門として総合企画局[44]、また行政活動資源の配分や新たに事務事業評価システム等を所管する評価部門として総務局が位置付けられた。この2つの局は、事業実施部門を横断的に所管する横割組織として設置された。一方、この2つの局に対して、事業実施部門としては、「新しい総合計画」の確実な実行のため、同計画の5つの政策の柱に沿って、生活部（生活者行政の推進）、健康福祉部（健康・医療・福祉分野の行政の推進）、環境部（森林保全をも含めた環境行政の推進）、農林水産商工部（産業・経済政策を総合的・一体的に行う産業・経済行政の推進）、地域振興部（地域振興・市町村行政・情報化・防災行政の推進、また生活創造圏づくりなど地域社会の再編にかかわる事業の推進）、県土整備部（土木行政に加え、公共事業の総合調整行政の推進）という6部が設置された。この事業実施部門の6部は、目的別縦割組織と位置付けられた結果、本庁組織機構はマトリックスな組織体制となったのである。

　具体的には、本庁部局の各課室は、次の通り改編されたのである。

① 旧「企画振興部」では、「部外」の知事官房組織であった「秘書課」「広報広聴課」と旧「生活文化部」から「統計課」の移管を受け、一方、旧「企画振興部」の「宮川流域総合調整室」「水資源・土地対策室」「交通政策課」「市町村課」「地域振興課」を「地域振興部」へ移管し、名称を「総合企画局」として改編され、横断的な企画部門として純化した。

② 「総務部」では、「地方分権・行政改革推進課」と「行政管理課」が統合され、「政策評価推進課」となり、また「人事課」と「財政課」が人事管理及び予算管理からそれぞれの資源調整へと機能的重点に移行するとして、課名を「職員課」及び「予算調整課」と変更し、名称を「総務局」として改編された。「総務局」では、主に横断的な政策評価と人材及び財源という行政活動資源の調整を行うこととなった。この結果、行政活動資源の利用に関する権限の一部を事業部局に委譲することで、総務局が事業部局の管理を縮減する一方で、「評価」システムを導入することにより、事業部局に自ら事業をマネジメントさせるという事業部局に対するモニタリング

コストの縮減につながる合理的な改編であった。
③ 旧「生活文化部」では、生活者起点の行政を推進するという観点から、「生活」にかかわる行政を統合するため、「情報・マルチメディア・推進課」を「地域振興部」へ、「統計課」を「総合企画局」へ移管し、また労働者を生活者として位置付けることにより、旧「商工労働部」から「労政課」「職業安定課」「雇用保険課」の移管を受け、さらに旧「環境安全部」から「交通安全対策課」の移管を受け、名称を「生活部」として改編された。
④ 「健康福祉部」では、「高齢者対策課」と「国民健康保険課」が介護保険との関連から「国保・高齢対策課」に統合した。
⑤ 旧「環境安全部」では、安全部門の「消防防災課」を「地域振興部」へ、また「交通安全対策課」を「生活部」へ移管した。一方、森林整備・森林保全を環境行政の観点から行うとして、旧「農林水産部」から「森林整備課」の移管を受け、名称を「環境部」として改編された。
⑥ 旧「商工労働部」と旧「農林水産部」とでは、産業政策の一体性を確保する観点から、両部を統合し、名称を「農林水産商工部」とするとともに、森林整備・森林保全行政や労働行政などを他部へ移管するなどの改編が行われた。
⑦ 旧「土木部」では、「監理課」と「公共用地課」とが「監理課」と公共事業の統合推進・調整を行う「公共事業推進課」とに改編された。また、「公共事業推進課」に公共事業全体の調整を行う副知事を本部長とする「公共事業総合推進本部」を設置するなど、名称を「県土整備部」として改編された。

以上のように、本庁の組織機構は、現行の8部2部外71課室を8部局1部外64課室に改編され、機動的・弾力的な組織機構として整備されたのである。

しかし、この本庁組織機構の改編には、三重県を取り巻く環境条件から一定の限界があった。第1に、旧農林水産部の改編問題が議論となったことである。当初、旧農林水産部の機能のうち、林業部門の森林整備・保全を環境部門へ移管、公共事業部門を旧土木部へ移管、その他を旧商工労働部の商工部門などと

再編統合することが検討された。このことは、自然環境問題、公共事業問題（無駄な公共事業の削減と一元化による効率化）、産業構造の変動問題（第1次産業の衰退、第3次産業の発展など）に現実的対応することを目指したものであった。しかし、公共事業の一元化は、中央政府の縦割り行政が依然として明確に区分されていたこともあり、再編統合は不可能となった。このため、県土整備部「公共事業総合推進本部」を設置し、推進本部による各部局間の一元的な調整の下、効率化をはかることになった。

　第2に、県内産業への資源の最適配分をはかるためには、総合的な産業政策が必要であることから、第1次産業を所管する農林水産部門と第2次産業・第3次産業を所管する商工部門の統合が必要であるとし、これらを統合した「産業経済部」の新設が構想された。しかし、「農林水産」という名称の削減には、第1次産業関係者、関係県議会議員、中央政府の農林水産省、市町村等からの強い反対があり、結果として、「農林水産商工部」という名称となった[45]。そして、旧農林水産部の所管事業は、森林整備・保全関係が「環境部」に統合され、第1次産業振興と生産基盤整備などの公共事業は、「農林水産商工部」が引き継ぐことになった。

　第3に、当初、「総務局」は「評価局」という名称が構想されたが、県議会から「評価」という名称は、権限強化のイメージが強いと批判されたことから、「総務局」という名称になった。

　以上の組織機構改編の限界は、三重県の地域社会・経済構造が十分に脱産業化していないことからの限界であり（第2章参照）、行政システム改革で「生活者」として意識した都市新中間層の増加が十分でなかったことの反映を示した結果と考えられる。

　一方、三重県の各地域に設置された7つの県民局（地方自治法第155条による設置）は、県民局長の地域総合行政調整権の強化をはかるため、県民局管轄下の各「事務所」を「部制」に変更した。すなわち、従来の県民局は、振興事務所、県税事務所、保健所、福祉事務所、農林（水産）事務所、土木事務所など、いわば独立機関の集合体といった側面が強く、各事務所は、本庁各部局・各課室との関係で縦割り行政による実質的な活動をしていた。このため、県民局長の総合調整機能権を強化する目的から、県民局を本庁組織機構の改編に併

せ、県民局の各事務所を改編して部制を導入することにした。この改編では、本庁の各部局に対応する担当部として、「県税部」「生活環境部」「保健福祉部」「農林商工部」「建設部」が設置されたが、とくに県民局の政策形成機能と地域づくり支援機能を高め、広域行政を推進する組織として、県民局長の官房組織であった振興事務所を改編した「企画調整部」が設置された。このことは、県民局のシステム環境が重視されたことを意味した。

　また、このような総合調整機能の強化に加えて、県民が個性や創造性を発揮でき、そして県民の豊かな生活が実現できるように、三重県の全地域を9つの圏域に区分した「生活創造圏」が「新しい総合計画」に位置付けられた。この結果、複数市町村が相互に連携し、住民参画を得ながら主体的に「生活創造圏」づくりに取り組む広域行政体制が整備され、県民局の「総合地域機関化」がはかられることになった。

　以上の1998年度の組織機構の改編は、企画部門・評価部門と事業実施部門の機能を分離した組織機構の改編や「新しい総合計画」の確実な実行のため、同計画の5つ政策の柱に沿った部局・県民局レベルの改編が中心であった。一方、各部局の課室レベルの改編は、部局の改編に伴い行われたものと課室レベルでの組織のフラット化を進めるための係制の廃止・グループ制の導入があった。ただ、本格的な部局の課室レベルの改編は、2002年度組織機構改編による組織構造のフラット化が一層進められ、迅速で弾力的なマネジメントが可能となるように、「課制」の廃止と業務のまとまりを基本とした「チーム制」が導入されることで完成する。また、これと併せて、「次長・課長制」が廃止され「マネージャー制」が導入されることによって、三重県の組織機構の抜本的な改編が完了することになる。

(2) **行政活動資源利用等の権限委譲**

　行政活動資源利用等の権限を事業実施部門へ委譲する一貫として、旧総務部の権限縮小と各事業部局及び県民局の裁量権の範囲拡大に取り組まれた。行政システム改革の根幹である旧総務部の権限縮小は、各事業部局等の「自己決定」・「自己責任」による行政運営を求めることになった。

　具体的な改革取組の内容としては、第1に、1996年のカラ出張問題に端を

第4節 「行政システム改革大綱」による行政システム改革の取組内容

発した公金の不正支出問題の要因に「使い切り予算」[46]の慣行があったことから、予算を節約したことを財政課が認めた場合、節約した部局の課室が節約予算の2分の1を自らの翌年度の新規事業等に有効に活用できるといった予算編成制度の改革である。この予算節約制度については、旧総務部が1996年10月に「予算の節減努力が後年度有効活用される仕組みについて」という文書を各部局長あてに通知し、1997年度当初予算編成から運用されることとなった。ただ、節減対象の経費は、県費の事業費に限られていることから、大きな額とはならなかったが、組織の財源活用に対する意識改革のインセンティブ機能として、一定の役割を果たすことになったと考えられる。

　このことがインセンティブ機能として作用するのは、従来の増分主義による予算編成に起因する。本来、旧総務部が予算を集権的に細目別に査定・コントロールするためには、三重県政全体の戦略的な方針や事業の優先順位を客観的に判断できなければならない。しかし、旧総務部にとって、このことは、事業部局との情報の非対称から、現実には困難なことであった。このため、旧総務部がすべての事業予算を見直すことは困難なことから、予算を集権的・細目別に査定するためには、前年度ベースが基準となりプラス・マイナスという増分（減分）主義的な資源配分となったのである。この結果、増分主義の予算編成では、効果があまり期待できなくなった過去の事業が継続され、環境の変化に適合した事業の実施が難しくなった。また、前年度事業費ベースが当該年度の予算査定の基準となることから、県職員は、事務事業に対する必要性・その目的の妥当性などの評価をせず、無理をしてでも年度内に予算を消化しようとする意識が生まれるとともに、予算の拡大に関心が集中し、手段が目的化してしまうこととなった。このような組織の財源に対する県職員の思考は、予算節約制度とは相容れないものであり、予算節約制度の導入は、必然的に組織の思考を変えるインセンティブを県職員に与えたのである。

　また、従来の予算編成制度では、各部局の要求について、旧財政課長査定・内示→旧総務部長復活（査定・内示）→知事復活（査定）の順で行われていた。この過程で、事務的経費については、個々の事業ごとに出張回数・消耗品費など細目別に査定され、事前にコントロールされていた。この結果、時間消費及び労働コストの増大と予算編成運用の硬直化がもたらされていた。さらに、予

算編成の財政フレームは、知事をはじめとする三役と旧総務部が決定し、その基準により要求する他の部局は、査定者である旧総務部と予算編成過程で長時間交渉することになっていた。この結果、予算の査定結果責任については、予算権限を集権化する旧総務部にあるという考えが一般的であった。

　これに対して、1998年度からの新しい予算編成制度では、事務的経費が各事業部局長に総額配分され、そして各事業部局が自らの責任と権限で個々の事業に事務的経費を配分することになった。すなわち、新しい予算編成制度は、各事業部局が環境の変化に適合した財源を組織内で柔軟に配分できるという合理的なシステムとなった。そのうえ、新しい予算編成制度は、各事業部局長が自らの権限と責任において部局の行政運営を行うインセンティブ機能を果たすことになったのである。さらに、この予算編成制度の導入により詳細な査定が省かれることから、総務局は、不必要な情報収集・分析が不要となり、調整時間も少なくなり、総務局の査定コストが縮減されることになった。また、総務局は、余った時間を歳出総額決定や戦略的な資源配分といった課題に集中できるなど政策的経費にかかわる事務事業に重点を置いた査定が可能となったのである。

　第2に、係制の廃止とグループ制の導入による組織のフラット化や行政運営の柔軟化を一層推進するため、各部局の組織内定員についても、年度途中の定員配置を変更することが各部局長及び県民局長の権限となった。また、人事管理制度についても、定期人事異動における一般職の部局内配置及び年度途中の部局内異動、そして業務補助員の任免など各事業部局長及び県民局長の権限となった。

　第3に、県民局長の総合調整機能の強化のために、予算編成に関して、県民局長が県民局各部の予算を調整した上で本庁関係部局長に予算要求することになった。また、県民局長は、重要事業の予算額の決定過程にも参画することになった。さらに、1999年度から予算に県民局長枠が設けられることになったのである。

　以上のように、旧総務部より事業部局・県民局へ権限委譲が行われた。一方、事業部局・県民局の裁量の拡大が全体組織からの遠心化を生じさせないよう「責任」を問うことができるように権限配分の多様化がはかられた。この結果、

第4節 「行政システム改革大綱」による行政システム改革の取組内容　149

　各事業部局・県民局は、トップマネジメントによる大括りの枠組み決定の範囲で、一定の自主性を持って事務事業を実施することになり、これまでの総務局の集権的な行政運営が各事業部局長・県民局長の責任と権限で、自らの組織をマネジメントするという方向に転換されたのである。すなわち、これらの一連の改革の取組は、知事を初めとする知事官房部門が枠組みを設定し、その範囲内で、各事業部局長・県民局長が自らの部局の行政活動の運営をマネジメントするという集権化と分権化とのバランスがはかられた仕組みづくりであった。この仕組みを単純化すれば、知事官房部門（総合企画局、総務局）が主に県の行政組織全体にかかわるシステム環境情報を処理する一方で、事業実施部門（事業部局・県民局）は、主に各事業にかかわる個別環境情報を処理する情報処理の仕組みであった。また、これらの一連の改革の取組は、一面では総務局の権限範囲の縮小ではあるものの、事務事業目的評価表の公表と相まって各事業部局・県民局自身による答責性の問題から、自己制御が強まると考えられ、総務局は、大枠の調整という核心部分に特化でき、事業部局・県民局に対するモニタリングコストの縮減化がはかられるという合理的なシステムが構築されたのである。

5．総合計画による行政運営のコントロール強化

　「行政システム大綱」と同時期に公表された「新しい総合計画」は、行政システム改革と連動することにより行政運営に対するコントロールを強化することになる。このことについては、先に考察した「顧客主義」や「成果主義」のNPMの基本原理にかかわることであるが、ここでは、あらためて「新しい総合計画」と行政システム改革の取組との関係について考察する。
　北川県政の県政運営方針である「新しい総合計画」は、田川県政の県政運営方針からの大きな転換があった（前掲「表3-3」参照）。北川県政の長期総合計画は、2010年を見通した「新しい総合計画」が1997年11月に策定された。この計画の特徴は、次の通りまとめられる。
　第1に、この計画では、計画実施への県民参画が強調されたことである。ここでも、行政システム改革のシンボル「生活者」が多用されるなど、参加意識の高い都市新中間層を意識した計画となっている。また、「くにづくりの基本

理念」としての「開かれた三重を共につくる」といったガバナンスの観点及びこの理念の下に県政運営の基本方針としての「生活者起点の県政」という観点が重視された。

　この「生活者起点」という観点は、さわやか運動から引き続く観点であるが、この計画では、「生活者起点の県政」は、「住民の自主性を尊重する行政」「地域の主体を重視する行政」「より良いサービスを提供する行政」などと具体化されている[47]。すなわち、県政は、住民の生活を良くするためのものであるが、ややもすると、これまでは、公共サービスを提供する行政側の都合で考えがちであったとし、これからは、公共サービスの受け手の立場に立って行政を進めるとしたのである。そして、三重県は、精神的な充実も含めた真に豊かな生活を求めて努力する1人1人の県民を「生活者」としてとらえ、支援していくことを行政の主たる目的とする「生活者起点の県政」を展開するとしたのである[48]。このことは、公共サービス提供に関して、政府と民間の役割分担を見直すことであり、個人・家庭・地域社会の自主的な公共サービス提供の努力や民間活動を評価し、そして民間活力の導入や民間委託などを推進していくことを意味した。

　第2に、この計画は、283項目の施策について2001年度及び2010年度の目標を具体的に数値で設定したことである。加えて、この目標が三重県だけでは達成できない、つまり県民等との協働が必要な目標もあるというガバナンス的手法が具体的に導入されていることである[49]。当面の計画の進行管理としては、1997年度から2001年度までの5か年間を「第1次実施計画」として、1998年3月にまとめられた。また、この計画では、①283項目の目標についてこの期間内の進捗が明確にされ、②これを達成するために、597項目の事業単位の目標が立てられた。また、③これら目標の進捗状況を県民に毎年度公表するとともに、④このことに関する県民の意見を聞く直接対話の場として「県民懇談会」[50]が開催され、県政運営の方向について県民との情報共有化がはかられることになったが、このことは、結果的に行政運営に対する県民からの民主統制が強化されることになった。

　第3に、「新しい総合計画」が行政システム改革とカップリングされたことである。すなわち、「新しい総合計画」に沿って、生活者の立場に立った県政

第4節 「行政システム改革大綱」による行政システム改革の取組内容　151

運営を行うためには、従来の県政のあり方を見直す行政システム全体の改革が必要であるとしたことである[51]。前掲の「表3-3」により、田川県政の「第2次長計」や「第3次長計」と北川県政の「新しい総合計画」とを比較すると、「基本理念」「基本政策」に大きな違いがあることが明確となる。ただ、「新しい総合計画」の「基本計画」に示された「県が行うべき施策」の実施事業については、①計画期間の始まりが1997年度からであること、また②行政システム改革が行政運営システムの改革が中心であり、事業実施に関しては中央政府との関係もあり、産業政策や福祉政策など個別の政策レベルでの改革にまでは本格的に着手されていなかったこと、さらに③事業の継続性の必要性から田川県政の「第3次長計」の施策を基本的には継続していることから、「第3次長計」の施策とは大きな相違はなかった。しかし、北川県政と田川県政における長期総合計画の違いは、北川県政が「基本理念」で、あるべき県民像と地域社会像を明確にしていること、また県民の参画による計画の達成目標を定めるなど相対的な三重県の地位の低下、つまり県政をガバナンスとして位置付けていることである。このために必要な「障害」を除去するべく「市民主義」的な「行政システム改革」がカップリングされた。

　第4に、「新しい総合計画」と事務事業評価システムとがカップリングされたことである。「新しい総合計画」の体系は、施策展開の基本方向・政策→施策→事務事業というツリー体系で表されている。一方、事務事業評価システムは、目的を「対象」「意図」「結果」[52]に分類し、「結果」は「新しい総合計画」の体系における上位の「意図」になるように設計されている。このことにより、事務事業評価システムは、事務事業をより上位目的の観点から評価する、つまり基本方向から政策、施策、事務事業へと展開する演繹的に設定された目的体系となっている。この結果、上位の目標達成が下位の目標達成より優先され、最上位の目標から改革を進める仕組みとなっている。また、事務事業評価システムでは、施策と事務事業の間に基本事務事業を導入することで施策と事務事業の距離を縮めることにより、「新しい総合計画」の政策体系の事業に対応させている。この結果、「新しい総合計画」の政策体系と事務事業評価システムの目的体系との結びつきが明確となったのである。このようにして、事務事業評価システムの目的指標と「新しい総合計画」の数値目標との整合性がはから

れ、「新しい総合計画」の進行管理と事務事業評価システムの目的評価が連動する目標管理型行政運営システムが構築されることになる。

　以上のように、目標管理型行政運営システムは、事務事業評価システムが事務事業の「結果」を上位の基本事業の「意図」としたように、事務事業評価システムの目標から「新しい総合計画」を進行管理する仕組みとして構想された。すなわち、従来、「プラン偏重の行政」では、長期総合計画の成果については、あまり重視されてこなかったが、成果志向の目標管理型の行政運営への転換をはかるため、「新しい総合計画」の成果に関するモニタリングが常に事務事業評価システムにより行われる目標管理型行政運営システムの導入が目指されたのである。

第5節　行政システム改革の第3局面
（目標管理型行政運営システムへの転換）

1.「政策推進システム」及び「行政経営品質向上活動」と行政システム改革

　1999年4月2期目の知事選を圧倒的な得票[53]で当選した北川知事は、2期目である1999年度も引き続き行政システム改革に取り組むことになった。2期目の行政システム改革の手法は、トップダウンからボトムアップ方式へと、1999年度より県職員個々人が仕事への意欲・情熱を持ち、それまでの改革を県職員自身の内からの自発的・創造的改革へと転換がはかられる。つまり、「生活者起点の県政を推進するためには、職員1人ひとりが『率先実行（みんなで、みずから、みなおす、三重づくり）』で取り組むことが不可欠」であるとし、このため、「これまでの改革を職員自身の内からの改革へと発展させることを目指して、行政システム改革のバージョンアップ（機能の充実・強化）」に取り組むとしたのである[54]。この改革は、各部局・県民局が毎年度自らの組織の「率先実行取組」を計画し、各部局長・県民局長のリーダーシップの下で、県職員個々人が計画を率先実行し、その成果を年度末に評価するといった目標管理型の行政運営へと転換を進めるというものであった[55]。

　また、1999年度に生活者起点の行政運営の自己革新能力を高める仕組みづくりとして、新たに「行政経営品質向上活動」を導入し、顧客主義の観点からの行政運営の見直しを行った。さらに、2002年度に「新しい総合計画」第2次実施計画（2002年度～2004年度）の数値目標の進行管理と事務事業評価システムの評価を一元化した目標管理型行政運営システムである「政策推進システム」を導入した。この政策推進システムは、予算編成制度との整合性がはかられるなど、県民への県行政のアカウンタビリィを向上させるとともに、県民の意見を反映させるシステムでもあった。

　すなわち、2002年度には、三重県が従来の利害調整型の行政運営から目標

達成型の行政運営へと転換を進めるため、ビジョンから組織目標、そして個人目標への展開を目指す「政策推進システム」と、三重県の行政組織全体が顧客である生活者（＝県民）に対して効率的な公共サービスの提供を行えるような組織運営の仕組みの改善を目指す「行政経営品質向上活動」とを2大戦略として、これまで取り組んできた行政システム改革を集大成することになったのである。また、この2大戦略では、「政策推進システム」が「新しい総合計画」に示された基本理念や県政運営方針としての県政のビジョンを具体化するための仕組みであり、また「行政経営品質向上活動」は、この仕組みが円滑に機能し、行政システム全体の「品質」向上につながっているかをチェックし、改善する仕組みというように関連付けられている。そして、三重県では、この2大戦略による新たな行政システム改革の取組の結果、行政運営がこれまでの「管理」型から民間企業的な「経営」型のシステムへと転換がはかられ、政策面・組織機構面とも「生活者起点の県政」を実現できる卓越した自治体（エクセレント・ガバメント）が構築されるとしたのである[56]。このエクセレント・ガバメントについて、当時の行政システム改革推進の責任者であった居戸利明総務局長は、「21世紀に目指すべき県庁の姿は、次の2つを同時に満たす県庁」であり、その1つが「より良い行政サービスをより効率的により速く提供できるような地方自治の担い手たる政策自治体となることです。言葉を変えれば、住民満足度の高い県庁」であり、もう1つが「職員にとって働きがいのある職場となることです。言いかえれば、職員満足度の高い県庁」であると定義している[57]。つまり、行政システム改革の新たな取組は、このような2つの「県庁」を両立させた「生活者起点の行政を担う21世紀の県庁〜エクセレント・ガバメント（卓越した自治体）」を目指すことになる。

　以上のように、第3局面では、「自発的・創造的な改革」に向けた新たな取組が行われることにより、県職員のモチベーションを維持しつつ、行政活動の効率化がはかれるようなインセンティブメカニズムの確立をも目指すことになる。

　この第3局面における行政システム改革の主な取組としては、
　　イ．「率先実行」取組（ボトムアップ型行政システム改革への転換）
　　ロ．政策推進システムの構築（目標管理型行政運営システムと住民参加型行

政運営システムの構築）
　①「新しい総合計画」第２次実施計画の策定
　②みえ政策評価システムの構築
　③予算編成制度の見直し
　④組織内分権化と組織機構の再編成
　ハ．行政経営品質向上活動
などがある。

２．「率先実行」取組（ボトムアップ型行政システム改革への転換）

　「生活者起点の県政運営」を推進し、「新しい総合計画」を実行していくために、いままでのトップダウン型で進めれてきた行政システム改革を、トップマネジメント部門で意思決定したビジョン・政策目標の大枠の範囲内で、県職員自身からのボトムアップ型の「自発的・創造的な改革」へと発展させる仕組みづくりに取り組まれた。この仕組みが「率先実行」取組である。「率先実行」取組は、公共サービスを有効的・効率的に提供できる行政システムの構築を目指して、①県職員が行政システム改革の趣旨や組織全体の政策目標・ビジョンを共有すること、また②県の行政運営をトータル的にマネジメントしていくことを重要な課題として位置付け、県職員が主体的に（「率先実行（みんなで、みずから、みなおす、三重づくり）」の考えのもとに）行政システム改革の充実強化をはかる、といった仕組みである。具体的な「率先実行」取組の内容については次の通りである。

　まず、年度当初に知事が示す「１年間の進むべき方向」を受けた各部局長と各県民局長は、「生活者起点の県政」の実現を目指すことになる自らの「１年間の基本的な行動」を明らかにする。この「１年間の基本的な行動」に基づき、各部局と各県民局では、「新しい総合計画」を実現する当該年度の事業及び行政経営品質向上活動について取り組むべき事項について議論し、「率先実行」取組計画としてとりまとめる。この取組計画は、①各部局長と各県民局長の１年間の取組に関する一種の県民等への「約束」のようなものである[58]。また、②この取組計画及び成果の内容については、できるだけ数値目標を盛り込むなど成果目標を明確に示されて三重県のホームページ等で県民に公表される。こ

のことにより、県民と協働して行政システム改革を着実に実施していくことができることになり[59)]、「率先実行」取組は、各部局等のトップマネジメント部門と県民へのアカウンタビリティの強化につながる仕組みとなる。

次に、1年間の「率先実行」取組の具体的展開としては、まず年度当初に前年度の実績の検証・評価と今年度の「各部局・県民局『率先実行』取組」計画案について、知事の面談を受け、その後、県議会・県民等へ公表し、計画が実行される。また、副知事が各部局長等を年度途中で面談することにより、定期的に進捗状況を検証評価する。それぞれの面談時に三役からの指示のある改善事項については、各部局長と各県民局長は早急に改善に取り組むことになる。最後に、各部局長と各県民局長は成果について検証する。

以上のように、「率先実行」取組は、マネジメントサイクルとして展開される。つまり、各部局長と各県民局長のリーダーシップの下に、「各部局・県民局『率先実行』取組」で示された各部局と各県民局のミッションや政策課題への取組計画（Plan）を県職員個々人が率先実行して取り組み（Do）、その成果を年度末に評価（See）する仕組みとなっている。このことは、組織レベルのアカウンタビリティを強化するだけでなく、構成員個々のアカウンタビリティをも強化する仕組みとなっているのである。さらに、この「率先実行」取組の成果については、管理職員の勤務評価の一環として評価対象にもなっているのである。

「率先実行」取組には、各部局と各県民局が取り組む運動以外に、各県職員が主体的に取り組む改革運動がある。すなわち、個々の県職員自身が主体的に「率先実行」取組計画の実行と進行管理を行うことにより、行政システム改革を発展させる運動である。さらに、この改革運動の過程で、個々の県職員の意識改革が進み、県職員自身が主体的に目標管理型の行政運営に転換をはかっていくことになる。

そして、この目標管理型の行政運営への転換によって、県職員個々人の労働は、自己の才能ないし能力を啓発するという意味で起業家的活動とみなされることになる。すなわち、この転換は、県職員自身に対する働きかけでもあることから、県職員個々人は、仕事をするのではなく自己実現を試みていることになり、また起業家活動を行っているのであり、この行政活動の過程が個人的な

達成感を追求する過程となるのである。結果的に、「率先実行」取組は、行政システム改革運動を県職員自身の内からの改革へと発展させることを目指した行政システム改革のバージョンアップ（機能の充実・強化）の取組となる。この意味で、この取組は、行政システム改革をいわゆるトップダウンで進めるのではなく、ボトムアップを基本として進めていくための新たな改革運動であり、県職員の意識改革に取り組んだ「さわやか運動」を引き継ぐものであった。

　このようにして、Plan-Do-See の政策マネジメントサイクルの仕組みが確立した目標管理型行政運営システムへの転換がはかられることとなる。ただ、各部局・県民局の「率先実行」取組は、2002 年度から政策推進システムの中のマネジメントシステムに代替機能が組み込まれたため廃止されるが、県職員自身による「率先実行」取組は、引き続き「率先実行大賞」を通して取り組まれることとなった[60]。

3．政策推進システムの構築
（目標管理型行政運営システムと住民参加型行政運営システムの構築）

　行政システム改革の2大戦略の1つである政策推進システムは、「新しい総合計画」を基軸とした県政を推進するために、この計画の第2次実施計画（2002 年度～2004 年度）に定める施策・基本事業等（政策 20―施策 67―基本事業 245―事務事業）についてマネジメントを行うシステムである[61]。また、政策推進システムは、計画の進行管理と事務事業評価の仕組みを一体化し、予算編成など行政活動資源の配分機能との連携を強化した目標管理型行政運営システムである。さらに、このシステムは、県民に対する成果を表す新しい数値目標を設定し、その目標管理による行政運営を行うシステムであり、成果に対する評価の結果や県民からの意見を行政運営に反映させる住民参加型行政運営システムでもある。

　このシステム改革の具体的な取組は、次の通りである。
① 　第2次実施計画の策定と的確な運営（マネジメントを意識した計画づくり）。
② 　みえ政策評価システムの構築と適切な運営（事務事業評価システムの機能強化）。

図4-5　三重県の行政運営と政策推進システムのイメージ図

```
┌─────────────────────────────────────────────────────┐
│                  広聴・広報機能                      │
│  ┌───────────────────────────────────────────┐      │
│  │        ⑤評価結果公         ┌──┐           │ ┌──┐ │
│新│第 │①   │表・意見反映  ┌──┐│行│事│政     │ │政│ │
│し│２ │系数 │        ②   │③ ││政│業│策     │ │策│ │
│い│次 │列直 │        みえ │新 ││活│実│推     │ │推│ │
│統│実 │構し │        政策 │予 ││動│施│進     │ │進│ │
│合│施 │築と │        評価 │算 ││資│  │シ     │ │シ│ │
│計│計 │事  │        シス │編 ││源│  │ス     │ │ス│ │
│画│画 │業  │        テム │成 ││の│  │テ     │ │テ│ │
│三│   │体  │             └──┘│配│  │ム     │ │ム│ │
│重│   │系  │        ┌──────┐│分│  │       │ │  │ │
│の│   │見  │        │④新組織│└──┘  │       │ │  │ │
│く│   │直  │        └──────┘ 組織機構│       │ │  │ │
│に│   │し  │                              │       │ └──┘ │
│づ│   └────────────────────────────────────┘       │      │
│く│              ＩＴ（情報技術）の活用              │      │
│り│                                                  │      │
│宣│                                                  │      │
│言│                                                  │      │
└─────────────────────────────────────────────────────┘
```

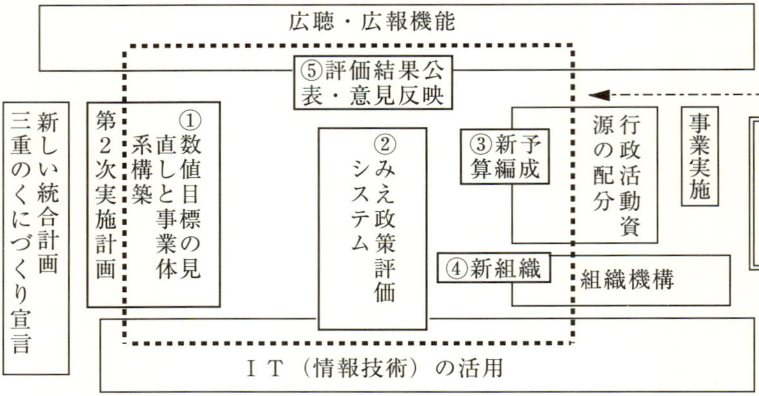

注　：点線内が政策推進システムを示す。
出所：向井正治（2001年9月号）論文34頁の図を筆者が一部修正して作成。

③　行政経営資源（＝行政活動資源）配分の仕組みづくりと的確な配分（みえ政策評価システムと連動）。
④　責任と権限の明確な組織＝マネジメントしやすい組織づくりによる県政運営（政策推進システムの適切な運用ができる組織）。
⑤　評価結果の県民への公表により、県民の意見を聴き、県政に反映できる仕組みづくりと意見の反映（広聴機能の強化）。

これらの取組は、新たな行政システムを構成する仕組みとなり、新たな行政運営が行われることになる（「図4-5　三重県の行政運営と政策推進システムのイメージ図」参照)[62]。

以上のように、「新しい総合計画」第2次実施計画、広聴・広報システム、予算編成制度、人事管理制度、政策評価システム、情報処理システム（意思決定システム）組織機構などの特性が新たな行政システムを構成する要素として、潜在的な相互関係の中で有効に機能していることが政策推進システムとの関係を通して明らかになるのである。このことから、次に、以上の①から⑤までの5項目の改革取組についてそれぞれ考察する。

4．「新しい総合計画」と政策推進システム

　1997年度にスタートした「新しい総合計画」第1次実施計画が2001年度で完了するため、引き続き第2次実施計画が策定されることになった。第2次実施計画は、今後の行政を取り巻く環境[63]が急激に変化する状況下にあって、目標達成の見通しが立てやすく、マネジメントの実効性が確保できる3か年（2002年度から2004年度まで）を計画期間としている。そして、計画期間内における優先度判断や重点化の考え方を明らかにした計画とすることによって、県の限りある財源や人材などの行政活動資源の適切かつ効率的な活用につなげることを意図して作成されたのである[64]。

　この第2次実施計画策定では、県民との協働が追求された。まず、計画策定の中間段階の案が素案として、県議会に報告され、インターネット等を通じて県民等にも公表された。さらに、「三重のくにづくりトーク」を開催することで県民との意見交換が行われた。このようにして、これらの取組を通じて収集された県民からの意見をできる限り計画に反映させるとともに、県民の代表者である県議会での議論など県民との協働による計画策定が進められたのである。

　また、政策推進システムにおいて、「新しい総合計画」が「県政経営戦略ビジョン」[65]として位置付けられることで、第2次実施計画は、このビジョンを具体化する計画となった。つまり、政策推進システムは、第2次実施計画に記載された計画目標を施策目標→基本事業目標→事務事業目標というトップダウンの流れに従い、的確に事業実施をマネジメントをするシステムであり、行政運営の中核をなす目標管理型行政運営システムとして位置付けられたのである。

5．みえ政策評価システムと政策推進システム

　政策推進システムにおける評価機能として、従来の事務事業評価システムに代わるシステムとして、みえ政策評価システムが導入された。このみえ政策評価システムは、三重県が行政活動を体系的に自らが評価する仕組みである。

　「新しい総合計画」第2次実施計画の体系は、政策・施策・基本事業・事務事業で構成された政策・事業体系であり、施策・基本事業にそれぞれ1つの数値目標が設定されている[66]。また、この目標設定にあたっては、施策→基本

表4-3 三層の評価～みえ政策評価システムにおける評価のあり方～

区分	施策評価	基本事業評価	事務事業評価
評価の目的	県民へのアカウンタビリティを果たす。 (県民とのコミュニケーションツール)	予算等の資源配分の意思決定に反映する。 (管理者のマネジメントツール)	意識改革、体質改善 (担当者のマネジメントツール)
評価の対象	「新しい総合計画」の施策	「新しい総合計画」第2次実施計画の基本事業 ・施策を実現するための手段 ・目的が共通する事務事業をまとめたもの	事務事業 ・予算上の細事業目とほぼ同一
評価の視点	①目的からの評価 ②施策展開に要したコスト ③数値目標達成の状況 ④構成する基本事業の状況	①目的及び目的の体系からの評価 ②基本事業展開に要したコスト ③マネジメントに資する多角的な視点 ④数値目標の達成度 ⑤総合行政の視点 ⑥構成する事務事業の状況	①目的及び目的の体系からの評価 ②公的関与の妥当性及び税金投入の妥当性 ③事業実施に要したコスト ④事業目標指標の達成状況 ⑤地域機関からのコメント ⑥行政経営品質向上活動の8評価項目
指標の考え方	施策の数値目標* ・アウトカム ・県民にとっての成果を表す。	基本事業の数値目標* ・原則アウトカム ・資源投入効果が把握できる指標	事業目標指標 ・アウトプットまたはインプット(複数の指標)
評価者	主担当部局の総括マネージャー	主担当のマネージャー	担当者
評価時期	①当初予算編成期(事中評価) ②年度替り期(事後評価)	①当初予算編成期(事中評価) ②年度替り期(事後評価)	①予算編成期(事前評価＝新規事務事業のみ) ②年度替り期(事後評価)
その他	〈県民参画〉 　評価結果を年次報告書『三重のくにづくり白書』としてとりまとめ、議会に報告する。また、県民に積極的に公表し、意見の把握に活用する。	〈資源配分〉 　全庁的な成果の確認と検証を前提に、評価結果をより密接に予算編成・定員調整等に反映させる。	〈多様な評価手法〉 　全庁的な合意の下に、分野ごとに業務特性に応じた手法を導入することができる。

注：　＊印は「新しい総合計画」第2次実施計画の数値目標となる。
出所：総合企画局資料(2002年4月)『政策推進システムマニュアル　みえの政策評価システム』の「2-1　表1　みえ政策評価システムにおける評価」を筆者が一部加筆修正して作成。

事業→事務事業という流れで、トップダウンの取組方針が明示される。

　一方、みえ政策評価システムは、この第2次実施計画の政策・事業体系に即して、第2次実施計画の施策レベルも評価の対象に加え、第2次実施計画における「施策(67施策)」と「基本事業(245事業)」及び「事務事業(1,879事

業)」のそれぞれの数値目標に対する業績について評価する。また、みえ政策評価システムは、「表4-3　三層の評価～みえ政策評価システムにおける評価のあり方～」に示したような三層制評価システムとなっている。このことにより、みえ政策評価システムは、三重県の県政ビジョンが県職員個々の業務レベルまで整合をもって評価される仕組みとなり、政策全体をカバーした評価システムとなっている。

　みえ政策評価システムの仕組みの主な内容は、次の通りまとめられる。

a．評価対象＝「政策」「施策」「事業」の体系を包括する。「新しい総合計画」における「施策」「基本事業」「事務事業」を対象としたことで、事務事業評価から政策評価へと発展する。
b．評価時期＝基本的には事後評価であるが、資源配分との連携をはかる観点から、当初予算時期の評価では事中評価（年度途中での見込み評価）、新規事業では事前評価も行う。
c．政策・事業体系に基づいた目的体系からの評価＝「新しい総合計画」の事業と事務事業評価システムの基本事務事業を基本事業として再編し、第2次実施計画における政策・事業体系に対応させることにより、三重県政における目的の体系が一元化する。また、第2次実施計画における基本事業を確定する過程で、生活者としての県民の立場から、対象、意図、結果の3要素に区分し、事業目的の明確化を行う。このことは、単なる事務改善や効率の向上ではなく、生活者起点から事業の必要性や目的等を問い直すものである。
d．数値目標による評価＝数値化の限界を認め、数値目標の成果を活用することから、数値目標のみで評価をしない。
e．三層評価＝評価は、次の通りに区分される。
　1、施策評価（67施策）
　　① 県民とのコミュニケーションツールとして位置付ける。
　　② 主担当部局の総括マネージャーが施策の数値目標の達成状況などを踏まえた評価を行う。
　　③ 評価指標は、アウトカム、単独指標で県民にとっての最終的な成果（上位アウトカム）を表す。また、この指標は第2次実施計画の施策目

標である。このことから、「新しい総合計画」に関連する指標であるため、議会の議決対象となる[67]。

2、基本事業評価（245事業）
① 主担当のマネージャーのマネジメントツールとして位置付ける。
② マネージャーが基本事業の数値目標の達成度や三重県の状況が分かるような他都道府県と比較した参考指標の動向を踏まえた評価を行う。
③ 予算等の行政活動資源を配分する際の意思決定に活用する。
④ 評価指標は、原則アウトカム、そして単独指標で県民にとっての中間的な成果（下位アウトカム）を表す。また、アウトプットを表す基本事業もある。

3、事務事業評価（1,879事業）
① 担当者の意識改革のツールとして位置付ける。
② マネージャーと担当者の目標管理に活用し、成果志向の観点から事業を改革する。
③ 分野に応じた多様な評価手法を導入する。
④ 評価指標は、アウトプットまたはインプットで、複数指標（原則3指標）を単年度目標として表す。

以上のように、みえ政策評価システムは、「新しい総合計画」の政策・事業体系と連関して、三層の評価が行われる。また、三層の評価が県職員の職制と対応するため、県職員個々人の実績評価に利用される可能性も生じるなど、それぞれの評価の活用が多様化されることになる。さらに、この評価のプロセスでは、目的評価表を用いて前年度事業の成果の確認と検証が組織全体で行われることになるが、このプロセスで評価情報を予算や職員定員といった県行政の行政活動資源の配分に反映させることになる。このように、みえ政策評価システムも、予算編成制度に明確に組み込まれることにより、県職員の意識改革及び事務事業の見直しのツールとしての役割から、アカウンタビリティを果たすツールとしての役割へと重点が移行するのである。

6．行政活動資源配分システムと政策推進システム

　三重県行政の限りある行政活動資源の有効的・効率的な活用をはかるため、みえ政策評価システムの基本事業等の評価結果に基づき行政活動資源の効果的・効率的な配分が行われることになる。また、みえ政策評価システムの評価結果を活用した行政活動資源の配分が行われることは、評価による成果測定の可能性を前提とし、資源の投入管理から成果管理に移行することである。この成果管理では、投入手続きにかかるコントロールが極力排除されることから、成果の評価が重要なコントロール手段となる。ただ、この評価の結果が行政活動資源の配分に直結するものではない。最終的な配分決定は、「政治的プロセス（＝民主主義のプロセス〔筆者注〕）も含んだ、トップマネジメントの意思決定の領域があるわけであり、政策推進システムはこの領域にまで足を踏み入れるものではない」[68]とされる。すなわち、この行政活動資源投入の組み合わせは、トップマネジメントが意思決定した資源配分の大枠の範囲内であれば、事業実施部門は、成果という結果により、資源配分を自らの裁量で行うことができるということである。このことは、一連の行政システム改革における情報処理方法（意思決定方法）の改革に適合したインセンティブ制度改革である。

　次に、行政資源配分制度との具体的な連動について考察する。
　第1は、予算編成制度との連動である。
　2002年度当初予算編成から導入された新しい予算編成制度では、評価結果を踏まえて、施策単位で各事業部局に予算配分を行うことになる。この制度は、「新しい総合計画」第2次実施計画の政策・事業体系に基づき、施策展開に必要な財源をあらかじめ各事業部局に施策目的評価表に基づき包括配分する。このことで、各事業部局長は、自らのマネジメントにより、この配分された財源内で事業予算配分を組み替えることができるため、各事業部局長は、基本事業目的評価表に基づき施策の目標達成に効率的な事業を構築できることになる。また、この制度では、年度終了後、事業成果に対する前年度の評価結果を前提に、年度当初（第1・四半期）に総合企画局・総務局及びそれぞれの事業を担当する事業部局が前年度の事業成果の確認と検証を実施する。その結果、新しい予算編成制度では、成果が達成されず廃止あるいは見直し対象となった事業

については、見直し結果を事業部局が当該年度の事業を改善するとともに、翌年度の予算編成に反映させることで、より高いサービスが提供できる事業が構築できることになる。さらに、この制度は、各事業部局長の権限と責任で目標達成に最も効率的な事業を構築・執行できるよう分権化を進めることになる[69]。

このように、新しい予算編成制度では、従来の各事業部局の要求に基づき、総務局と個々の事業について調整していくという積み上げ方式から、一般的な政策経費については、施策を単位として各部局へ財源配分することで、各事業部局長のマネジメント機能の強化がはかられた。この改革取組の結果、予算編成制度は、予算主義から決算主義へと転換し、前年度事業の成果の確認と検証を重視する一方で、これまでの詳細な査定や不必要な情報収集・分析といったモニタリング等に要する多大な時間と事務処理を要した当初予算の調整作業が簡素化されることになる[70]。

第2に、定員管理制度及び人事評価制度との連動である。

評価結果を踏まえた予算編成制度の定着及び地域機関へのみえ政策評価システム導入を前提として、「新しい総合計画」第2次実施計画の政策・事業体系に基づいた職員定員配分が今後検討されることになる[71]。また、基本事業の評価結果について、人事評価の構成要素である業績評価と関連付けることが検討されるなど、将来的には定員管理や人事評価のしくみとの関連付けを目指していくことになる。

三重県では、業務執行の仕組みが基本的に業務が個々の県職員に事務分掌という形で配分され、県職員個々人がそれぞれ配分された業務を自らの責任において行使する仕組みとなっている。このことから「評価」が「決定」に対する「責任」という形での県職員個々人に帰属させることも可能となる。この意味で、今後の行政活動において、いかに権限を行使し、それに対していかに責任をとるか（「自己決定」・「自己責任」）ということが、県職員に求めることが可能となる。このことから、県職員自身が自らの行動を律していくための「訓練」として、みえ政策評価システムが重要な仕組みとなるのである。一方、みえ政策評価システムの仕組みは、「評価」が担当の県職員個々人に責任を割り振る形となることから、結果として「業務」が「個人的業績」として評価され

ることになる。このことは、一方でリスクの集団化が責任を曖昧にし、モラルハザードを生んだことから、自己責任を貴重とするリスクの個人化は、県職員の一定の公平感を高めることとなったと考えられる。

　一般的に、この個人の業績評価は、「合格」といった打ち切りのない評価であり、一番からラストまで全員が相対的に評価されることになる。このことにより、結果として県職員個々人の順位付けが行われるという「競争原理」が導入されることになる。このような評価制度の導入が検討される背景には、三重県の人事管理制度改革が求める県職員像が、①自らが課題を創造し、解決できる職員、②高度な専門的能力で行政運営できる職員、③リーダーシップを持ち、事業を推進できる職員、④コスト意識を持ち、最小の経費で最大の効果を発揮できる職員、⑤強い意志と実行力を持ち、率先実行して地方分権を進める職員、と定義された県職員観がある[72]。すなわち、「新しい総合計画」の「生活者」像と同様に合理的な強い個人を前提にした、具体的には都市新中間層的な県職員観があるものと考えられる。さらに、このような県職員観の背景の1つには、「個人主義的社会を背景に有している」[73] NPM の手法により三重県の行政システム改革が行われたことがあったと考えられる。

7．組織機構改革と政策推進システム

　1998年度の組織機構改革においては、部局の改編及び課室内の係制の廃止とグループの導入により組織運営の一定の柔軟化がはかられたが、課室の組織機構の抜本的な改編は行われなかった。この結果、課室単位での業務の質・量の増減に対して、処理能力の確保・削減が容易でなく、柔軟な組織運営の実効性が十分でないとされていた。このため、2002年度の組織機構改革においては、政策推進システムの効果的推進をはかるため、本庁部局における「次長・課長の職」を廃止し、「新しい総合計画」第2次実施計画の政策・事業体系を束ねる「マネージャー制」が導入された。また、これと併せて「課制」を廃止し、「新しい総合計画」の政策の柱に基づく現行の部局体制（2局6部）の下で第2次実施計画の政策・事業体系に基づく事業のまとまりを基本とした「チーム制」が導入された。つまり、基本事業の目的達成に必要な事業に対応した組織機構として、第2次実施計画の政策・事業体系による適切なマネジメ

ント単位としての「チーム制」とその組織をマネジメントする「マネージャー制」が導入されることになったのである。この結果、組織の単位は、これまでの「課室」から「部局」になったのである。このように、第2次実施計画の政策・事業体系に基づく業務のまとまり（政策・施策・基本事業）をマネジメントの単位とすることで、組織運営の弾力化・機動化がはかられることになった。なお、グループは、部局のマネージャーがマネジメントするチームの規模・業務内容等についての判断で必要に応じて設置されることが可能となる一方で、グループの設置は、組織編成の必須の要件ではなくなったのである。さらに、組織機構のフラット化による実効性を高めるため、部局長の判断で部局内での必要な組織改編が適期にできるように、総務局より各部局等へ権限が委譲された。併せて、複数の施策を所管する総括マネージャー及び複数の基本事業を所管するマネージャーにも、多くの権限が委譲され[74]、政策課題・地域課題等への迅速かつ総合的な対応ができる組織へと改革された。すなわち、事業実施部門の個別環境の情報処理が迅速にできる組織機構へと改編されたのである。この改編の結果、外部環境に対して一括して対応するのではなく、異なる特性を持つサブシステムに環境を分割して、その複雑性に対応することができることになった。

　このように、「チーム制」及び「マネージャー制」の導入は、組織運営面からも縦割りの弊害を抑止するとともに、責任と権限が明確となり、県民等に対する的確な対応を組織的に担保することになった。このことは、成果を適切に評価できる組織運営が確保できることから、的確な人事評価と成果に対応した県職員の処遇に結びつくことになるのである。

　また、重要課題等に対応した効果的な組織運営の確保するため、部局長の判断により、権限と責任を明確にしたプロジェクトグループや特命担当職によるクロスファンクショナル組織の設置が可能となり、重要課題等に効果的に対応できる部局内組織改編ができることになった。つまり、特定目的の重要課題や政策・事業の体系を超えて、重点的に取り組むべき課題等に柔軟に対応するため、必要に応じてプロジェクトグループや特命担当職によるクロスファンクショナル組織を設置することができることになった。このことで、複雑な問題の解決には、多様な意見を持ち寄ることにより、個人や事業のまとまりでモ

ジュール化したチームの合理的な意思決定の限界を克服できることが可能となる。また、プロジェクトグループや特命担当の管理職は、その役割は、高い専門性を持ったプロジェクトマネージャーあるいはプレーイングマネージャーと位置付けられることから、プロジェクト等の質量により、職位が異なることとなるのである。

さらに、2002年度の組織機構改革は、1998年度の組織機構改革でのグループ制の導入による課室内でのフラット化を部局内まで広げた。また、大幅な権限委譲により一層のフラット化が推進された。「マネージャー制」の導入は、基本的なライン上の職階を知事・副知事・部局長・次長・課室長・グループリーダー・グループ員の最少で7段階から、知事・副知事・部局長・総括マネージャー・マネージャー・(グループリーダー) チーム員の最少で6段階に減じた。この比較では、組織のフラット化による職階の削減は1段階だけである。しかし、現実には、各職階に多くのスタッフ的な職が存在し、決裁手続きには、これらのスタッフ的な職も決裁過程に組み込まれていることが多く、今回の改革では、これら中間階層の職が廃止されたことから、組織のフラット化が一層進むことになった[75]。さらに、総括マネージャー及びマネージャーへの部局長権限の大幅な委譲[76]は、決裁段階をこれまでの5段階(部局長・次長・課長・グループリーダー・グループ員)から最少2段階(マネージャー・チーム員)まで、フラット化することになった。このような権限委譲により、組織運営等のフラット化は大きく進展することになった。

新たな総括マネージャーの設置と下位の職への権限の大幅な委譲の結果、部局長は、役割がこれまでの部局の代表者から県政運営全体を運営するトップマネジメントのスタッフ的な立場へシフトすること、またトップマネジメントのスタッフ的な立場に立脚した部局マネジメントの推進役と位置付けられた。総括マネージャーは、複数のマネージャーの総括責任者としてマネージャーを指揮監督するとともに、部局長に対しては官房的な機能を持つ職となった。そして、マネージャーは、実務の責任者として重要案件を除き事業の決裁権者となった。このマネージャーの役割は、これまでのヒエラルキー型組織の役職として指示命令中心の管理から、目標達成のために、組織構成員に対して助言・情報提供を中心にフラットな組織運営をマネジメントしていく役割を担うこと

が中心となる。また、新しい職制である総括マネージャー及びマネージャーは、職制の性格の変化から１つの職位から人材を求めるのではなく、それぞれの役割に相応しい適材の配置を確保するため、共に職位を固定せず職位に幅を持たせている。すなわち、総括マネージャーは、次長級及び課長級、マネージャーは、課長級及び課長補佐級という２つの職位の幅の職となる。総括マネージャー及びマネージャーの職は、共に管理職であることから、課長補佐級がマネージャーとなった場合も管理職になる。このように、組織運営等のフラット化は、権限委譲や職制の階層を減じることにより、一層進展することになったのである。

このような組織機構改革の結果、本庁知事部局の組織機構は、2001年度が２局６部１部外・53課室18チーム20課内室１担当であったものが、2002年度には２局６部１部外・39分野106チーム・14プロジェクトチーム・37特命監の設置となったのである。

また、組織機構改革では、中長期的県政戦略及び県政課題に対応できる体制の整備をはかるため、全庁的な行政活動資源配分ができる体制づくり（部局に予算、職員定員の一定枠を付与することを前提にした資源配分の枠組みを総合的に企画できるトップマネジメント体制の整備及び部局長の官房組織の強化）及び総合行政推進体制の強化（①全組織的な事業調整や事業進行管理機能を引き続き総合企画局が所管する。②総合行政施策等の主担当部局及び関係部局が横断的な観点で事業を総合的に推進できるように、本庁各部局に「総合行政推進委員」を配置し、総合行政課題ごとに関係部局間で「総合行政推進委員会議」を開催するなど、総合行政課題に対応する推進体制が整備されることになる）がはかられることになった。さらに、この組織機構改革では、官房組織の純化・充実化がはかられることになる。知事官房組織を構成する総合企画局と総務局は、全庁的な行政運営のトップマネジメントを担う組織機構として、また各事業部局の官房組織は、各事業部局の自律的・創造的な行政運営のトップマネジメントを担う組織として、より明確化されたのである。

一方、県民局は、地域政策に対応した組織運営を確保するため、県民（市町村）への直接のサービス提供機関、地域政策を行う機関として、県民（市町村）の行政ニーズを常に把握し、県民局を取り巻く環境の変化も踏まえながら、

地域特性や地域課題に対応した一律でない特色のある組織改革が行われた。県民局においても、チーム制及び「マネージャー制」が導入され、各部の下部組織としてチームが設置されることになり、7県民局には、152チーム・5プロジェクトチーム・6特命監が設置されたのである。

以上の2002年度の組織機構改革は、地域社会・経済環境の変化に適合した有効的かつ迅速的・効率的な組織運営をはかることと一体の改革であったのである。

8．県民参画システムと政策推進システム

地方自治を強化するためには、住民と行政の相互の信頼感に根ざした良好なコミュニケーションが必要である。円滑なコミュニケーションを推進するためには、長期総合計画や予算・決算といった三重県の行政運営の根幹となる行政プロセスへの県民参加の仕組みが担保される必要がある。このことにより、県民の目指す方向と県政運営方針の方向が一致すれば、有効的・効率的な地域経営、すなわち「全体最適」な公共サービス提供の達成がはかられることになる。このコミュニケーションが円滑に行われるためには、県民と三重県とが共通の判断基準を持ち、議論できる「地域社会・経済環境の状況や行政活動を示す指標」が重要となる。とくに、この指標は、県民が主体的に参加する中で設定されることが重要であり、また県民と三重県の行政組織が共に指標を「地域経営の目標」水準として共有し、この指標を共に「評価」することが重要となる。

このため、広聴システムの一環として、評価結果に対する県民意見を幅広く求め、事業の実施や次の政策立案に反映させていく仕組みづくりに取り組まれたのである。その仕組みは、「新しい総合計画」に関する「県民懇談会」の開催、「県民1万人アンケート」による県民意識調査、インターネットを活用した県民参画による会議室「三重県e-デモクラシー」、などである。また、前年度の県政の姿（成果・課題等）と本年度の県政ビジョンや展開方向を明らかにする年次報告書「三重のくにづくり白書」がとりまとめられ、年度当初に県議会への報告・説明と県民への公表が行われることになった。これらの仕組みにより、「地域社会・経済環境の状況や行政活動を示す指標」について、県民との共通の認識化がはかられ、また県民との県政に関する情報の共有化がはから

れることになったのである。

9．県職員の自己制御システムの精緻化と政策推進システム

　財政危機から、限られた行政活動資源を更に有効的・効率的に配分する必要に迫られているため、行政活動資源の配分の仕組みづくりが行政システム改革の最も重要な課題となる。このことからも、前述したように、みえ政策評価システムの数値目標を中心とした評価結果を活用して、行政活動の資源配分を意思決定するという仕組みが創設されることになった。すなわち、三重県は、この仕組みにより最も有効的・効率的に「税金に見合ったサービス」が提供できる全体的な意味でのパレート最適状態を作り出すことを目指すことになったのである[77]。

　みえ政策評価システムにおいて、事業担当者は、事務事業単位での「全体最適」をマネジメントし、マネージャーは、複数の事務事業単位の「部分最適」を調整し、基本事業単位での「全体最適」をマネジメントする。また、総括マネージャーは、複数の基本事業単位の「部分最適」を調整し、施策単位の「全体最適」をマネジメントする。さらに、知事・部局長などのトップマネージャーは、複数の施策単位の「部分最適」を調整し、政策単位あるいは県政全体のビジョン単位の「全体最適」をマネジメントすることになる。そして、この「部分最適」―「全体最適」の連鎖は、三重県の行政組織の外部へ拡大し、地域社会での資源配分の「全体最適」が究極の目標となる。このように、地域社会の資源配分にとっては、三重県における資源配分の全体最適は、部分最適であることから、地域社会における資源配分の全体最適をマネジメントしていくためには、常に公共サービス提供にかかわる政府と民間等多様な主体との役割分担などの見直しが求められるのである[78]。

　ところで、全体最適は、最適解という唯一の解であることから、人間の限定合理性からこの解を求めることは非常に困難となる。そのうえ、たとえ全体最適な資源配分が可能であるとしても、関係する資源配分の環境が変化することから、必ずしも普遍的な唯一解は存在しないことになる。このことから、三重県では、地域社会の全体最適な資源配分を人間の主観的な選好による解である「住民満足度」という次善の解に代替することにより、絶対唯一の解の発見と

第5節　行政システム改革の第3局面　171

いう不確定性を縮減することになる。しかし、必ずしも住民満足の総和が地域社会の全体最適な資源配分とは限らない。また、県民の公共サービスへの行政ニーズが多様化するとともに、地方政府のサービスには、強制するサービスすらあることから、ある住民満足解を選択・決定するためには、「民主制」を確立する仕組みを組み込むことが重要となる。すなわち、北川県政が行政システム改革の一環として、「民主制」の確立・推進に取り組まなければ、新しい行政システムの円滑な運営がはかれなかったのである。このことについて、北川知事も「消費者満足、生活者満足を高められないデモクラシーは存在しない」[79]と逆説的に主張したのである。このように、「住民満足度の向上」を追求するためには、三重県が常に県民との協働やコミュニケーションを拡大し、県民とのパートナーシップの関係を構築していく必要が生じる。また、三重県の行政組織内部においては、行政運営を継続して見直し、行政運営の仕組みを改善していく行政経営品質向上活動（後述）が必要となるのである。

　さらに、最適解を発見し追求しなければならない県職員にとっても、最適解に代替するものとして住民満足解を追求することになる。しかし、この住民満足解の追求は県職員の限定合理性から、必ずしも容易な活動ではないため、住民満足解に代替する解として県職員の選好により決定する職員満足解が設定されることになる。つまり、職員満足解の設定により、事業担当職員は、個人的利益のために自分の生産性をもっぱら最大にすることを動機付けられることになる。この県職員に対して、「職員満足せよ」という要請は、人間の限定的な能力や感情、知識に至るまで「住民満足度の向上」につなげていくという個々の県職員の人間存在総体を動員することになる。このように、最善の目標を次善の目標に代替することで、つまり「地域社会の全体最適な資源配分状態の達成」という目標を「住民満足度の向上」という目標に、「住民満足度の向上」という目標を「職員満足度の向上」という目標にというように代替することで、最も身近に設定された目標達成が最終的に地域社会の全体最適な資源配分を達成することになるといった観点から、個々の県職員の自発的・創造的改革への取組が重視されることになる。すなわち、有限な能力しか持たない県職員にとって、自己の身の回りの有限な範囲で最善を尽くすのが地域社会全体にとっての最適解につながるのである。

以上の最適化の水準は、①理念的な最適状態＝県政運営運営方針の理念レベル、②実践的な最適状態＝県政戦略ビジョンに基づく施策レベル、③満足的な最適状態＝事務事業レベルと区分できる。この区分について、みえ政策評価システムとの関係でとらえると、②の水準が住民満足度の目指すべき具体的目標であるが、③の水準が住民満足度にとって最も現実化した目標となる。このことから、この③は、みえ政策評価システムの事務事業の数値目標として設定されることになるのである。この意味は、②の場合、県民が関心を持っている事業が施策レベルの中に埋め込まれてしまうことから、その事業を認識しないで施策を評価することになり、施策が認められると個別事業まで認めてしまうことになる。このことから、県民が評価することは困難である。しかし、事務事業レベルであれば、現実に予算を配分したり、いろいろな権限を行使して、地域社会・経済環境に対して働きかけていくことから、県民にとって最も評価が容易となるからである。

　このように、抽象的な地域社会の資源配分における「全体最適」の達成という理念を頂点としたピラミッドのような形で、「理念→政策→施策→事業」というようにその下に行くにしたがって、それぞれが「全体最適」→「部分最適」の関係で連結され、また「最適」解が「満足」解に、「住民満足」が「職員満足」に代替されることにより、さらに組織目標が個人目標として具体的に実現していく構造が形成されているのである[80]。そして、この組織目標が個人目標として具体化されていく過程で、組織目標は、具体的な公共サービスとして具現化すると同時に、この過程に参加した職員個々人に体化されていくことになる。この結果、組織の意思決定・組織責任が県職員個々人の「自己決定」・「自己責任」となり、組織目標達成のために県職員個々人が自己の行政活動を制御していくシステムが完成することになる。

　一般的に、組織活動の多くは、組織構成員相互の合意や協定を必要とし、その調整にはコストが必要となるが、以上のことは、みえ政策評価システムが県職員個々人に内部化されることで組織構成員相互の合意や協定に必要な調整コストを縮減して、調整が実現できる仕組みが完成することであり、結果的に、組織目標達成に向けた効率性を向上させることになる。このことから、みえ政策評価システムは、県職員の限定合理性による数値目標設定の不確実性を縮減

し、調整コストを縮減するという合理的な仕組みとなっているのである。

　しかし、みえ政策評価システムの数値目標の達成は、住民満足解効果の帰属者である県民の要求なり、期待を満たすものであるという保証はない。また、この数値目標という基準は、組織規律の下で、少なくとも県職員の相互の間で一種の自己目標として作り出されたものであり、すべてが県民とのその時々の合意を通じて作り出されたものでもない。このことから、当然何らかの程度において、県民の側に不満が、そして県職員の側に自己満足が蓄積される可能性が生じる。このことを防ぐには、県民との協働やコミュニケーションを拡大するとともに、みえ政策評価システムによる事務事業評価の公表や顧客主義の観点から行政運営の活動を見直して仕組みを改善していく行政経営品質向上活動（後述）に取り組むことが重要となるのである。

10. 新しい「率先実行」取組（目標管理型行政運営システムの強化）

　行政組織全体の目標達成のためには、チームなど個々の内部組織や県職員個々人の成果までもが密接に統合されなければならない。この統合には、明示的情報が重要な役割を果たすことになる。また、この統合には、県幹部職員のリーダーシップが極めて重要となる。ここでのリーダーシップは、分権化されたチームにビジョンと目標を与える以上のことが求められている。すなわち、県幹部職員は、各チームが活動すべき範囲となる詳細な業務運用のフレームワークを設定し、周知させなければならない。このフレームワークとは、戦略や計画の明確化、また組織や県職員の役割の明確化である。つまり、組織が活動する全体的な構造を設定し、異なるチームやグループが相互に連携するための方法やチーム等の活動のメリットを判定する基準を定めることである。このような方向付けがなければ、往々にしてチーム等は、個別利益を追求する方向に走り勝ちになり、全体組織からの遠心性が働く可能性が大となる。

　ところで、政策推進システムには、人材育成や職場環境の整備等が含まれていないことから、組織運営全般にわたったマネジメントツールとしては不十分である。このため、政策推進システムでは、カバーしきれない部分を担い組織運営を円滑に実施し、また個々のチーム等の全体組織からの遠心化を防ぐマネジメントツールとして、2002年度に新たな「率先実行」取組（以下、「新率先

実行取組」と略する）が本庁部局及び県民局等に導入されたのである。
　ここでは、本庁部局における「新率先実行取組」について考察する。
　「新率先実行取組」の具体的な展開としては、まず年度当初に、部局長が部局の行政活動に関するミッション及び1年間のマネジメントの基本方針を定めた「部局長『率先実行取組』」を部局職員にフレームワークとして提示する。そして、この提示を受けた総括マネージャーは、所管分野のマネージャーとの対話を行いながら、所管の施策分野における行政活動のミッションを明示し、政策課題解決のための基本方針、また業務プロセス等の改善、人材育成と学習環境の整備、県民サービスの質の向上という4つの観点から基本的な事項及びその目標を定めた「総括マネージャー『率先実行取組』」を部局長の了承をえて、部下の職員にフレームワークとして提示する。この「総括マネージャー『率先実行取組』」の成果目標は、アウトカム指標で明示される。さらに、この提示を受けた各マネージャーは、チーム員との対話を行いながら、チーム員が1年間に何を目指そうとしているかということ、チーム員の事務分担の要望、チーム内の事務効率のためのチーム員の改善案などを把握し、チームの行政活動のミッションを定める。そして、そのミッションを実現させていくために必要な方策について、施策の実現、業務プロセス等の改善、人材育成と学習環境の整備、県民サービスの質の向上という4つの観点から、具体的な事業及びその目標を定めた「チーム・マネージャー『率先実行取組』」を総括マネージャーの了承をえて、チーム員にフレームワークとして提示することになる。この「チーム・マネージャー『率先実行取組』」の成果目標は、アウトプット指標で明示される。何よりもまず、目標を設定し、その目標を達成することが重要であるということを、チーム員に自覚させることが大切であることから、「チーム・マネージャー『率先実行取組』」は、マネージャーとチーム員との対話の下に作成される。そして、最後に「チーム・マネージャー『率先実行取組』」におけるチーム員の役割等について再確認をとることになる。一方、チーム員は、「部局『率先実行取組』」及び「総括マネージャー『率先実行取組』」を理解した上で、「チーム・マネージャー『率先実行取組』」に基づき、事業を実施していくことになる。このような「新率先実行取組」の目標管理制度は、県職員個々人の事業戦略の共有化と能力の発揮・活用をはかるために導

入されたシステムといえるのである。
　また、「新率先実行取組」の展開は、みえ政策評価システムの取組に対応する。みえ政策評価システムは、施策目標、基本事業目標、事務事業目標が段階的に設定され、それぞれ施策は総括マネージャー、基本事業はマネージャー、事務事業はチーム員（あるいはグループリーダー）が目標達成に取り組むことになる。このように、行政組織全体の政策目標等を部局の目標、施策分野の目標、チームの目標等に具体的に分解し、事務を割り当てられた県職員個々人の目標と組織目標とを関連付ける目標設定が段階的に行われることになる。
　さらに、「新率先実行取組」においては、部局長・総括マネージャー・マネージャー等は、それぞれの「新率先実行取組」の進行管理を行うとともに、年間3回程度は、進捗状況の把握、部下職員の満足度向上要因となる要望の把握を行う。また、部局長・総括マネージャー・マネージャー等は、設定した目標が達成されるように、常に職員との対話を通じて職員をサポートするとともに、必要に応じ「新率先実行取組」計画を修正していくことになる。その際、マネージャーは、チーム員との対話等で把握した改善策について、簡易な事項は即実行、困難なものは検討、また行政組織全体にかかわるものは総務局に提案するなど、継続的な改善が実施できる環境づくりを行うなどの改善策を講じることとしている。このように、部局長・総括マネージャー・マネージャー等は、常に職員が公共サービスの改善に向けたモチベーションを維持できるような職場環境づくりに努めることになる。そして、部局長・総括マネージャー・マネージャー等は、このような「新率先実行取組」の実施過程で問題となった事項の改善案を、次年度の政策立案、予算編成、組織定員管理、人事管理などに反映させていくことになる。最後に、成果を評価する検証を行い、結果については、次年度の「新率先実行取組」に反映させることになるのである。
　以上のように、「新率先実行取組」では、上司が日頃から部局・県民局内で「新率先実行取組」を明らかにして、各県職員にブレークダウンすることで、県職員個々人がそれぞれの取組計画を立てることになる。すなわち、部局・県民局の行政活動に関するミッション及び1年間のマネジメントの基本方針を示した各部局・県民局長の「新率先実行取組」が県職員個人単位の取組目標にまで展開させられることになる。このことから、目標管理の共有化がはかられる

ため、それぞれのレベルでの「新率先実行取組」は連動し、上司と部下の乖離は生じないこととなる。むしろ、両者の食い違いとか乖離が生じないようにするのが上司と部下の対話の役割である。また、「新率先実行取組」を県職員が一緒に行うことにより、県職員個々人が自己の業務の位置付けと相互の利益を認識することになり、業績改善につながる可能性が生まれる。このように、「新率先実行取組」は、県職員個々人のモチベーションを高めるための有効な目標管理制度の一種となっている。そのうえ、必ずしも上司の命令に規定されず、「自発的」な「活動」ともいえる「新率先実行取組」によって、県職員は、知性・創造力を発揮することが求められ、その成果は、行政活動において活用されることとなる。このように、これまでに比べて、「人間重視」の行政活動が実現することになる。しかし、以上のことは、逆に「新率先実行取組」が県職員個々人を管理・コントロールする間接的・合理的な労働管理の手段となりうることを意味しているのである[81]。

　さらに、この「新率先実行取組」で注意を要するのは、目標達成ができなかった場合、一方的に部下だけが悪く、責任をとらねばならないのではなく、上司も了承した以上、上司の責任もあるという判断がここから導き出される。この意味で、上司は、部下の目標を遂行できる能力や意欲を持っているかという見極めと目標や業務の難易度を見極めるという両方の能力を兼ね備えなければならない。また、目標管理制度の運用にあたって、目標設定や評価の際に、目標や評価について部下に納得させるのは、あくまでも上司の部下に対する説得力である。すなわち、当初に部下の納得するような目標を設定し、期中にそれを達成させるべく部下を支援し、あるいは条件の変更を柔軟に取り入れ、期末に部下の評価を厳格に再評価し、なおかつ来期に部下に新たな気持ちで目標にチャレンジするように士気を鼓舞するという極めて高度な総合的なリーダーシップ能力が必要となるのである。

11. 行政経営品質向上活動（顧客主義の行政運営システム改善活動）

　行政経営品質向上活動[82]は、県民に対する有効的で効率的な公共サービスを提供するために、また県職員にとっても、満足度の高い職場にするために、これまでの行政システムを日常的・継続的に見直しながら、それぞれの取組を

第 5 節　行政システム改革の第 3 局面　177

有機的に統合・集大成させて「全体最適」な行政システムの実現を目指す組織改善活動である。この活動は、既存の行政システムに依拠するだけでなく、自らの組織使命から行政システムを常に見直すことで、絶えず自ら不安定性を生み出す。また、この活動は、その見直しの過程で新たな行政システム、つまり過去からの不連続的な行政システム改革と自らの日常的・改善的・漸進的な改革を逐次あるいは同時に行うダイナミックな組織へと行政システムを発展していくことになる。

　この「行政経営品質」の概念とは、①住民・社会が決める品質、すなわち行政における公共サービスの質は、提供者である行政が決めるものではなく、住民や社会が決めるものであるということ、②行政全体の品質、すなわち個々の公共サービスの品質ではなく、住民が評価の対象とするすべての業務の品質の総体であり、それを生み出す仕組みの品質であるということ、③仕組みとしての展開と継続的な改善によって向上する品質であるということ、である[83]。この意味で、多様に複雑になった住民の行政ニーズに応えるためには、県職員個々人や部局・県民局・チーム等ごとの公共サービス提供だけでは十分ではなく、その公共サービス提供に関連する行政組織全体が一体となって住民の行政ニーズを把握し、有効的・効率的に住民本位の公共サービスを提供できる行政運営の仕組みが必要となる。行政経営品質向上活動は、この仕組みを継続的に展開・改善しながら行政経営品質を向上させ、より良い公共サービスの提供を実現していくという行政運営の仕組みの継続的改革である[84]。すなわち、行政経営品質向上活動は、マネジメントプロセス全体を包括的に評価し、組織内部からマネジメントの改善・改革を促す不断の活動である。

　以上のように、結果として住民が満足できる公共サービスの提供が行われるかどうかは、その仕組みの品質にかかっていることになる。このことから、行政経営品質向上活動は、「仕組みの質」を向上させることにより、高い住民満足度の実現を目指すことになる[85]。さらに、行政が住民が満足する公共サービスを提供することができるためには、行政組織全体が協力して、住民の行政ニーズを把握し、それを行政ビジョンに基づいた公共サービスとして、企画・提供することが必要となる[86]。このことから、この行政活動結果を「住民満足度の向上」といった観点から評価し、改善するマネジメントサイクルの仕組

みが行政経営品質向上活動の前提となるのである[87]。この意味で、行政経営品質向上活動は、住民が行政に求めていることを体系化した審査基準と現状のアセスメントを通じて、マネジメントシステム全体の改善を行うといった住民満足度と効率性の向上を意図しているのである。

ところで、この行政経営品質向上活動の具体的な取組の展開方法は、経営全体を見るモデル体系を示す「日本経営品質賞審査基準」をもとに作られた行政経営品質評価基準としての8つの評価項目から、組織の実態である行政運営の仕組みや成果を把握し、「強み」（優れた領域）と「弱み」（今後の改善を必要とする領域）を認識しながら組織単位で継続的に見直すものである。つまり、行政経営品質向上活動は、行政システム改革の各種取組をこの8つの評価項目から集大成していく中心的な仕組みとして位置付けられている[88]。

この8つの評価項目とは、①行政ビジョンとリーダーシップ、②住民ニーズの理解と対応、③戦略の策定と展開、④人材開発と学習環境、⑤プロセス・マネジメント、⑥情報の共有化と活用、⑦行政活動の成果、⑧住民満足、である[89]。8つの評価項目は、まず「組織の存在価値」「主要な顧客・パートナー」「外部環境変化の予測」「組織を変革するための課題」等を明確にし、「組織プロフィール」としてつなげられる。さらに、8つの評価項目は、個々に独立したものではなく緊密な関係で構成されている。すなわち、①行政ビジョンとリーダーシップは、②住民の行政ニーズの理解とそれへの対応のプロセスから、住民の期待と動向を把握し、それに適応した方向を明らかにし、それが組織で共有化され、③戦略の策定と展開のプロセスで具体化される。変化する環境に適応した戦略の実行には、新たな能力のある人材が必要となることから、この育成を④人材開発と学習環境の仕組みで実践し、公共サービスは、⑤プロセス・マネジメントのプロセスで関係組織が協働しながら提供される。このような業務プロセスにより、行政ビジョンに沿って効果的に公共サービスが提供され、その成果は、⑦行政活動の成果で公共サービスの向上として示され、それが⑧住民満足として住民に評価されることで住民本位の行政運営の仕組みが完成するというように連鎖する。また、⑥情報の共有化と活用は全プロセスに必要な情報を提供する情報基盤の仕組みとなる[90]。

以上の行政経営品質向上活動の仕組みは、各項目が住民満足の実現を中心に

して相互に関連することから、行政組織全体が住民本位の行政ビジョンに基づいた整合性があるかどうかを、つまり「住民満足度の向上」を実現できる行政運営が行われているかどうかを体系的に評価することができることになる。また、この仕組みの導入効果としては、①住民本位の行政体質を作る、②トップの意図の徹底が検証できる、③組織全体のレベルでの改善領域が明確になる、④現在の改善活動を更に加速させる、⑤組織の客観的なレベルが明確になる、⑥素早い改善の仕組みができる[91]、ことである。このように、行政経営品質向上活動は、外部による評価と内部による評価を組み合わせながら、継続的に仕組みの改善をはかる組織の自己制御活動なのである。

　三重県における具体的な取組としては、1999年度に行政経営品質向上活動が導入された。1999年度の行政経営品質向上活動は、本庁組織全体と本庁各部局及び2県民局が行政経営評価基準の8つの評価項目に関して組織実態を自らが報告書にまとめた。この報告書の外部評価を民間コンサルタントに委託し、各組織の現在の組織実態での「強み」「改善課題」を明らかにした（外部評価未実施の県民局等は、同様に2000年度に民間コンサルタントによる外部評価を受けた）。そして、2000年度には、前年度の評価結果に基づき改善していく行政経営品質向上活動が「率先実行」取組の重要課題として位置付けられたのである。このことにより、行政経営品質向上活動は、全庁的に取り組まれることとなった。

　つづいて、2001年度には、行政経営品質向上活動を組織全体で展開するための2つの推進体制が整備された。すなわち、組織全体のマネジメントを強化するため、各部局の評価者（アセッサー）を中心とした「行政経営品質アセッサー会議」[92]及び「行政経営品質アセスメント次長・副局長会議」[93]が設置され、組織全体の取組のマネジメントが行われることになったのである。また、各部局・各県民局等ではワーキンググループを設置して行政運営のレベルアップのための取組が進められた。そして、各部局・各県民局等は、改善の成果も含めた部局等の組織実態を「経営品質報告書」としてとりまとめ、それをもとに外部の専門家を入れた数名のチームによる「部局間相互評価」を行うことで、お互いに現状のレベルや課題点等を明らかにするとともに、各部局・県民局等の取組についての情報共有がはかられたのである。さらに、「行政経営品質ア

セッサー会議」「行政経営品質アセスメント次長・副局長会議」及び各部局・各県民局等は、三役及び県政戦略会議に行政経営品質向上活動のマネジメント案について報告し、指示を受けることで、トップマネジメントによる全庁的な調整が行われることになる[94]。

　この行政経営品質向上活動の仕組みで重要なのは、内部評価として、各部局次長及び県民局副局長がアセッサーとなり、外部評価による改善点が改善されたかどうかなど、他部局等の取組結果を「部局間相互評価」することである。このことは、アセッサーが相互に他の組織の改善点を指摘するというお互いに行政運営をモニターし、かつマネジメントするという行政組織全体の取組のマネジメントシステムであり、またアセッサーがマネジメントを共有する場となったことである。さらに、行政経営品質向上活動が各部局・各県民局自らが県政のビジョンに沿った行政運営が行われているかどうかを、常に行政経営品質の観点で検証し、向上させることが要求される仕組み、つまり行政組織にとって自己革新能力を高める自己制御的な仕組みとなったことである[95]。

　以上のように、行政経営品質向上活動は、三重県の行政組織全体の共通目標である「住民満足度の向上」を実現させる方向へ部局・県民局等の行政運営をコントロールするものであり、部局・県民局が自己制御・規律化することにより、知事・知事官房部門によるモニタリングを縮減する合理的・自主的な仕組みであったのである。

　ところで、前述の組織運営全般にわたるマネジメントツールである「新率先実行取組」の前提となっている県職員間の緊密な調整は、県職員に大きな緊張感と強いコミットメントを要求する。たとえば、情報を共有することで、誰かが怠けるとそこがボトルネックとなることが明らかになり、自分だけが働いても効率が上がらないことから、全職員が怠けることが合理的となる。こうした非効率性を回避するためには、全職員の自発的に協力するメカニズムが必要となる。このことから、行政経営品質向上活動が「住民満足度の向上」という「県職員全員一致」の建前によって取り組まれることになる。個々の職員の「気づき」による行政経営品質に対する果てしなき「向上」を目指して、管理職員と同様に一般職員に対しても、行政経営品質の向上が共通の目標となったのである。このことにより、県職員個々人の取組が組織全体にとっての中軸的

な取組となり、県職員個々人の志気や参加意識が高まることになる。また、このすべての県職員が有機的に連携する水平ネットワークによる情報の共有化は、事後的な情報効率性を発揮させることになる。つまり、事後的にすべての県職員が情報を共有することによって、最も効率的な知識・情報配分が実現することができ、行政経営品質向上活動は、県職員個々人が三重県に協力するようなインセンティブを県職員に与えることになるのである。

　さらに、よりよい公共サービスを実現していくという行政運営の仕組みの継続的改善活動である行政経営品質向上活動は、同時に職員重視の観点から、「職員満足度の向上」に向けた働きがいのある職場環境への改善や人材開発と学習環境の改善にも取り組まれることになる。この「職員満足度の向上」は、個々の県職員の業務価値を生まない行政活動を逓減していくこと、すなわち人間活動の価値を高めることになる。ここでは、行政運営の効率性の向上と職員の業務価値の向上が併せて設定される。しかし、職員満足度や働きがいのある職場環境を直接計る基準が存在しないことから、職場改善活動を評価する基準は、効率性とならざるをえない。また、効率性を向上させることが「住民満足度の向上」となり、かつ「職員満足度の向上」となる。このように、行政経営品質向上活動において、個々の県職員の行政活動の改善基準は、効率性となっているのである。

　以上のように、行政経営品質向上活動は、目標管理型行政運営システムが「住民満足度の向上」を効率よく実現しているかどうかを常に顧客主義の観点からチェックする仕組みとなっているのである。

第6節　1980年代の行政改革と1990年代後半の行政システム改革との連続と断絶

　第3章で考察した田川県政の行政改革と本章で考察した北川県政の行政システム改革との違いは、それぞれの行政システムを取り巻く環境条件の相違に規定されたことであった。この違いを単純化すると、前者は「効率」の向上という価値実現を要請された改革であり、後者は「民主制」の確立・推進と「効率」の向上という両方の価値実現を要請された改革であった。この2つの行政改革を分析するにあたり、ここまでは、主に中央集権型システムと地方分権型システムの2タイプの相違といったことに注視したため、両システムの連続性については、それほど関心を払ってこなかった。しかし、三重県の行政活動は、継続して行われており、この2つのタイプは、ある時点を境に転換されるものではない。この意味で、2つの行政システム間には連続している要素もあり、また一気に変化した要素、あるいは漸進的に変化した要素もあると考えられる。

　このことから、本節では、まず両改革の取組結果の比較から地方分権型行政システムを目指した三重県の新しい行政システムの特徴をまとめる。次に、田川県政の行政改革から北川県政の行政システム改革に至る期間における組織機構・定員数は、行政改革・組織機構改革実施時点（1986年度、1995年度、1998年度、2002年度）以外の年度ごとにどのように変動しているかを分析することで、両システム間の連続したことと分断したことについて明らかにする。ただ、ここでは、検討資料の関係から行政組織機構（本庁知事部局課室のレベル）や知事部局職員定員数に変動観察の対象を限定することとする。

1．田川県政の行政改革と北川県政の行政システム改革の特徴の比較

　すでに考察したように、1995年4月に成立した北川県政の行政システム改革の背景には、①田川県政におけるコーポラティズム的な県政運営がもたらした県民の閉塞感と、②1990年代に、地方政府を取り巻く環境の急激な変化があった。この状況に対して、北川知事はいわゆる「生活者」の諸価値（都市の

ホワイトカラー層を基軸とする都市新中間層の諸価値）に依拠しながら、「官僚の論理」から「生活者の論理」による「生活者起点の県政運営」への転換をはかるため、行政システム改革を行った。このことから、行政システム改革の取組は、①「新自由主義」的価値観の導入、②個人主義的な民主主義の確立と推進（自律した市民観）、③ガバナンス的手法の導入、④行政運営の効率性を追求するために単なる減量経営にとどまらない情報処理形態の変更を伴う行政組織機構の本格的改編や行政活動資源配分方法の変更、⑤中央政府の公務員制度改革を先取りした単なる定員削減・人件費抑制にとどまらない企業的な能力・業績主義人事管理制度の導入、などといった特徴があった。

　具体的な取組としては、直接的には財政対策だけでなく、行政システムのあり方を問い直すような政策推進システムの導入、「新率先実行取組」の導入、行政経営品質向上活動の導入、管理職員に対する勤務評価システムの導入、組織のフラット化と大幅な下位組織への権限委譲による組織運営の柔軟化、そして県民との協働化、など新しい行政運営手法による取組が認められたのである。このような取組の中でも、とくにみえ政策評価システムの導入による数値目標の設定は、事務事業等の重要度を数値化することで、事業化や箇所付けの優先順位につながった。また、数値目標を県民に公表することによって、結果として、従来の利害関係者による陳情政治が機能しなくなり、田川県政のコーポラティズム的な県政運営の改革につながったのである。

　ところで、1990年代以降の地方分権化の進展に伴い地方政府は、中央集権型システムから地方分権型システムへの地方分権改革を目指すことになった。中央政府に設置された地方分権推進委員会の「中間報告」（1996年3月）は、地方分権改革の目的とは、「地域や暮らしを変える」ことであり、また地方分権型システム改革により、「中央・地方を通じて政府の行政スタイルが変わり」「政府間関係が変わり」、究極的には「地方政府の地域づくりの方策が変わる」ことであると定義する。この定義によると、県政運営方針としての長期総合計画と地方分権型システムを目指す行政改革とはお互いに規定しあうものとならざるをえない。しかし、中央集権型システムの下にあった田川県政では、地方分権が県政の重要課題とはなっていなかったこともあり、長期総合計画と行政改革の連動が強く求められてはいなかった。すなわち、田川県政の長期総合計

画「第2次長計」では、地方分権型システムへの転換をはかる行財政の仕組みの必要性が簡単に触れられている程度で、1985年の行政改革「大綱」でも、地方分権型システムへの転換をはかる行財政の仕組みに関しては、中央政府への要望にとどめていた。田川県政の行政改革では、中央政府の機関委任事務制度に規定され、三重県にとって「執行」を効率よく行うことができる行政システムを実現することが最も重要な関心事であった。地方分権改革が中央政府と地方政府の間の政治・行政活動資源の配分に変更を加えることから、田川県政の行政運営の効率化・合理化という行政改革の観点だけでは、地方分権型システムへの転換は困難であった。

　一方、地方分権型システムの構築を目指した北川県政では、「さわやか運動大綱」で方向付けされた「生活者を起点とする行政運営」が県政運営の理念（「生活者起点の県政運営」）として、「新しい総合計画」に明文化された。また、「新しい総合計画」では、三重県の行政運営への県民参画が強調され、「新しい総合計画」の目標達成を県民との協働によって進めるとするガバナンス的手法が導入された。さらに、県民との協働化を進めるためには、県民が参画できる環境整備として、情報公開、広報広聴機能等の強化によるコミュニケーション機能の充実など行政運営における「民主制」の確立・推進が避けられなくなった。この結果、田川県政では不在であった県民像を「さわやか運動大綱」や「行政システム改革大綱」が持つことを余儀なくされることになり、この県民像は、「新しい総合計画」でより鮮明にされたのである。すなわち、北川県政では、「生活者」という抽象的ではあるが、「さわやか運動大綱」で県民イメージが形作られ、「新しい総合計画」で定義されたのである。

　以上のことは、田川県政がコーポラティズム的な県政運営でのインサイダー（つまり田川県政の社会的パートナー）以外の県民をあくまでも行政客体に位置付け、原則として自前主義による公共サービス提供の効率性を追求したのに対して、北川県政は、地方分権の趣旨から、すべての県民を県政運営の主体とし、そしてその認識の下で「県政のあり方」の転換を行政システム改革で追求したことを意味したのである。つまり、北川県政では、「自己決定」・「自己責任」とのかかわりで、地方政府と住民との関係を含めた地方自治のあり方全体を行政システム改革の中で問うこととなり、三重県政は、ガバメントからガバ

第 6 節　1980 年代の行政改革と 1990 年代後半の行政システム改革との連続と断絶　185

ナンスへと転換がはかられていくことになったのである。

　さらに、行政システム改革では、1990 年代末からの財政危機と旧自治省の定員管理の指導から、行政活動に活用する資源のウエートも変化するなど、この行政活動資源の活用の点においても、1980 年代の「地方行政改革」とは異なる 1990 年代の新しい「地方行政改革」の特質を持っていた。その特質は、次の 3 点である。

　第 1 に、1980 年代の田川県政の場合は、行政改革により「減量」した行政活動資源が結果的に新たな政策に活用されたように、田川県政の行政運営では、原則的に行政活動資源を自前のものとして確保し活用することに力の源泉を見いだし、公共サービスを供給していた。一方、1990 年代の北川県政の場合は、財源や人材という行政活動資源の調達の限界から、自前主義的な公共サービス提供から撤退を余儀なくされるが、その場合でも、三重県が民間部門のサービス活動を政策目標に向かうような間接的なコントロール（たとえば「新しい総合計画」の実現には、三重県だけでなく、他の主体の参画も必要となる数値目標の設定や法定外目的税「産業廃棄物税」の導入による企業の産業廃棄物減量化の促進などの取組）、あるいは規制緩和や公共サービス部門のサービス提供者の分割等による競争機会の創出などの市場（競争）メカニズムの導入、さらには NPO などの民間団体を育成し協働化すること、など権限・情報等の行政活動資源を行政運営において活用することになる。また、三重県が自前で公共サービスを提供する場合でも、予算編成基準に「あれかこれか」の事業選択、「新価値創造予算枠」での予算要求コンペ方式、など市場原理的な競争メカニズムを導入することになった。

　このように、北川県政の行政運営では、限られた自前の行政活動資源の活用を自前の得意領域に絞ること、政府の直接的な責任領域を縮小することとなる。その他の公共サービスの領域は、地域社会の他の主体との協働による外部資源の活用を目指すことになる。このため、行政システム改革で情報処理方法、資源配分方法や組織構造等が見直されたのである。とりわけ、政策推進システムによる標準インターフェースを用いた「オープンな」関係の成立は、複数の主体の協力関係が結びやすく、地域社会・経済環境の中に存在する最も優れた資源を組み合わせて活用することができることになる。この場合のインター

フェースの役割を果たすのが、すべての事業が共通の様式で評価されるみえ政策評価システム（事務事業評価システム）による共通言語である。このガバナンス形態は、地域社会が「なるべく資源を持たない」ということが基本となり、結果として、資源の最適化がはかられることになる。

　第2に、第1とも関連するが、今日の行政を取り巻く環境の変化により、住民の行政ニーズが多様化するなど、住民満足度が複雑化するとともに、環境問題など政府主体のみで解決できない公共サービスの分野が拡大することになる。このため、政府という1つの主体だけでなく、他者との協働による公共サービスの提供を追求しなければならないような公共サービスの分野が拡大してきている。このことから、これらの公共サービスの提供手法として、ガバメントからガバナンスへの転換、つまり県民等とのネットワーク化による協働が避けられなくなってきている。この意味で、行政システム改革では、三重県が自前で公共サービスを提供できない分野について、県民等との協働化が担保される制度として、「民主制」の確立が追求されたのである[96]。

　第3に、行政運営の「効率」の問題であるが、「効率」を向上させるために、①組織運営も行政活動資源の投入管理型から成果管理型・目標管理型へ（＝行政運営の管理型から経営型へ）移行され、従来の総務局を中心とした知事官房部門による資源の直接的なモニタリング（ヒエラルキー的な統制）から、政策推進システムや「新率先実行取組」の導入による一種の「契約」によりモニタリングを行うフラットなコントロールへ移行すること、②行政運営の仕組みを顧客主義の観点から常に改善していく行政経営品質向上活動を導入すること、③目標管理型の「新率先実行取組」による県職員自身の自発的・創造的な行政システム改革や行政運営を推進すること、また④トップマネジメントにより賦与された大枠の行政活動資源配分の範囲での資源利用に関する権限の各事業部局への大幅な委譲により、従来の資源投入・手続きに対するコントロールが極力排除され、間接的なコントロールへと移行すること、などに取組まれた。この取組により、より少ないモニタリングコストで、より早く目標が達成されるという効率的な行政運営のシステム構造となったのである。

　行政システム改革の取組は、組織運営においても、人材・財源という行政活動資源から権限・情報という資源の利用を重視し、希少資源の制約を解決する

第6節　1980年代の行政改革と1990年代後半の行政システム改革との連続と断絶　187

こととなるが、権限委譲等により全体組織からの遠心力が働き、行政組織全体の目標達成という一体性が崩れる可能性が生じる。このことから、全体組織の一体性を確保するために、①「自己決定」・「自己責任」の明確化、②「住民満足度の向上」の観点からの各事業部局が自立的・創造的に行政運営を改善していく行政経営品質向上活動による自己制御の強化、③「新率先実行取組」による目標管理型の行政運営の強化、④情報公開の強化、⑤政策推進システムや「新率先実行取組」による「契約」の明示化などアカウンタビリティ等の強化、がはかられることになる。これらの仕組みにより、マネジメント部門は、県職員個々人が何を始めるかほぼ予測可能となることから、県職員個々人のコントロールが容易となる。また、これらの仕組みは、「住民満足度の向上」を目指す全体組織の目標と「職員満足度の向上」を目指す県職員個人の目標とを一致させることになり、全体組織の目標達成への責任性が県職員個人の責任性となる仕組みになる。すなわち、県職員個々人は、公共サービスの提供者であると同時に、消費する県民でもあることから、これらの仕組みにより、他者の問題を自己の問題として内化し、自己責任として引き受けることになり、県職員1人1人の自己実現への努力が全体組織への求心力になるという合理的なシステムとなったのである。

　さらに、この新しい行政システムの仕組みは、全体組織への求心力を働かし、組織的バランスをとる合理的な仕組みであり、また行政組織全体の目標達成の効率性を向上させることになった。このことは、効率化に関して、田川県政下での行政改革では、行政システムの仕組みの変更よりも、定員削減、事業削減、財源の見直しなど量的な合理化による「効率」の向上に重点が置かれていたが、北川県政下の行政システム改革では、それらに加えて「効率」の向上を実現するメカニズムが行政システム内に埋め込まれるという新しい1つの「行政改革」のタイプを確立させたのである。北川県政の行政システム改革は、行政システムの基本枠組みを変えることで、一方で民間企業の経営手法に適合する機能（「効率」）と、他方で県民との民主的な意思決定に適合するような機能（「民主制」）を強化することとなったのである。

　以上のように、田川県政の行政改革の取組内容の特徴と北川県政の行政システム改革の取組内容の特徴とは明らかに異なる。しかし、田川県政においても、

執行自治体から政策自治体への転換しなければならないという問題認識から、1995年度の組織機構改革では、本庁各部主管課の名称に「政策」を取り入れたこと、また生活者重視の観点から生活行政を担当する「生活文化部」を創設したこと、さらには公共事業の総合的調整機能強化のために農林水産部及び土木部に主管課内室として「企画調整室」を新設したことなど、北川県政の行政システム改革で開花する「生活者」の視点や「総合行政」強化の萌芽があったことには留意しなければならない。また、旧自治省の「地方行革大綱」に見られるように、中央政府は、地方政府の正当性を地方政府の公共サービス提供の効率性に求めたが、この要請を受けた田川県政の行政改革による「効率」の追求は、結果的に三重県における外部委託などガバナンスへの動きをもたらし、北川県政での県民との協働に発展していったことなど、北川県政と田川県政との連続性も認められたのである。

２．行政組織機構・職員定員数の変動比較（1980年代後半〜1990年代）

(1) 組織機構の変動

　三重県の本庁知事部局の変動は、「地方自治法第158条」により、三重県の知事部局の数が8部局と定められているため、その中での「新設」「廃止」と「再編等」がある。一方、課室の数は制限がなく、毎年度変動している。課室の変動である「新設」「廃止」以外の「再編等」には、「分割増設」（1つの課室が2つの課室に）、「統合」（2つの課が1つの課に）、「再編」（2つの課室が別の2つの課室に）、「名称変更」「部間移動」（A部からB部へ）、「降格」（課室から課内室へ、あるいは係・担当へ）、「昇格」（係・担当あるいは課内室から課室へ）など、がある。変動した課室の存在目的との関連は、「再編等」のうち「分割増設」「統合」「再編」が「新設」「廃止」と同様に存在目的に大きくかかわる変動であり、「名称変更」「部間移動」「降格」「昇格」は、既存の存在目的の範囲内での変動ともいえる。

　以上の組織機構変動の区分により、1985年度以降の本庁組織機構の変動を示したものが、「表4-4　三重県知事部局組織機構の変動」である。この「表4-4」は、三度の行政改革（1986年度、1998年度、2002年度）及び組織機

第6節　1980年代の行政改革と1990年代後半の行政システム改革との連続と断絶　189

表4-4　三重県知事部局組織機構の変動

年度	1985年度	1986年度(行政改革実施年度)	87年度	88年度	89年度	90年度	91年度
年度部局名	企画調整部(7)	知事公室(4)	4	6	6	5	5
	総務部(9)	総務部(7)	7	7	7	7	7
	福祉部(8)	地域振興部(6)	7	6	6	6	7
	保健衛生部(5)	福祉部(10)	10	10	10	10	10
	生活環境部(7)	保健環境部(6)	6	6	6	6	6
	商工労働部(7)	商工労働部(7)	7	7	7	7	7
	農林水産部(12)	農林水産部(12)	12	12	12	12	12
	土木部(11)	土木部(11)	11	11	11	11	11
	【部外】	【部外】					
	出納局(2)	出納局(2)	2	2	2	2	2
		(博覧会推進局)	−	−	−	−	2
計	8部1部外68課室	8部1部外65課室	66	67	67	66	69

92年度	93年度	年度	1994年度	1995年度(組織機構改革実施年度)	96年度
5	6	部局名	知事公室(6)	総務部(7)	7
7	7		総務部(7)	企画振興部(6)	6
7	6		地域振興部(6)	生活文化部(7)	7
10	10		福祉部(10)	健康福祉部(11)	11
6	7		保健環境部(7)	環境安全部(6)	6
7	7		商工労働部(7)	商工労働部(8)	9
12	12		農林水産部(12)	農林水産部(9)	9
12	12		土木部(12)	土木部(11)	11
			【部外】	【部外】	
2	2		出納局(2)	出納局(2)	2
1	1		博覧会推進局(1)	分権行革推進室(1)	1
69	70	計	8部2部外70課室	8部2部外67課室	69

年度	1997年度	1998年度(行政改革実施年度)	99年度	00年度	01年度	2002年度(行政改革実施年度)
部局名	総務部(7)	総合企画局(5)	5	5	5	4(8)
	企画振興部(6)	総務局(5)	5	5	5	2(10)
	生活文化部(7)	生活部(8)	8	7	18	5(14)
	健康福祉部(11)	健康福祉部(10)	9	7	7	5(14)
	環境安全部(6)	環境部(5)	5	5	5	4(13)
	商工労働部(8)	農水商工部(12)	12	12	12	6(19)
	農林水産部(9)	地域振興部(6)	6	6	6	5(10)
	土木部(11)	県土整備部(11)	11	11	11	7(15)
	【部外】	【部外】				
	出納局(2)	出納局(2)	2	2	2	1(3)
	秘書課・広報広聴課					
計	8部2部外71課室	8部1部外64課室	63	60	71	39(106)

注：①年度欄の85年度から99年度までは1985年度から1999年度の略。00年度と01年度は2000年度と2001年度の略。2002年度欄はカッコの外数が分野数、内数がチーム数を表す。
②1985年度・1986年度・1994年度・1995年度・1997年度・1998年度の()内の数字及び各年度欄の数字は、本庁の課室（課内室は除く）の数。
③→は業務移管先（課・室の部局間移動も含む）を示す。
④1994年度欄の「博覧会推進局」とは「世界祝祭博覧会推進局」の略。1995年度欄の「分権行革推進室」とは「地方分権・行政改革総括推進室」の略で1995年7月に設置された。1998年度欄の「農水商工部」とは「農林水産商工部」の略。01年度欄の「生活部」の数字はチーム数を表す。
出所：『三重県職員録』各年度版により筆者作成。

構改革（1995年度）も含め、1985年度から2002年度の18年間における知事部局本庁組織機構の課室の変動を表している。この「表4-4」が示すように、課室レベルの変動が毎年度起こっている。行政システムの外部環境の変化に適応した行政組織機構の変動は、まず環境の変化が課室レベルで認知され、それに対応するため課室レベルから生じていることを示している。この意味で、三重県の行政組織は、情報処理形態が情報共有型システムの組織の特徴を示しているのである。

　一方、部局レベルの変動は頻繁には起きていない。複数の課室を統括する部局は、統括する課室が変動すれば、部局の存在目的でそれらの課室を統括できなくなる状態が生じることによって、部局の変動が起こるものと推測できる。つまり、部局の組織機構の変動は、外部環境の変化に対して既存の組織の存在目的の範囲では変動した課室を統括できなくなった時点に起こると考えられるのである。「表4-4」が示すように、部局内における課室の増加（行政改革・組織機構改革時点の前年度は、それまでの期間で最も多い設置数となっている）では、行政システムが外部環境の変動に適応できなり、課室レベルの部分改革ではなく、全体的な行政改革あるいは組織機構改革が必要とされる時点で部局の変動が起こっている。しかし、このことは単に課室が変動した結果につじつまを合わせるものではない。行政改革・組織機構改革実施時点では、課室の「名称変更」「移動」「新設」が多く行われるが、結果的に課室の絶対設置数は減少しているのである。また、設置数が減少することは既存の行政システムが環境の変化に適応できず、その存在価値の実現が困難化したとき、存在価値の実現をはかるため、地方政府が行政改革に取り組むことから、存在価値の1つである「効率」の向上を実現する組織機構の合理化として当然のことである。以上のように、部局レベルの変動は、行政改革・組織機構改革時点に起きる。また、行政改革・組織機構改革時点における部局の変動にともない部局の名称も、存在目的に適合した名称に変更されることが多くなるのである。

　1980年代後半から1990年代における行政改革・組織機構改革時点外の三重県の知事部局本庁組織各部局課室の変動の年度別の主なものとしては、次の通り整理できる。

　＊1985年度　企画調整部「情報システム推進室」（情報化への対応）の新設。

* 1987年度　地域振興部「世界祝祭博覧会準備室」（地方博覧会の開催準備）が同部観光国際課（前年度は担当配置）から分割増設。
* 1988年度　総務部学事文書課内室「行政情報室」（情報公開等に対応）の昇格（前年度担当設置）。地域振興部「世界祝祭博覧会準備室」が知事公室に移動。知事公室「国際リゾート推進室」（リゾート地域指定・開発）の新設。
* 1989年度　福祉部「交通安全対策室」が同部県民生活課内室から昇格。福祉部青少年婦人課内室「消費生活室」が県民生活課から分割降格。福祉部保険課内室「保険指導室」（地方事務官で構成する課）の新設。土木部監理課内室「建設業室」の昇格（前年度係設置）。
* 1990年度　知事公室政策課内室「計画調整室」の新設。部外「世界祝祭博覧会推進局」が知事公室「世界祝祭博覧会準備室」から移動・昇格。地域振興部「観光リゾート推進課」及び知事公室「国際課」が地域振興部観光国際課と知事公室国際リゾート推進室から再編・移動。
* 1991年度　部外の世界祝祭博覧会推進局「推進課」が同局企画推進一課と企画推進二課からの統合。地域振興部「交通政策室」（総合交通体系の推進）の新設。土木部開発指導課内室「土地取引指導室」（土地取引の規制）の新設。
* 1992年度　知事公室政策課内室「計画調整室」の分割・廃止。地域振興部地域振興課内室「ハイテクプラネット推進室」（多極分散型国土形成促進法振興拠点地域基本構想等への対応）の分割・移動。福祉部「青少年婦人課」が「青少年女性課」に名称変更。土木部「高速道路推進室」の昇格（前年度同部近畿道対策室設置）。土木部建築営繕課内室「営繕室」の昇格（前年度担当設置）。
* 1993年度　知事公室「交通政策室」が地域振興部から移動。知事公室政策課内室「企画室」の新設。福祉部老人福祉課内室「老人保健福祉推進室」の昇格（前年度担当設置）。保健環境部「環境局」の昇格（環境政策室・生活環境課・大気水質課が同部医務環境

課・大気水質課・環境施設課から分割・増設)。農林水産部農政課内室「農林水産行政対策室」の新設。
* 1996年度　企画振興部「広報課」が生活文化部から移動。商工労働部「観光リゾート課」が企画振興部から移動。生活文化部「情報・マルチメディア推進課」の新設。生活文化部生活文化政策課内室「文化振興室」の新設。生活文化部青少年女性課内室「男女共同参画室」の昇格（前年度係設置）。環境部環境安全政策課内室「環境調整室」の新設。土木部都市住宅整備課内室「まちづくり推進室」の新設。部外の「地方分権・行政改革総括推進室」の新設。総務部人事課「事務改善室」（カラ出張などの事務改善対策）の新設。
* 1997年度　総務部「地方分権・行政改革推進課」が部外から移動・名称変更。企画振興部「宮川流域総合調整室」の新設。「水資源・土地対策室」が同部政策調整課内室「水資源対策室」から昇格。健康福祉部健康福祉政策課内室「看護大学設立準備室」の廃止。部外「秘書課」が総務部から移動。部外「広報広聴課」が企画振興部から移動。
* 1999年度　総務局「工事検査担当」の昇格（前年度は検査監職の配置）。健康福祉部健康福祉政策課内室「バリアフリーのまちづくり推進室」の新設。健康福祉部「県立病院課」の移動・廃止（病院事業庁の新設）。環境部廃棄物対策課内室「リサイクル推進室」の廃止。農林水産商工部金融・経営課内室「団体検査・経営改善室」の新設。地域振興部交通政策課内室「新国土軸・空港推進室」が同課内室「伊勢湾口道路・建設推進室」から名称変更。県民局が総合企画局の地域機関から知事直轄の地域機関へ移動。
* 2000年度　総合企画局政策調整課内室「首都機能移転推進室」の新設。総務局「税務政策課」が「税務課」から名称変更。生活部「雇用支援課」及び同課内室「職業能力開発室」が同部「職業安定課」及び「雇用保険課」の廃止から再編。健康福祉部「保険課」、同課内室「保健指導室」及び「国民年金課」の廃止。健康福祉

部健康福祉政策課内室「監査・法人支援室」、健康福祉部「医療政策課」及び「長寿社会課」が同部「医務福祉課」「国保・高齢対策課」及び国保・高齢対策課内室「介護保険推進室」から再編。農林水産商工部産業政策課内室「団体検査室」が同部金融・経営課内室「団体検査・経営改善室」から移動・名称変更。
* 2001年度　総務局政策評価推進課内室「政策法務室」の新設。生活部18担当チーム（チーム制の導入）が同部7課6課内室から再編・増設。健康福祉部健康福祉政策課内室「危機管理対策室」が同部健康対策課・薬務食品課から分離・統合。環境部廃棄物対策課内室「循環システム推進室」の新設。農林水産商工部新産業創造課内室「2005年集客交流推進室」の新設。農林水産商工部農林水産経営企画課内室「地産地消推進室」の新設。地域振興部市町村課内室「地方分権・広域行政推進室」の新設。

　ここで明らかになることは、1990年代における田川県政では、主に中央政府の誘導策によるが、新しい政策として「地域計画・地域振興」が発見され、その政策に対応した新しい組織として課室が設置されたことである。しかし、その組織設置数の絶対数が大きくならなかったのは、ある程度スクラップ・アンド・ビルド原則が厳格に適用されていたと推測できる。毎年度の変動数を各部局別にみると、それぞれの設置数がプラス・マイナス・ゼロにはなっていないことから、この原則は、県行政組織全体に対して一体的に適用されていたと考えられる。すなわち、スクラップ・アンド・ビルドの原則は、一定の枠の中で各部局の組織機構を巡る競争効果を生じさせていたと推測できるのである。
　一般的に、行政組織機構には、企業と異なって市場メカニズムのような自動調整装置がないため、行政ニーズが減少しても、それに対応して、行政組織機構が縮減しないという構造的欠陥がある。この欠陥のため、行政組織機構は、無限大に膨張する可能性があるという前提が成り立つ。しかし、課室の変動結果をみる限り、スクラップ・アンド・ビルドという原則があるために、膨張することは容易でないことが明らかとなる。また、この原則は、現状維持を部局の課室に保証することではないことから、各部局（あるいは課室）が生き残る

194　第4章　地方分権型行政システム構築に向けた行政改革

表4-5　三重県知事部局本庁組織課室の変動

年度	部局の数	課室の数	うち部外の課の数	課内室の数	行政改革時点外変動数	行政改革・組織機構改革時点変動数	
1984	8	67	2	0	0		
1985	8	68	2	0	1		
1986	8	65	2	2		●	－1
1987	8	66	2	2	1		
1988	8	67	2	3	2		
1989	8	67	2	5	2		
1990	8	66	4	6	－		
1991	8	69	3	7	4		
1992	8	69	3	8	1		
1993	8	70	3	11	4		
1994	8	70	3	11			
1995	8	67	2	13		★	－1
1996	8	69	3	17	6		
1997	8	71	4	18	3		
1998	8	64	2	18		●	－7
1999	8	63	2	20	1		
2000	8	60	2	21	－2	＊	
2001	8	71	2	21	11		
2002	8	106	3	－		●	＋14

注：①●は行政改革の一環として、組織機構改革の実施した年度、★は組織機構改革の実施した年度、＊は国家公務員のみで構成する課室が中央政府に移管し廃止した年度を表す。
②2001年度の「課室の数」71は53課室と18担当チーム（生活部のチーム制導入による従来の課室に相当する組織機構）である。
③2002年度の「課室の数」とはチーム数である。
④「行政改革時点外変動数」及び「行政改革・機構改革時点変動数」は「課室の数」と「課内室の数」を合計した変動数を表す。
⑤1999年度・2000年度・2001年度の「課内室の数」には、総務局「工事検査担当」を含む。
出所：各年度版『三重県職員録』により筆者作成。

ためには競争せざるをえず、「自己変革」を強いられていたと考えられる。つまり、スクラップ・アンド・ビルド方式は、行政ニーズの減少部門への縮減圧力が強制的にかかる仕組みとして作用していたことが推測できるのである[97]。

また、本庁知事部局課室の変動には、新規行政ニーズに対して課室の変動よりも、課室の下位組織である課内室の新増設で対応する傾向が強くなっている特徴がある。とくに「表4-5　三重県知事部局本庁組織課室の変動」が示す

ように、1984年度以降、最も課室の設置数が多かった1997年度では、課室71と課内室18で合計88設置されている。設置課室数が最も少ない2000年度でも、課室60と課内室21で合計81設置されており、他の年度の合計設置数と比べて最少ではない。このように、新規行政ニーズに対応した行政組織機構の新設は、機能的な課内室のビルドで対応しているのである。このことは、課内室が課室に比較し、独自の庶務関係などの日常的な事務処理が必要でなく、存在目的も明確に確定しているため組織規模及び設置期間を的確に決定できることから、外部環境の急激な変化に適応しやすい組織形態であるため、合理的な組織機構改編の手法として多用されることになったと考えられる。このような、新規行政ニーズに対して、課室の変動よりも、課内室の新増設で対応する組織機構改編の手法は、北川県政の組織機構の改編においても導入されている。ただ、田川県政の場合、この組織機構改編の手法は、「減量経営」に規定された「大きな組織機構」とならないことを目指したものであったが、結果的には、北川県政の「新しい総合計画」第2次実施計画の施策と基本事業単位を基本とした機能分化による組織の存在目的の明確化及び組織の「自己決定」・「自己責任」の明確化をはかることを意図した2002年度の組織機構改革の課室制の廃止とチーム制の導入といった手法につながっていったのである。

(2) 職員定員数の変動

次に、職員定員の変化について、職員現在員数の変動の側面から考察する[98]。

1986年度の行政改革により、3か年で職員定員数の2％を削減した結果、「表4-6 三重県（知事部局）職員数の動向」が示すように、1984年度では6,158名、1985年度では6,114名の職員数があったものが、1989年度では5,985名となった。それ以後、行政組織機構の拡大（課室及び課内室の増加）とともに、職員数も年度ごとには増減があるものの増加していくことになり、1997年度には6,181名と知事部局の職員数は最多になっている。また、1995年度の組織機構改革では、大型プロジェクトの世界祝祭博覧会などが終了したことにより、大幅な定員数の削減が行われたが、その削減された定員が新規事業に振り向けられた結果、職員総数に変動が生じなかったのである。

表4-6　三重県(知事部局)職員数の動向　　　　単位：人

年度	1984	1985	1986	1987	1988	1989	1990	1991	1992
職員数	6,158	6,114	6,070	5,987	5,991	5,985	6,041	5,996	6,052
対前年度差		-44	-44	-83	4	-6	56	-45	56
年度	1993	1994	1995	1996	1997	1998	1999	2000	2001	2002
職員数	6,080	6,171	6,171	6,161	6,181	6,145	5,101	5,057	4,973	4,908
対前年度差	28	91	-	-10	20	-36	-1,044	-48	-80	-65

注：①1999年度の対前年度差が大きいのは、県立病院が病院事業庁として知事部局から分離したため。
　　②職員数は4月1日現在の職員数を表す。
出所：各年の三重県人事委員会『職員の給与等に関する報告及び勧告』
　　　「第2表　給料表別部局別職員数」により筆者作成。

表4-7　三重県(知事部局)の一般行政職員数及び単純労務職員数の推移　単位：人

年度	1985	1986	1987	1988	1989	1990	1991	1992	1993	1994	1995	1996
一般行政職員	4,008	3,984	3,947	3,969	3,962	4,014	4,022	4,084	4,086	4,114	4,096	4,102
単純労務職員	760	735	696	662	638	620	591	578	570	569	555	536
年度	1997	1998	1999	2000	2001	2002
一般行政職員	4,127	4,135	(84) 4,014	(80) 4,004	(82) 3,987	(83) 3,951
単純労務職員	522	492	(84) 392	(79) 377	(74) 354	(69) 341

注：（）内の数は1999年度より知事部局から分離した病院事業庁の職員数。
出所：各年の三重県人事委員会『職員の給与等に関する報告及び勧告』
　　　「第2表　給料表別部局別職員数」により筆者作成。

　このように、旧自治省の1994年の「地方行革指針」による総定員の抑制以前は、旧自治省の指導も人件費抑制が中心であったこともあり、「表4-7　三重県（知事部局）の一般行政職員及び単純労務職員の推移」が示すように、知事部局の職員数は、単純労務職員数が減少する一方で、一般行政職員数が増加したのである。このことの主要な要因の一つが地域開発部門へ組織・職員を動員して行ったことである。つまり、田川県政の「減量経営」＝「効率化」の追求は、新しい行政ニーズに対する行政活動資源の確保であったともいえるのである。

　また、田川県政の毎年度定員管理は、一律削減方式により一定の枠内再配分で新たな行政ニーズに対応している。つまり、定員管理は、既存の行政ニーズ

第6節　1980年代の行政改革と1990年代後半の行政システム改革との連続と断絶　197

の衰退部門・合理化可能部門（主に単純労務部門）から定員数を削減し、それを原資として、行政ニーズの増加部門に振り分けられるという方法がとられていた。この手法も、県の行政組織全体として行われたため、一定の原資の枠の中で各部局の定員数を巡る競争効果を生じさせることになるなど、公共サービスの価値を統一的にはかる基準がこれまでなかったことに対応する合理的な方法の1つであった。

　一方、北川県政では、旧自治省の「新地方行革指針」に基づく「定員適正化計画」[99]が策定されたこともあり、「表4-7」が示すように、一般行政職員数も1999年度から減少している。一方、単純労務職員数は、田川県政時代から引き続き減少している。このように、職員数の減少は、単純労務職関連部門が中心となっている。このことは、田川県政から継続することではあるが、旧自治省（総務省）の総定員数抑制指導により、また北川県政は「小さな政府」を目指したことから、北川県政では、一般行政職員数をも減少させることになる。職員定員の見直しにあたって、当初、北川県政においても、一律削減方式がとられていた。しかし、2002年度の政策推進システムの導入、とりわけみえ政策評価システムの導入により、評価基準が明確となることから、2002年度の定員要求では、従来の一律削減方式が原則的に改められることになった。すなわち、各事業部局に対して、現行の定員数90％を包括配分し、各事業部局がみえ政策評価システムの施策目的評価表及び基本事業目的評価表に基づき、継続事業を対象として予算配分と併せ部局内定員配分を行うことになる。この結果、事業部局の行政活動資源配分は、明確に自らの個別環境条件に基づき行われることにつながるのである。一方、新たな政策課題である新規事業等については、行政組織全体からの調整により、定員配分が行われることになった。

　以上のように、行政組織機構・職員定員は、常に環境の変化への適応を要請され、わずかな組織構造・職員定員の変動により、環境適応が活発に行われているが、適応メカニズムが働く一定の範囲を超えるような大きな環境の変化に直面し、機能的要件を充足できなくなると、組織維持のために行政改革のような大きな組織機構の変動が生じたのである。すなわち、田川県政及び北川県政における三重県の行政組織機構・職員定員は、行政改革・組織機構改革時点外でも、環境の変化に適応して漸進的に変動するという情報処理形態が情報共有

型システムの組織の特徴を表していたのである。また、情報処理形態が情報共有型システムの組織であるため、組織構造の抜本的な変動を避けることができないような環境の変化に対応する改革には、田川県政の場合は中央政府の指導、北川県政の場合は、中央政府の指導に加え、知事のリーダーシップという県官僚制の外からの強い働きが重要な要素であったことがこれまでの考察から明らかになっている。つまり、三重県の行政組織は、情報処理形態が情報共有型システムである日常的・中規模的な変化への対応に適した組織形態であり、むしろ大きな外部環境の変化に適応して自己変革することが困難な組織形態であるという特徴には、変化が無かったのである。

次章では、行政システム改革の結果、新しい行政システムの仕組みが地方政府の存在価値である「民主制」の確立・推進と「効率」の向上をどのように実現しているかを考察することで、新しい行政システムの特徴を明らかにする。

注
1) 天野正子によると、「生活者」という言葉は、国語辞典に収録されていないなど熟していない言葉である。また、「生活者」という言葉が公式用語として使われたのは、1992年の中央政府の「生活大国5か年計画―地球社会の共存をめざして―」が「生活者・消費者の視点重視」という表現を採用したのが初めてである。しかし、ここでも生活者の定義はされていない（天野正子　2001年）。
　　ところで、北川知事が積極的に「生活者」という言葉を使用したのは、これまでの日本が生産者優位の社会であったこと、またその社会を形成してきた政治に対する批判が込められていると考えられる。つまり、「社会の主役は個人」といった1980年代末から世界的に台頭してきた市民活動にかかわる「新しいタイプの人間像」を期待する言葉として使われたとみることができる。
2) 1995年4月、知事選に当選した北川三重県知事は、同年6月県議会の所信表明で県政の基本理念を「生活者優先の県政」とし、具体的には3つの改革、すなわち「県職員の意識改革」（県民の立場に立った行政サービス志向、民間の発想の導入）、「行政改革」（結果重視の行政、費用対効果の観点から目標・成果を明らかにする行政運営の確立）、「三重県の改革」（地方分権型行政及び政策形成能力のある能動的・提案型の行政への転換、環境・情報先進県づくりなど）を掲げ、三重県の将来像を生活者の観点に立った生活者重視の県づくりとした（「平成7年第2回三重県議会定例会会議録」10-19頁）。
3) 名古屋商工会議所知事講演会記録「21世紀の地域づくり」『Crec』1998年3月号、知事講演会記録『「三重県の目指す情報革命」―デジタルコミュニティズの創造―』平成9年5月　http://www.pref.mie.jp/JOHOS/gyousei/koenkai/index.htm

4）同知事講演会記録
5）新自由主義者による福祉国家批判は、今日の時代の潮流に即したものであり、福祉国家批判は、先進諸国の多くに広がるなど「小さな政府」を志向する先進諸国が多く見られるようになった（岡田忠克　2002年　23-25頁）。
6）行政システム改革という用語が用いられたのは、この改革が単なる効率性や減量化を求めるのではなく、従来の行政のあり方や考え方を見直し、組織・機構、定員などの改革にとどまらず、県職員1人1人の意識の持ち方、対応の仕方及び組織運営方法などの機能面の改革を含むシステム全体の構造改革として認識されていたのである（村尾信尚　1999年　47頁）。
7）北川正恭　1996年12月16日
8）磯部　力　1998年10月
9）「地方分権・行政改革総括推進室」は、1995年度・1996年度では、知事直轄組織であったが、1997年度からは総務部内組織となった。以後、改革主体勢力は、総務部幹部職員に移行する。
10）新聞報道や三重県の行政システム改革関連の著書（中村征之　1999年、ばばこういち　2001年、岩見隆夫・北川正恭　2000年）から、この行政システム改革が北川知事の強力なリーダーシップの下で進められたことが明らかになる（田川知事の「調整型」知事では、関係者〈職員も含む〉の調整に忙殺され、ラジカルな改革は断行できなかったと考えられる）。また、総務部長が旧大蔵省からの出向者であり、総務部長の行政システム改革に対する認識は、三重県の地域社会・環境の変化への対応というよりは、むしろ国家レベルにおける環境の変化に対応するという認識が強かったと考えられる。当時、総務部長であった村尾信尚は、行政システム改革に対する取組が時代の潮流に対応したものであるとしている（村尾信尚　1999年）。
11）村尾信尚　同書　40-41頁
12）大嶽秀夫　1989年、梶田孝道　1998年　4-6頁、8頁、24頁
13）三重県・三重経済研究センター・四日市大学で構成する「市町村のあり方に関する研究会」が1998年8月に三重県の全69市町村長への行政改革のヒアリングを実施したところ、この時点での市町村は権限移譲をはじめ、三重県の行政システム改革のような行政運営のあり方を変える取組を行うことには、消極的であることがわかる（三重県社会経済研究センター　1999年3月）。この意味で、決して三重県の行政システム改革がポピュリズム的改革であったとはいえない。
14）自民党・社民党・連合・職員組合・市町村会などは、前知事後継者であった元副知事を応援した。北川知事は、代議士として所属していた「新進党」と「さきがけ」の応援という状況であった。
15）改選前は、議員定数55議席中、自民党は28議席を占めていたが、改選後は22議席に激減したのである。
16）村尾信尚　前掲書　19頁
17）同書　74頁
18）三重県　2002年4月

19) NPMの基本原理について、第1章では①市場（競争）原理の導入、②顧客主義、③業績・成果によるコントロール（成果主義の管理手法）、④企画管理部門の集権化・執行部門の分権化（裁量権の拡大）と両部門の分離などの組織改革（ヒエラルキーの簡素化）としたが、ここでの三重県の定義と比較すると、③と④の基本原理が成果志向、権限委譲・分権化、ビジョン・戦略の3つの原理に細分化されている。三重県の場合、成果主義によるコントロールといった言葉を意識的に避けた結果、このような基本原理の分類としたのではないかと思われる。このように、NPMの手法は、導入される過程でその国の文化的・歴史的差異からいろいろなタイプを生み出すことから、第1章の4つの基本原理とは違った定義となることもある。
20) 田中秀明　2002年8月号　48頁
21) 1997年度は157テーマでスタートしたが、テーマ数を年々増加し、2001年度は267テーマとなった。また、2001年度からは従来6か月だった開催期間をさらに、3か月延長するとともに、幹部職員の発信伝達力を向上する「トーカー向けコミュニケーション研修」を開催するなど、量的・質的にもその仕組みが見直されている。また、2000年度の実績は、216テーマで238回実施し、8,971名の参加があった。
22) 三重県自治研修所　1997年3月
23) 1995年度は提案数約4,000件があり、うち1996年度から1998年度の3か年で89件が予算化され実施された。
24) 中村征之　1999年
25) 「さわやか運動大綱」は、旧自治省の指針に沿って作成されたものではなかったが、旧自治省の指針との整合をとることが、県内市町村の行政改革や中央政府の行政改革との接点を持ちうることから必要であった（＊当時の行政システム改革担当県職員のインタビュー）。
26) 北川知事は「事務事業評価システム」を行政の質の変換に結びつける試みであるとした（北川正恭　1998年）。
27) 詳しくは、三重県行政改革推進本部（1996年10月）を参照のこと。
28) 増島俊之　1981年　20-43頁
　　三重県の場合も、予算編成過程において、財政当局との議論の中心が新規施策・事業が中心となっていたこと、またマスメディアが当初予算で取り上げる予算も新規施策・事業が中心であることなどの傾向があった。
29) 向井正治　2001年8月
30) この行政システム改革大綱を策定するために、先進地事例であるニュージーランド、イギリス、カナダを現地調査するとともに、県民の意見を反映させるための「県民集会」（5地域）、関係団体・市町村・大学などの有識者をメンバーとする「三重県行政システム改革推進会議」（5回開催）、県議会の「行政改革調査特別委員会」、三役・部長などがメンバーの「行政システム改革検討会議」「市町村長と知事の懇談会」（6か所、各市町村あたり1回）等が開催された。また、県職員への情報提供、説明会及び意見交換会の開催、県職員組合の参加も得たワーキンググループが設置された。

31)「さわやか運動大綱」では、「生活者起点の行政運営」となっているが、「生活者起点の県政運営」に変更した理由は明らかにしていない。両大綱での２つのフレーズの使われ方には余り違いが認められないことから、本書では同趣旨であるとし、以下「生活者起点の県政運営」を使うこととする。

32) さわやか運動では、当初、県民は受動的立場である「消費者」「顧客」と位置付けられていた。一方、「平成10年度行政システム改革案（総論）」（1997年6月）における「改革の理念と方向」では、１．公共サービスは税金でまかなわれているとの原点に立ち返り、理念は「住民満足度の向上」とし、公共サービスを受ける住民の立場に立った「生活者起点」の行政へと転換をはかる、２．行政としては①住民ニーズに合わせて、住民を良く知る身近な地方公共団体がサービスの提供をはかる、②税の使途等について住民の知る権利を確保するとともに、住民の参画を促す、③最小の費用で最大の効果を上げることが必要となる、とした。以上のように、「納税者」の立場を強調している。「納税者」の立場を強調することにより、また「納税者」を民間企業の株主に置き換えることで、より一層の効率化を追求することになる。「改革の理念と方向」では、県民参加を促すことになるが、ここではあくまでも「税金の使い方」にかかわる権利としての参画である。つまり、民間企業における株主と同様の位置付けである。ただ、NPOの重視、情報公開の推進、生活者起点という「県民」による県政批判、地方分権論、行政運営全体を民間企業の経営に見立てるなど、第２局面以降の北川県政で開花するガバナンス的な「市民主義的価値」の萌芽があった。

33) 村尾信尚　前掲書　50-51頁

34) 地方自治法の改正（1999年7月）に基づき、県の役割の判断基準から「統一的事務処理」が1999年12月に除かれた。

35) このことについて、厚生労働省（厚生労働省　2001年　123-130頁）によると、情報化により減少するのは、中間管理職より一般職であった。また、雇用が削減している部門は、人事・労務、経理・財務・会計、総務・広報・秘書などの間接部門である。つまり、仕事も定型的な仕事が効率化・省力化され、間接部門を中心に人員の減少が生じるという１つのパターンがある。三重県の場合も、庶務・会計部門の削減が行われた。

36) 横軸を部局別予算、縦軸を課題別予算として、数学の行列のように示されることから命名したものである。

37) すでに、マトリックス予算的な取組は、1997年度の当初予算に導入されていた。たとえば、1997年度には宮川流域を一体としてとらえ、自然環境の保全・復元や流域資源の活用をはかる「宮川流域ルネッサンス事業」が各部に割り当てられていた関連事業予算のうち調査啓発費の予算を、それを総括する組織（旧企画調整部宮川流域総合調整室）に一括計上したのである。また、「生活排水総合対策事業」は、各部が行っている公共下水道事業（旧土木部）、農村集落排水事業（旧農林水産部）、漁業集落排水事業（旧農林水産部）、コミュニティ・プラント事業（旧環境安全部）、合併処理浄化設置事業（旧環境安全部）について相互調整し、下水道整備の効率化

をはかるため、旧環境安全部長が調整責任者となり各部門間との業務契約（「生活排水対策事業の実施に関する業務取り決め書」）を締結するものである。この契約書の中身は、各部長が旧環境安全部長との間に年度事業計画、事業進捗度、結果を取り決め、毎年度の成果について報告するものであった。1998年度より、このようなマトリックス予算は、総合行政の推進する意味から、「新しい総合計画」の政策レベルでの21項目（環境、情報、人権、文化・スポーツ等）別・横断的に編成されたのである。

38) 本庁組織の係の数は、1997年度は215係45担当、1998年度が174グループ12担当1係、2001年度が193グループ5担当となった（各年度版『三重県職員録』）。1998年度よりも、2001年度グループが増加したのは、グループの必要構成人員数の緩和（7人から5人程度へ緩和）されたことによる増加と考えられる。

39) 三重県　平成10年

40) 厚生労働省（厚生労働省　2001年　123-128頁）によると、情報化の進んだ企業ほど組織のフラット化の実施率が高いように、情報化は組織のフラット化に影響を与えているが、「組織改革と情報改革との関係は『組織改革が主、情報改革が従』である企業が多い」。つまり、企業が外部環境の変化に迅速かつ弾力的に対応するため、情報技術の持つスピードやネットワークといった利点を活かしつつ重層的なピラミッド構造の階層を短縮・フラット化し、機動的で弾力性のあるプロジェクトチームやグループ制を導入するという形で、組織の再構築が進行しているのである。

41) 詳しくは、山口和夫（2001年）を参照のこと。なお、2002年度から課長補佐級職員への導入が予定され、将来的には全職員へ導入される予定である。

42) 三重県総務局職員課　2002年2月

43) 2000年度3名採用、2001年度10名採用

44) さらに、総合企画局には、総合行政を推進するためのチーム（次長級・課長級・課長補佐級の複数の職員で構成）が設置されることになったのである。

45) 村尾信尚　前掲書　61-65頁

　また、このことについて、中央政府からの名称変更の関与があったことを北川知事が議会答弁している。北川知事は「経済特区」に関する国と県との関係に関する質問に対して、「国の縦割りの権益保護のために頑張っているという醜い姿を直す……（ためには、我々が〔筆者注〕）理論的に正しければ、我々の意見を通すということでなければ、今までのように、ちょっと農林水産部の名前を変えたら補助金を渡さないというようなばかげた中央キャリアがいて、それを甘んじて受けてきた地方自治体に明日があるのかないのか、本当に考えてほしいと私はこの経済特区について真剣に考えているところでありまして、そういう自立なき地方自治体に明日はありません」と発言している（平成15年第1回2月定例会〈速報〉平成15年第1回三重県議会定例会　議録第2号　2月19日―02号―89頁）。この北川知事の発言の中に、「平成10年度　行政システム改革」における部局改編にともなう「農林水産部」の名称変更に対して、中央政府からの関与が合ったことが語られている。

46) 使い切り予算は、会計の単年度主義にもよるが、次年度の予算編成が本年度の実

績をベースに査定されることから、実績を残す必要があること、また議会の民主統制により予算の弾力的活用が困難であることなどの理由が考えられる。とくに、予算流用については、財政課との協議が必要となり、合理的理由がなければ認められない。認められないと翌年度の予算編成に影響が生じる可能性がある。このため、三重県では、これまでの予算編成を「使い切り予算」であるとし、その改革に向けた取組を事務事業評価システム及び「新しい総合計画」の数値目標との連動により、ゼロベースから見直し、より効果的で優先度の高い事業を選択する予算編成制度に改革したのである。

47) 具体的には、「住民を責任ある行為者として、その自主性を尊重する行政です。…行政が持っている情報を住民と共有していくことが重要であり、情報公開を進めていきます。地域の主体性を重視する行政です。…住民の意見を反映していくためには、中央集権型の行政を改め、地方分権を進めることが必要です…。より良いサービスを効率的に提供する行政です。…従来の方法や考え方にとらわれずに徹底的な見直しを行い、質の高いサービスを効率的に提供できるような行政の仕組みを確立していきます。」といった県政運営であるとした（三重県　1997年　28頁）。

48) 同書　28頁

49) たとえば、「廃棄物の適正な管理」という施策の「ごみ排出量」項目の数値目標は、1日1人あたりの排出量が1994年では1,195gであったものを、2001年度には目標1,160g、2010年度には目標1,100g、とするなど、住民の協力がなければ、三重県のみでは、達成できない目標が設定されている。

50) 2001年度から「三重のくにづくりトーク」と名称変更され、県下5会場で延べ563名の参加があった。

51) 三重県　1998年　1頁

52) ここでの「意図」とは対象を変化させて、到達させたい状態であり、「結果」とは意図の実現により、本来到達したい状態、つまり、上位体系（行政使命・政策・施策）の意図にあたるものをいう（三重県自治研修所　1997年）。

53) 投票率約62%　北川知事得票率約82%

54) 『平成12年第2回三重県議会定例会知事提案説明』　2000年6月
　　http://www.pref.mie.jp/YOSAN/gyousei/000623.htm

55) 北川知事はこの行政システム改革の取組手法の転換について、「1期目4年間は1つはさわやか運動…、三重のくにづくり宣言という総合計画……、行政システム改革……という3点セットといったことで終わった。1期目は、トップダウンといいますか、どうも上からやらされたというのが強いのではないかと部局長との会議話があったので、2期目に入り（11年度）、行政システム改革を継続するにあたって、ボトムアップというか、職員自らの率先実行計画を立てて各部局は取り組んできた」（『平成13年4月3日知事記者会見概要』政策広聴広報課資料）とした。

56) 向井正治　2001年8月

57) 三重県　2001年4月

58) 県民の皆さんへ　(2001年度　各部局長・県民局長「率先実行」取組〜アクショ

ンプラン～）2001年7月
59) 県民の皆さんへ（2000年年度　各部局・県民局「率先実行」取組成果）2001年3月
60)『政策推進システム（仮称）の運用に伴う各部局長・職員の「率先実行」取組の取り扱いについて』三重県資料　2001年
　　県職員の「率先実行大賞」への応募は、1999年度応募93件のうち知事表彰20件、2000年度応募98件のうち知事表彰20件、2001年度応募76件のうち知事表彰17件であった。
61) 三重県『三重県政策推進システム基本要綱』2002年4月
62) 向井正治　2001年9月号
63) これからの行政運営では、県民1人1人の多様な価値観を尊重するとともに、それぞれの地域がその可能性を最大限発揮できるよう、市民、団体、企業、市町村など自立した多様な主体が協働して地域経営の推進をはかっていく必要があるとした。そして、三重県は、多様な主体と協働して取り組む「三重のくにづくり」の一員として、三重県も、生活者との協働によるパートナーシップで行政運営をはかっていかなければならないとする自立と協働による地域経営を推進する観点から、重点的に行政運営に取り組むこととなるのである（『第二次実施計画の計画期間内における県政運営の基本的な考え方〈たたき台〉』三重県総合企画局　2001年8月20日）。このように、行政運営は、地域の多様な主体とともに「三重のくにづくり」の一員として、三重県政が努力するというガバナンスイメージがより鮮明になっている。
　　このことについて、真山達志らは、三重県の行政改革には、社会環境の変化にともなって地方政府が唯一の公共主体ではなく、公共問題の解決にあたっては、地方政府以外のさまざまなアクターの協働作業が当然の前提であるというような認識であるガバナンスイメージが生まれつつある、としたのである。つまり、三重県の行政システム改革は、内部の事務事業見直しにとどまらず、行政と住民との協働関係を射程に含めた活動を展開しており、その背景には、行政が外部の民間・住民などの保有する諸資源との相互関係を拡大しようとする思惑がある、としている（真山達志・藤井功・林沼敏弘・正木卓・戸政佳昭　2000年　31-48頁）。
64)『三重のくにづくり宣言　第2次実施計画策定の基本的な考え方（案）』三重県総合企画局　2001年5月31日
65) 経営戦略ビジョンとは「住民満足度の向上と行政目標の達成を実現するために、行政ビジョンを念頭に、数年後に達成すべき目標、事業の構成、それを展開する戦略と経営資源の配分に関する戦略で構成され」「県レベルでは、県政運営ビジョンの達成に向けた重要な施策の決定、職員・人員・予算などの資源配分、施策の展開や事務事業実施の基本的な考え方」（淡路富雄　2001年　117頁）である。
66) 施策目標年次は2010年度、基本事業目標年次は2004年度となっている。
67) 三重県政に係る基本的な計画について県議会が議決すべきことを定める条例により、「新しい総合計画」関係は県議会の議決が義務付けられている。
68) 向井正治　2001年8月　25頁

69) 総合企画局、総務局及び事業担当の部局による各事業担当部局の第1次評価結果に関する確認と検証は、第2次評価と考えられるが、みえ政策評価システムでは、この検証結果を再度、第1次評価を行った事業部局へフィードバックさせ、第1次評価の改善を行おうとするシステムである。このように、第2次評価を導入しなかった理由は、「分権化」を重視したことによる（2001年11月20日に名古屋市内で開催された総務省中部管区行政評価局主催「政策評価に関する統一研修〈地方研修〉」において、三重県担当者の講演「三重県の評価制度導入の意義と今後の課題について」での発言による。）とされた。ここでも、ボトムアップ型の行政運営という考え方が強くでている。

70) 従来は「プラン偏重の行政」のため、既存の施策の実績に基づく評価や既存の施策を再検討するシステムが予算編成制度の必須のプロセスとして組み込まれていなかった。さらに、「プラン偏重の行政」のため、施策・事業立案の責任者である各事業部局課室長が必然的に企画志向型＝新規事業志向型となる上に、通常、定期人事異動が2～3年程度のサイクルで行われることから、ますます実績について評価・再検討することに関心がなくなるのである。

71) これまでは、事務事業のそれぞれの価値を統一的に評価する基準がなかったこと、また行政ニーズの増減に対して市場メカニズムのように自動的に定員数を増減するような仕組みがなかったことから、新規行政ニーズに対応した定員増がはかれるように、一定の枠内のやりくりで対応する「一律削減」方式がとられてきたのである。ただ、限界はあるものの、「一律削減」方式も新規定員要求全体のプライオリティを吟味させ、さらには既存の事業の見直しを強制するという限定された合理性があったのである。しかし、みえ政策評価システムと連動することにより、統一的に評価する基準ができることから、2002年度定員要求から従来の「一律削減」方式が廃止されることとなったのである。つまり、定員の一定枠を各部局に配分し、各部局の組織内配分は部局長の権限で行われることとなったのである。

72) 三重県総務局職員課　2002年2月

73) 山本清　2001年　3頁

74) 決裁・専決権限の構成比は、総括マネージャー（改正前は次長）が　3.01%から14.20%へ、マネージャー・グループリーダー（改正前課長・室長・グループリーダー）が66.93%から77.07%へと増加した（三重県資料『組織運営の基本的な考え方、改善の方向』〈詳細版案〉2002年9月）。

75) たとえば、理事（部長級）、審議監・参事（次長級）、課内室長・調整監・副参事など（課長級）、企画員・主幹（課長補佐級）などがある。このようなスタッフ的な職制として、本庁知事部局組織機構には90を越える職名があった（三重県行政組織規則〈1998年4月1日三重県規則第35号〉）。しかし、2002年3月改正された三重県行政組織規則によると、2002年4月の組織機構改革で50弱の職名に減少した。

76) 「事務決裁及び委任規則」（1987年規則第22号）によると、決裁者の内訳（数値は決裁項目数の割合）は、知事・副知事4%、部局長27%、次長3%、課長・室長52%、グループリーダー14%となっている。2002年度の改革では、①一般的な決裁

事項は基本的にマネージャーで完結させる、②経常的・定例的な業務についてはグループリーダーが設置されている場合はグループリーダーの決裁、③施策の根幹にかかる決裁等は総括マネージャーとする、④政策の根幹にかかる決裁等は部局長とする、⑤県政の根幹にかかる決裁等は知事とする、ことにより、大幅にマネージャーに権限を委譲するとしている（「参考②これからの組織運営（フラット化）」三重県資料『組織改正（組織構造）に関する各部局意見と総務局の考え方』総務局政策評価推進課　2001年8月）。この結果、マネージャー・グループリーダーの決裁権限は、約77％を占めることとなった（注74参照）。

77）経済学での「全体最適」経営の効率性とは、目的に対して手段・方法に無駄がないということである。このことから、政府の「全体最適」経営の場合の効率性は、住民の満足度をできるだけ向上できるよう稀少な資源を最適に配分し、その配分に無駄がないことを意味すると考えられる。この意味では、経済学でいう「パレート最適」ともいえ、三重県の行政システム改革は「パレート改善」といえるのである。

　一方、企業の場合の効率性は、必ずしも1社の全体最適による効率性の向上が社会全体の「全体最適」となるとは限らない。たとえば、ある企業の利益率の向上が他の企業を倒産させ失業者が発生すれば、誰も状態が悪くならないという「パレート最適」への改善とはならない。このことから、必ずしも全面的な企業経営手法の導入がパレート改善をもたらすとは限らないことから、企業経営手法の導入による政府の行政経営資源の配分の効率性の追求に対して、情報公開や住民参画などの「民主制」の確立・推進に向けた仕組みが重要となる。

78）NPMの行政改革は、住民を「顧客」として、また民間企業等も「供給者」として、行政運営システムに動員することから、行政改革が政府自体で完結するものではなく、社会・経済の原理の変更に対応して、政府の行政運営が変革されなければ、行政システムは機能しないことを意味する。

79）北川正恭　2001年5月号　95頁

80）このことについて、北川知事は雑誌のインタビューで「県民が満足いただける仕事をしない限り、職員の満足はありえない。逆に職員が自己実現できなければ県民満足もありえない……すなわち、県民満足イコール職員満足なのです」と同趣旨のことを答えている（北川正恭2001年12月号　43頁）。

81）J. K. ガルブレイス（1984年）は権力を3類型化した。①「威嚇権力」は、個人的資質を権力権限として、相手の刑罰などの可能性を示すことで、個人の選好を変更させる。②「報償権力」は、財力を権力権限として、利益を与えたりすることで、協働を調達する。③「条件付け権力」は、組織を権力源として説得や教育により個人の信念を変更させ、服従を調達する。また、①は権力の強要、②は報償の提供に意識して対応しているが、③は権力が行使されていることに気付かないとした。そして、①と②の個人的資質と財力は、この条件付けを獲得するための補完として用いられることになるとした。この類型によると、「新率先実行取組」は③の条件付け権力の行使といえる。この意味で、「新率先実行取組」は、県職員の労働強化としての側面がある。

82）行政経営品質向上活動とは、アメリカ経済再生の要因の1つとも言われているマルコム・ボルドリッジ賞の日本版となる「日本経営品質賞」の考え方・審査基準を活用して、顧客＝県民に視点を置いた行政経営の仕組みを作りながら、卓越した行政組織を目指すための改善活動である。
83）淡路富雄　前掲書　26-30頁
84）同書　20-30頁
85）同書　27頁
86）同書　ⅱ—ⅲ頁、83頁
87）同書　8頁
88）三重県　2001年4月
89）淡路富雄　前掲書　54-71頁
90）同書　52-53頁
91）同書　226-229頁
92）各部局の推進委員2名ずつにより構成された会議であり、行政経営品質向上活動の専門家集団として全庁的な取組の立案、調査・研究を行う会議である。
93）各部局の次長、副局長で構成し、各部局の推進責任者の会議であり、行政経営品質向上活動に関する合議決定の場であり、アセッサー会議からの報告に対して指示を出す上位組織である。
94）三重県　2001年4月　17-24頁
95）「住民満足度の向上」を目的とするものであっても、行政経営品質向上活動は、行政活動のコントロール対象の単位を組織とすることから、組織（構成員全員）に対するマクロ的なコントロールである。一方、県のビジョンが個人の業務レベルまで整合性をもって展開される仕組みとなっているみえ政策評価システムは、行政活動のコントロール対象の単位を施策・基本事業・事務事業などの個々の担当者とすることから、担当者、すなわち個々の構成員に対するミクロ的なコントロールといえる。
96）北川知事は「情報を提供」して、住民「皆に責任を負ってもらい、官と民が協働するといこうとになれば住民の意識は変わり、自ら参加」することになるとして、積極的な情報公開を行ったのである（北川正恭　2001年5月号　99頁）。
97）スクラップ・アンド・ビルド方式の下では、各部局は新規行政ニーズに対して新しい組織で対応しなければならない場合、既存の組織全体を見直すという組織分析の内部態勢を確立しなければならず、各部局の組織管理の自己改善努力を誘発しうるのである（大森　彌　1994年a　30頁）。
98）職員の現在員数は、原則的にはこの配分定員数内となる。このため、職員定員数の変動を考察するためには、第3条に基づき定めた配分定員数によらなければならないが、この配分定員数は公表されていない。このため、定員数の変動を考察するにあたって、この配分定員数の変動に伴い正比例的に職員現在員数も変動すると推定できることから、ここでは、職員の現在員数を代替指標として、職員定員数の変動を考察するものである。

99）定員管理は当初1998年度に 4 ％（210減）、その後、2000年度に 6 ％（300減）、2002年度に 8 ％（400減）の削減を目指す定員適正化計画のもとに進められ、1998年度が29減、1999年度が33減、2000年度が39減、2001年度が94減、2002年度79減となっている。この数字は、定員数の増減であり、「表 4 - 7 」の職員数は定員数の範囲での現在員数であることから、定員の増減数と職員現在員の増減数とは必ずしも一致しない。

第5章　行政システム改革と地方政府の存在価値の実現

第1節　行政システム改革と地方政府の存在価値

1．行政システム改革の「存在価値」に対する認識

　地方政府の存在価値である「民主制」と「効率」の実現には、「民主制と効率とのジレンマ」といった問題が存在する。この問題について、北川知事は、日本経済の「右肩上がりが終わったことで、国民は民主主義というものは費用対効果を見極めることが重要だということに気がつき始めている。後は、政治家や行政の人間が小さい適切な政府のほうが効率的であるというのを明確に意識することだ。財政の規律は、生活者の視点からもう一度構築すべきなのである。市民革命により費用対効果を考える人が多数を占めるようになれば、必ず（効率的な政府に［筆者注］）変わる」[1]と主張する。そして、このためには、「フランス革命的な市民革命を起こして民主主義をもう一度作り直す」[2]必要があるとする。そして、三重県が「生活者起点の行政システム改革を進めるためには、住民が参加しやすい状況を作りだし、……住民がどんどん行政をかえていく」[3]ことができるような民主主義の確立と、住民が費用対効果を明確に見極め、「より効率のよい選択」[4]ができる行政システムの確立を目指すべきだと主張する。また、「生活者起点に変えると、行政は小さな、あるいは適正な政府にならざるをえない」、そして「足りない部分は民とのコラボレーションで補えばよい」[5]という認識の下に、北川知事は、従来の行政改革が「効率」の向上の追求に価値を求めていたことに対して、行政システム改革を行うにあたって、「ずっと心がけてきたことは、（行政運営の［筆者注］）効率をあげるというのはとてもいいこと……だけど、それは本当をいうと二の次で……社会、

国の統治の仕方、この国のかたちを変える（というような［筆者注］）……根本的な発想の転換」を行うことであるとし、三重県の行政組織が「今求められているのは効率よりもむしろ発想の転換」[6]であるとしたのである。

　以上の地方政府の2つの存在価値に関する北川知事の主張は、行政システム改革により「効率」の向上を実現するためには「民主制」の確立・推進が不可欠であり、「効率」と「民主制」とは切り離せない価値であるという議理を展開している。ただ、「民主制」の確立・推進により、費用対効果を考える住民が増え、効率的な政府が創られるとした議理には、いくつかの混乱が生じている。すなわち、「生活者」には、「民主制」の確立といった住民主権の観点、費用対効果という顧客の観点、そして効率化という納税者の観点が混在しており[7]、また必ずしも行政システム改革が主権者としての住民、顧客・消費者としての住民、納税者としての住民の対立構造を想定していないことである。たとえば、行政ニーズの高い公共サービスを住民に提供することは、住民満足度が最大化する（顧客・消費者の観点）が、行政ニーズが高くても効率化の側面から、三重県では保健所の検診（健康診断）の業務が廃止され、民営化された（民間企業の株主のようなイメージとしての納税者の観点）。また、顧客の公共サービスに対する需要は、ニーズ（Needs）ではなく、ウォンツ（Wants）の場合さえある。さらに、住民を顧客と見なすと受益者負担が原則となるが、必ずしも納税額＝必要経費負担とはならないことや住民が行政に対して受動的となり、住民参加など政治的な決定への能動的・主体的な参加の権利保証が無視されてしまうおそれがあることなどである。このような「生活者」といった観点に混乱があったことは、「経済成長による住民福祉の向上」といった住民の合意が失われ価値観が多様化してくることで、むしろ主権者・納税者・消費者・顧客といった住民の観点が重要となってきたことの反映であり、「民主制」の確立・推進の必要性を意味していたと考えられる。

2．行政システム改革と「存在価値」の実現に向けた取組

　北川県政の行政システム改革では、もっぱら減量化による「効率」の向上を追求した田川県政の行政改革とは異なり、地方分権型行政運営においては、「民主制」が「効率」に優先されるべきであるという観点から、行政運営のあ

り方を見直すことで、「民主制」の確立・推進と「効率」的な「小さな政府」の実現を目指したのである。

「行政システム改革大綱」では、「簡素・効率」「分権・自立」「公開・参画」というキーワードに基づき行政システム改革が進められた。このことを県行政と県民との関係でまとめると、「簡素・効率」は、県民の行政ニーズにあった公共サービスを最小のコストで行うことである。また、「分権・自立」は、行政活動の範囲を最小限の範囲にとどめることである。さらに、「公開・参画」は、行政の関与が必要な場合でも、三重県は県民の参加を促すため、住民に情報を公開してアカウンタビリティを果たさなければならないということである。これらのキーワードこそ、事前裁量型の政府、つまり三重県政が一部既得権益を守るようなコーポラティズム的な県政をやめ、三重県政に「民主制」の確立・推進と「効率」の向上をはかるために必要な行政面での最低限の理念であった。

この3つのキーワードと行政システム改革の取組項目は、次の通り整理できる[8]。

第1に、「県民の行政ニーズにあった公共サービスを最小のコストで行うこと」については、単純に最小コストで行政活動をする、あるいは県職員の定員数を最少にし、効率化をはかるということだけではなく、行政活動は「生活者起点」として行うものであり、このためには、社会的費用を最小化する必要があるということである。この意味から、「生活者起点」とは、インサイダーだけでなくアウトサイダーをも含めた「県民全体」の利益を増進すること、すなわち三重県の地域社会・経済における地域資源配分の「全体最適化」を行政活動の最大の目的とすることを求めていることになる[9]。

ここでの問題は、そのために必要な社会的費用を最小化するということである。一部の既得権益を持つ利害関係者の利益を最大化しようとするインセンティブは、利害関係者のメンバーが固定化され、いわゆる繰り返しゲームにおける協調解の実現可能性が大となることから発生する。このような利害関係者の固定化は、規制や事前裁量型行政による参入障壁の高さに求められる。このため、行政システム改革により、事後チェック型行政への転換[10]や規制緩和が求められる。このことについて、「行政システム改革大綱」では、「規制緩和

の推進」をはかるとともに、事前裁量型行政から事後チェック型行政へ転換するために、「事務事業評価システムの定着」をはかることとしている。とくに、2002年度に事務事業評価システムから発展したみえ政策評価システムでは、県職員の意識改革や事務事業見直しなどの内部マネジメントツールだけでなく、アカウンタビリティツールとしての役割をも重視した方向に見直されたのである。

しかし、事後チェック型行政は、事前裁量型行政に比べ、事後的に多大な行政活動資源を活用して情報収集し、個々の事務事業についての適否を評価しなければならない。この結果、三重県の場合も職員定員数抑制の下で、不要な職員数を減らすことは当然としながらも、事後チェックに必要な組織機構の充実とその職員定員数の増加がはかられた[11]。すなわち、総務局政策評価推進課の設置とスタッフの充実（1998年度）、また監査事務局のスタッフの充実（1997年度体制は部長級1名、次長級1名、課長補佐級9名、係長級8名、計19名体制から、2001年度には部長級1名、次長級2名、課長級1名、課長補佐級7名、係長級11名、計22名体制となった。また、1997年度から民間人の監査委員が配置された）がはかられたのである。

さらに、行政活動の縦割り化を是正するための複数部局による横断的な「総合行政」が推進されるとともに、2002年度当初予算より「新価値創造予算配分のコンペ方式」（新価値創造予算枠制度〔後述〕）の導入など、複数の事業部局の共同施行や競争環境がつくられることにより、インサイダーとの協調行動が困難になった。一方、各事業部局へ権限を委譲する場合、ややもすると各事業部局の過当競争や各事業部局が実施する政策自体が三重県の行政組織全体の共通目標から遠心化してしまい組織統一性が失われ、部局益・課室益の発生というようなリスクが発生する可能性がある。このため、各事業部局間による過度の競争が生じた場合、これを調整する組織として総合企画局と総務局が1998年度に設置された。つまり、知事や知事官房組織（総合企画局・総務局）のリーダーシップでこれら政策の調整をすることが、インサイダーからの三重県政のぶんどりを避けつつ、政策の整合性を高めることになる。このことから、2002年度の知事官房組織及び事業部局の官房組織の充実・強化は、三重県の行政運営における「民主制」の確立・推進にとって極めて重要な組織機構改革

であった。

　第2に、「行政活動の範囲を最小限の範囲にとどめる」については、民間部門に行政が関与することをできるだけ少なくし、民間部門が自立自助することで民間部門の競争環境や県民の自律環境を強化することである。この意味は、三重県政が民間部門の利害関係者からぶんどりされる可能性を最小にすることである。つまり、民間の利害関係者と行政部門が互恵的な関係を結び、アウトサイダーの県民の利益を損なうことを最小にしようとすることである。このため、県民とのオープンな行政活動の協働化がはかられている[12]。

　第3に、「行政の関与が必要な場合でも、三重県は県民の参加を促すため県民に情報を公開し説明責任を果たさなければならない」については、個々の行政組織がそれぞれの多様な権益を持つ県民の利害関係者とは、中立（公正・公平）的に行政活動しなければならないような誘因を与えられることである。すなわち、アカウンタビリティを果たす限りは、一部の利害関係者にだけ利益を与えるような行政活動を行うことが困難となる。また、この理念は、既得権益者である県民と三重県との結託・協調関係が発生するインサイダーとアウトサイダーとの情報の非対称性を排除することにもなる。

　さらに、公共サービスの有効性の適否を判断するのは、その最終需要者である県民であることから、限定された利害関係者だけでなく、いろいろな立場の県民ができるだけ公共サービスの有効性を容易に判断でき、意見を言えるような仕組みを作ることが必要となる。このため、次の仕組みが導入されることとなった。①「新しい総合計画」とみえ政策評価システム（2001年度までは、事務事業評価システム）に基づき行政活動の客観的な目標を定めつつ、それを実現するための「政策推進システム」を導入する。②みえ政策評価システムによる評価結果に対する中立的（公正・公平）な事後チェックを複数の機関（総合企画局・総務局・事業担当部局の共同）で行う「前年度事業の成果の確認と検証」システムを導入する。③第三者の立場から「新しい総合計画」実施状況等に係る業績を検証・評価する「監査」システムを導入する。④外部機関から行政運営の仕組みなどの評価を受けることや各部局等が相互に行政運営の仕組み等を「部局間相互評価」することにより、各部局等が自らの行政運営の仕組みを改善していく行政経営品質向上活動を導入する。⑤県民へのサービスの内

容等を定めた「県民の皆さんへ」の公表システムを導入する。

　また、1998年度の「県民１万人アンケート」の調査結果からは、約４分の３の県民が参画意識を持っていることが明らかになっていることからも、県民参画に向けた仕組みづくりにも取り組まれた。この仕組みとしては、①行政手続条例の制定、②情報公開条例の改正による行政情報の原則全面公開と中央政府の情報公開法制定に連動した情報公開県条例の見直し、③「県民の声相談室」[13]の設置、④事務事業目的評価表の公開[14]、⑤予算編成過程の公開、⑥県民との「新しい総合計画」の数値目標等に関する県民懇談会の開催、⑦「三重県民e-デモクラシー」[15]の開催、⑧政策提言型広報の実施、⑨県民との直接対話型広聴広報活動である「みえ出前トーク」の実施、⑩県民から県職員が県政について講義を受ける「県民出前講演」の開催、⑪パブリックコメント制度[16]などの広聴制度の充実、などがある。これらの仕組みの導入により、県政の意思決定過程等への県民参画の促進がはかられることとなる。

　以上のように、「生活者起点の県政運営」では、３つのキーワードの下で、「民主制」の確立・推進のための制度設計がはかられているとともに、行政運営の社会的費用の最小化をはかる仕組みとなっているのである。つまり、「生活者起点の県政運営」は、政府を「小さな政府」に作り変えることになり、また地方政府の存在価値である「民主制」の確立・推進を実現することになる。この「民主制」の制度設計により、三重県の行政運営の有効性は向上するが、有効な公共サービスの提供の効率性を向上させるかが次の課題となる。この「民主制」の確立・推進と「効率」の向上という２つの「存在価値」を行政運営において実現するために、三重県では、行政システム改革にNPMの手法が導入され、目標管理型行政運営システムが構築されることになった。

3．目標管理型行政運営システムと「存在価値」の実現

　NPMによる目標管理型行政運営システムは、事業実施に関する権限委譲を進めると同時に、政策体系に基づく、人材・財源といった行政活動資源配分権限の集権化をはかることになる。すなわち、この行政運営システムは、分権化と集権化といった相異なる２つの形態の下で、組織全体の統合機能を高めるといった矛盾する目標を同時に達成するシステムである。この意味で、目標管理

型行政運営システムは、統合機能と分権化機能をともにあわせ持つシステムである。三重県の場合、組織・定員管理、人事異動、予算編成など組織的重要性を持った政策に関する意思決定は、県行政組織の大局的なシステム環境に関する情報を処理するトップマネジメント部門において専門的に取り扱われる一方、事業実施部門の各部局・各チームなどの現場レベルにおける決定権限と現場間の総合行政に関する決定権限が分権化されることになる[17]。このような情報処理方法をとる理由としては、外部環境が急激に変化する条件の下では、個別環境パラメータの観察が重要視され、局所的な決定権限と大局的な決定権限の分離が情報の効率性及び行政運営の効率性の向上に貢献することになるからである。

　また、目標管理型行政運営システムでは、「分権化・権限委譲」といったものが目標に対してどれだけ成果をあげたかということを計るとともに、その成果に対する責任を追及するために、アカウンタビリティが重要な概念として強調される。一般的に、「分権化・権限委譲」が進展すると、現場組織の全体組織からの遠心化の可能性が生じる。これを防ぐためには、アカウンタビリティを一層強化し、トップマネジメント部門は、統制力を確保しなければならない。すなわち、アカウンタビリティは、全体組織からの遠心化によって無秩序状態が生み出されることを防ぎつつ、効率性や公共サービスの質（＝有効性）をチェックすることになる。このため、目標管理型行政運営システムでは、これまでの行政組織内部で公共サービスを生産していた仕組みを民間部門との間あるいは行政組織内の企画管理部門と事業実施部門との間での「契約」による生産に切り替えることで、アカウンタビリティを強化する。

　三重県の場合、全庁的なカラ出張問題から行政責任が問われたこともあり、行政システム改革の１つの重要な課題がアカウンタビリティ制度を確立することであった。このため、事務事業評価システム（みえ政策評価システム）及び「率先実行」取組（「新率先実行取組」）がマネジメント部門と事業実施部門（あるいは上司と部下）との一種の「契約」を明示することから、アカウンタビリティの強化につながる制度として整備されていたのである。

　以上のように、目標管理型行政運営システムは、目標を達成するための手段の選択権を事業実施部門に権限委譲し、事後に目標を達成したかどうかを

チェックする方法であるため、これまでのような事業実施中間過程でのモニタリングにかかるコストが削減できる。さらに、事業実施部門のアカウンタビリティが強化されることで、目標に基づく行為に対する事業実施部門の自律的調整が促進され、組織目標を達成するために必要なモニタリングコストを下げることも可能となる。このように、この行政運営システムは、自らのシステム構造に効率化向上の機能を組み込むことになる。さらに、成果主義は、手続きよりも結果を求めることから、手続きの簡素化や手続きの裁量性が増え、手続き関係の法令も減ることになる。この意味では、アカウンタビリティと同様に職員の倫理観・モラルが重要となってくる。とくに、目標管理型行政運営の環境が形成されるにつれ、職員のモラルや倫理が重要になってくるのである。つまり、アカウンタビリティは、職員の倫理的な意識が高くなることで強化されることから、さわやか運動、事務事業評価システム（みえ政策評価システム）、「率先実行」取組（「新率先実行取組」）、行政経営品質向上活動などを通じた県職員の意識改革に取り組まれることになったのである。

　目標管理型行政運営システムが公共サービスの生産・供給において、購入者としての企画管理部門と生産者としての組織内の事業実施門あるいは民間部門とを分離するめには、①純粋公共財にあっては、市場（競争）メカニズムによる公共サービスの需要の予測・確定が不可能なため、企画管理部門の決定によらなければならないこと、②企画管理部門が公共サービスの正確な需要の予測・確定を行うためには、地域社会・経済環境とのコミュニケーション、すなわち十分な情報提供と情報収集を行わなければならないこと、などの課題が生じる。この課題に対しては、企画管理部門の機能を担うトップマネジメント部門は、公共サービスの需要の予測・確定に専念できることから対応が容易となる。この結果、トップマネジメント部門の地域社会・経済環境に対するアカウンタビリティが強化される可能性が生まれる。また、トップマネジメント部門と事業実施部門との「契約」は、発注者と生産者の間のモニターを生産過程の中間から事前・事後へと切り替えることになり、両者間の情報のフィードバック・ループが長くなる。この結果、両者間の情報の流れが外部に対しても明確化することになり、この可視性の高まりが地域社会・経済環境への答責性の確保に役立ち、結果的に「民主制」の確立・推進につながることになる。目標管理型

行政運営システムは、存在価値としての「効率」を向上することになるが、もう1つの存在価値である「民主制」の確立・推進も行うことになるのである。

第2節　行政システム改革と「民主制」の確立・推進

1．地域社会・経済環境からの民主統制の強化

　目標管理型行政運営システムでは、政策目標を意思決定するトップマネジメント部門の地域社会・経済環境に対するアカウンタビリティが強化されるが、アカウンタビリティという言葉には、説明すること以外に十分説明できなかった場合は、何らかの処罰が予定されている。この処罰が予定されることによって、行政運営が民主的にコントロールされることとなる。

　地域社会・経済環境からの政策過程に対するコントロールは、政策過程の企画・実施・評価それぞれの時点で行われる。従来の追いつき型近代化の時代においては、「プラン偏重の行政」といわれたように、「企画」が重視される傾向があったが、近年では「評価」の重要性が認識されてきている。しかし、将来のあるべき三重県のビジョンを描き、戦略的な政策を企画立案することは、三重県の地域社会の将来にとって重要なことであることには変わりない。つまり、このような企画立案を行うことは、三重県が与えられている公共サービスの提供機関としての役割から正当性がある。また、県職員がそのような企画立案を自由にできることは、県職員のやる気やモラールを引き出す重要な条件であることにも変わりない。ただ、ここで重要なのは、代理人たる県職員の裁量が本人である県民等から委託された範囲を逸脱しないように、外部からモニタリングし、チェックすることである。すなわち、このような裁量・権限を三重県に与えることは、その機能を乱用する危険が生じるため、一定のコントロールが必要となる。このことは、地方政府への民主的統制の問題であり、民主統制は、民主主義社会における行政責任にかかわる重要な原理である。ただ、行政活動の専門化が進むとともに、専門的な行政裁量が拡大すると、地域社会・経済環境からのコントロールが困難となる。ここから、行政のアカウンタビリティは、事業実施過程の中間時点よりも事前・事後での説明が重視されるようになる。

このため、三重県では、政策評価制度として「みえ政策評価システム」(「事務事業評価システム」)を導入し、事前・事後での政策評価結果を情報公開することにより、アカウンタビリティを果たすことを目指している。また、みえ政策評価システムは、事後評価が基本であり、この事後評価は、次期の政策形成に利用する事前評価に発展させることができることになる。ただ、県民がこの評価を行うことができる前提としては、情報公開等による意思決定過程が公正で透明であることが必要となる。情報公開は、三重県と県民との間の情報非対称を縮減し、情報の共有化を促進するため、県民が自律した共同責任者として三重県の行政活動に参画していくことが必然となっていくと考えられる。このことから、情報公開についても多様な取組が行われている[18]。その中でも、とりわけ評価との関係からは、予算編成過程など政策形成過程やみえ政策評価システムの目的評価表などの情報公開が行われ、さらに評価の結果(計画の進捗状況等)について施策レベルの評価を中心にとりまとめた年次報告書「三重のくにづくり白書」が発行・公開されたのである[19]。

このように、施策・事業等が意図・目標どおりに実施されているかをモニタリングすることは、評価の重要な機能あるが、ただモニタリングを余り重視すると、地方政府が達成容易な目標を設定する可能性が生じることになる。そのうえ、モニタリングに引っかかるところだけ一所懸命業務遂行する可能性も生じる。このため、「評価の評価」が必要とされ、モニタリングのコストも膨大になると推測できる。この問題は、単に代理人の行政責任論を越えて、いかに民主主義を維持するかという問題に発展するのである。

一方、公共部門における効率性を向上させ、公共サービスの提供コストを縮減したとしても、民間企業とは異なり、それが「顧客」たる住民の行政ニーズに沿っているかどうかは別問題である。このことから、公共サービスの質(=有効性)が問われることとなり、どういう公共サービスを提供すべきであるかという意思決定過程にも、直接あるいは間接に、住民参加できる仕組みを作ることが重要となる。すなわち、この意思決定過程は、「民主制」という政治的課題と結びつく重要な課題であり、民間企業の商品に対する顧客の需要のような単純なものではない。この住民への公共サービスの質(=有効性)が問われる責任とは、民主的な責任である。このことに対処するため、情報公開等の手

段が積極的に活用されることになる。しかし、情報公開だけでは、意思決定過程への住民参加が実現するわけではないことから、住民が公開された情報を活用できる仕組みを作り上げなければならない。この意味で、行政システム改革においても、県民参画の仕組み作りに取り組まれることになったのである。

2．住民参加と県民等との政策合意形成

　政策を取り巻く環境が大きく変化すると政策の見直しや政策の優先順位の見直しが必要となる。とくに、地域社会・経済環境の意図が分裂したり、曖昧になったりした場合、既存の政策は見直され、新たな政策に対する県民等との合意形成がはかられることになる。つまり、政策目的は「抽象的な言辞」が多く、また政策の具体化は県職員の裁量にゆだねられることが多く[20]、さらに県職員も政策の適切さをその内容面から科学的に判定することが難しいことから、政策の評価は、必然的に政策に対する県民等の合意の有無や程度に依存することになる。この結果、より多くの住民の合意を得た政策が適切な政策と見なされることになる。このとき、新たな政策の企画立案過程は、専門家である県職員による「効率」性と、政策に対しては専門家ではない住民の参加による「民主制」とのバランスがはかられていることが望ましいことになる。

　具体的に、どのように住民参加による政策立案が行われたか、といった住民等との合意形成過程について、三重県が2002年4月1日から施行した産業廃棄物税（法定外目的税）の創設過程への県民等の参加と合意形成のケースから考察する。

　産業廃棄物税創設の意思決定過程を巡る出来事の経過は、次の通りである。

　産業廃棄物税の創設にあたって、「①県民及びその代表者である県議会や関係者とオープンに議論して、コンセンサスを得ながら進めること、②税制のみならず、環境政策、産業政策の立場からも政策的にしっかりしたものにすること」[21]という方針の下に、三重県では、2001年4月導入に向け作業が進められた。そして、2000年8月に、県議会に対して産業廃棄物税の検討4試案が報告された。その後、同試案により9月から10月にかけ、県内4会場で県民懇談会が開催され、県民等との議論が行われた。さらに、産業廃棄物排出事業者や産業廃棄物処理業者、商工会議所など商工関係団体、地場産業の組合、そ

して産業廃棄物を排出する主な個別企業とも意見交換が行われた。さらに、2001年2月に、県議会から納税者たる産業界との議論が不十分との指摘を受けたことから、2月県議会への条例案提出を見送る一方で、3月から産業界、とくに大規模な排出事業者を中心とする三重県産業廃棄物対策協議会（県内の62社）との検討会議が開催された。この過程で、産業廃棄物税の理解が産業界等からも得られることとなり、条例案が6月県議会に提出され、附帯決議（3年から5年を目処に見直す）のうえ、全会一致で可決されたのである。

以上、産業廃棄物税創設の意思決定過程では、県議会・県民・産業界の参加という萌芽がみられた。つまり、新たな政策の意思決定には、地域社会・経済環境からの多様な主体の参加による合意形成がなされたのである。このような産業廃棄物税の意思決定過程における合意形成と同様の形態には、すでに三重県の「新しい総合計画」の実施計画等を議論するために、1998年度から開催されている県民懇談会がある。この県民懇談会の設置は、欧米諸国の市民パネル（Citizen Panel）[22]ほどではないにしても、意思決定過程に対する県民の参加の拡大と統制を強化したといえる。この政策形成過程への住民等の参加拡大は、政策の意思決定に対する責任の共有を促進するため、地方政府の責任が相対的に減少することになる。しかし、政策目標に対する成果の達成度が外部からモニタリングされることになることから、結果的には、コントロールが強化されることになる。このことは、地方政府の責任が減る一方で、逆に住民の責任が増すことを意味する。

3．地方議会からの民主統制の強化

地方政府への民主統制を担保するものは、以上のような直接民主主義的な取組のほかに、間接民主主義の下では、住民による住民の代表者を選出することである。一般的に、今日の大衆社会では、完全な直接民主制をとりえず、単なるミクロな個人の選好の集計では達成され得ないマクロな政策決定については、代表者による決定を行う間接民主制とならざるをえない[23]。すなわち、間接民主制としての代表民主制は、ミクロレベル的には住民個人の利益追求に関連した公共サービスの提供を、住民の直接的な選好とは一定の距離のもとに間接的に決定するシステムである。

地方政府の代表民主制は、中央政府の場合と異なり、憲法93条により首長と地方議会議員を住民が直接選挙する二元代表制民主主義を採用している。この二元代表制民主主義は、議決機関である地方議会と執行機関である首長をチェック・アンド・バランスの関係（地方議会には、首長に対する不信任議決権があり、また首長には地方議会に対する解散権がある）におくことで、一方の独走を防ぐものである。この意味で、基本的には、地方議会と執行機関とが対立するものとなっている。しかし、地方議会と執行機関が制度的に対立する構造となっていても、対立のみを繰り返しては、住民の利益とはならない。このため、地方議会と執行機関とは、政策マネジメントサイクルにおいて機能分担することになる。このことについて、神野直彦は、政策マネジメントサイクルを政策立案→政策決定→政策執行→政策評価（→政策立案）という循環としてとらえ、本人である住民から信託された代理人である首長と地方議員のうち、首長が政策立案と政策執行を機能分担し、また地方議員が政策決定と政策評価を機能分担するとしたのである[24]。

　この政策マネジメントサイクルの機能分担は、「企画立案」「執行」を通して住民に公共サービスを提供する執行機関に対して、住民の代表である地方議会が「決定」「評価」によって行政活動をコントロールするチェック・アンド・バランスの関係を示している。また、この機能分担では、首長と地方議会が交互に権限を行使することになることから、相互チェックが容易となるのである。しかし、現実には、地方議会招集権や予算関連議案の提出権が首長にあるなど両者の関係は対等とはいえない。ただ、「分権一括法」による改正地方自治法では、機関委任事務が廃止され、地方政府の事務が法定受託事務と自治事務とで構成されることになった結果、地方議会は、すべての執行機関の事務に関与できるようになり、さらに改正地方自治法第98条1項により、地方議会は国の安全を害する事項を除いて地方議会の検査権を行使できることになり、地方議会からの民主統制が強化されたのである。

4．三重県議会からの民主統制の強化と執行機関の対応

　行政システム改革が県民と三重県の執行機関との協働という形態の県民参加を推進したことは、政策マネジメントサイクルへの県民の直接参加を推進した

ことを意味する。しかし、県民との協働は、政策の有効性を高めるためには重要なことではあるが、一部県民と執行機関による政策決定につながる可能性が生じる。そのうえ、政策評価システムの導入により、政策評価までもが執行機関によって行われることになる。すなわち、多数の県民の代表である県議会議員が政策の意思決定過程等から排除される可能性が生じることになる。

　このため、三重県議会は、政策課題ごとの集中審議や部局横断的な予算審議を行う場として、1997年4月に「行政改革調査特別委員会」及び1998年5月に「予算決算特別委員会」を創設したのである[25]。また、「みえ政策評価システム」が導入された2002年度には、三重県議会は、三重県の執行機関が「みえ政策評価システム」の施策評価等に関する結果をわかりやすく公表するために作成した年次報告書「三重のくにづくり白書」の概要を事前に第2回定例会（6月）において、執行機関に報告させるとともに、予算決算特別委員会で、そのことに関する調査を実施（7月）した。この調査結果については、議会意見として議長から知事に提出した（9月）。また、三重県議会は、この議会意見の施策等への反映について、知事から報告させる（12月）とともに、第4回定例会（12月）の常任委員会において、三重県の各部局から来年度の予算要求の状況と議会意見に対する説明をさせた。さらに、三重県議会は、予算決算特別委員会で総合企画局に議会意見に対する施策全般についての説明をさせた。そして、翌年の第1回定例会（2月）において、各部局に施策、基本事業及び来年度の新規事務事業にかかわる目的評価表について報告させたのである。

　ところで、政策マネジメントサイクルにおける県議会の政策決定及び政策評価とも、執行機関の活動を前提に行われる。このことから、知事の権限行使の後に、議会の権限が行使されることになるため、これまでの議決が知事への後追い承認と指摘されたことがあった。このこともあり、三重県議会では、この後追い承認のような現状を改革するため、議決機関としての県議会の機能強化をはかる議会改革に取り組むことになった。この結果、三重県議会と執行機関との対立が増加することになった。たとえば、知事提出条例案に対する修正案が出されたり、旅費の不適正執行や教職員の勤務時間内組合活動などの問題に起因したことなどで、三重県議会は、5年間で3度決算を不認定とすることになった。また、県出資法人への県議会議員の役員就任禁止などを通じて、県議

会と執行機関との間の緊張関係が維持されたのである[26]。

　さらに、首長の権限行使とは関係なく行える議会の積極的な権限行使としては、議員提出条例制度がある。この制度は、住民の意思を議員が代行することを条例提出権として保障したものである。これまで、三重県議会では、1947年から1999年までの43年間で議決された議員提出条例は71件あったが、そのうち、70件は、議員定数や議会運営に関するもので、政策に関する条例は1件であった[27]。そのうえ、これまでは、県議会議員の本会議や委員会での政策提案について、執行機関は聞き置くだけという傾向があった。このため、議会改革では、県議会の独自の政策立案能力の強化がはかられたのである。まず、県議会議員主導の下に、県議会事務局に政策調査を専門とする組織として政策調査課を設置し、県議会議員の政策提案から政策立案への展開をサポートする体制整備が行われた。この取組の結果、1999年と2000年の2か年間に、単独会派、超会派あるいは県議会議員自らが企画立案した「政策」にかかわる議員提出条例が4件上程され、いずれも全員一致で可決されたのである[28]。可決された4件の条例は、①三重県生活創造圏ビジョン推進条例、②三重県リサイクル製品利用推進条例、③三重県行政に係る基本的な計画について議会が議決することを定める条例、④議会の議決すべき事件以外の契約等の透明性を高めるための条例、である。また、それぞれの条例には、①は県の広域行政の単位である9つの「生活創造圏」ごとに、執行機関に対して、県民主導で作成した地域計画の継続的な支援と県議会への進捗状況の報告を求める条例である。②は一定条件を満たすリサイクル製品の知事による認定と優先的な県の使用努力を規定する内容であり、①と②は、いずれも「政策決定」的な条例である[29]。③は地方自治法96条第2項を根拠に執行機関が策定する基本的な計画（三重県の策定する各種計画のうち、長期総合計画と計画期間が5年を超える基本的な計画）を新たな議決事項と規定した条例である。④は議決対象外である地方公営企業の契約、リース契約、県出資法人の契約のうち一定の金額以上のものについて、県議会に報告を求めるという地方自治法98条及び100条における検査権・監査請求権・調査権などの県議会の「評価」権をさらに具体化した条例である[30]。この④の条例は「政策評価」的な条例であり、三重県の行政運営に対する民主統制の強化を意味したのである。

第3節　行政システム改革と「効率」の向上

　情報共有型システムの組織がシステムとしての統一性を高く保つためには、情報資源と情報処理権限を事業実施部門に分権化し、事業実施部門の間での水平的情報処理を活発化する一方で、財源・人材などの行政活動資源管理権限をトップマネジメント部門に集権化することで組織統合機能を果たさせるといった双対原理が成り立つ必要がある。このため、本節では、行政システム改革が地方政府の存在価値である「民主制」の確立・推進と「効率」の向上を実現するさまざまな仕組みを構築ししてきたが、実際、これらの仕組みの総和が「双対原理」を成り立たせ、三重県の行政組織の一体的な効率性を向上させているかを考察する。

1．三重県の行政組織における情報処理方法の変化

(1)　行政組織における事務配分

(i)　内部組織間における事務配分

　三重県の行政組織の部局等の事務は、概括列挙されており、日常のルーティン業務の管轄が明確にされている。各部局の組織単位及び分掌事務は、「三重県部制条例」（1998年　三重県条例第1号）で定められ、次の下位組織単位である課所の組織単位及び分掌事務は、「三重県行政組織規則」（1998年　三重県規則第35号）で定められ、最小の下位組織単位であるグループ（係）及びグループ員（係員）の分掌事務は、課所内の決裁文書で定められている。いずれもこれらの規定は、一般的に「何々に関すること」というような箇条書き程度である。

　また、課所に配属される個々の県職員の職務は、あらかじめ明定されておらず、事務は、年度初めに個々の県職員へ課長権限により配分するという形がとられている。さらに、事務ごとに主務者と副務者とが配置されているのが一般的である。そして、配分された個々の県職員の分掌事務は、職務分担表で概括

的に箇条書き程度に明らかにされているが、業務の繁閑や県職員個々人の能力を勘案して適宜、柔軟に事務の割り振りが変更されることになる。このことは、県職員個々人の事務を分類し、それを積み上げるという職階制度がつくられていないため、個々の職制ごとの職務内容が明確に区分されていないことによる。つまり、課所の分掌事務全体を県職員個々人が分担できるまでに細分化しているが、それは、権限付与というよりは事務を担当させるという形態である。また、県職員の分掌事務を定めることは、必要な権限と責任を明確にした上で、個々の県職員に割り当てて業務遂行をさせる職階制度とは基本的に異なる。この結果、県職員の職務区分は、厳格な区分ではなく曖昧な区分となり、それによって、かえって柔軟に事務を割り当てて、県職員の有効利用がはかられることになる。たとえば、課所の事務量の増減に対して、事務量と職員数の不均衡が生じても、一定程度までは、現有の人員数で事務を処理することになる。このように、職階制度のねらいとは異なり、個々の県職員に事務を分担させながらも、県職員個々人の責任と権限を厳格に明確化しないことで、むしろ全体としての効率を追求する仕組みとなっていたのである。

　一方、非ルーティンな業務に関しては、その管轄は明確にはなっていない。ただ、本庁部局レベルでは、総務局の分掌事務に「その他他部の所管に属さないこと」という規定が条例で定められている。また、課・室レベルでは、総務局政策評価推進課の分掌事務に「その他庁内他課の所管に属さないこと」という規定が規則で定められ、そして各部局内の課・室レベルでは、各部局主管課の分掌事務に「その他部局内他課及び室の所管に属しないこと」という規定が規則で定められている。さらに、課・室内のレベルでは、課長決裁文書で管理担当グループ（管理担当係）の分掌事務に「その他他グループの所管に属しないこと」と定められている。このように、形式的な側面が強いが、三重県の行政組織全体の分掌事務には隙間ができないように設計されている。

　実際に、非ルーティンな業務が生じた場合、一般的にはサブシステム間の相互の調整により、問題が解決されている。たとえば、部局のサブシステムである部局内課室間の相互調整により部局内の問題が、また課室のサブシステムであるグループ（係）間の相互調整により課室内の問題が解決されているのである。このような問題解決に対する対応の柔軟性の結果、組織の適正規模は曖昧

となり、事務量の変化にともない組織規模や人員数を同時に縮小あるいは増大させるという組織機構の改編を余り必要としないこととなる。この仕組みも、職員の分掌事務と同様に行政組織全体としての効率性を追求したものであった。以上のことは、急激でない環境の変化に適応して、日常的に改革を行う情報共有型システムの特徴を有した組織機構であることを示していたのである。

　このような組織・執務形態は、大森彌によって「大部屋主義」と呼ばれている[31]。大森の定義によれば、大部屋主義とは、①公式の任務は組織の基本単位である課・係までしか規定されない、②その規定の仕方も概括列挙的であり、③職員は課・係に属し、それから課・係の任務を分担・協力して執行し、④空間的には同室で仕事を行う、ような組織・執務形態と定義される。三重県の行政組織も、個々の職員が同じ部屋で机を並べて働いており、課やグループ（係）に与えられた業務遂行のため、個々の県職員は、自分の職務を越えてお互いに協力しあい、集団的に職務を遂行するという大部屋主義の特徴を有している。また、この大部屋主義の下で、三重県の行政組織の執務形態は、個々の県職員が自ら分担された事務を遂行するとともに、事務によっては、相互依存的に執行することもある。このことは、課・グループ（係）の仕事に必要な定員数の確定を曖昧にし、結果的には組織が必要とする定員数にも柔軟に対応できる組織形態であった。

(ii) **2002年度の行政システム改革による内部組織間の新しい事務配分**

　2002年度の組織機構改革の取組は、政策の柱に基づく現行の部局体制（2局6部）の下で、「新しい総合計画」第2次実施計画の政策・事業体系に基づき、施策と基本事業単位を基本としたチームに課室が組織改編された。また、本庁部局における「次長・課長職」から、「新しい総合計画」第2次実施計画の政策・事業体系を束ねる「マネージャー制」へと職制も改革されたのである。このことにより、組織の単位をこれまでの「課室」から「部局」とし、第2次実施計画の政策・事業体系に基づく業務のまとまり（政策、施策、基本事業）をマネジメントの単位として弾力的・機動的な組織運営が行われることになった。

　このような新たな組織の分掌事務は、改正「三重県行政組織規則」（2002年

4月1日施行）で定められている。この改正規則においても、改正前の規則と同様に部局等のサブシステムの事務が概括列挙されており、日常のルーティン業務の管轄が明確にされている。まず、各部局の組織単位及び分掌事務は、「三重県部制条例」で包括的に定められている。また、改正「三重県行政組織規則」では、部局の分掌事務が包括的に施策分野別に定められいる。さらに、この改正規則では、部局の施策分野ごとの具体的な分掌事務が包括的に定められている。しかし、部局の次の下位組織単位であるチームの組織単位及び分掌事務は、改正「三重県行政組織規則」には定められていない。チームの分掌事務は一般的に部局内の決裁文書で定められ、最小の下位組織単位であるグループの分掌事務はチーム内の決裁文書で定められている。いずれもこれらの規定は、一般的に「何々に関すること」というような箇条書き程度である。なお、県職員個々人の職務の定め方については従前通りである。この結果、部局単位の分掌事務のみ、条例あるいは規則で定められていることになり、一方、チーム単位の分掌事務については、改正「三重県行政組織規則」で包括的に定められた施策分野の分掌事務に基づいて各部局が裁量により分掌事務を定めることになる。このため、部局内での事務配分の柔軟性が一層増すことになったのである。

(2) 大部屋主義と情報処理形態
　(i) 「新しい総合計画」の策定過程における情報処理方法

　次に、大部屋主義の組織・執務形態の下で、三重県の行政組織がどのような情報処理形態をとっているかについて、「新しい総合計画」の策定過程から考察する。

　1997年11月に公表された「新しい総合計画」の策定にあたり、策定業務の中心となった組織が企画振興部企画課であった。三重県の総合的・全庁的なレベルでの政策企画・調整を行う企画課は、財源の管理・配分を行う総務部財政課や組織・定員、人材の管理・配分を行う総務部人事課とともに、知事官房3課を構成していた。

　この「新しい総合計画」策定過程では、各事業部局と企画課との協議が頻繁に行われたことから、この協議過程は調整の積み重ねであった。また、この調

整は企画課が一方的に行うのではなく、事業部局との双方向的な調整が行われた。さらに、この計画策定の調整過程において、企画課の総合計画担当職員は、各事業部局を分担し調整することとなる。この調整方法では、企画課の各事業部局担当職員が個別調整の結果を積み上げ、企画課長に調整結果を説明する際に、説明者は、各事業部局の代理人とみなされる。このため、企画課の各事業部局担当職員の調整結果が企画課長に認められるためには、企画課職員は、担当事業部局との調整結果について十分な合意をしておくことが必要となる。また、企画課で全体の調整を行う際に、企画課の各事業部局担当職員が担当事業部局にかかわる計画を円滑に調整することができるためには、各事業部局との計画策定の調整過程で、企画課の各事業部局担当職員は、各事業部局の意向を各事業部局の計画策定担当職員と同程度に十分理解しておかなければならないのである。さらに、担当事業部局の意向が企画課での全体的な調整に反映されるためには、企画課の各事業部局担当職員と担当事業部局との十分な協議による意思確認が必要であった。三重県の場合、この意思確認が円滑に行うことができたのは、企画課と事業部局との間で人事交流が行われているため、企画課職員が事業部局の業務に一定の理解があるとともに、また事業部局の計画策定担当職員も企画課の業務を一定理解するという双方向的な調整が行える基盤が整備されていたことが大きな要因であった。

(ii) 「新しい総合計画」策定過程における事業計画調整方法

「新しい総合計画」策定過程における事業部局間の計画にかかる調整は、企画課が事務の中心を担ったが、企画課が事業部局の調整を一手に担ったわけではなかった。企画課以外に、三役・部局長などの部長会議のメンバーで構成される「総合計画策定会議」（知事が議長）及び各部局主管課長などのメンバーで構成される「総合計画策定幹事会」（企画振興部次長が会長）が創設され、そして部局長、課長など複数レベルで調整会議が開催されるなど、各事業部局間にかかわる水平的な調整が行われた。

また、「新しい総合計画」の「第3編基本計画（県の行う施策と目標）」及び「第1次実施計画」は、事業部局の考え方を取り入れ、事業部局ごとの計画策定を積み上げて企画課の案として策定することになった。この実質の策定作業

は、事業部局の企画課兼務職員（各事業部局主管課に配属された企画員）と企画課職員との間で調整されることになった。このように、「新しい総合計画」を策定するにあたって、企画課とは別に重要な役割を果たしたのが、日常的に事務事業の企画立案・執行を行っている事業部局であった。つまり、事業部局の調整を実質的に企画課のみで総合的に行うのではなく、調整は、各事業部局の計画策定担当職員との協議、あるいは事業部局との全体会議などで進められていくことになった。また、この計画策定の調整過程における事業部局内の企画担当課と事業担当課室との部局内レベルにおける関係も、企画課と各事業部局との全庁的なレベルでの関係と同様であった。以上のように、三重県行政組織の全庁的なレベルでも、また各部局内レベルでも、その中での調整方法は、三重県の行政組織が情報共有型システムの組織としての特徴を示していたのである。

(iii) 「新しい総合計画」第2次実施計画策定における情報処理方法

これまで考察してきた三重県の調整方法は、2002年度の行政システム改革においても大きく変更されていない。2002年度からスタートする「新しい総合計画」第2次実施計画の策定にあたっても、事業部局の総合企画局企画課兼務職員が「新しい総合計画」第1次実施計画策定時の企画員（課長補佐級）から企画監（課長級）に格上げされたこと、そして「総合計画策定会議」の機能を「県政戦略会議」が果たすという変更があったが、基本的に「新しい総合計画」第1次実施計画と同様な計画策定方法であった。

この調整方法は、他の業務も同様であった。たとえば、事務事業評価システムの「前年度事業の成果の確認と検証」は、同様の方法で調整が行われていた。2001年度からは、事業部局が行う2000年度の事務事業の第1次評価結果をもとに、総合企画局企画課担当職員・総務局政策評価推進課担当職員（企画課兼務）・総務局予算調整課担当職員と事業部局担当職員とが共同して、2001年度第1・四半期にこの「前年度事業の成果の確認と検証」を行った。つまり、ここでの企画課は、第2次実施計画を策定する観点から、また政策評価推進課は評価システムの観点から、さらに予算調整課は財源の有効利用の観点から、「前年度事業の成果の確認と検証」を行うことになった。「前年度事業の成果の

第3節　行政システム改革と「効率」の向上　231

確認と検証」の調整結果については、総合企画局長に企画課担当職員が政策的な側面から基本事務事業の成果等について報告するとともに、総務局長に総務局予算調整課担当職員が予算的な側面から事務事業の成果等について報告を行った。この報告の際には、両課の担当職員が各担当事業部局の代理人とみなされることから、両課の担当職員は、自らの調整結果が上司に認められるためには、担当事業部局との調整結果に関する十分な合意形成が必要となったのである。このことから、事業部局の担当職員と同様に、事業部局の意向を十分理解し、情報の共有化をはかっておかなければならず、事業部局との十分な協議による意思確認が必要となった。

　また、総務局は、この調整結果をもとに事務事業評価結果による廃止・見直しなどの検討対象となる事務事業を総務局意見として事業部局に提示することになった。一方、事業部局も、この調整結果により第1次評価を修正することになった。そして、この修正結果が2001年度事業の見直しや2002年度の予算編成に向けて活用されることになったのである。

　このように、第1次評価結果による「前年度事業の成果の確認と検証」は、担当者レベルでの調整が行われるとともに、その調整結果についても、第2次評価結果とは見なさず、第1次評価を修正するような方法で調整が行われたのである。また、2002年度から事務事業評価システムに代わり、新しく導入されたみえ政策評価システムにおける「前年度事業の成果の確認と検証」では、施策評価・基本事業評価・事務事業評価の3層の評価が行われることから、各事業部局の主担当総括マネージャー、マネージャー及び担当職員と総合企画局及び総務局のそれぞれの職位の担当職員との間で、「前年度事業の成果の確認と検証」が行われることになる[32]。

　以上の情報共有型システムの情報処理方法は、人事管理制度によって補完されることになる。たとえば、知事部局の構成員の最多数を占める事務系職員の場合、各部局横断的に人事異動が行われていることも、各部局間に濃密な人間関係が形成され、各部局間の調整が円滑化する要因となっている。また、各部局間人事異動が少なかった技術系職員も、1998年度の行政システム改革により試験職種区分が大括りされ[33]、その結果、職務区分が柔軟化することで、水平的な調整がこれまで以上に容易になるものと考えられる。

(iv) 「新しい総合計画」策定過程における財源配分計画の調整方法

「新しい総合計画」の実施計画では、調達できる行政活動資源を想定し、その資源を用いて実行に移せる事業を計画することが求められる。このことは、実現性を考慮するのが各事業部局だけでなく、計画を調整する企画課にも、調達可能な行政活動資源を予測した上で、その資源の枠内に全庁的な行政活動資源の割り振りを収める作業が要求されることになる。その意味で、毎年度の予算編成同様に全体の枠に収めるという作業が行われた。

また、この作業過程では、企画課と財政課との間で「新しい総合計画」の枠組みと中期財政見通しとの調整をはかるために協議が行われた。この作業に対して、財政課は中期財政見通しを立てる役割を担った。ただ、その際、財政課は、中期的に財源が担保される可能性が生じることからも、計画の内容についての調整には、消極的とならざるを得なかった。しかし、アドホックな事項、たとえば大規模プロジェクトやハコ物建設については、企画課と財政課の担当者レベルでの調整が非公式に行われた。結果的には、最終的な第1次実施計画は、計画期間が1997年度から2001年度までの5年間であったことから、またすでに1997年度に事業が始まっていたこともあり、その事業費総額が中期財政見通しの枠内に収まるように、企画課が主体的に調整することになった。

以上のように、中期財政見通しの範囲内で、「新しい総合計画」は、企画課が事業部局の利害を水平的に調整しながらボトムアップで決められたのである。この知事が計画をトップダウンで決定するということが少ないという意味では、「新しい総合計画」策定過程は分権的であった。また、計画策定にとって最も重要なのが実際の事業を行う現場で試行錯誤を通じてしか得られない特定の時と場所の状況についての情報である。このため、このような分散した情報を企画課が集権的に管理することは、非効率であり、現場で分散的に共有することが望ましいという観点からも、この計画策定手法は、合理的な計画策定作業の仕組みであった。つまり、情報処理形態が情報共有型システムである組織にみられる特徴的な調整が行われていたのである。

(ⅴ) **目標管理型行政運営システムにおける「新しい総合計画」と行政活動資源配分とのリンク**

　総合企画局が総合的な調整機能を強化するためには、「新しい総合計画」に、財源・人材などの行政活動資源の配分をリンクさせることが重要となる。それができれば、財源・人材などの行政活動資源の管理を行う総務局と同様に総合企画局も、行政活動資源の配分に強力にかかわれる可能性が生じ、計画調整をする際、各事業部局の事業計画策定等での総合企画局への求心性が維持できることになる。

　このことから、総合企画局の総合的・全庁的な調整機能の強化をはかるため、「新しい総合計画」第1次実施計画（計画期間＝1997年度〜2001年度）では、競合する各事業部局が将来の展望の中で、それぞれの行政活動資源配分のシェアと地位を与えられ、事業計画目標についても数値で表されることになった。しかし、この計画は、事務事業評価システムや財源・人材などの行政活動資源の管理制度と十分に連動してはいなかった。このため、2002年度の行政システム改革において、「新しい総合計画」と行政活動資源とが連動する新しいシステムとして、政策推進システムが導入されたのである。この政策推進システムにより、「新しい総合計画」第2次実施計画（計画期間＝2002年度〜2004年度）の数値目標とみえ政策評価システムの成果目標数値との連動、さらには予算編成制度等との連動がはかられ、第2次実施計画の進行管理が財源・人材などの行政活動資源管理とリンクすることになったのである。

　この第2次実施計画は、政策（20）、施策（67）、基本事業（245）という政策・事業体系となっており、施策と基本事業に関する312の数値目標が設定されている。一方、みえ政策評価システムの成果目標は、この政策・事業体系に沿って施策・基本事業・事務事業がそれぞれ数値化される。そして、第2次実施計画の施策及び基本事業は、みえ政策評価システムの施策及び基本事業と一致する。この結果、第2次実施計画の進行管理は、単なる数値目標の進行管理だけでなく、明確化した対象と意図に基づいた目的からの評価、そして政策・事業体系に基づいた目的体系からの評価を的確に行える目標管理型の行政運営ができることになる。また、みえ政策評価システムの評価情報が予算編成や定員管理といった行政活動資源配分に反映されることから、「新しい総合計画」

の政策・事業体系に基づいた予算編成や定員調整が行われることも可能となるのである。さらに、第2次実施計画では、事業部局の行政活動資源配分のシェアと地位がより一層明確化されるとともに、数値目標も公表される。このことで、第2次実施計画は、事業実施部門だけでなく、マネジメント部門に対しても拘束的な力を持ち、アカウンタビリティの問題を生じさせることになる。総合企画局は、この政策推進システムの目標による進行管理を行うこと及び第2次実施計画の進行管理を行うことで、政策面での総合的・全庁的な調整機能が強化されることになる。

　以上のことは、次のことを意味する。情報処理に関する権限を事業部局へ委譲することは、事業部局が行政組織全体の共通目標からの遠心化を生じさせ、各事業部局間調整の困難性という問題が発生する。この問題は、第2次実施計画が策定され、そして三重県の行政組織の全庁的な行政活動資源の配分方法が定められただけでは、解決できるとは限らない。しかし、第2次実施計画が実質的な各事業部局への財源・人材という行政活動資源の配分とリンクすることにより、第2次実施計画が事業部局間の強力な調整機能を持った結果、初めて解決することが可能となった。すなわち、サブシステムの行政活動資源利用に関する情報処理権限を下位組織へ委譲する情報共有型システムの組織では、サブシステムの行政活動資源利用のコントロールが困難となるが、第2次実施計画を事業部局への財源・人材という行政活動資源の配分とリンクさせることにより、行政活動資源配分の集権性が確保でき、また事業部局の行政組織全体の共通目標からの遠心化が防げ、さらには各事業部局間調整の困難性を克服できることから、計画調整業務における効率性を向上させることとなったのである。

(vi)　行政システム改革による総合行政の推進と情報処理形態

　これまで、企画課は、各事業部局との個別の調整を積み重ねることによって、県行政組織内部の調整を行っていたが、「新しい総合計画」の策定過程でも明らかになったように、企画課は、決して強い調整権限による総合的な調整を行うことができなかった。むしろ、これまでは、多くの政策や事業が予算に関連付けられるため、実質的には予算編成過程で財政課を中心に調整が行われていたのである。

ところで、1998年度の行政システム改革では、各事業部局間を横断的に調整する機能を果たす組織として、政策面での企画・調整を行う総合企画局及び財源・人材という行政活動資源や組織機構の配分・調整を行う総務局の2局が設置された。とくに、この2局が行う調整は、行政活動資源の総枠を決め、そしてその中で各事業部局別の行政活動資源等の配分をどう調整するかである。この調整過程において、事業部局の事業遂行に必要な財源・人材という行政活動資源や組織機構を掌握している総務局は、事業部局の事業遂行に強くかかわることができた。しかし、総合企画局は、そのような資源配分等を直接コントロールできる権限がないため、事業部局の事業遂行を調整するためには、行政活動を活発化しなければならなかった。このため、1998年度の行政システム改革では、総合行政調整担当職として、総合企画局に次長級の審議監（4名）が配置され、その下部職員として総合企画局企画課の総合行政推進グループに、課長補佐級の各事業部局担当主幹（6名）が配置されたのである。とくに、この主幹には、担当事業部局との兼務発令が出され、各主幹は、担当事業部局の総合行政への取組を支援していくことになった。ただ、2000年度から総合行政に関する各事業部局間調整は、関係事業部局間で自主的・水平的に調整することになったため、これらの職制は廃止された。その後は、総合行政の主担当事業部局が主体的に関係部局と行政活動資源配分を調整するとともに、企画課の総合行政推進グループが引き続き事業部局の総合行政への取組を支援していくことになった。

このような調整過程において、事業部局間には情報が共有化されていき、事業部局に情報蓄積が進むことになり、事業部局は、トップマネジメント部門の知事官房組織である総合企画局や総務局よりも、情報資源の活用において優位に立つことになった。この結果、各事業部局が行政組織全体の共通目標からの遠心力を増すことになり、総合的・全庁的な調整が困難となる可能性が生じた。この問題を解決するために、たとえば1998年度には「新しい総合計画」にかかる調整過程において、できるだけ情報の非対称化を防ぎ、また調整を円滑化するために、事業部局における企画部門の課長級職員（1997年度までは課長補佐級職員）の兼務発令を行い、日常的に調整が行えるような体制が整備されたのである。

(vii) 総合調整とトップマネジメント組織の強化

　行政システム改革では、各事業部局間の計画事業比率を崩すような重要な政策・事業にかかわるような調整には、トップマネジメント組織である「県政戦略会議」による調整方法が導入された。この「県政戦略会議」が創設される以前も、トップマネジメント組織としては、三役、すべての部局長、部長級職員及び代表県民局長で構成された部長会議が設置されていた。しかし、北川知事が「県庁には最高会議で、部長会議というのがある。私が出席したら、みんなうつむいて、だれもしゃべりません。……本当に県民サービスを考えているならば、間違っていると思った時には、間違っていると言うべきで、そういう場にしなければならない」[34]と指摘したように、他の部局等の行政活動に関しては、会議構成部局長等が意見を言わないという消極的な会議となっていた。この消極的な部長会議では、実質的な議論が十分に行われることはなかった。当然、部長会議で各事業部局が主体的に各事業部局間の調整を行うことも困難であった。このため、これまでは、通常個別の重要案件については、主に課題別に知事等三役への「部局長報告」等を通じて調整され、意思決定されていたのである。このような状況に対して、北川知事は、部長会議を単なるお知らせの場でなく、知事の意思決定の補完機能としての政策議論の場に部長会議を再編することを意図した。この北川知事の意向を受け、これまでの部長会議の状態を改善するため、総合企画局が意思決定システムの見直しを進め、1998年度の行政システム改革に引き続き中枢管理機能の強化をはかっていくことになったのである。

　まず、個別課題ごとに部長会議のメンバーで構成される会議が創設され、議論が行われた。たとえば、「行政システム改革大綱」策定に関する「行政システム検討委員会」、「新しい総合計画」策定に関する「総合計画策定会議」、行政マネジメントシステムに関する「マネジメント戦略会議」、予算編成など財政に関する「財政会議」、そして人事管理制度に関する「人事システム検討会議」などが創設されたが、これら会議の機能が2001年度から新しく設置された「県政戦略会議」に統合され、より総合的に横断的なトップマネジメントによる意思決定の場が創設された。この結果、2001年度からは、部長会議を意思伝達の場、また県政戦略会議を意思決定の場というように、トップマネジメ

ント組織が機能別に純化する方向で整備されたのである。たとえば、これまでは、予算編成枠などの意思決定については、実質的に財政担当の総務局が決定してきた方法から県政戦略会議で総合調整・意思決定を行う方法へと改革が行われた。このような県政戦略会議創設の意義は、トップマネジメント機能の強化が事業部局の行政活動が競合する場合の調整や縦割り行政の弊害除去を効率的に行えるようになったこと、さらには情報処理権限が下位組織に委譲され、下位組織がある程度自律的に行政活動を行うことができることになったことである。

一方、総合行政以外の複数事業部局間の調整には、総合行政における事業主担当部局による関係事業部局との調整方法が導入された。また、複数部局間の調整は、プロジェクトを創設して行うこともあった。たとえば、2002年4月1日から施行された法定外目的税「産業廃棄物税」の創設過程では、新税創設が税の本質論や政策論をマトリックス的に議論しなければならない総合行政と位置付けられたことから、総合企画局、総務局、環境部及び農林水産商工部の幹部職員による4部局検討会議が創設された。さらに、税務担当職員と環境担当職員とのプロジェクトが創設され、4部局検討会議での検討内容をより具体化していったのである[35]。

(3) 行政システム改革と情報処理形態の変化

行政システム改革では、これまで中央省庁の強いコントロールを受けていた各事業部局に対して、北川知事の強いリーダーシップが発揮され、トップマネジメント機能を強化するような改革が行われた。とくに、行政システム改革の第1局面・第2局面では部長会議等のトップマネジメント機能の充実がはかられた。一方、地方分権化が進展する中で、依然として中央政府からのコントロールはあるものの、地域社会・経済環境からのコントロールが強まる傾向にあることから、三重県では、総合行政が推進されるなど地域社会・経済環境における個別環境間の連関性が高まってきた。そのうえ、財政危機などシステム環境の重要性も増してきた。この結果、これまで中央政府の関係省庁の情報を観察して、情報処理（意思決定）を行うことを重視していた事業部局とって、より有効的・効率的な公共サービスを提供するためには、個別公共サービスに

かかわる個別環境（中央政府の関係省庁とは異なる事業部局にかかわる地域社会・経済環境）パラメータの観察が重要となった。つまり、事業部局が公共サービスの有効的・効率的な情報処理（意思決定）を行うためには、各事業部局が共同して観察したシステム環境の情報と自らの事務事業にかかわる地域社会・経済の個別環境情報の結合が必要不可欠となったのである。行政システム改革の第3局面以降、このような環境の変化に対応して、政策推進システムの導入や組織内分権化が進められたのである。

　以上のように、行政システム改革により情報処理方法が変化していくことになるが、三重県の行政組織では、依然として各部局間の水平的な情報処理が盛んであった。たとえば、総合行政を推進するための「男女共同参画推進会議」「少子化対策推進本部」などの関係部局の構成職員で構成する部局をまたがる会議の設置とかプロジェクトグループの設置等、また部局内での「課長（マネージャー）会議」や所属内での「職員会議」等が設置され、水平的な情報処理や複数課（チーム）・グループにまたがる問題に対して水平的・機動的に対応されている。さらに、部局間調整も、総合企画局・総務局といった調整部門を介する前に部局間での調整が行われるなど、三重県の行政組織内部では、各部局内・部局間の双方のレベルで頻繁な水平情報処理が行われているのである。このように、部局内や部局間で各種の調整の仕組みが整備されており、水平的な情報処理が盛んに行われていることから、情報処理形態は情報共有型システムであると考えられる。

　情報共有型システムの情報処理類型には、システム環境を重視する情報同化システムと個部環境を重視する水平的ヒエラルキーが存在する。中央集権型システムの下にあった田川県政下では、機関委任事務制度や必置規制等により、三重県の各事業部局は、中央政府の関係省庁との結びつきが強く、また財源や人材など行政活動資源の配分等について関係省庁からのコントロールが強くあった。この結果、三重県の内部組織である各事業部局にとって、本来メタシステムは、三重県の行政組織全体であるにもかかわらず、実質的なメタシステムは、中央政府の関係省庁となっていたのである。すなわち、三重県の各事業部局の日常的な行政活動は、中央政府の関係省庁の出先機関的な位置付けが強く、三重県の行政組織全体のシステム環境パラメータを共同して観察し情報処

理するよりも、各事業部局にとっての個別環境でもある中央政府の関係省庁を重視した情報処理形態であった。この意味で、この情報処理形態は、三重県の行政システムとして一体化した情報処理形態というよりは、いわば中央政府の関係省庁をメタシステムとする縦割り的に各部局に分断された情報処理形態であった。つまり、各部局の組織活動は、関係省庁に関連した縦割り的・全国画一的な組織活動となる傾向があり、各部局の情報処理形態は、関係省庁のシステム環境を中央政府の関係省庁や他の地方政府の関係組織と共同で観察し、画一的に情報処理するという三重県の行政組織にとって「分断的な情報同化システム」であったと推測できる。このように、各部局の情報処理形態は、中央集権型システムの下で、三重県の行政組織をメタシステムとするよりも、中央政府の関係省庁をメタシステムする情報処理の一面を強く有していたと考えられる。ただ、このことを十分に説明できるだけの資料がないため、推測の域をでない。

　これに対して、北川県政の行政システム改革では、これまで中央省庁の強いコントロールを受けていた各事業部局に対して、知事の強いリーダーシップが発揮され、トップマネジメント機能を強化するような改革が行われた。とくに、行政システム改革の第1局面・第2局面では、部長会議等のトップマネジメント機能の充実や知事官房部門としての総合企画局と総務局といった横断組織が設置されるなど、トップマネジメント部門の機能強化がはかられたのである。そして、トップマネジメント部門においては、たとえば三重県としての求心性を強めるため、部長会議等はこれまでの報告の場ではなく、県政運営方針などの重要課題を議論する場として位置付けられるなど、各事業部局長が共同で三重県の行政組織全体のシステム環境（三重県全体の地域社会・経済環境）パラメータを観察して情報処理が行われた。この意味では、情報処理形態は、三重県の行政組織全体をメタシステムとする「一体的な情報同化システム」であった。とくに、県政戦略会議などトップマネジメント組織が拡充整備されることで、三重県の行政組織全体をメタシステムとする「一体的な情報同化システム」の情報処理が強められたのである。

　また、これまで中央政府の各省庁の情報を観察し情報処理することを重視していた各事業部局は、地方分権化の流れ、都市新中間層の増加、住民活動の胎

動などの環境条件の変化により、より有効な公共サービスを提供するためには、個別公共サービスに係る中央政府とは異なる個別環境（地域社会・経済環境）パラメータの観察が重要となった。このことの意味は、三重県が公共サービスの受け手の立場に立つ「生活者起点の県政運営」と同趣旨である。そして、このパラメータの観察や情報処理の重要なツールとして、事務事業評価システム（みえ政策評価システム）が位置付けられた。つまり、事務事業評価システム（みえ政策評価システム）では、個別事務事業ごとに評価されることから、個別事務事業の目標設定等には、それぞれの事務事業に関する個別環境パラメータの観察が必要不可欠となるのである。とりわけ、政策推進システムによる目標管理型行政運営システムへの転換は、三重県の行政組織がトップマネジメントにより意思決定された範囲内で下位組織中心の分権的な意思決定や下位組織間の水平的調整が行われていることから、情報共有型システムの情報処理形態が高度化した水平的ヒエラルキーの情報処理類型へと進化していったのである。

しかし、情報処理類型が単線的に情報同化システムから水平的ヒエラルキーへ進化したわけではない。また、情報処理類型の進化について、常にそうであるように、現実の情報処理形態を理想的な１つの類型に正確にあてはめることも困難である。ただ、ここでこうした分類を行うことは、それぞれの情報処理類型がいかに相互に異なっているかを理解することが容易となると考えられるからである。このことを前提にして、三重県の情報処理形態の進化を類型的に示すと、三重県の行政組織の情報処理形態は、一旦、三重県の中央政府からの自律性が強められたため、情報同化システムが強化されたが、その一方で「生活者起点の県政運営」を推進するため、地域社会・経済環境からの自律性が低下することから、情報処理形態が水平的ヒエラルキーへ進化していったと推測できる。

水平的ヒエラルキーに情報処理形態が進化することで、各事業部局の有効的・効率的な情報処理は、三重県の行政組織全体のシステム環境に関しては、各事業部局が共同してシステム環境パラメータを観察し活用するとともに、事業部局の個別環境に関しては、各事業部局が個々に自らの個別環境パラメータを観察し活用する仕組みになった。この水平的ヒエラルキーへと進化を可能とした内部環境要因は、次の３点が考えられる。①行政システム改革の第３局面

から、これまでの県職員に改革を「させる論理」から「任せる論理」に変更されたこと、下位組織へ大幅に権限が委譲されたこと、またマネージャー制及びチーム制への組織機構の改編の結果、組織の業務と責任が明確化されたことにより、組織及び県職員個々人の「自己決定」・「自己責任」が問われることになったこと、また②政策推進システムのシステムの中核的なサブシステムに位置付けられたみえ政策評価システムが個別環境情報を重視しなければならない仕組みであったこと、さらに③全県職員にパソコンが配布されるなど県庁組織の電子化が進み、県職員の情報処理能力が向上するとともに、県職員間の情報の共有化が進んだこと、である。

(4) 稟議制度と情報処理形態
(i) 大部屋主義と稟議制度

　情報共有型システムの情報処理形態は、同等のランクの組織・職員間だけではなく、上司と部下間の関係でも指摘できる[36]。大部屋主義と呼ばれる組織・執務形態は、執務室という空間的な要素を除き、とくに職員が課・係に属し、課・係の業務を分担・協力して執行するという要素に着目すると、ある1つの課が所管する事務ごとに、いくつもの大部屋主義の執務形態が存在すると考えられる。そして、この形態の下では、情報が下位の職位に蓄積されることから、いわゆる稟議制度の基盤が形作られることになる。

　日本の行政組織における課所の業務の特徴は、公式的には職員個々人の職務を単位とするのではなく、職場を単位として編成されること、また課所が行政活動の組織基盤の基本であり、定型的な業務のほか、政策形成・予算編成など基幹的な業務も課所単位で遂行されていることである。つまり、組織が一体となり、1つの目標に向かって進むのではなく、業務は、各部門単位で行われ、各課所が個別的かつ並行的に進めるといった権限の分散化が進んでいる。しかし、一般的には、行政組織が政策マネジメントプロセスにおける職能別に区切られることは少なく、むしろ行政組織は、大まかに政策分野で大括りした組織として分化されていることが特徴である。

(ii) 三重県の行政組織と情報処理形態

　三重県の場合、1998年度の行政システム改革により事業部局が「新しい総合計画」の政策分野別に明確に分化されている。また、2002年度の行政システム改革では、「新しい総合計画」の政策・事業体系に対応して、「課制」から「チーム制」に組織機構改編されたことは、従来の組織編成とは異なり、基本的に施策と基本事業を単位とした機能別に分化した組織編成となっていることを意味する。この結果、原則的には幾つかのサブシステムであるチームがお互いに異なる方向に仕事を進め、拡散的であったり、お互いに何らの関連もなく、並行的となる可能性が生じることになる。また、このような組織は、一般的に部局相互・チーム相互の依存関係が少なく、情報処理形態が独立制の強い機能分散型システム的な組織形態となる可能性が生じることになる。

　この独立性は、チーム内のチーム職員間にもあてはまる。チーム員個々人に配分された個々の事務は、基本的に異なる準拠性に基づいており、企業の企画研究から生産、販売といった全体の流れの中でそれぞれの作業単位がお互いに業者と顧客のような関係を持ってやりとりされていることはない。また、一般的には直接職員間で横に仕事が流れていくような強い関連性を持たない。とくに、対人サービスの部門においては、対象となる住民が個々に状況が異なることから、また対人サービスは、生産と消費とが同時に行われることから、意思決定は実態に即して一定の範囲の中で行わざるを得ない。このことが法令等に従い対人サービスの事務を厳格に遂行することを困難化することが多く、事務担当者の一定の自由裁量を生じさせることになる。

　また、地方政府がオープンシステムな組織であることから、現場の担当職員がそれぞれ外部環境との接触点となり、現場の担当職員は、外部環境との相互関係を営むこととなる。そして、担当職員は仕事の現場で個別に自らの責任において判断し、行動することになる。とくに、対人サービスを提供する課所では、サービスの送り手と受け手が閉じられた関係を作り上げてしまうことが多い。さらに、個々の担当職員の多くがそれぞれ個別利害を重視して住民や関係団体に向かい合うことから、組織の境界が不明になったり、消えかけることも少なくない。

　このように、行政組織は課所ごとのまとまりがあるもののその中で割り当て

第3節　行政システム改革と「効率」の向上　243

られている職員個々人の事務遂行には、横の協力関係を必要としないことが多い。つまり、課所の中での事務遂行上「少なくとも横の協力関係が必須の条件となっていないことが多いのである。彼ら（＝職員〔筆者注〕）の行動は求心的とはいえないので、組織に対する忠誠や一体感を強く示すことは少ない」[37]のである。この関係の中で個々の職員は、相当程度の自由裁量の余地を確保し、自律的に行動することになる。この結果、この事務遂行過程で実質的な権限の分散化が進み、「自己決定」・「自己責任」の観念が醸成されることになる。

　以上については、三重県の行政組織においても同様で、ある1つの事務、とくにルーティンな事務に対する県職員相互の水平的関連性が低く、個々県職員の相互協力は日本企業の生産現場ほどみられない。ただ、ルーティンな事務でも、たとえば定期人事異動事務では、人事異動対象職員が新しい職制に就くことで適応給料表の変更や等級号給の変更を伴うことがあるため、人事担当者と給与担当者が水平的に一体となって1つの事務に取り組まなければ成果が達成できない。このことから、このような事務はグループ間の相互関連性が強い。この場合、人事管理事務を所掌する総務局職員課は、グループ員・グループ間の業務の独立性が高いとはいえず、むしろ相互依存的な情報共有型システムの要素が加味された組織である。しかし、定期人事異動以外の事務においては、職員課内部でのグループ員間における業務の独立性が高いことから、機能分散型システムの要素が加味された組織でもある。一般的には、グループの分掌事務では、グループあるいは複数のグループで行う集団的業務とグループ構成員単位で個別に行う個人的業務から構成されており、通常は個人的業務の方が割合が大きい状況であると考えられる。このように、1つの課所に情報共有型システムと機能分散型システムの組織形態が複層的に混在しているかのような情報処理が行われているのである[38]。

　にもかかわらず、日本企業と同様に情報共有型システムの組織形態である大部屋主義とみなされるのはなぜかということである。通常は、1つの事務を県職員が協力して行い、目標を達成するといった状況にはなりにくく、県職員が個人で事務を行ってしまうのが一般的である。このことから、課所の組織目標を達成するためには、必要に応じて管理職が擬似的に横の関係を実現するために努力しなければならない。さらに、擬似的にも、横の職員の相互協力体制を

創出するためには、事務担当者以外の県職員がその事務のキャリアや知識・情報を共有化することが必要となる。このことを可能とする仕組みが「職場内での短年度単位の担当職務のローテーション」と「稟議制度」であると考えられる。

また、情報共有型システムの情報処理構造が効率よく働くためには、人的資源の蓄積（文脈的技能蓄積）が必要となることには変わりない。このような人的資源の蓄積を可能とする仕組みとしても、同様に「職場内での短年度単位の担当職務のローテーション」と「稟議制度」であると考えられる。さらに、2002年度の行政システム改革では、目標管理型の組織運営マネジメントツールとして、部局長（県民局長）・総括マネージャー（県民局副部長）・マネージャー単位に重層的に導入された「新率先実行取組」により、各職位ごとの「対話」が促進され、また県職員の知識・情報の共有化がはかられることから、一層の人的資源の蓄積が進むことになるのである。

次に、三重県の行政組織で「職場内での短年度単位の担当職務のローテーション」と「稟議制度」がどのように機能しているかを考察する。

(iii) 職場内における担当職務のローテーション

最初に、職場内での担当職務のローテーションを考察する。まず、毎年度の定期人事異動の際、個々の県職員は、所属組織外へ異動しない者も所属組織内異動により、一般的的には職場内の他の職務に順番に就いていくことになる。このローテーションが県職員のOJTとして利用され、一定期間後には個々の県職員が各事務に精通した職員となることで、ある職員の欠勤などには集団でカバーしたり、所属長あるいはグループリーダーの判断で臨時的な配置換えを行うことが可能となる。すなわち、このローテーションの結果、個々の県職員の持っているキャリアや知識・情報が特定の職務の範囲を越え、職場内で異なった地位の県職員のキャリアや知識・情報と重なり合っていくといった県職員間のキャリアや知識・情報の共有化が可能となる。そして、職場内での先輩の援助と助言、後輩の模倣という形で、キャリアや知識・情報が伝達されることになる。この伝達されるキャリアや知識・情報は、同じ職場の県職員が共有する経験に基づく暗黙知であり、言葉や文字で伝える形式知ではないものも含

まれる。このことは、情報処理システムの観点からみると、個人的なキャリアや知識・情報を集団で取得することで、キャリアや知識・情報が組織的に共有されていくため、再び県職員個々人の情報処理能力が高まり、事務執行上の無駄な試行錯誤が少なくなる。とくに、アドホックな事態への対応は、このようなキャリアや知識・情報を身に付けた個々の県職員が状況に応じた対策を個々にあるいは集団的に考案し、それを実行することになる。この実行過程で、県職員個々人は、日常の事務を遂行していくのに必要なキャリアや知識・情報の枠を越えて、アドホックな事態に対する対応能力を発揮することとなり、外部からの支援を必要としなくてもよいことになる。

　以上のように、個々の県職員を職務のローテーションを介したOJTにより、所属組織の業務に熟知した県職員に育成することは、事務遂行の省力化達成のための重要な要素となるのである。2002年度の行政システム改革では、「課制」が「チーム制」に変更され、またグループ制は部局による任意設置となった。しかし、グループ制が継続されたことは、基本的にチーム・グループ内での担当職務のローテーションには変更が生じないものと考えられる。このように、県職員が職場内の業務に全般的に精通するということは、厳格に職務区分されている機能分散型システムの職場ではありえない。この意味では、三重県の行政組織の情報処理形態は、情報共有型システムである。

(iv) **稟議制度と情報処理形態**

　次に、日本の行政組織における意思決定を特徴付けている稟議制度を考察する。地方政府の職員は、利害関係者の利害を代表して意思決定に参画する一方、縦割り行政といわれるように、中央政府の関係省庁からのコントロールにより中央政府の関係省庁の立場も代表することから、組織内部の競合が組織内部だけでは解消しないことがある。このことから、地方政府では、政策目標を1つにまとめることが困難な場合は、具体的な内容を提示することを避けること、たとえば「県民福祉の向上」という抽象的な表現とすることや複数の内容[39]を提示することが生じる。また、政策目標が具体的であっても、公共サービスの対象者が多様であったりして、不確定要素が多く含まれることから、意思決定には不確定要素が多く、何をどこまで達成したらよいのかといった無定量・

無制限の努力を強いる場合がある。このような意思決定から不確定要素を取り除く方法の１つが稟議制度である。この稟議制度の重要性は、個々の事務担当職員が起案した原案に修正などの形での調整を通じて、多くの関係者により起案をチェックすることで、起案された原案に対する社会的反応を探知していくというができることである。さらに、このチェック過程により、起案された原案は、社会内部の多様な要求が一本化された議案として収斂することである。

　以上のように、稟議制度は、関連事務の配分を通じて個々の職員を意思決定過程に包み込むように配慮されているのである。つまり、稟議制度は、「問題となっている議案の決定過程に、何らかの意味で関係を持つすべての組織成員が参加する」[40] ことができるように、その権限や関連事務を細分化することによって、集団決定が行われるよう保証するという機能がある。そして、稟議制度は、細分化した権限・関連事務がこれらの関連事務の担い手となる職員相互間にそれぞれの職位で集団的一体性を作り出すことになる。このように、稟議制度とは、原則全員一致という関係職員同士による合意形成システムと呼べるような情報共有型システムの情報処理方法である。行政システム改革では、稟議制度の改革が行われていないことからも、行政組織の情報処理形態は、情報共有型システムからの変化はなかったと推測できるのである。

　(v) 三重県の「事務決裁及び委任規則」（情報処理権限の配分）と大部屋主義
　地方政府における事務執行は、一般的に法令等で執行の手続き手順が文書に依って明示され、標準化されている。このような執行の手続き手順が文書によって明示・標準化され、一定の執行手続きが定められている事務は、地方政府にとってルーティンな事務として区分できる。たとえば、これまでの機関委任事務は、行政通達等で一定の執行手続きが定められている。また、地方政府の自治事務であっても、たとえば地方税事務のように法律、条例、規則などで執行手続きが決められている事務もある。このように、地方政府の事務は、新規事業以外では定型的な同じ手順で同じ作業を繰り返すルーティンな事務が占める割合が高くなっている。

　このルーティンな事務に関する意思決定は、稟議制度に代表されるボトムアップで意思決定が行われるのが一般的である。また、事務決裁規則では、意

思決定者は意思決定過程の最終決裁者であるが、稟議制度では、実質的に議案の起案者から最終決定者までの集団的意思決定が行われる。このことから、稟議制度の下では、起案者である事務担当者から最終決裁者までのループが情報処理の側面から見た大部屋主義と考えられる。この大部屋主義は、事務の最終決裁者の職位で、また事務に関係する組織・職員が多ければ多いほど、上下左右に大きくも小さくもなると考えられる。

このことについて、「三重県事務決裁及び委任規則」(1987年　三重県規則第22号 2000年9月29日第77号改正)に定められた決済区分の一部をまとめた「表5-1　事務のタイプ別・課別事務最終決裁者職位区分一覧」及び「表5-2　共通事務最終決裁者職位区分一覧」に従って、三重県の場合、事務のタイプ別にどのような大部屋主義が形成されているか情報処理権限の側面から考察する。

第1に、執行の手続き手順が文書によって明示され、標準化されているルーティンな統計事務や旅券発行事務を所管する統計課及び国際課の事務は、ほとんどがグループリーダーの決裁権限となっている。このことは、稟議がグループの中で完結するために小さな大部屋主義となる。

第2に、規制・指導事務を主に所管する産業廃棄物対策課や商工振興課の事務は、前者の場合、課長決裁権限が44％で最も多く、また後者の場合、部局長・次長決裁権限が60％で最も多くなっており、大部屋主義は中規模となる。これは、定型的な事務であっても、事務執行がより権力的になることから、より適正な判断が行えるように多くの県職員が意思決定に参加する仕組みになっていると考えられる。このことは、県税事務を所管する税務政策課の場合も同様である。この事務は、税務にかかる執行の手続き手順が地方税法及び県税条例で明示され、標準化されているルーティン業務であるが、税務事務執行が権力的であることから、より適正な判断が行えるように、部局長・次長決裁権限が30％あり、多くの県職員が意思決定に参加する仕組みとなっている。しかし、法令等で事務内容等が明示され裁量の余地が少ないことから、また意思決定の迅速化など納税者への便宜をはかるため、知事決裁権限の33％が県税事務所長に委任されている。ただ、この場合、納税者に対する不公平が生じないように、県税事務所長会議などが定期的に開催され、水平的な情報交流と事務

表 5-1 事務のタイプ別・課別事務最終決裁者職位区分一覧

事務のタイプ	課名	事務数	決裁事項数	決裁者 知事	決裁者 部局長	決裁者 課長	決裁者 GL	決裁者 県民局長	決裁者 部長	決裁者 GL	受託者
中枢管理事務	企画課	11	32	18	13		1				
	（構成比）	100%	100%	56%	41%		3%				
	職員課	13	70	16	16	28	10				
	（構成比）	100%	100%	23%	23%	40%	14%				
	うち、任免・処分事務	16		8	6	2					
	（構成比）	100%	100%	50%	38%	12%					
	予算調整課	7	40	5	25	10					
	（構成比）	100%	100%	13%	62%	25%					
定型事務	統計課	25	62		13	16	33				
	（構成比）	100%	100%		21%	26%	53%				
	国際課	1	28				28				
	（構成比）	100%	100%				100%				
	税務政策課	3	30		9	5	3		2	1	10
	（構成比）	100%	100%		30%	17%	10%		7%	3%	33%
対人サービス	長寿社会課	22	172		25	102	18		6		21
	（構成比）	100%	100%		15%	59%	11%		3%		12%
	うち、生活保護事務		41		6	16	1				18
	（構成比）	100%	100%		15%	39%	2%				44%
	こども家庭課	10	187		18	94	28		13	1	33
	（構成比）	100%	100%		10%	50%	15%		7%	1%	17%
公共事業	道路整備課	8	66	12	18	9			3	24	
	（構成比）	100%	100%	18%	27%	14%			5%	36%	
	下水道課	6	106	13	36	21	4		4	24	4
	（構成比）	100%	100%	12%	34%	20%	4%		4%	22%	4%
規制・指導	産業廃棄物対策課	6	186	1	41	83	1		52	8	
	（構成比）	100%	100%	1%	22%	44%	1%		28%	4%	
	商工振興課	14	88	1	53	34					
	（構成比）	100%	100%	1%	60%	39%					

注： ①決裁者欄の知事以外の者は専決者（知事に代わって決裁する者）を示す。知事の欄には副知事、部局長の欄には次長、課長の欄には課長補佐、県民局長の欄には県民局副局長、部長の欄には副部長・地域機関所長・地域機関所次長を含む。
② GL とはグループリーダーをいう。
③受託者とは知事から権限の委任を受けた者で、県民局部長及び地域機関所長をいう。
④職員課の事務は、福利厚生室の事務（職員の福利厚生事務）を除く。統計課の事務は、主に統計事務、国際課の事務は、旅券事務である。また、長寿社会課の事務は、高齢者対策事務、生活保護事務など、こども家庭課の事務は、児童福祉関係、母子福祉関係事務である。商工振興課の事務は、中小企業対策、大規模店舗調整事務などである。

出所：「三重県事務決裁及び委任規則（1987年規則第22号・2000年9月改正）」（2000年10月1日施行）により筆者作成。

表5-2　共通事務最終決裁者職位区分一覧

事務の種類	決裁事項数	決裁者 知事	部局長	課長	GL	県民局長	部長	GL
事務管理関係	12	1	2	1	1	2	3	2
条例・規則等関係	7	2	2	3				
許可、認可等関係	22		2	5	2	2	5	6
行政手続法関係	31		1	16		1	13	
任命等関係	11	1	3	3		2	2	
褒賞関係	2	1	1					
任階令関係	1		1					
勲章従軍記章制定関係	2	1	1					
分限・懲戒関係	2		1			1		
服務等関係	122	10	30	26		30	26	
職員給与支給関係	4				1			3
住居手当関係	12			3			3	6
職員通勤手当関係	12			3			3	6
附属機関、内部機関関係	9		3	1		3	2	
事務処理の特例関係	2	1	1					
公益法人関係	20		8	6	6			
訴の提起等関係	6	3	3					
行政不服審査法関係	42		10	31	1			
行政代執行関係	4	1	3					
土地収用法関係	59	5	15	35	4			
会計規則施行関係	11		2	3			6	
補助金等予算執行関係	7	4		3				
補助金等適正化法関係	32		11	5		11	5	
県補助金交付規則関係	26		4	9		4	9	
税外収入通則条例関係	5		1	4				
情報公開条例関係	3			1			2	
庁舎管理棟関係	1						1	
その他事務関係	44		2	7	5	1	14	15
収入事務関係	18		9	5			4	
契約・支出事務関係	112	9	19	16	6	16	31	15
財産関係	72	10	23	13		12	14	
計　31事務	713	49	158	193	32	85	143	53
	構成比 100%	7％	22％	27％	5％	12％	20％	7％

注：①決裁者欄の知事以外の者は専決者（知事に代わって決裁する者）を示す。知事の欄には副知事、部局長の欄には次長、課長の欄には課長補佐、県民局長の欄には県民局副局長、部長の欄には副部長・地域機関所長・地域機関所次長を含む。
②GLとはグループ・リーダーをいう。
③「補助金等予算執行関係」とは、「補助金等に係る予算等の執行の適正化に関する法律」に基づく補助金交付申請事務をいう。
④「補助金等予算適正化法関係」とは、「補助金等に係る予算の執行の適正化に関する法律」施行令に基づく交付事務の一部委任された場合の事務をいう。
出所：「三重県事務決裁及び委任規則（1987年規則第22号・2000年9月改正）」（2000年10月1日施行）により筆者作成。

処理に関する水平的調整がはかられている。

　第3に、福祉サービスのような対人サービス事務を所管する長寿社会課の事務は、85％が課長以下（地域機関分及び委任事務分15％を含む）の決裁権限となっている。このうち、とくに生活保護事務は、44％の知事決裁権限が福祉事務所長に委任されている。この決裁権限の委任は、意思決定に対する知事の責任はなく、所長の責任で意思決定が行われることとなる。同様に他の福祉事務の対人サービスを所管するこども家庭課の事務も、90％が課長以下の職位（地域機関分及び委任事務分25％を含む）の決裁権限となっている。このような対人サービスの事務では、大部屋主義が小さくなる。

　以上のことは、対人サービスが生産と消費が同時に現場で行われるという事務の性格から、より現場に近いところで意思決定が行われる必要があること、また福祉サービスが相当程度の裁量を持って県民と相対しなければならないことを示している。このような個別的な意思決定が現場の各事務所で行われる事務については、現実には意思決定が担当職員にまで実質的に分散化されたことになるため、集権的な構造では対応できないのである。つまり、現場における具体的状況と現場の意思決定から遊離した意思決定では、真空の現場中での一般的な意思決定となってしまうからである。さらに、下位組織単位間に業務機能を区切り、業務内容と責任を明確にした上で、決裁権限を下位組織へ分散化することは、現場で行われる意思決定の結果から問題が発生した場合の動揺を局所にとどめて他組織への全庁的な波及を弱める仕組みとなっているとも考えられる。しかし、三重県は、県民の一定水準の福祉サービスを確保しなければならないことから、定期的な事務所間の会議を開催することで、情報交換が行われ、水平的調整がはかられるとともに、事務所間で福祉サービスに対する知識・情報の共有化がはかられる。すなわち、福祉サービスは、質的・主観的であり、また福祉サービスは、送り手と受け手の社会的相互作用で即時に決められることから、成果の質は、個人的な信頼関係が大いに影響することになる。このことから、現場で行われる意思決定が重要となり、この意思決定内容の水準を一定にするためには、担当職員間の知識・情報の共有化が重要となるのである。

　第4に、長期総合計画関係業務を所管する企画課の事務は、知事・副知事決

裁権限が56％、部局長・次長決裁権限が41％、人事管理関係業務を所管する職員課の事務は、知事・副知事権限が23％、部局長・次長決裁権限が23％、予算編成業務を所管する予算調整課の事務は、知事・副知事決裁権限が13％、部局長・次長決裁権限が62％となっている。この知事官房組織の事務は、組織全体の存立に係わる重要な中枢管理事務であることから、事務の大半が部局長・次長職以上のトップマネジメントで意思決定が行われ、大部屋主義が極大化することになる。

　第5に、公共事業を所管する道路整備課及び下水道課の事務は、基本的には事業費の規模で最終決裁者が分散化される傾向がある。このため、知事・副知事、部長・次長、課長の決裁権限の分布が先に考察した事務に比べ分散することになり、大部屋主義もいくつかの大きさが形成されることになる。

　最後に、「表5-2」の県行政組織全体に共通する事務は、「表5-1」に示した事務の性格による区分と同様な基準で最終決裁者が決められ、その事務の性格により、大部屋主義の大きさも異なることになる。

　ところで、1つの組織には、所管の事務にかかわる大部屋主義が複層的に形成されている。大部屋主義は、前述のように縦に広がるだけでなく、職場・職員間の横にも広がることになる。たとえば、予算編成事務は、予算調整課の所管であるが、意思決定過程に予算要求課である事業担当課が予算見積書を作成するなどの予算要求の形で参画することになる。このような大部屋主義は、企画事務、予算事務、人事管理事務などのトップマネジメント部門に属する事務では基本的に同じで、意思決定過程に事業課が事業計画策定・調整、予算要求、定員要求、人事異動要求などの形で参画することになる。つまり、「日本の政策過程では実施機能をもつ機関が、すなわち官僚制の活動が、企画・立案を担っていた」[41] 結果、企画立案と実施が一体的に融合して共存する「事務」[42] を遂行することから生じる現象形態であると考えられる。この意味で、実質的な意思決定過程は、事業課からボトムアップで行われると見なせ、より一層職務区分と責任の所在を曖昧とするのである。この意思決定過程は、事務決裁規則で規定された「公式の大部屋主義」というよりも、「非公式な大部屋主義」と呼べるもので、より大きな大部屋主義を形成することになるのである。

　以上のように、当該事務が一定のルールで行われ、ルーティン的な事務で

あっても、完結するループの長さや広さ、つまり大部屋主義の大きさが異なることになる。この大部屋主義では、情報処理が多くの県職員・組織によって共同で行われる情報共有型システムの情報処理形態となっているのである。

また、情報共有型システムの組織である大部屋主義の組織は、各政策領域に関する知識・情報を独自に専門化するよりも、組織内に知識・情報を蓄積させ、また共有化することで、政策課題に対して柔軟な対応が行われることになる。このような柔軟な情報処理が行われる組織形態は、環境の変化により生じる新規の問題、そしてしばしば多面的な問題に臨機応変に対応することも可能となる。そのうえ、この組織形態は、県職員個々人の自己完結的な事務遂行による行政活動の不確実性を減少させるのである。

ところで、「三重県事務決裁及び委任規則」では、決裁権限が部局長から下位組織に権限委譲されている事務においても、重要であると認められる事案が生じた場合は、最終決裁者が知事や上司から適切な指示を受けることになっている（第7条）。つまり、この種の問題は、最終決裁権者が自分の判断だけで行うというのではなく、何らかの重要な事案であると考えれば、上司の指揮を受けることになっているなど、同じ事務に関する意思決定であっても固定されないことから、大部屋主義は動的な形態となっている。また、トップマネジメント部門に属するような事務のうち、たとえば予算編成にかかる事務でも、県政運営にとって根幹的な予算調製方針などは、トップダウンで意思決定されることから、このような事務にかかわる意思決定は、トップダウンとボトムアップが交錯した型で行われると考えられる。このことは、トップマネジメント部門と事業実施部門とが共同して情報処理を行う情報共有型システムの情報処理形態の特徴を表しているのである。

(vi) 大部屋主義と組織間調整としての「根回し」

決裁は利害に関する調整の側面があるため、意思決定過程では組織内部の各関係組織との合議が必要となる。しかし、最初からすべての関係組織の職員を集めて利害調整の合議をはかることは、煩雑で、効率的な情報処理が困難となる。このことから、大部屋主義の下では「根回し」という合議がこの調整過程で最も重要となる。とりわけ、利害関係者が多い重要案件ほど、この事前の

「根回し」が重要となる。すなわち、情報処理を迅速に行う上で「根回し」という調整方法が重要となるのは、事務担当者がまとめ役（この職員は固定的でなく、「根回し」の相手に対応して変更される）として、関係職員を事前に回って意見をとりまとめ、合意点を見いだすことができるからである。さらに、この「根回し」は、調整事務に関する知識・情報を広範囲の県職員に共有化していくことになる。このように、「根回し」は、大部屋主義と補完性を持っている。しかし、一方で決裁に先立つ「根回し」という合議形態が情報処理過程を共同化・集団化し、責任を曖昧にしていくことにもなるのである。

(5) 2002年度組織機構改革の情報処理形態に対する影響
　(i) 2002年度行政システム改革における組織機構改革と大部屋主義の変化
　縦横に広がる大部屋主義による情報処理の責任の曖昧さを解決するためには、関与する県職員数を少なくして、責任と権限を明確にしなければならない。このことから、2002年度行政システム改革では、フラット化・モジュール化した組織機構改編が行われた。つまり、業務遂行にあたって、できるだけ他の組織あるいは多くの県職員と調整が必要ないような業務執行体制を確立するために、組織機構改編が行われたのである。とくに、知事部局本庁組織における組織機構改革では、部局内の課室の廃止とチーム制の導入が行われた。このチームは、「新しい総合計画」の政策・事業体系に沿った業務のまとまりを基本に設置されたが、マネジメントを容易にするため、所管する業務がこれまでの課室が所管していた業務よりも少なく、一種のモジュール化がはかられている。同時に次長・課長制の廃止にともない「マネージャー制」が導入されるとともに組織のフラット化を進めるため、中間階層の役職の廃止と下位組織への大幅な権限委譲が行われたのである。

　このことについて、改正された「三重県事務決裁及び委任規則」（2002年3月改正）によると、職階別の最終決裁事項の構成比は、たとえば知事・副知事4.7％→2.3％、部局長25.4％→6.6％、県民局長7.6％→1.4％、県民局部長55.2％→19.0％と、幹部職員の権限がそれぞれ減少しており、総括マネージャー14.2％、本庁マネージャー・グループリーダー77.0％、県民局マネージャー・グループリーダー79.0％といったように、大幅に権限が下位組織へ

表5-3　中枢管理事務に関する職階別決裁事項の構成比の変化

(2001年度と2002年度比較)

チーム・課名	知事・副知事	部局長・次長
企画課(2001年度)	56%	＊41%
企画・総合計画チーム(2002年度)	55%	☆40%
職員課(2001年度)	23%	＊23%
人材政策チーム(2002年度)	25%	☆22%
予算調整課(2001年度)	13%	＊62%
予算調整チーム(2002年度)	13%	☆25%

注：①企画課の場合、事務数11、決裁事項数32であったが、企画・総合計画チームは事務の再配分の結果、事務数3、決裁事項数10となった。
　　②職員課の場合、事務数13、決裁事項数70であったが、人材政策チームは事務の再配分の結果、事務12、決裁事項数65となった。
　　③予算調整課と予算調整チームの場合、事務数7、決裁事項数40であった。
　　④部局長・次長の＊印は部局長及び次長の決裁事項数の構成比、☆印は部局長及び総括マネージャーの決裁事項数の構成比を表す。
出所：2000年10月1日施行の「三重県事務決裁及び委任規則」と2002年4月1日施行の「三重県事務決裁及び委任規則」により筆者作成。

委譲されたのである[43]。しかし、前掲の「表5-1」で示した事務のうち、中枢管理事務については、「表5-3　中枢管理事務に関する職階別決裁事項の構成比の変化(2001年度と2002年度比較)」が示すように、知事・副知事の決裁事項の比率は、先の比率ほど減少していない。このことは、必ずしも下位組織への権限委譲が無制限には行われていないことを意味する。つまり、いわゆる県政運営の根幹をなす決裁権限は、基本的にトップマネジメントを行う知事・副知事・部長・次長に確保し、その他の決裁権限が下位組織に再分配されたということである。

また、新たに導入されたチーム制では、ヒエラルキー的コントロールが弱く、ある程度自律した作業単位のチームが「新しい総合計画」の政策・事業体系により横につながっている。ここでの総括マネージャー・マネージャーのリーダーシップの重要な点は、作業単位間（チーム間あるいはチーム員間）の横の連絡を容易にし、構成主体に基礎を置いた戦略的決定を下すことができることである。このような組織構造の特徴は、絶えず変化する環境に組織を素早く順応させていけることから時間的には効率的である。

一方、モジュール化した組織構造は、各チームの利害調整によるリスクとコストを増加させる可能性もある[44]。しかし、この情報処理を多数に分散化して生じるリスクとコストは、電子県庁化など情報通信技術の発展、行政経営品質向上活動による組織の同質化、「新率先実行取組」による県職員の同質化、またみえ政策評価システムによる県職員間の施策等に関する知識・情報の共有化及び職員研修による県職員のキャリアアップなどで減少すると考えられる。つまり、分権的な情報処理システムが効率性を上げるためには、作業単位の自律的な問題処理能力が重要となるのであり、また職場レベルにおいて、効率的であるためには、頻繁な業務の変化に対して伸縮的・自律的に対処できる同質的な県職員のキャリア形成が重要となるのである。

　ただ、今回の組織機構改革においても、従来の意思決定方法である稟議制度には変更が加えられていない。このことは、情報処理形態が情報共有型システムを維持していることであり、一方、組織のフラット化による中間階層の廃止及び下位組織への権限委譲が大部屋主義を縦横にできるだけ小さくして効率化をはかることを意味したのである。すなわち、2002年度の行政システム改革は、情報共有型システムの情報処理形態の下で、組織のフラット化による情報処理の迅速化を一層実効性のあるものにするため、事務決裁権限が下位組織に大幅に委譲されたのである。このことにより、情報処理形態が水平的ヒエラルキーへと進化することができるインフラストラクチャーが整備されたのである。

(ii)　生活部の組織機構改革にともなう生活部職員の意識変化

　2001年度に、生活部の「課制」の廃止と「チーム制」の導入及び「課長制」の廃止と「マネージャー制」の導入が他の部局に先行して実施された。生活部から導入されたのは、三重県の独自政策が比較的多く、中央政府からの制約が少ないこと、またNPO行政、文化行政、消費者行政、勤労者行政など政策実施にあたって、県民との接触が比較的多い組織であることから、将来の地方分権型システムにおける外部環境との関わり方を先取りしている組織であったことである。この意味で、生活部を組織機構改編のモデルとして選考したことは合理的選択であった。

　ここでは、この組織機構の改編がどのように情報処理形態に影響を及ぼした

かを生活部職員のアンケート調査結果により考察することとする。

　生活部は、2001年度の「チーム制」及び「マネージャー制」の導入に先立って、2000年4月に生活部を構成する各課室を1つの空間（ワンフロアー）にまとめるとともに、5月にはOAフロア化がはかられたのである。生活部が2000年度の取組実績をまとめた「平成12年度生活部率先実行取組実績」によると、取組結果は、「次長・課室長が1か所に机をまとめた結果、各課室長が課室の枠を越えた議論を行い、従来の事業の見直し、融合等の動きが芽生えた」、また「スプリングレビュー（春の業務見直し）、重要政策の検討において、部内横断的・縦断的な会議が実施された（延べ65回実施）」、さらに「OA化により職員1人1ホームページや生活部ホームページ上での掲示板による意見交換、各課室ホームページによる業務情報の共有化などナレッジマネジメントが進み、情報の共有化と新たな知識の創造がはかられることとなった」のである。一方、このような取組に対する生活部職員の職員満足度は、「表5-4　生活部職員アンケート結果の主なもの」の通りである。

表5-4　生活部職員アンケート結果の主なもの

項　　目	6月実施	3月実施
部内他課とのコミュニケーションの機会が増えた	40%	45%
気楽に話し合える人が増えた	40%	60%
部全体の一体感が生まれやすくなった	64%	48%

　注：　6月とは2000年6月、3月とは2001年3月を表す。
　出所：県政戦略会議資料（2001年7月）より、筆者一部修正。

　この生活部の実績結果及び職員アンケート調査結果は、県職員間のコミュニケーションが促進され、大部屋主義の特徴である職員間の知識・情報の共有化が進んでいることを示している。このことは、県職員が有機的に連携する水平ネットワークが形成され、県職員間での知識・情報を共有化することで事後的効率性を発揮することにつながる。つまり、事後的に県職員全員が知識・情報を共有化することによって、最も効率的な知識・情報配分（ナレッジマネジメント）の実現が容易になると考えられる。

　次に、2001年度に導入された「チーム制」及び「マネージャー制」である。この制度に対しては、2001年6月に生活部の職員に対してアンケートが実施

され、またこのアンケート結果について部長及び総括マネージャーで検証した結果が「平成13年度　生活部改革への取組検証（中間報告）」としてまとめられている。

　この報告書によると、職員アンケート及び各担当（課・室）からの主な意見は、次の通りである。

1．ワンフロア化について
　・　生活部全体の動きが視野に入ることや、他の担当者の顔や声、施策や事業の動向が居ながらにして感じることができる。
　・　ミーティング用テーブルを活かした話し合いができるようになり、他の担当との連携も円滑になってきている。
　・　課のしばりがなく部全体を眺めて仕事ができるところが良い。情報の共有、研修、勉強会の呼びかけ、仕事上の協力等ができるようになった。
2．マネージャー制の導入について
　・　課室を超えた連携がとりやすくなった。
　・　日常業務の意思決定が速くなった。
　・　組織改正後、部内横断的な連携が強まったと思う。
　・　総括マネージャー会議（ミーティング）に議題を上げれば、何らかの答えがもらえるところがよい。このようなことも含め、部としての政策議論が活発になったと思う。
　・　決裁権限の委譲や運用による代決、電子決裁の促進により、決裁のスピードがあがったほか、日常業務の意思決定が速くなった。
　・　今回の組織改正は、時代の流れだと思うが、責任と権限の所在が現場に近づきわかりやすくなってきた。
3．課題
　・　決裁は速くなったと思うが、チェック機能（実務的な担当業務の把握）が働いていないと思われる。
　・　もっと若い人、能力のある人に権限を委譲すべきである。
　・　職制（職名）に職階の幅を持たせているので、能力、実績に応じて弾力的な対応を可能にしている反面、責任に応じた処遇がされていない。

また、部長・総括マネージャー等による主な総括内容は、次の通りである。
〔メリット（良いところ、プラス効果）〕
① ワンフロア化と組織改革（フラット化）は、一体的に行うことによって相乗効果がある（ミーティングを重ねることにより、一体感の醸成ができてきている。部として政策議論が活発になっている。幹部職員と話し合う機会が他の部局にいたときよりも増え、意識のバリアフリーができてきている）。
② ワンフロア化で他の担当への関心ができてきている（仕事の仕方を変えようとする、また共通認識を持とうとすることから部の情報への関心が強くなっている。課で仕切られていたときよりも、他の担当の仕事が分かるようになってきた。他の担当と仕事の競い合いができるようになってきた）。
③ 責任体制が明確になるとともに、事務処理が迅速に決裁されるようになった（担当者の仕事の把握の密度が高くなった）。
〔デメリット（改善すべきところ、マイナス効果）〕
① 年功序列（段階的な昇任）の制度からマネジメント（計画・経営・指導）機能（能力）が求められるようになり、訓練、資質の育成にどのように対応していくか（マネージャーの資質で仕事の内容が変わってしまう）。
② 総括マネージャー、マネージャーの責任、権限に対して、処遇が一致していない。
③ 組織のフラット化により、チェック機能が低下している。

以上の生活部職員アンケート結果及び生活部幹部職員の総括内容結果で明らかになったことは、「チーム制」及び「マネージャー制」の導入といった組織機構の改編により、情報処理形態が水平的ヒエラルキーへと進化していき、情報共有型システムの情報処理機能が一層高度化していったことである。つまり、この組織機構の改編により、水平的な情報交流や調整が容易となった結果、横の相互関連が少なかった生活部職員の知識・情報の共有化が進み、水平的なつながりを実現したことで、情報効率性の向上がはかられたのである。ただ、いずれもチェック機能について問題であると指摘していることは、組織のフラッ

ト化にともないチェックにかかわる生活部職員数が減少したことに起因していると考えられる。この問題の解決には、今回の組織機構改革の趣旨が「責任」と「業務」の明確化であったように、個々の生活部職員のキャリア形成が重要となるのであり、より強い個人が要求されることになる。

このために、個々の生活部職員も勤務時間のかなりの部分をキャリアアップに割くことになる。また、この過程での生活部職員の学習は、仕事における専門的技能の発展に対してだけでなく、情報処理能力の向上とコミュニケーション能力形成に振り向けられていると考えられる。さらに、様々な非ヒエラルキー的・水平的なコミュニケーションの方法がいろいろなミーティングにより、また様々な場所で実行され、情報処理やコミュニケーション技術の向上がはかられている。ここでの生活部職員個々人のキャリアは、「ある事務遂行を行うためのキャリア（スペシャリスト）」と、そのキャリアに関連してはいるが、「別の事務遂行にも対処するというキャリア（ゼネラリスト）」が統合化されたキャリアとして発展させられているのである。この結果、生活部職員は、チームを超えて生活部での非ルーティンな問題解決や緊急事態に対して自律的に対応することができるようなキャリアを形成することになる。そして、このことにより、現場情報の効率的利用、県職員間の知識・情報の共有化を重視する一方で、専門的なアプリオリの知識・情報の効率的利用も追求することができるようになってきているのである。

このような生活部の人材育成方法の課題も指摘されている。とくに、マネージャーに見合ったパフォーマンスができる県職員のキャリア形成が求められる。この課題の指摘は、生活部内で行われている人材育成方法だけでは、不十分であるということを意味している。しかし、このキャリア形成に必要な人材育成方法については、まだ Off・JT の方法が十分に開発されていない。このことから、消去法として OJT しか残されていないのである。そのうえ、従来は、課室内のヒエラルキーを前提とした稟議制度で OJT が行われていたが、チーム内の職階のフラット化により、この OJT をマネージャーが行わなければならなくなるのであり、その意味でマネージャーの業務が質量とも、以前の課室長と比べ格段に増加するとともに、そのことを十分に実行できるキャリアがマネージャーに求められることとなる[45]。

以上、生活部職員のアンケート調査結果等の考察で明らかになったことは、生活部の組織機構改編に対応した情報処理形態の変化は、情報共有型システムから機能分散型システムへの変化ではなく、情報共有型システムが高度化した水平的ヒエラルキーへと進化していったのである。

(iii) 下位組織への情報処理権限の委譲と県政戦略方針

　2002年度の行政システム改革により、県政運営にとって最も重要な行政活動資源の配分、とりわけ財源と人材の配分方針（予算調製方針、定員調整方針など）は、外部環境からの行政ニーズの予測等に基づき、総務局が行政活動資源配分方針の原案を作成することとなる。そして、その原案をもとに、トップマネジメント組織である県政戦略会議において、1年間の大枠のフレームが討議・決定されることとなる。決定された行政活動資源配分方針は、総務局より各事業部局に伝達される。ここまでは集権的システムである。

　この行政活動資源配分方針は、各事業部局の1年間の行政活動を行うのに必要な行政活動資源配分の大枠の指針となる県政戦略方針[46]である。各事業部局は、この県政戦略方針に基づき、部局内の行政活動資源配分を自らの責任において行うこととなる。また、実際の県民の行政ニーズに関する情報が現場から伝達されることから、各事業部局は、その情報を利用して、より短期的に行政活動資源配分を変更することで、行政活動の調整が効率よく行われる。このように、県政戦略方針に基づく各事業部局の計画が事業遂行途中での不測の事態により環境の変化に適応できなくなった場合、各事業部局長は、自らの部局の外部環境の変化だけでなく、生起してくる部局内での技術的・人的な内部環境の変化に対しても、県政戦略方針の枠内でその活動を調整し適合させることになる。また、同様にマネージャー（総括マネージャー）も、部局の方針に基づき、自らのチーム（総括マネージャーは施策分野のチーム群）の環境の変化に対して、その活動を調整し適合させることになる。つまり、マネージャー（総括マネージャー）は、環境の変化に対して、チーム（総括マネージャーは施策分野のチーム群）の行政活動を調整し適合させるため、常に所属職員個々人の事務割り振りの変更、事務処理方法の手直し、チームの職員間の調整（総括マネージャーはチーム間の調整）が行われることになる。

このことは、総務局を介さないで、県民の行政ニーズの変化など外部環境の変化に対応した行政活動の調整が各事業部局で行われるということである。このような水平的調整の方法が事業部局内で行えるのは、行政活動資源配分及び事業計画などの枠組みがトップマネジメントで決定されているからである。すなわち、この枠組みとは、行政活動の基本的枠組みを設定するような戦略に関する意思決定である県政戦略方針である。また、この枠組みの下で、非ルーティンな問題が生じた場合も、チームが隣接チームの性格を良く理解していれば、異常事態の生情報を利用して適切な解決方法を共同して発見し、解決することができることになる。このことは、生活部の先行した取組結果からも明らかになっている。しかし、このためには、個々のチームが行政組織全体の共通目標をそれぞれに適切な形で自己のものとしなければならない。この行政組織全体の共通目標が「住民満足度の向上」であることから、「新率先実行取組」計画において、個々チームの目標は、住民満足度を高める事業目標として設定されることになる。つまり、この計画では、政策目標（部局長）、施策目標（総括マネージャー）、基本事業目標（マネージャー）、そして事務事業目標（グループリーダー・チーム員）と「新しい総合計画」の政策・事業体系によりそれぞれ連鎖することで、個々のチームの達成すべき組織目標が明確化することになる。この結果、チームの情報処理形態の性格は、「住民満足度の向上」という行政組織全体の共通目標の下で、それぞれの目標・責任が明確にされた機能分散型システムの情報処理形態に近づくことになるのである。

　このことについて、北川知事は、「今までは情報非公開でゲマインシャフトになりすぎて」いたが、情報公開時代では「県庁組織は、……機能体つまりゲゼルシャフト」にならなければならない、そしてこの「組織が機能するためには、ビジョンに基づいた戦略があり、それを着実に実行する以外にはない」と認識していたのである[47]。そして、北川知事は、機能分散型システムの情報処理形態への変更を目指すような取組を行政システム改革で進めたのである[48]。すなわち、さまざまな内部組織は、特定の明確な目標（総括マネージャーが施策の目標達成、マネージャーが基本事業の目標達成、チーム員が事務事業の目標達成）達成のために権限が付与され、それぞれが個別環境情報を重視した意思決定が行われることになった。また、そのような情報処理が円滑

に行えるために、組織機構も、所管事業の責任と権限を明確する機能的にモジュール化した「チーム制」が導入されたのである。

　以上の行政システム改革により改編された組織機構は、それまでの組織機構とは構造面で大きく異なって見える。しかし、情報がどのように処理され、伝達され、そして組織の意思決定がどのように行われているかについて実態を見ると、稟議制度が維持されるなど、そこにはあまり差が認められない。すなわち、情報処理・意思決定と、それに基づく業務遂行との間に機能としての明確な区別がない。また、情報処理・意思決定の機能を果たしているのは、マネジメント部門だけでなく、事業実施部門の現場の県職員も、かなり集団意思決定に参加している。生活部で明らかになったように、現場の県職員の情報処理は、担当事務事業の範囲内に限定されるが、担当職務のローテーションや職務区分を超えた水平的コミュニケーションを通じて、県職員個々人の知識・情報の共有範囲を広げようとする努力が管理職側から意識的に行われている。さらに、三重県の行政組織の情報処理形態は、稟議制度の下でそれぞれの意思決定が共同して情報処理されることには変わりなく、情報情報処理形態が機能分散型システムへとは変化していない。すなわち、行政システム改革の取組により、三重県の行政組織の情報処理形態は、機能分散型システムへ変化するのではなく、三重県の行政組織にかかわる制度的補完性及び経路依存性の制約により、情報共有型システムの情報同化システムから、より個別環境情報を重視する情報共有型システムの水平的ヒエラルキーへと進化していくことになる。このことは、1980年代以降、日本社会は企業本位の社会といわれたように、企業システムが社会全体システムを覆い、各サブシステムである政治システムや教育システムなども、いわば企業システムを補完してしまう日本社会のシステムの下では、これらのサブシステムがお互いに強め合う制度的補完性を持っており、異質なシステムが共生することは容易なことではなかったからである。すなわち、このシステム間の制度的補完性の下で、大半の日本企業の情報処理形態が機能分散型システムへと変化していない現状においては、三重県の行政組織の情報処理形態が日本企業の情報処理形態である情報共有型システムとは異なる機能分散型システムへと独自に変化することは困難であった。この結果、三重県の行政システム改革が情報処理形態を水平的ヒエラルキーに進化させるための意図

第 3 節　行政システム改革と「効率」の向上　263

的改革ではなかったが、さまざまな意図を持って変革された各種制度が結果的に機能分散型システムの情報処理形態に近づくものの、制度的補完性等により水平的ヒエラルキーへと情報処理形態が進化していくことになったのである。

2．行政活動資源管理権限配分の変化と双対原理

(1) 予算編成制度改革

　(i) 従来の予算編成制度とその限界

　行政活動資源である財源の管理・配分に直接関係する最も重要な手段の1つが予算である。このことから、予算編成制度は、個々の行政内部組織に対する重要なコントロール手段となっている。

　三重県の予算編成過程は、広い意味では各部局の年度当初の「前年度事業の成果の確認と検証」[49]から始まる。内容的には、前年度の事業成果を評価し、本年度の事業及び来年度の事業に反映させる仕組みである。この業務見直しの仕組みは、秋からでは時間的制限もあり、十分な事業見直しが困難であることから、早期から見直すものであり、2000年度の予算編成から行われている。それ以前は、各事業部局がいわゆる「サマーレビュー」と呼ばれた来年度予算に向けた重要事業計画の検討が夏期に自主的に行われていた。この「サマーレビュー」から「前年度事業の成果の確認と検証」への変更は、「企画」(プラン偏重型行政)から「成果評価」(結果重視型行政)へと事業見直しの観点が転換されたことを意味した。

　前年度の事業見直しに続き、来年度の各部局の重要事業について、予算要求前に各事業部局長から知事(副知事・出納長・総合企画局長・総務局長も同席)に説明を行う「重要事業調整」が9月に実施されることになる[50]。しかし、この「重要事業調整」の場で認められることが、予算配分の約束とはならない。ただ、採択見込みのない事業については、この時点でふるい落とされることになる。以上の事前の予算編成過程後、総務局長より各年度の「当初予算調製方針」が10月に各事業部局長に対して通達され、予算編成が実質的にスタートすることになる。11月中には、各事業部局要求が予算調整課に予算見積書として提出される。そして、予算見積書に基づき、予算調整課職員が担当事業部局から予算見積書のヒアリングを行った上で、査定案が策定される。ま

た、この査定案により予算調整課課長査定が行われる。課長査定結果は、原則として、12月末あるいは翌年の1月初めに各事業部局へ内示され、これに対して、総務局長復活が行われる。さらに、知事復活で査定される予算については、総務局長復活の際、予算要求事業部局と総務局が知事復活とするかどうかを調整し、その結果、知事復活を行うことになった予算に関する知事復活資料が予算調整課によって作成されることとなる。これら一連の予算編成過程では、予算調整課職員と各事業部局との意思疎通による共通の理解が重要となる。つまり、予算調整課職員は、担当事業部局の予算見積もりの査定以降の予算編成過程では、自らが担当する予算要求事業部局の立場となるからである。このような相互理解が可能となるのは、予算調整課と各部局・各課との間での人事交流が行われていることが大きな要因であった。

　一方、各事業課室は、予算編成過程において、それぞれの管轄領域の構成主体の利害を代表して、予算調整課と交渉に望むことになる。この交渉は、直接相互に行われるのではなく、何段階かのマネジメント機能を担う官房部門の調整を受けることになる。また、事業課室が課室内で要求を調整した段階で自ら所属する事業部局内の他の事業課室との調整が必要であれば、各事業部局主管課が調整役を果たすことになる。この際、事業課室は、本質的に自らの行政活動を最大化するために、権限・情報・財源・人材など様々な行政活動資源を獲得しようとする。このため、他の事業課室と激しい競争的関係が生じる。このことから、このような部局の官房部門としての主管課の存在が重要となるのである。すなわち、事業課室が自らの行政活動資源の獲得するためには、事業課室がお互いに競争に直接携わる必要はなく、総務局・予算調整課や各事業部局主管課という官房部門の仲介を経ればよいのである。このことの意味は、行政活動資源の配分に関しそれぞれの事業課室は、主管課を通じて交渉すればよいことであり、一方、主管課が各事業課室の相対的な行政活動を評価し、それを各事業課室に行政活動資源を割り当てる比重とすることがより効率的な資源配分方法となることである。つまり、直接の多元的な交渉よりも、官房部門による集中化した調整は、情報処理的に効率的であった。さらに、予算編成期間というような制度的に設定された時間内に決定に至らなければならないという条件下では、予算要求交渉が官房部門の主導性の下で行われることにより、時間

的効率性が向上することとなる。このように、集中化した調整は、多元的な交渉コストを節約することになるのである。

　この交渉コスト削減については、ゲーム理論からも明らかになる。予算編成に関する官房部門の総務局と事業実施部門の事業部局間あるいは事業部局内の主管課と事業課室間の関係が短期であれば、事業部局や事業課室は、交渉を有利に運ぶため、情報を正しくオープンにしないことも、しばしば起こりうるであろう。そして、この場合、囚人のジレンマが生じるであろう。しかし、予算編成過程は、長期的であることから、この要求交渉は1回限りゲームではなく繰り返しゲームとなるであろう。このゲームでは、官房部門と事業実施部門との間には交渉に関係する情報の共有化がはかられ、また協調が生じると考えられる。たとえば、もし事業実施部門が情報を歪曲したことが発覚すれば、その事業実施部門は、評判や信頼を喪失し、行政活動資源の獲得が困難となるようなしっぺ返しを受けることになるであろう。そして、結果的に交渉コストは高くなるであろう。このことから、事業実施部門の行動が律せられることになる。つまり、各事業部局や各事業課室同士が交渉の度に非協力的な競争を続けることは、自らの行政活動資源が枯渇する恐れがあることから、ブレーキがかかることになる。このことの意味は、繰り返しゲームの状況にあることを利用して自発的に協力しなければ、将来、官房部門から各事業実施部門に何らかの不利益をもたらす、あるいは協力すれば利益を与えるという「暗黙の合意」による当事者間の自発的な協力を得たことになる。

　以上のように、組織間の調整を効率的に行うためには、多くの組織に官房部門を必要とする。すなわち、下位組織がそれぞれの個別利害を背景に情報処理過程に参画しようとすることから、全庁的な知事官房部門である総合企画局・総務局だけでなく、事業部局・事業課室レベルという下位組織もそれぞれに調整を行う官房部門が必要となり、それぞれの組織の官房部門によって利害が水平的調整されることになる。このことは、情報共有型システムの組織では、サブシステムにも官房部門の機能充実がないと相互利害の水平的調整ができず、効率的な組織運営ができないことを意味しているのである。

　これまでは、官房部門の調整とは、明確な政策目標ではなく、また政策の優先順位の変更や見直しが行われることではなく、増分主義によって決定される

J.C.キャンベルのいう「予算ぶんどり」[51] あるいは「一定率の一律削減」というような「慣行」であった。とくに、財政状況が安定して、官房部門の調整が毎年予算配分をそれぞれ一定率だけ増やしていくというように、自動化されている「増分主義的予算編成」の下では、交渉コストの節約は大きかったのである。このような予算編成の慣行の本質的特徴は、各事業部局・各事業課室の予算配分が前年度ベースを基準として、予算配分のプラス・マイナスという増分（減分）主義的な資源配分を比例的に行うということである。しかし、この予算編成の慣行は、政策の急激な変更が行われにくいという性格があるため、このような予算配分のパターンが一旦決まると、その後、官房部門の裁量権は制限されることになる。

また、これまでの「増分主義的予算編成」は、財源に余裕がある場合には、ケース・バイ・ケースで柔軟に対応することができた。しかし、財政状況が厳しくなり、限られた財源では、ケース・バイ・ケースで柔軟に対応しようにも、様々な利害関係団体や住民への公共サービスの提供を公平・公正に行うことが困難となる。このため、予算調整課のような専門化した調整機関では、調整が困難となるのである。このことから、たとえば田川知事の場合、知事査定は、積極的な調整というよりも、調整された結果を追認していく過程であったものが、1999年度の当初予算編成から、査定権は知事にあり、一方、総務局長以下は査定ではなく調整であるとしたように、北川知事は、積極的に予算編成過程へコミットし、調整することとなっていたと考えられる。つまり、多元的な利害調整役としての知事の役割が増大した結果、北川知事の予算編成でふるう裁量が大きくならざるを得なかったと考えられるのである。

さらに、限られた財源の下での予算編成過程において、「あれかこれか」の選択を求められることは、現場情報の処理が重要となる。しかし、外部環境の急激な変化に関わる認識や下位の組織から受け取る情報には雑音が入るなど、予算調整課などのトップマネジメント機能を担う知事官房部門による情報処理・活用には、多大なコストや情報処理能力が必要となる。このことから、知事官房部門の現場情報活用能力には限界が生じることになるのである。

(ii) **予算編成制度改革と双対原理**

　以上の問題解決に向けて、予算編成制度が改革されることになる。

　予算編成制度の仕組みが1999年度予算編成から改革される。1999年度の当初予算編成過程では、総務局が予算編成方針の原案を作成し、この原案に基づき、県政戦略会議において、予算の大括りの枠組みが議論され、予算編成方針が意思決定されることとなる。そして、各事業部局長へ部局内での資源配分・利用にかかる権限が一部委譲され、各事業部局長は、その大括りの枠内で自らの部局の個別環境情報を収集・分析して、有効的・効率的な予算編成の意思決定を自ら行うことになる。

　以上の予算編成制度をより詳しく考察すると、この予算編成制度では、大括りの枠組みを県政戦略会議で意思決定されることから、総務局の権限は、従来の制度よりも縮小されることになる。一方、県政戦略会議は、毎年度の予算要求基準や予算フレームを総務局の原案に基づき討議・決定を行う。ここで決定された枠組みの中で、各事業部局が部局内における利害調整を行うことになる。2002年度の当初予算編成の場合、この枠組みで決定される予算規模のフレームが一般財源をベースに決定され、各事業部局へ配分される一般財源は、おおむね前年度予算額の8割程度であった[52]。

　以上のように、県政戦略会議で割り当てられた予算規模の範囲で、各事業部局長は、自らの責任で部局内課室への予算配分の意思決定を行うことになる。また、総合行政にかかる事業の場合は、事業主担部局が中心となり関係部局間の調整や施策間の調整がこの枠組みの範囲で行われることになる。一方、2002年度の当初予算編成からは政策推進システムの導入により、予算編成制度がみえ政策評価システム及び「新しい総合計画」第2次実施計画と連動した結果、財源配分・利用の目標がより明確化されたことから、各事業部局の予算配分の調整過程が透明化することになる。つまり、この予算編成過程では、トップマネジメントにより意思決定された予算編成の枠組みの中で、各事業部局の責任と権限を明確化するシステムを強化するという「予算編成の集権化と分権化」がはかられたのである。

　さらに、2002年度の当初予算編成から、新たな予算編成制度として「新価値創造予算枠」が創設され、事業採択にあたっては事業部局間競争が働くコン

ペ方式が導入されることになった。この「新価値創造予算枠」制度は、「住民満足度の向上」の実現という行政組織全体の共通目標によるコントロール下での「競争メカニズム」的な疑似市場を創設することである。この制度は、事業採択の基準として、対象事業、審査基準（施策寄与度・戦略性・改革度・独創性・緊急度・費用対効果など）を明確にし、予算の重点化をはかることになる。2002年度の当初予算編成過程では、25提案事業が三役等のトップマネジメントで審査され、21事業（事業費ベースで約22億円、一般財源ベースで約21億円）が予算化されることになった。同様な手法で、公共事業についても、公共事業重点事業化枠（15億円）が設定され、そしてコンペ方式により、18の提案事業が副知事を本部長とする公共事業総合推進本部のトップマネジメントで審査（審査基準は戦略性・独創性・事業の効率性など）され、11事業（事業費ベースで約26億円、一般財源ベースで約15億円）が予算化されることになった。この事業部局間の競争による新しい予算編成制度では、予算配分の審査がトップマネジメントにより、集権的に行われたのである。

　以上のように、新しい予算編成制度（「新価値創造予算枠」制度を除く）では、予算編成に関する大括りの枠組みをトップマネジメントで意思決定し、その枠組みの下で、各事業部局が自らの部局内の財源配分・利用を意思決定できるように、事業部局へ権限委譲が行われたのである。この結果、事業部局内での配分された財源の再配分や財源利用に関しては、事業部局により分散的な情報処理が行われている。しかし、①予算編成の基礎となる予算編成の枠組みの決定が一般財源を基準に行われること、またこの基準の基礎となる歳入規模は、総務省の地方財政計画や交付税措置等及び県税収見込みなどを基準に決定されること、つまり総務省の財政コントロール等の枠の中で決定されることなど、予算調製方針策定に関する事務の専門的知識・情報を蓄積した総務局でなければ実質的な方針策定作業を行うことができない。このことから、県政戦略会議での議論の際にも、予算編成枠組みの基礎となる歳入規模に関しては、与件として扱わざるをえないことなど、根幹的なことは、依然として実質的に総務局に集中化せざるをえないのである。また、②根幹となる予算編成の枠組みの決定が県政戦略会議というトップマネジメントで決定される。さらに、③各事業部局は、配分された予算枠で、自らの部局内の来年度事業計画案に予算を配分

第 3 節　行政システム改革と「効率」の向上　269

するにあたっても、みえ政策評価システムに基づき、年度当初に総合企画局及び総務局と共同で継続事業の「前年度事業の成果の確認と検証」を行い、成果が認められた事業についてのみ、来年度の事業予算が認められることとなる。一方、その成果の確認・検証で、廃止・見直しとなった事業については、総務局より各事業部局に「意見」として提示される。その「意見」に基づき、各事業部局が見直しを行った結果、継続することとした事業については、新規事業とともに、従来通り総務局の調整を受けることになる。そして、その調整された事業予算要求案（未調整事業予算要求案も含む）は、成果を認められた継続事業の予算要求案ともども、知事査定を経て予算が確定することになる。このことは、知事・総務局が「みえ政策評価システム」により事務事業の執行をモニタリングし、チェックしていることを意味しており、また見直しされた継続事業及び新規事業について、従来通りの査定が行われるということは、従来の秋からの予算編成過程が通年の予算編成過程となったとも考えられる。すなわち、みえ政策評価システムにより、トップマネジメントを行う官房部門と事業実施部門の両者の関係が「契約」とその「契約内容が達成されたかどうかの評価」という事前・事後のコントロールに変更されたのである。この結果、事業実施部門の目標が明確に設定され、それを事後的にモニターして達成できていなければ、以後、契約は行われないといったように、実質的に官房部門のサブシステムへのコントロールが強化されることになる[53]。つまり、メタシステムとしての知事からサブシステムとしての事業部局長へ予算配分された財源は、メタシステムとしての事業部局長がサブシステムとしてのマネージャーへ財源配分する、というように、官房部門の権限が強化されることになる。④ 1999年度からの予算編成過程では、総務局長までは予算「査定」ではなく、予算「調整」とされ、知事の最終決定を予算「査定」としたことである。ここでは、予算調整課長内示及び総務局長内示は予算の「仮提示」となる。このように、新たな予算編成制度は集権化を確保していることから、三重県の行政組織の「双対原理」が成り立っているのである。

　ただ、公共事業のような投資的事業の予算編成制度は、中央政府のコントロールを強く受けることから[54]、総務局による財源のコントロールも十分に行うことはできない。むしろ、事業部局も、限られた一般財源を有効に活用し、

行政組織全体の共通目標（各事業部局にとっては自らの目標）を達成するためには、国庫補助金の獲得が重要な要因となる。この意味で、公共事業の財源は、実質的に分散的に各事業部局で調達することとなるが、県税収入、総務省の地方財政計画及び交付税措置などのコントロールの下で、一般財源や起債財源の調整が総務局で行われること、また県政戦略会議において、公共事業費の予算の総枠についても一般財源ベースで議論と意思決定が行われること、さらにその他の事業予算と同様に、投資的事業の財源配分も、みえ政策評価システム及び「新しい総合計画」第2次実施計画と連動していることから、事業部局のアカウンタビリティが確保され、みえ政策評価システムを介したコントロールが担保されていることなど、予算編成制度の集権化が確保されている。ここでも、三重県の行政組織の「双対原理」が成り立っているのである。

(2) 定員管理制度改革と双対原理

次に、定員管理制度について考察する。定員管理制度は、行政活動にとって重要な人的資源の配分制度である。この定員管理制度は、総務省の定員管理抑制指導という強いコントロールを受けることになる。そのうえ、中央政府各省庁の個別法令や実務指導・協議などを通じて、事業に伴う事務負担などにかかわる必置規制的な定員のコントロールを受けることにもなる。また、職員定員は、「定数条例」で定める必要があることから、議会からも民主統制を受けることになる。これらのコントロールの下で、業務遂行のために必要な職員定員の配分が行われることになる[55]。

ところで、三重県の定員管理制度の調整方法は、基本的には予算編成制度の調整方法と同様である。2002年度の定員要求過程によると、総務局が「定数調整方針」の原案を作成し、その方針原案に基づき県政戦略会議において議論され、「定数調整方針」が意思決定される。そして、10月に「当初予算調製方針」と同時期に「組織機構及び職員定数調整方針」についても、総務局長から各事業部局長に通達され、事業部局の組織機構改編及び定員数の要求過程が実質的にスタートする。この方針では、組織機構及び定員管理の大枠組みの基準が示され、この基準に基づき、各事業部局は、組織機構改編及び定員数の要求を行うことになる。その後、定員数については、各部局が自らが再配分した継

続事業等にかかる定員数も含め、11月に組織・定員要求書を総務局政策評価推進課に提出する。この要求書に基づき、総務局政策評価推進課による新規事業についての調整が行われる。そして、組織機構の改編要求と併せ、定員要求は1月に政策評価推進課長調整及び総務局長調整、続いて知事査定が行われ、新年度の組織機構・定員数が確定することになる。

　また、2002年度の定員管理制度改革による新しい調整方法では、これまで総務局が課所単位で決定していた定員数が部局単位で一括して包括決定される。このため、事業部局長は、自らの権限で管理職を除いた定員の部局内再配分が早期に決定できる分散的な意思決定を行うことができることになる。具体的には、各事業部局長に各事業部局現行定員数から事業廃止などの当然減分を差し引いた数値の90％を包括的に定員配分し、各事業部局長が部局内の予算配分と併せて主体的に定員を配分できるように「定数調整方針」が変更された。これまでは、方針として示された削減定員数分以上に各組織の定員見直しを行い、各事業部局内で定員の再配分を行う場合でも、総務局が課所単位で定員数が決定していたこともあり、事業部局は総務局に新たに定員数の要求を行い総務局の査定を受けなければならなかった。この場合、もし定員再配分が認められないと、割り当て以上の定員数減となる可能性もあるため、事業部局は、削減割り当て以上の定員見直しによる再配分には消極的にならざるを得なかったのである。この意味で、2002年度の定員管理制度改革は、事業部局にゼロベースで組織・定員を見直すインセンティブを与えることになった。

　ただ、2002年度の「定数調整方針」も、新規事業については、従来通り組織全体で削減された定員数を原資として、定員配分が行われた[56]。この新規事業等は、重点項目分野[57]、新価値創造事業、法改正等制度改正に限られる。ただ、総務省の行政指導による「定員適正化計画」により、対前年度定員より約60名以上の定員数の減数を目指すことから、定員配分にあたっては、併せて事務事業の執行方法の見直し・外部委託等の推進が積極的にはかられることになるのである。

　以上のように、新しい定員管理制度は、新しい予算編成制度と同様に県政戦略会議で「定数調整方針」が意思決定されるとともに、新規事業等への定員配分は、知事査定で決定されたのである。さらに、事業部局長の部局内での定員

配分も、県政戦略会議で決定された「定数調整方針」の枠組みの範囲で行われ、定員管理制度の集権化は確保されている。このことから、三重県の行政組織の「双対原理」が成り立っているのである。

(3) 人事管理制度改革
(i) 人事異動制度

　最後に、人事管理制度について考察する。人事管理制度は、職員を介した行政活動の管理制度である。人事管理制度には、主要なサブシステムとして人事異動（採用・退職・昇任も含む）制度と給与制度がある。給与制度については、旧自治省（総務省）の給与適正化指導という強いコントロールを受けており、また議会からも人件費に関する民主統制が行われる。一方、人事異動は、定員数及び職制の設置数の枠内で行われるといったコントロールを受けるが、人事異動制度は、給与制度、予算編成制度、定員管理制度のような外部環境からの直接的なコントロールが小さいといえる。このため、人事異動制度は、外部環境からの自律性が高くなり、地方政府の裁量権は大きくなる。この意味で、三重県の行政組織の組織規律性にとって、人事異動権限は、最も重要な権限となるのである。このため、ここでは、人事管理制度のうち県職員の人事異動制度について考察する。

　三重県職員の人事異動は、基本的には年度当初の4月1日付の定期人事異動として行われる。従来、定期人事異動作業過程は、前年の12月に総務局長から各事業部局長に「人事異動方針」が通達されることからスタートする。そして、予算要求及び組織・定員要求と連動させながら、各部局の官房部門である主管課は、所属長からの人事異動及び昇任候補者の要望（この場合は課長補佐級以下の職員に関する要望である。一般的に課長級以上については、部局主管課で要望書を作成している）について、各部局内の所属長のヒアリングを行い、部局内のバランス、評判とかけ離れていないかをチェックし、部局としての人事異動要求書及び昇任候補者要望書を総務局に1月に提出する。

　このように、事業部局から人事異動要求書及び昇任候補者要望書を提出させることは、総務局がすべての県職員の能力を直接把握することが不可能なため、総務局が人事異動に関するすべての情報処理を行うことが困難であるからであ

る。このため、要望書を提出させることは、人事異動に関する権限を事業部局に一部委譲すること、つまり総務局の人事管理部門と職員情報が存在してる事業実施部門とを分離することで、人事異動情報の不確実性や情報収集コストを減少させ、人事異動制度の効率化をはかることになる。この結果、三重県の場合も、職員の人事異動対象者や昇任対象者の選抜も、所属長（部局長も含む）が候補者の評価をして、総務局に要望することになっている。また、昇任の場合は、所属長が昇任候補者順位を付けることになっている。さらに、原則として、所属長からの要望がない職員は、昇任できないことになっている。このように、人事異動権限が事業実施部門の現場組織に委譲されると、所属職員の情報を持っている現場組織は、所属職員に対する実質的なコントロール権が強まり、現場組織のモチベーションが高まることになる。

　この要望書等に基づく課長級以上の職員の人事異動については、総務局幹部が各部局幹部からヒアリングし、また課長補佐級以下の職員の人事異動については、総務局職員課長が各部局主管課長から総括的なヒアリングを行う。その後、総務局は、全体的なバランスや該当者の評判などを総合し、異動対象者や昇任者を絞っていくことになる。総務局において、部長級から順次人事異動作業が行われることとなり、その職位ごとに、人事異動（昇任も含む）の要望についてのより詳細なヒアリングが行われる。次長級・課長級については、総務局次長等の幹部が各部局次長等の幹部から、また課長補佐級以下については、総務局職員課調整監（あるいは担当主幹）等が各部局人事担当調整監（あるいは担当主幹）等から詳細なヒアリングを行う。さらに、事案によっては、各事業部局とのヒアリングがその都度ランダムに行われる。一方、この人事異動作業過程において、各事業部局間でも各部局の人事担当者等による人事異動についての水平的な情報交換が行われることになる。

　以上のような人事異動案策定作業が終了し、人事異動案が決定された段階で、総務局により「部局主管課内示・調整」→「所属長内示・調整」→「本人内示・調整」という手続きがとられる。そして、最後に、課長補佐級以下の人事異動案は、総務局長により最終決裁（意思決定）され、また課長級以上の人事異動案は、知事により最終決裁（意思決定）される。このように、人事異動制度は集権的な制度となっているのである。

この人事異動制度では、下位組織から人事異動に関する要望を提出させることになっているが、下位組織による人事異動等の要望は、ややもすると属人的評判に基づくため公正さが保障されず、また評価のゆがみが生じることもある。このことから、逆に総務局によるチェックも必要となるのである。つまり、人事異動制度は、集権的な知事官房部門と情報が所在する事業実施部門との権限を一部分離して、お互いにけん制させることが重要となっているのである。

ところで、県土整備部、健康福祉部、農林水産商工部のような事業部は、事務系職員だけでなく、相当数の技術系職員が存在し、むしろ技術系職員中心に構成されている組織である。この技術系職員の人事異動も、定期異動時に行われる。ただ、採用・退職という任免を除き、それぞれの職種の「定員枠」内で実質的には、当該事業部局の官房部門において、人事異動の分散的意思決定を行っている。ここでは、総務局は、各事業部における昇任枠の設定や「需給」が一致しない部分など事業部局間にわたる人事異動問題の最終的な調整に限定され、各事業部の人事異動案に対する積極的な調整を行わない。さらに、技術系職員の場合は、各事業部局を越える異動が困難なうえ、健康福祉部のように、医療職など多職種な技術系職員が存在する場合は、同じ部局内であっても職種機能の壁を越えての異動が困難である。このように、人事管理が分散的とならざるをえないため、行政組織全体の共通目標からの遠心力が高まると考えられる。

この問題に対しては、技術系職員の採用と退職を一括して集権的に総務局が行っていること、また昇任についても、昇任数の大枠基準が総務局で決定されること、さらに技術系職員にかかわる分野が部局の主な所管事業となっている事業部局であっても、技術系職員だけでは部局の行政運営が円滑に行われないこと、たとえば公共事業を所管する県土整備部では、経理・庶務・用地買収・施設管理・許認可業務などの事務系職員が遂行する事務が多数存在するため、事務系職員が全体職員の約3分の1程度を占めること[58]、また事務系職員は総務局で組織全体の一元的な人事管理が行われること、などの要因により、技術系職員中心の事業部局の人事管理に対しても、総務局の集権的人事管理が行われることになる。この結果、技術系職員中心の事業部局であっても、一定の範囲で人事管理制度の集権化が確保され、ここでも三重県の行政組織における

「双対原理」が成り立っているのである。

(ii) **2002年度人事異動制度改革と双対原理**

2002年度の定期人事異動に向けた新しい人事異動制度は、総務局が作成した「人事異動方針案」が県政戦略会議で議論され、「人事異動方針」が意思決定されることとなった。また、総務局が各部局の新しい職員配属を決め、それぞれの部局内の配属は、各部局長が決定することになる。具体的には、マネージャー以上の職位にある幹部職員を除いて、総務局が部局単位で一括した人事異動案の内示を事業部局に行う。つまり、課長補佐級以下の職員（マネージャー職の職員は除く）の人事異動発令は、配属されるチームではなく、そのチームが属する部局への人事異動発令となったのである。この結果、課長補佐級以下の人事異動については、事業部局長が自らの権限により、部局内の各チーム別の人事配置や年度途中における部局内職員の再配置が行えるという分散的意思決定（分権）システムへと転換したのである[59]。また、この人事異動制度は、総務局から内示を受けた事業部局長が自らの判断と責任により人材配置のマネジメントを行い、また部局所属職員の空き時間を最小にするように配分することが可能となる仕組みとなったのである。

しかし、この新しい人事異動制度にあっても、集権化は確保されている。課長補佐級以下の職員の場合も、やはり総務局が職員個々人に対して配属部局への人事異動発令行為を行っている。一方、マネージャー以上の幹部職員の場合は従来通り、知事・総務局が職員個々に配属ポストを決定し、人事異動発令を行っている。また、個々の職員の昇任についても、知事あるいは総務局で一括して決定されている。さらに、「人事異動方針」も、県政戦略会議において最終意思決定されている。このように、人事異動制度の集権化が確保されていることから、三重県の行政組織における「双対原理」が成り立っている。つまり、人事管理制度の集中化の結果、情報資源で優位に立つ事業部局の行政組織全体からの遠心化が防げ、三重県の行政組織の一体性を高く保たせることになっているのである[60]。

(4) 目標管理型行政運営システムにおける双対原理の成立による組織の統一性と「効率」の向上

　三重県の場合は、これまで三重県の事務事業の多くが機関委任事務であったため、各事業部局は、中央政府の関係省庁からコントロールを強く受けることになり、中央政府の縦割り行政が三重県の行政活動に反映されていた。また、分権一括法により機関委任事務が廃止され、必置規制が緩和されても、「個別法や実務指導協議の形で地方自治体への事務負担の義務づけや関与が依然として残っていること、自治事務といわれる中でも執行義務を課している事務が存在すること、国の法令が細かな点まで依然として規定していること、など実質的に地方自治体の事務・業務を拘束する規定は後半に残されている」[61]ため、行政運営は依然として中央政府からのコントロールを受けている。この結果、行政活動資源の配分・利用については、多くが中央政府との関係にゆだねられることから、中央政府の行政システムのあり方が三重県の行政システムの双対原理の成立に影響することになる。中央政府の行政システムは、人事管理が各省庁で行われるなど、「遠心力が強く働き、集権性は意外に弱い」[62]といったいわゆる縦割り行政システムである。この縦割り行政システムの影響により、各事業部局は分散的・分権的志向となり、部局ごとに行政組織全体の共通目標からの遠心化が働き、全体組織としての総合性が弱くなると考えられる。

　しかし、すでに考察したように、三重県の場合は、中央政府と異なり情報処理システムが下位組織に分散化される一方で、財源管理、定員管理、人事管理といった行政活動資源管理がトップマネジメント部門に集中化することで、行政組織の「双対原理」が成り立ち、行政組織の統合性・効率性が保障されている。とくに、人事管理制度については、一部議会の承認が必要な特別職を除いて県職員配置をどうするかは、知事の人事権限であることから、県職員にとっては知事の権限は絶対的であり、県職員の帰属意識が三重県に向けられる集権的人事管理制度の基盤がそこにはある。また、課長級以上の管理職人事については、最終決裁権限が知事にあるため、主要管理職ポストへ人事配置について知事の意向が強く反映される。知事は、三重県行政組織の代表と責任を一身に体現し、県職員により構成される補佐機関を掌握することによって、もともと行政組織に強い求心力を作り出すことができたのである[63]。さらに、県職員

個人に対する人事査定の方法が全庁的に統一化・標準化されており、人事に関する記録も、職員課で集中管理し利用されているという意味で集権的な人事管理が行われているのである。そのうえ、県職員は、総務局で一元的に採用・異動・処分・退職されることから、国家公務員に比べて各部局間の縦割り意識よりも三重県への帰属意識の方が強くなっている。

　2002年度の行政システム改革では、予算編成、定員管理、人事管理等の行政活動資源配分という組織存続にとって重要な意思決定が三重県政の大局的なシステム環境に関する情報を処理するトップマネジメント部門において専門的に取り扱われることになる。そして、一旦、大局的な枠組みがトップマネジメントによって意思決定されると、その大枠の範囲内で個別環境に関する情報処理に携わる各事業部局・各チームが行政活動資源の組織内配分・利用をみえ政策評価システムと連動させることで、有効的・効率的に行うことになる。以上のように、2002年度の行政システム改革の結果、目標管理型行政運営システムが構築されたのである。このシステムは、今後、地方分権化の進展によって、中央政府からのコントロールが縮減する一方で、事業部局の行政活動に対する地域社会・経済環境からのコントロールが増大することから、事業部局が自らの部局を取り巻く個別環境の情報をそれぞれが重視しなければ、有効的・効率的な意思決定ができなくなってくることに対応した行政運営システムである。同時に、このシステムでは、2002年度の行政システム改革により、下位組織への大幅な権限委譲とチーム制の導入が行われ、組織の業務と権限・責任が明確化されたことで、事業部局の「自己決定」・「自己責任」が問われることになる。このように、個別環境が複雑・多様化する条件の下では、局所的な意思決定と大局的な意思決定の分離が「効率」の向上に貢献することになる。つまり、行政活動資源配分に関する集権化と分権化という「双対原理」を成り立たせることで、トップマネジメント部門は、行政活動の中間過程でのモニタリングやコントロールが軽減されるため、行政ニーズの測定に専念でき、より精度の高い予測が可能となる。このことから、とくに総合企画局や総務局は横断的知事官房組織としての地位も向上することになる。このことの意味は、三重県の行政組織におけるマクロ的な双対原理とは別に、個別の行政活動資源管理制度においても、ミクロ的な双対原理を成り立たせることが「効率」を向上させるこ

とである。この結果、「効率」を向上させるため、各事業部局・各事業チームは、自らの行政活動に関する個別環境情報を重視する機能分散型システムの要素を情報処理方法に加えることになる。しかし、三重県の行政組織の情報処理方法は、基本的には総合企画局・総務局と各事業部局との相互交渉・調整等が行われており、さらには各事業部局間での個別協議も行われている。このことから三重県の行政組織の情報処理形態は、目標管理型行政運営システムに対応した水平的ヒエラルキーへと進化していくことになる。

注
1) 北川正恭　2001年5月号　101頁
2) 岩見隆夫・北川正恭　2000年　98頁
3) 同書　48-49頁
4) 同書　99頁
5) 北川正恭　2001年5月号　101頁
6) 三重県『平成13年7月10日知事定例会見概要』　政策広聴広報課
7) 県民を生活者（あるいは納税者）と位置付けながらも、NPMの影響から「顧客」（サービスの需要測定は行政側が確定）、「消費者」（県民にサービスの選好決定権があるが、消極的な行政への参加）、さらには「民主制」の観点から「株主・拠出者」「パートナー」（積極的な行政への参加＝地域社会経営の構成員、公共サービスへの不満は積極的に「告発」することで示す）、行政経営品質向上活動の目指す「住民満足度の向上」に対応した「カスタマー」（県民からの情報の収集に努め、県民のサービス選好への応答性を高める）など、県民の位置付けが多様化している。このように、行政システム改革では、県民に対して多様な表現を使用していることに関して、北川知事は「使い分けています。県民を『顧客』ととる場合も必要なんです。一つには、サービス産業として考えないと行政がもたないという、ミクロな意味の議論があります。もう一つは、顧客と企業の社長という関係ではなく、株主と経営者の関係を私ども（も〔筆者注〕）頭に置いている。われわれは、主体者である株主に対して満足いただくシステムでなければならない、と考えるわけです」（中村征之　1999年　180-181頁）と使い分けている。この発言での主体者とは、住民自治の主体者というよりも、株主と表現することから「納税者」いうニュアンスが強いと考えられる。ただ、ここでも、使い分けの基準は明確にはされていない。

　筆者は、このように県民を表す表現が多様化せざるえないのは、公共サービス提供先を容易には変更できないこと、強制力によるサービス提供が存在すること、公共サービスが集合消費財であることから、個人的に退出が不可能であること、そして民主制は利己的な市場モデルとは相反すること、などの理由から、普遍的な県民の位置付けは不可能であり、提供される公共サービスの性格との関係から地域社会・経済環境により、県民の性格付けが決まることになる。このことから、性格付

けが異なる場合は対立の可能性も生じる。このことについて、山本清は「政府活動では拠出者である国民は顧客・利用者であり同時に主催者であるから、すべての政策につき（代理人を通じた［筆者注］）合意・承認が要請される」ことから、政策に対する住民の利害調整は対立する「両者の代理人からなる議会で審議するほかない」（山本　清　2001年　120頁）としている。

8) この3つのキーワードは、それぞれ独立したものではなく、相互に関連しているが、ここでは、行政システム改革の取組項目に最も適したキーワードで整理することとした。
9) 県職員向け『政策推進説明会資料』三重県総合企画局・総務局　2001年9月1頁
10) 北川知事はパネルディスカッションで、「これからの行政はプレーヤーを止めて、アンパイヤーに徹する」（北川正恭　1997年）というように、行政システム改革により「事前裁量型行政」から「事後チェック型行政」を目指すとしている。
11) 北川知事は、行政システム改革について「リストラ自体には興味がない。私が言い続けてきたことは、体質改善、システム改革です。日本の行政マンの数は世界に比べれば非常に少ない。供給側の論理で事前調整をやってきましたからね。今後は、むしろ監視体制に人が必要ですから、人数は減らない」としている（北川正恭　1998年6月号）。しかし、旧自治省の総定員抑制の制約の下での改革に取り組まなければならないことから、行政運営の「民主制」の確立・推進と「効率」の向上を合わせて追求することになる。
12) 1998年度の「歴史街道博」イベントの協働化、NPO推進室の設置、1999年度の「生活創造圏」構想策定の住民との協働化、2000年度の県民による「県民環境会議」の設置とその組織への環境行政の委託というように進展してきている。
13) 住民と対面し、提案や意見を収集し、苦情や要望・相談に応じる組織として、本庁及び各県民局に設置されている。
14) 事務事業目的評価表の情報公開によって、県の政策の事業レベルの情報を具体的に住民が取得できることなり、住民が批判あるいは支持するための判断ができる基盤が整備されたことになったのである。
15) これは、「e‐エディター」と呼ばれる有識者が編集者として司会進行を務め、県民同士が電子会議室で議論を行い、建設的な意見は県政へ積極的に反映させるもので、主な目的は、積極的かつ分かりやすい情報提供を通じて、地域づくりへの一層の住民参画をはかるというものである。
16) たとえば、2001年度の場合、三重県ではパブリックコメントを求めた事業は18件あったが、結果的には意見なしが7件と最も多く、コメント件数が1桁が4件、2桁が3件、3桁が4件と低調であった。最も多くのコメントがあったのは、「三重県健康づくり推進条例（仮称）骨子」の633件であった（三重県情報公開チーム資料）。
17) NPMは、すべての公共サービスを自前で行う肥大化した非効率な政府の効率化をはかるため、政治・行政二分論的な観点から行政を企画管理部門と事業実施部門に分離した。このNPMの観点を政治・行政二分論として、単純に県行政運営に適

応することは非現実的である。たとえば、三重県の総合企画局長が新しい地域政策の可能性と課題に関する議論の中で、「実務として組織を動かす部分は役人とか、部局長の役割だと思っています。その前の構想力とか、ビジョンを示すのは知事の役割だと思っていまして、北川知事のそれがあったからこそ、我々がそれをどう実務に落とし込んでいくかという作業ができました」（大森　彌・飯塚　厚　2003年　71頁）といったように、新しい政策立案に対して、知事と職員の機械的な役割区分、つまり政治と行政の二分論を展開するような考え方が生まれる。しかし、このことは、人間の限定的合理性から知事にすべての構想力をゆだねることは不可能であり、非現実的な議論であろう。

18) 三重県の情報公開の開示件数は、1998年度13,267件（開示率99.5％）、1999年度15,312件（87.7％）、2000年度28,824件（73.3％）となっている。また、インターネットホームページへのアクセスは、1998年度311,883件、1999年度795,248件、2000年度1,669,154件、2001年度（2001年12月末の9月間）2,219,544件となっている。このように県民の県政への情報アクセスは毎年増加してきている。ただ、県民からの県政に対する要望等については、1997年度573件、1998年度1,041件、1999年度1,737件、2000年度1,551件、2001年度（2002年1月末の10月間）1,116件といったように、年度によりバラツキがある（各件数は三重県資料「2001年度全庁版行政経営品質報告書」に基づく）。

19) 事務事業目的評価表情報開示等回数は下記の表のとおりである。

年 (暦年)	情報公開窓口での件数		インターネットアクセス件数	
	人数	1月あたりの平均件数	件数	1月あたりの平均件数
1998	① 218	21.8		
1999	156	13.0	② 13,254	1,473
2000	35	2.9	18,217	1,518
2001	③ 30	3.0	③ 17,665	1,472

注　情報公開は1998年2月27日、インターネットでの公表は、1999年4月から開始した。各年度の数値は暦年の数値であるが、①は3月から12月まで、②は4月から12月まで、③は1月から10月までの件数合計。
出所　三重県資料より筆者作成。

20) 田尾雅夫　1989年　114頁
21) 居戸利明・福井敏人　2001年　26頁
22) 「市民パネル」について、宮川公男（1995年　227頁）は、市民パネルの目的が「市民に政策代替案の技術的及び政治的側面について学習する機会を与え、政策代替案とそれがもたらしうる結果について自らの価値選好にしたがって議論し、また評価できるようにすること」にある、とした。したがって、市民パネルにおける市民には、学習や議論や評価等を行うことが求められていることとなる（同書　217-218頁）。
23) しかし、住民の価値観の多様化により、議会・首長の間接民主主義が住民総体の

代表とはいえなくなってきていることもあり、地方自治法においても、直接民主主義の採用を排除したりしていない。つまり、地方自治法は、二元代表制は代表部への全面信託ではなく、リコール制、議会の解散権などの直接民主主義的な制度が設けられ、住民がコントロールすることを念願に置いている。また、現実には日常的な「住民参加」「財務監視」「パブリックコメント」「オンブズマン」など多様な方法で直接民主主義的な手法が担保されている。これらの直接民主主義的な手法は、住民と地方政府間に強い政治的緊張関係を設定している。

24) 神野直彦　2000年　15頁
25) 小林清人　2001年　29頁
26) 同書　27頁
27) 同書　33頁
28) 同書　29頁
29) 同書　30頁
30) 同書　30頁
31) 大森　彌　1990年
32) 2002年度の「前年度事業の成果の確認と検証」は、まず施策について総合企画局、総務局及び事業部局の施策主担当総括マネージャーによって行われた。次に基本事業及び事務事業については、従来通り、担当者間で行われた（しかし、2002年度はマネージャー間では行われなかった）。2002年度、新たに施策評価についても行われたのは、新しい予算編成の方法が施策単位で行われたこと、とくに施策単位で事業部局へあらかじめ財源配分が行われたことからと考えられる。
33) たとえば、従来、建設省所管の公共事業を担当した「土木職」と農林水産省所管の耕地整理や農道建設などの農業土木を担当した「農業土木職」に区分され、それぞれ土木部と農林水産部に配属されていたが、1998度よりそれらが統合され、「総合技術職（土木）」と統一された。このことにより人事の流動化が進むものと考えられる。
34) 北川正恭　1996年12月16日
35) 居戸利明・福井敏人　2001年
36) 西尾　勝　1993年　第10章
37) 田尾雅夫　1990年　45頁
38) 1993年に実施した山本清（1997年）の調査〈調査対象者はある県の本庁部局の係長100名と地方部局係長100名、回収率80％〉によると、係の業務を遂行する上で、同じ課の他の係などとの協力・協調をどの程度必要としているかという質問の結果、民間企業の生産現場と同様に9割（非常に重要41.9％、やや重要48.1％）が協力・協調が必要であり、かつ、重要としていて、かなりの相互依存の業務体制となっている。しかし、係内部の業務分担については、日本的経営の特質とされるチームワーク労働というよりは、係員同士は職務の独立性（個別的な業務分担15.7％、個人別に行うことが多い61.0％）がかなり高く、業務を個人に割り当て係長が全体を管理する欧米型の組織に近い傾向があった。

39) たとえば、「新しい総合計画」第2次実施計画における「ブロードバンド・ネットワークの推進と活用」という基本事業には、「ブロードバンド・ネットワークを活用した実証実験」と「ネットワーク・サービスの実施」という2つの目的が設定されている。
40) 辻　清明　1969年　158頁
41) 村松岐夫　2001年　13頁
42) 村松岐夫　1999年　242頁
43) 三重県行政システム改革チーム　『組織運営の基本的な考え方・改善の方向（詳細版＝第2版）』　2003年3月
44) 同報告書
　　この報告書では、2002年度組織機構改革とそれにともなう組織運営の問題点について、県職員から2回のアンケート及び意見交換会等を行った結果についてまとめている。チーム制導入による調整についての県職員の主な意見は、次の通りである。
① 本庁では小さなチームが多くできすぎ、チーム間の連携やチーム間の業務の漏れなど問題が生じている（2頁）。
② マネージャーを超える決裁等は、調整するチーム数が増え、従来よりも時間を要する場合も多くなった（3頁）。
③ チームが細分化され、「分野内」において却って縦割り意識が強まり、横の連携が希薄になった（7頁）。
④ フラット化が強調されると、個々人が仕事をするという傾向が強まり、チェック機能の低下が懸念される（11頁）。
　　以上の意見は、各チーム間調整のリスクとコストが増加したことを示している。
45) 同報告書によると、マネージャーの業務が質量とも増加したことが次のアンケート調査から明らかになる。
① マネージャーやグループリーダーに業務が集中することになり、担当者が業務上相談できる職員がおらず、これまでよりも担当者の負担が強くなった（3頁）。
② マネージャーが各推進委員や文書照会の窓口となっている。研修への参加も頻繁にあり、率先実行や基本事務事業評価表の対応に追われるうえ、チーム員との対話もあり、事業マネジメントに対応している時間の確保に苦慮している（8頁）。
③ 業務内容が多岐にわたるようなグループをいくつか有しているマネージャーの役割は大変である（8頁）。
④ マネージャーはマネージャーとしての他の業務が多く、業務の縮減・見直しを行える時間が余りない（8頁）。
⑤ マネージャーが対話を通じてミッションの共有化をはかるとされているが、対話にかける時間、一緒に考えて事業を進めるという時間がない（8頁）。
46) 三重県では、県政戦略方針が政策推進システムにおいて「県政運営戦略」として位置付けられている。この「県政運営戦略」は、翌年度の重点施策と戦略課題について、県政戦略会議で意思決定された県政戦略方針である。「県政運営戦略」策定

過程は、まず、第2・四半期に総合企画局が原案として作成した「翌年度県政運営の基本的な考え方（案）」が県政運営会議で議論され意思決定される。「翌年度県政運営の基本的な考え方（案）」では、「三重のくにづくり白書」や「県民1万人アンケート」等の結果をふまえ、翌年度の重点施策と戦略課題に関するテーマ案等を選定することになる。「翌年度県政運営の基本的な考え方」は9月県議会で説明される。次に、第3・四半期には、「翌年度県政運営の基本的な考え方」をより具体化・精緻化した「県政運営戦略（案）」が県政戦略会議で議論され意思決定される。この「県政運営戦略（案）」では、翌年度の重点施策と戦略課題に関するテーマ案等が決定することになる。また、「県政運営戦略（案）」に基づき、県政戦略会議で翌年度の予算や定員などの行政活動資源配分の方針が決定されることになる。「県政運営戦略（案）」は、10月に「翌年度当初予算調製方針」とともに県議会予算決算特別委員会に報告される。最後に、翌年度の当初予算の確定を受け、第4・四半期に、「県政運営戦略（案）」が修正され、「県政運営戦略」が県政戦略会議で議論され意思決定されることになる。確定した「県政運営戦略」を受けて、各部局は、「新率先実行取組」の部局のミッションを作成することになる（三重県『政策推進システムの運用マニュアル』総合企画局政策推進システムチーム　2002年4月）。

47）長倉貞雄　2002年　134-135頁
48）北川知事は、別のインタビューで行政システム改革が機能分散型システムを目指すことを述べている。「これからの職員像は」という質問に対して、北川知事は「これまで、公務員は一つのポストに長くいることは癒着の温床になるなどの理由でスペシャリストは要請されにくかったが、説明責任が求められるこれからはスペシャリストがゼネラリストに比べはるかに重要になってくると思う。」と答えている。ここで明らかになることは、北川知事が明確に県職員のスペシャリストを重視するなど機能分散型システムの行政システムを目指していることである（北川正恭　2002年）。
49）2001年度予算編成までは「スプリングレビュー」（春の業務見直し）という名称であった。
50）「重要事業調整」は2000年度は「三重の21重要政策検討」、2001年度は「第2次実施計画策定に向けた重点施策」という名称になっている。また、2000年度当初予算編成から地域予算が別枠で計上されることになったことから、県民局からの聞き取りも実施されている。なお、県政戦略方針の下で、新価値創造予算枠制度が導入されたことにより、2002年度は行われなかった。
51）ジョン・キャンベル　1984年
52）「伊勢新聞」　2002年2月16日　1頁
53）平成14年度当初予算編成にあたって、平成13年度の成果が認められた事業についてのみ、予算が配分されることとなった（「毎日新聞」毎日新聞中部本社　2001年10月12日　23頁）。
54）技術系職員は予算編成過程の事業のアイディア段階（企画段階）から、意思決定に中央省庁から強い影響力があることが、自治大学校の研修に参加した都道府県職

員のアンケート調査で明らかになっている（地方自治研究資料センター　1977年）。
55）ただ、情報共有型システム型の組織では、政策の変更にともない行政活動に必要な人員数に大きな変動がないかぎり定員増減や再配分などは行われない。
56）定員管理の基準に基づき、新規事業や重点事業への職員定員数の配分の原資は、2000年度の定員調整では一律10％の削減分と事業廃止などの当然減分、2001年度の定員調整では、情報通信関連のハード整備に伴う削減分と事業廃止などの当然減分、2002年度の定員調整では事業廃止などの当然減分と現行定員数から当然減分を差し引いた数値の10％の削減分であった。
57）この重点項目は、予算調製方針と同様で、①バリアフリー社会づくり、②循環型社会づくり、③IT革命への対応、④安全・安心の確保、⑤少子・高齢社会への対応、⑥雇用の創出と新産業の創造、⑦21世紀をささえる人づくりと科学技術の振興、⑧個性ある地域づくり、まちづくり、の8分野。
58）2001年4月1日現在で、県土整備部の職員現在数は、事務系387、土木技師500、建築技師66、その他技師31、技能職165、計1,149である。
59）人事異動案については、従来は、総務局より各部局主管課内示・調整→所属長内示・調整→本人内示・調整→確定という手順で行われていたが、2002年度人事異動過程では、所属長内示・調整が各部局内で処理されることになったことから、総務局による全庁的な調整が簡略化されることとなる。
60）人事管理制度の集権化による組織の一体性の維持については、S. R. リード1990年　60頁、大森　彌　1990年　12-13頁、稲継昭裕　1996年　111-113頁を参照のこと。
61）宮脇　淳　2002年
62）村松岐夫　1994年　viii頁
63）大森　彌　1990年　10頁

第6章　未完の人事管理制度改革とインセンティブ問題

第1節　行政システム改革と人事管理制度改革

　行政システム改革は、行政運営システムを目標管理型システムへ転換したが、三重県の行政組織では、稟議制度にみられるように部局内のチーム（課）間ないしは部局間の調整には、高度な水平的コミュニケーションの要素を含んでいることには変化がなかった。情報処理方法も、事業実施部門の下位組織へ大幅な権限委譲が行われるとともに、下位組織がトップマネジメントで決定された県政戦略方針の枠内で個別情報処理を行うという情報処理形態に変化したが、やはり情報処理形態は、情報共有型システムの水平的ヒエラルキーへの進化であった。
　水平ヒエラルキーでは、事業実施部門に情報が必然的に蓄積され、トップマネジメント部門よりも、事業実施部門の情報優位が生じることとなる。このため、トップマネジメント部門が事業実施部門をコントロールするためには、情報資源や情報処理権限の配分・利用以外の財源・人材といった行政活動資源管理側面でのコントロールが必要となる。このことについては、前章で考察したように、三重県の行政組織では、事業実施部門の財源・人材という行政活動資源の配分・利用に対するトップマネジメント部門の集権的なコントロールにより「双対原理」を成り立たせ、三重県の行政組織の一体性を確保している。以上のような理論的に優れた行政運営システムであっても、行政運営は、それに携わる県職員個々人の能力に依存せざるをえない。このため、新しい行政運営システムが十分に機能するには、県職員個々人から行政運営に必要な活動を引き出すインセンティブが必要となる。この県職員個々人に対するインセンティブ制度の中で最も重要なのが人事管理制度である。

ところで、今日の財政危機下においては、人件費が大きな財政支出項目の一つであることから、人件費削減が人事管理制度改革の重要な課題となっている。しかし、地方分権型システムを志向した行政システム改革を進めるためには、人事管理制度改革が従来の経費削減の観点からでは不十分であり、政策形成・立案機能を高めるための人材の確保・育成及び能力開発の観点からの改革が重要となる。つまり、人事管理制度改革は、経費管理の側面から人件費の節約を重視するだけでなく、成果を得るための人的資源として人材に付加価値を付けることが重視されることとなる。成果主義的な人事管理制度は、人材を最大限に利用することで新たな政策対応及び労働生産性の向上策による課題解決に寄与しなければならない。また、地方政府にとっては自らが政策を実施するにあたって、どれだけの人材を調達し、その維持にどれだけの財源を配分し、どれだけ効率よく人材活用がはかられるかを考えなければならないのである。

　このため、三重県の行政システム改革では、成果志向を重視する人事管理制度改革が行われる。ただ、三重県の人事管理制度は、人事異動制度（採用・異動・昇任・退職等）、給与制度、人材育成制度、勤務評価制度といった主要なサブシステムから構成されているが、人事管理制度改革は、人事異動制度、人材育成制度、勤務評価制度などが漸進的には進んでいるものの、民間企業における成果主義的な人事管理制度の核心である給与制度の改革[1]は行われていないのが現状である。このことから、以下の節では、三重県の人事管理制度（人事異動制度、給与制度、人材育成制度、勤務評価制度）についての現状と問題点について考察していくこととする。

第 2 節　三重県の人事異動制度

1．人事異動制度と給料等級の昇格メカニズム

　三重県職員の採用について、採用段階では学歴主義と能力主義が併存している。たとえば、行政職員の場合、三重県人事委員会の試験は「A試験＝大卒程度」（旧上級職試験）、「B試験＝短大卒程度」（旧中級職試験）、「C試験＝高卒程度」（旧初級職試験）と区分されている。ここでの学歴主義は制限的な意味であり、C試験では、受験資格者から大学卒業者を排除していることである。このことから、基本的には採用試験は能力主義となっている。

　行政職の受験者は、人事委員会の採用試験に合格し、三重県職員に採用されると、行政職の最も下位のポストに配置される。給料等級の格付けは、A試験試験に合格すれば行政職給料表 2 級職、B試験及び C 試験に合格すれば行政職給料表 1 級職として採用される。ただ、事務系行政職の場合、B試験は現在実施されていない。このことの意味は、この事務系行政職の B 試験の合格者の大半が大学卒業者が占めていたことから、事務系行政職の B 試験と A 試験とを区分することの意義が薄れたと考えられる。

　以上の給料等級は、「行政職給料表別職務表」（「職員の初任給、昇格、昇給等の基準に関する規則」1969 年　三重県人事委員会規則 7－7）の職務の等級を表している。この等級と職務の関係については、「表 6－1　行政職給料表別職務表」の通りである。「行政職給料表別職務表」の職務は、職員の職務の複雑さと責任との度合いに基づいた具体的な職務内容を表した「標準的な職務」である。この「標準的な職務」と表されていることは、厳密な職務分類制に基づかない単なる職位と給料の差別化ということを意味している。同様に行政職以外の職種に適用されている給料表別に、それぞれ職務表が定められている。このように、全職種（行政職、医療職、研究職、技能職、教育職、公安職など）は、給料表別の各職務表で、具体的に職制・職務が「標準的な職務」とし

表6-1　行政職給料表別職務表

職務の等級	標準的な職務
1級	定型的な業務を行う職務
2級	相当高度の知識又は経験を必要とする業務を行う職務
3級	高度な知識又は経験を必要とする業務を行う職務
4級	主任の職務
5級	1　本庁の係長の職務 2　困難な業務を行う主任の職務
6級	1　主幹の職務 2　本庁の困難な業務を行う係長の職務
7級	1　本庁の課長補佐の職務 2　困難な業務を行う主幹の職務
8級	1　本庁の課長の職務 2　本庁の困難な業務を行う課長補佐の職務
9級	1　本庁の次長の職務 2　本庁の困難な業務を行う課長の職務
10級	本庁の困難な業務を行う次長の職務
11級	本庁の部長の職務

出所:「職員の初任給、昇格、昇給等の基準に関する規則」(1969年人事委員会規則7-7　1998年4月1日改正・適用) 別表第一

て示され、いわゆる「職階制度」の代替的機能を果たしているのである[2]。たとえば、「表6-1」に示したように、行政職の職位は11級に区分されている。これは、公共サービス提供が拡大するにつれ事務の高度化・専門化が進み、それへの対応として同じ職位の「職」でも職務の違いが広がり、中には極めて職務が困難な「職」もみられるようになってきていることにも起因する。このため、多くの「職」、たとえば行政職の場合、係長級では主査など、課長補佐級では主幹や企画員など、課長級では副参事や調整監など、次長級では審議監や参事など、部長級では理事などが「三重県行政組織規則」で設置され、また「表6-1」にみられるように、同じ職位でも給料上の処遇が2段階以上となる場合もあり、ランクヒエラルキーが11段階となったのである。そして、行政職員は、1級から11級までのこのランクヒエラルキーを自らの年功と査定に

基づいて、段階的に昇格していくこととなる。

　管理職への昇任選考は、主な段階だけで、係長級昇任、課長補佐級昇任、課長級昇任、次長級昇任、部長級昇任の5段階がある。この意味で、管理職のヒエラルキーは5段階で、管理職上の職位が上がるとともに給料等級が昇格することとなる。係長級・課長補佐級への昇任の場合は、標準年齢に達した者[3]の中から、所属長の推薦のあった者を事業部局官房部門で調整し、そしてその調整結果に基づき、総務局が選考・決定することとなる。また、課長級以上の昇任の場合は、事業部局長の推薦により、総務局が選考のための原案等を作成し、知事により最終的に決定される。ただ、課長補佐級までの昇任は年齢重視の傾向があり、ふるい落としの選考が主となっていると考えられる。

　人事管理制度改革により、昇任の標準年齢は廃止されたが、現実の昇任年齢の多くは、上級職の場合が36歳前後、初級職の場合が40歳前後で5級職の係長級に昇任する。また、上級職の場合が43歳前後、初級職の場合が46歳前後で6級職の課長補佐級に昇任する。さらに、上級職の多くは、48歳前後で8級職の課長級職に昇任することになる。

　以上の人事管理制度は、部長級を除く職位では給料等級と連動した職務資格と実際の職務を分離していることに特徴がある。とくに、課長補佐級以下の職位において、できるだけ全員を昇格させていくためには役職ポスト数が限られていることから、役職ポストと分離して職務資格等級を利用する必要性が生じている。この結果、職務が実際の給料の等級とは必ずしも一致せず、県職員個々人の給料は、その職務資格等級により決まることになる[4]。このため、職務資格等級の昇格は、一定の基準で行われるが、職務資格等級が特定の職務と結びつかず、違った資格等級の者が同じ職務を行うことが生じる。また、この結果、職位による秩序は、職務による秩序と必ずしも一致しなくなるが、県職員のすべてにポストを与えることができないという限界を乗り越えるものである。この人事管理制度は、現状の給与体系での賃金カーブが一定保証できても、役職ポスト不足から管理職を保証できないという現状を背景とした柔軟で合理的な人事管理制度であった。

　ただ、職能要件が曖昧であると、評価が合理的にできないことから、年齢に重きをおいた運用になってしまい、職務資格等級と担当職務にギャップが生じ、

能力や業績を反映した給料とならないことが生じる。しかし、職務資格等級が特定の職務と厳密に一致させると、情報共有型システム型の業務遂行形態を維持することが困難となる。また、情報共有型システムの組織では、ゼネラリスト的な人材育成が行われるため、細分化した職務ごとに採用することは行われていない。これらのことから、三重県の行政組織では、このような人事管理制度を採用することが人材活用の効率を向上させることになったのである。

2．採用試験区分と昇任メカニズム

(1) 採用試験区分による昇任格差

　法律（条例）で定められた終身雇用制度と限定された人件費という条件の下で、組織の構成員各人から組織に必要な活動を引き出すことができるようなインセンティブ制度としては、給与水準以上に構成員のモラルに影響を与える「昇任」という人事異動制度とその運用が重要となる。もし、「昇任」の段階が事前に規定されておらず、個別交渉によって極めて裁量的に決まってしまうならば、構成員間の敵対や摩擦が大きな問題となることが予想される。しかし、三重県が将来の昇任方針の幅をあらかじめパターン化し、雇用全期間にわたる予想される雇用条件の「暗黙の契約」という考え方を人事管理政策に導入すれば、そのような問題が最小に抑えられ、県職員間の協調的な行動が促進されることになると考えられる。この意味で、県職員個々人の業務遂行上のモチベーションを維持するには、人事管理制度が重要となる。とりわけ、「昇任」は、県職員側にとって、給与に直接関連する功利的価値と同時に規範的・シンボル的価値を有する一方で、管理者側にとっても、人材の最適配分とインセンティブの提供による重要なコントロール手段となるのである。

　この「昇任」について、三重県では、職員採用といった入り口の時点で採用区分に応じた差を設け、上級職とその他初級職等[5]の2つの昇任構造を組み合わせることにより、組織のピラミッド構造と上級職内の遅い時期での昇任格差の両立を可能にしている。ただ、この採用区分の差は、中央政府の人事管理におけるキャリアとノンキャリアとの差ほど厳格なものではない。基本的には、すべての県職員に部長級職までの昇任の道を開き、あらゆる県職員のモラルを引き出すインセンティブを与えている。

表6-2 事務系職員の年齢階層区分別・採用試験区分別・職位区分別構成比

試験区分	職位区分	55歳以上	50-54	45-49	40-44	35-39	30-34	25-29	24歳以下	計
A試験（上級職）*中央政府からの出向者を含む。（40%）	部長級	23			1					2
	次長級	40	8		1					4
	課長級	30	82	29		2				16
	課長補佐級	6	8	69	30					13
	係長級	1	2	2	68	55				18
	一般					43	100	100	100	47
	A試験全体	100	100	100	100	100	100	100	100	100
B試験（中級職）（15%）	部長級									
	次長級									
	課長級		26	1						1
	課長補佐級		74	93	36					17
	係長級			6	64	2				24
	一般					98	100	100	100	57
	B試験全体		100	100	100	100	100	100	100	100
C試験（初級職）（45%）	部長級									
	次長級	6								1
	課長級	43	10							7
	課長補佐級	35	86	64						29
	係長級	12	3	36	95	2				19
	一般	4	1		5	98	100	100	100	44
	C試験全体	100	100	100	100	100	100	100	100	100
計（100%）	部長級	7								1
	次長級	17	3							2
	課長級	39	37	8		1				10
	課長補佐級	26	56	71	14					21
	係長級	8	3	21	84	28				20
	一般	3	1		2	71	100	100	100	46
	計	100	100	100	100	100	100	100	100	100

注： ①単位は％で、小数点第1位を四捨五入した。
②数値は各年齢階層区分別、各採用試験区分別の全職員に対する各職位区分に属する職員の構成比を表す。
③（ ）内の数字は構成比を表す。事務系職員数には、警察と小中学校事務職を除く。ただし、市町村等への派遣職員は含まれ、2000年12月12日の現在員数は、2,929人である。
④年齢は2001年4月1日現在である。
出所：三重県資料『採用区分別昇任候補構成表（一般事務）2000年12月現在』により筆者作成。

役職以外の一般職のポストでは、配属される県職員は採用試験区分で基本的には区別されない。また、配属された一般職員は、試験区分に関係なく同じ業務を行い、かつ同じOJTが行われている。しかし、上位の職制になるに従い、ポストがそれぞれの採用試験区分により区別される一般的な傾向が生じる。とくに、課長級以上のラインの管理職ポストは、上級職が多くを占めることとなる。たとえば、近年、中央政府からの出向者を除く部局長の職員は、100％が上級職である。このように、国家公務員ほど上級職を特別扱いはしていないが、上級職の昇任については、暗黙の一定の約束があるという仕組みができている。ただ、1990年代前半までは、上級職の人材不足もあり、上級職以外の職員が部長級に昇任しているケースもあった。このように、上級職の場合は課長級までは、ほぼ横並びで昇任し、初級職の場合は、課長補佐級まで横並びで昇任する。しかし、組織がピラミッド型であるため、すべての県職員を同時に昇任させることは不可能である。また、資質に関係なく差を遅くまでつけないことは、ある意味で悪平等となってしまい、資質のある職員の不満を堆積させることになる。このため、横並びの職位を越えると上級職、初級職とも昇任は競争となる。課長級以上の職位への昇任では、上級職は敗者の選抜が、また初級職は勝者の選抜が行われる傾向がみられた。

以上のことについては、事務系職員を例にすると、「表6-2 事務系職員の年齢階層区分別・採用試験区分別・職位区分別構成比」で明らかになる。また、この「表6-2」は、同一試験採用でも遅くからではあるが、昇任スピードや到達職位に差がついていることを示している。このように、三重県の職制上の職員構成は、課長級以上の管理職がピラミッド型となり、ある職位までは、横並びに昇任させるといった稲継裕昭が図式化した「将棋の駒型」[6]となっている。

ところで、県職員は、行政職の最高職位である部長級にはほぼ56歳前後で昇任することとなり、また部長級の在職期間は、定年までの4年前後である。しかし、部長級の職員は、定年までに勧奨退職に応じることが多い。ただ、三重県の上級職員は、いわゆる中央政府のキャリアとは違い、同期の県職員が部長職に就任と同時に退職する慣行はない。このような職位が上に行くことで退職年齢が若くなることは、組織をピラミッド型に保つためには必要なことであ

り、一方で職位が上がることで退職が早くなることを県職員が受け入れるのは、最終到達職位に応じた再就職先が確保されるからである。すなわち、部長級職員の場合は、年齢一律的に定年1年程度前に外郭団体等の幹部役員等への再就職が斡旋されていることが一般的である。しかし、この再就職先については、中央政府の各省庁の場合のように、各部局の官房部門が自己の管轄分野を拡大していこうとするようなインセンティブは働いていない。三重県では、原則として総務局がこの再就職の斡旋を取り扱う。このように、総務局は、再就職先の手持ちのネットワークを集中・維持・拡大することで、県幹部職員の貢献に報いるのである[7]。

(2) **昇任格差に対する緩和策**

　このような採用試験区分による昇任メカニズムは、非昇任層の県職員の職務意欲を減退させる可能性がある。この問題に対する第1の対処策として、初級職に関しては、課長級以上への昇任確率は低いものの、初級職全体のモラールを上げるため、スターを抜擢して官房部門などの主要なポストに配属している。また、「表6-2」で示した事務系の初級職員の場合、50歳から54歳の10%、そして55歳以上の50%弱が課長級以上の職となっているように、比較的遅い段階まで昇任機会を確保することで、初級職員の組織へのコミットメントと業務遂行上のモチベーションを維持しようとしている。

　さらに、第2の対処策としては、組織を拡大し、役職ポストの増加をはかることである。しかし、今日の状況ではこの対処方法は困難化している。この困難性に対処するため、命令系統の役職の職制区分を大括りすることで、人事管理の柔軟化がはかられたのである。具体的には、本庁組織の場合、2002年度に部局内組織のフラット化の一環として課制が廃止され、そしてチーム制が導入されたため、命令系統の役職である次長・課長が廃止され、大括りの職制である総括マネージャー・マネージャーが新設された。この総括マネージャーには、次長級・課長級の職員、またマネージャーには課長級・課長補佐級の職員が就任できることになった結果、2つの職位から1つの職制に就任できるという人事管理の柔軟化がはかられた。このことで、下位の職位の者であっても、実質的に昇任したことになる。このような県職員としては、2002年度の定期

人事異動では、総括マネージャーに10名の課長級職員が、またマネージャーに40名の課長補佐級職員が配置されたのである。

表6-3 管理職手当からみた次長級・課長級・課長補佐級内階層一覧

職制区分	管理職手当率	2001年度まで	2002年度より
次長級	22%	部局次長、県民局局長	困難総括マネージャー・県民局副局長
	20%	上記以外の者	上記以外の者
課長級	19%	－	総括マネージャー
	18%	主管課長	困難本庁マネージャー
	17%	課長・県民局副部長・標準所長	標準本庁マネージャー・県民局副部長・標準所長
	15%	県民局副部長・○○監・小規模所長	小規模本庁マネージャー・標準県民局マネージャー・小規模所長・特命担当監
	12%	副参事	小規模県民局マネージャー・副参事
課長補佐級	15%	－	標準本庁マネージャー
	12%	－	小規模本庁マネージャー・標準県民局マネージャー
	10%	－	小規模県民局マネージャー

注： ①「困難総括マネージャー」は各部局経営企画分野担当及び部局長指定の困難分野担当。各部局2名以内
② 「困難マネージャー」は、各部局人材・財源など行政活動資源を所管するチーム（各部局1名以内）と行政活動資源等を全庁的に所管するチームのマネージャー（知事室チーム、人材政策チーム、予算調整チーム）
③「標準」はチーム員数10名以上、「小規模」は9名以下をいう。
出所：「職員の管理職手当に関する規則（三重県人事委員会規則　2002年3月29日改正）」別表により筆者作成。

このことについて、管理職手当率の相違の側面から考察すると、同じ職位内の階層には、2001年度までは次長級2段階、課長級4段階、そして課長補佐級1段階（管理職手当は支給されていなかった）であったものが、2002年度からは「表6-3　管理職手当からみた次長級・課長級・課長補佐級内階層一覧」に示されたように、次長級が2段階、課長級が5段階、課長補佐級が3段階＋1段階（従来からの管理職手当が支給されない非管理職の主幹等）＝4段階となる。すなわち、課長級で1段階、また課長補佐級で3段階、実質的に職位内での階層が増加することとなり、これまで課長級のポスト不足から昇任できなかった課長補佐級職も、上位2段階が管理職として課長級下位2段階と同

じレベルとなったのである。この結果、異なる職位を大括りした職制は、人事管理の柔軟化をもたらすことになるとともに、公式の職位内でのこれまで以上の実質的な昇任競争が生じることになる。

　一方、組織のフラット化は、中間階層の役職ポストの簡素化につながることから、本来なら給料表の等級段階数が減少しなければならないこととなる。しかし、職務資格等級と実際の職務が分離されているため、即、給料体系の変更までしなくても、職制の改革が可能となったのである[8]。ただ、異なる職位を大括りした職制は、人事管理の弾力性をもたらすことになったが、この弾力的な人事管理制度においても、人事異動制度の下方硬直性という問題が依然として存在する。むしろ、この異なる職位の大括りは、職務等級資格と実際の職務との分離幅を拡大し、人事管理制度の下方硬直性という問題は解決されるどころか大きくなったのである。

　この人事異動制度の下方硬直性という問題は、これまでも同じ課長級の9級職ポストから、8級職ポストへの人事異動が行われることなどによって生じていた。この人事異動は、「行政職給料別職務表」を厳格に適応した場合、9級職から8級職への人事異動であることから、職務資格等級という観点から見れば8級に降格しなければならなくなる[9]。同じ職位内の職制であっても、実際の職務と給料の等級を一致させ、上下に給料等級も変動するのであれば、本来の人事管理の柔軟化と呼べるであろう。しかし、現実には、給料等級の降格は行われていないのが実状である。つまり、一旦9級職に就任した県職員は、次の人事異動で同じ課長級クラスであれば、8級職のポストへの人事異動であっても、給料（資格）等級は8級へ変更されないのである。この意味で、この人事管理制度の柔軟性は、下方硬直的な柔軟性とも呼べるのである。

　このような下方硬直的な柔軟性とならざるをえないのは、給料別職務表における給料等級に対応した標準的な職務規定の仕方が「課長の職務」あるいは「困難な業務を行う課長の職務」というように、包括的・簡略な職務区分規定が職務区分と給料の等級との関係を曖昧にしていることに起因する。この曖昧性のメリットとしては、柔軟な人事管理が行えることであるが、デメリットとしては、不利益処分や県職員のモラールダウンの防止との兼ね合いもあり、この柔軟性が上方へのみとなってしまう傾向が生じることである。

このような人事異動制度の下方硬直性という問題は、異なる職位を大括りした職制によっても解決されず、むしろ複雑化・拡大化するのである。異なる職位を大括りした職制においても、たとえば総括マネージャーには、これまでの次長級職の10級職と9級職に加えて、課長級職の9級職が存在し、またマネージャーには、これまでの課長級職の9級職と8級職に加えて、課長補佐級職6・7・8級職が存在する。このため、総括マネージャーやマネージャーは、同じ職位内の異なる職務資格等級による下方硬直性の問題だけでなく、職位を超えた下方硬直性という問題が発生することになったのである。

一方、2002年度の定期人事異動から「自主降任制度」が導入され、人事異動制度の下方硬直性の問題が解決されることとなったが、これはあくまでも職員本人の事情による申し出が前提となっている。人事異動制度の下方硬直問題は、業績評価などの公平で適正な人事評価による昇任及び給料等級の昇格の運用がはかられることにより、職員の能力に見合ったポストに就任することがこの問題の本質的な解決の糸口となると考えられる。

さらに、消極的な方法ではあるが、第3の対処策として、課長補佐級職員、とくに初級職の課長補佐級職員のモラールダウンを給与面から防ぐため、1998年度から課長補佐級職員が課長補佐級職に3年以上在職していれば、52歳で8級職へ昇格できることである[10]。また、このことについて、なぜ消極的対処策であるかというと、仕事ができる者ができない者を支えているにもかかわらず、8級への昇格では働きの違いの差が生じないため、フリーライダーが生じる可能性があるからである。このような8級への昇格保証は、一定の県職員のモラールダウンを防げると考えられる。しかし、以上のように、年齢を重視し、課長補佐級のほとんどの県職員が8級へ昇格できることとなると、本来の8級の職務である課長級職員からの不満が生じる。このことから、ライン上の課長級職員の給料上の等級は、一定の期間在職することで9級職へ昇格できることとなった。このことは、職員間の給与上の平等性は確保できるものの、県職員に対する金銭的インセンティブ機能を弱めてしまうことになるのである。

(3) 採用試験区分と担当業務の分化

行政職の職種の中で最も多くの職員数を占める事務系職員は、人事委員会採

用試験の職種では「行政・一般事務」職種となっている。この職種の主な業務は、A試験（上級職）が「行政」、C試験（初級職）が「一般事務」と人事委員会の採用試験要項では区分されている。この「行政」と「一般事務」の業務内容は、一括りの業務として説明されているが、これからの行政活動には、政策形成が重要な機能となることから、単なる事務と政策形成にかかわるような行政事務とを区分したものと考えられる。上級職と初級職とは、比較的早く昇任する者と遅く昇任する者との違いもあり、次第に従事する業務の内容に違いがでてくる。また、職位が上がると異動回数も多く、逆に昇任が遅い者は部局を越えた異動が困難となりがちになるため、1つの部局に定着し専門化していくことになる。このように、上級職と初級職の行政活動とのかかわりが異なることになる。

　また、初級職の業務が「一般事務」とされているように、これまで規則に精通しなければならない経理事務・庶務事務などは、初級職が中心となっている。初級職は、規則を具体的な事例に適用することを主要な任務とすることから、初級職員は、現行の規則に精通しその適用に慣熟することになる。この意味で、初級職員は、現状維持の保守的思考となりがちである。一方、上級職員は、法令制定・計画策定など政策・企画関連の職務を担当することが多いことから、革新的な思考となる傾向が生じる。この結果、お互いの専門性の不足を補うことが可能となる。この上級職と初級職との分化による相互牽制メカニズムが総体としての三重県職員の採用を合理的な方向に導く仕組みとなっていたのである。

(4) 採用試験区分による格差とインセンティブ（「遅い選抜」メカニズム）

　三重県では、初級職にも配慮した組織内均衡型の人事管理制度により、昇任制度は、県職員全員の貢献努力を最大限動員する「遅い選抜」の仕組みをとっている。とくに、給与制度自体に年齢別生活保障的な性格が強くあるため、たとえ昇任しなくても、ある程度までは、年齢が上がるに従って定期昇給により給与水準が上昇することになっている。この事態に対して、逆に今度は、「給料に見合った分は働いてもらわねばならない」という人事管理部門に対しての心理的圧力が生まれ、かなり後れたとしても昇任させることになる。たとえば、

前掲の「表6-2」では、55歳以上の事務系職員の場合、初級職では49％の職員が、また上級職では93％の職員が課長級以上の職位に属している。

さらに、遅く昇任することとなっている初級職のモラールが維持できたのは、次のような理由があった。庶務・経理などルーティンな業務について、上級職は初級職の職務知識に依存せざるを得なく、初級職が日常的な業務執行の中心的な役割を担っていたのである。また、初級職も、課長補佐級まではほぼ年齢には3～4年の差があるものの、上級職と同じ昇任メカニズムになっていたことである。さらに、課長補佐級職も、52歳で給料等級が8級に格付けされることから、上級職と給与面では差が大きくはつかないこと、などがあった。

この人事管理制度では、有能な人間を作ることよりも、ドロップアウトする人間をつくる危険性を回避することが人事管理上重要視され、「遅い選抜」といった昇任ペースを維持しつつ、県職員間に生じる差をできるだけ小さくして、落伍者を見捨てない制度であった。そして、上級職と初級職とのカテゴリー間の均衡に配慮した組織内均衡型の人事管理制度をとりつつ、同一カテゴリー内においては、長期の人事評価によって次第に昇任や給料等級の昇格で差をつけていくという仕組みが作り上げられていたのである。さらに、この人事管理制度は、安定性と予測可能性が高く、そのため県職員個々人の間の摩擦も少なくなり、県職員個々人の努力を引き出すための直接的なインセンティブに必要な資源が少なくて済む合理的な制度であった。このように、三重県の人事管理制度は、日本の中央政府や他の地方政府の行政組織の人事管理制度と同様に、県職員全体の人的資源を最大限度動員するインセンティブ機能を果たしていたのである[11]。

3．部長級職と人事異動制度

2002年度までの部長級職員の人事異動では、地元職員の部長級への昇任年齢は56歳前後であった。ただ、2002年4月1日の定期人事異動でも、58歳の部長級への昇任も行われた。一方、部局長の退職については60歳定年であるが、一般的に58歳あるいは59歳で早期退職するか、定年前に県関係の外郭団体等へ出向し、実質的に県行政の業務から退出する者が多い。この意味で、58歳で昇任するということは、1年のみ部長職に在職するということも起こりう

る。この場合、この年齢で昇任した部長級職員は、前任者が編成した予算を執行し、自分が手がけた予算は、次の部局長が執行することとなり、所管業務を把握した段階で部局を去ることになる。このことの意味は、本来は望ましくないと考えられる人事管理であるにもかかわらず、年功序列的な人事上の配慮が重視された結果といえる。

また、部局長の人事異動は、これまで一般的に1つのポストの在職期間が平均2年程度で異動していた。この在職期間では、他部局から異動してきた場合は、所管業務を把握した時点で異動することとなる。このため、1998年度の定期人事異動以降は、在職期間が3年間となった部長も存在した。ただ、部長級への昇任年齢が早くても55歳あるいは56歳であることから、多くて2つのポストに就くことになり、2つ目のポストへの異動年齢は、57歳あるいは58歳となってしまう。この場合も、所管業務を把握した時点で退職となってしまう可能性がある。

このような年功重視による昇任制度の硬直化は、人材活用による行政運営の効率化にとって大きな問題となる。また、年功を重視すると順番待ちを強いられる県職員から不満問題が生じることにもなる。この問題は、若手抜擢が行われない限り解決しないことから、今後部長級の人事異動運用方針については、年功序列を重視するか、あるいは若手を抜擢するか、が重要な問題になると考えられる。

ところで、部長級への次長級からの昇任については、部局の業務経験豊富な県職員がその部局長に必ずしも昇任していない。一般的には、部長級に昇任する次長級職員は、官房部門業務の経験豊富な県職員である場合が多い。すなわち、部局長職となる職員資格は、情報共有型システムの情報処理方法の特徴である水平的な調整を効果的に遂行する能力がなければならない。このためには、部局長職となる職員資格は、特定の職務を果たせるだけでなく、自分の管轄を越える問題についても、同僚と円滑に話し合いができ、そのうえ部下の意見が食い違えばうまくまとめるような能力がなければならない。このことから、マネジメント機能を担う官房部門の業務の経験豊富な県職員が部長級職に就任することが多くなったのである。さらに、2002年度の行政システム改革により、部局長は、知事のトップマネジメント部門のスタッフとして、また部局の

マネジメントを行う総責任者という重要な職制として位置付けられたことから、部局長の調整能力が一層要求されることとなったのである。

　このような部局長の能力を向上させるためには、部長級昇任候補者は、自らが直接・間接に関係している県庁内の動き全般に対する理解と洞察を深めていく必要がある。また、正規の管轄範囲を超えた同僚とその私的・個人的なつながりにより情報を集め、また問題の所在を明らかにし、そして合意を得る等々のことが余り大きな時間や労力をかけずに県庁内でできることが必要となる。このような広範囲の理解と洞察や人材ネットワークも、県庁という環境の中で様々な現場や管理の業務を経験することで養われ、その県職員個人にとって貴重な資産となっていく。最もこのような人材ネットワークを私的に形成・蓄積できるのが企画部門、人事管理部門、財政部門あるいは事業実施部門の官房部門である。この結果、これまで、とくに旧人事課（職員課）あるいは旧財政課（予算調整課）に在職した県職員が部長級へ昇任する確率が高くなっていた。たとえば、2001年4月1日現在の知事部局本庁部局長職のうち、事務系職員は、中央政府からの出向者を除くと9ポストを占めていた。この9名の部局長のうち、8名が過去に旧人事課（職員課）あるいは旧財政課（予算調整課）に配属されていた職員であった。また、同様な趣旨から、同じ本庁の各部局次長でも、部長級への昇任は、知事官房部門である総合企画局次長及び総務局次長が年齢の若さ及び昇任率も他の部局の次長よりも勝っていたのである。

　一方、技術系職員が基本的に部長となる県土整備部や健康福祉部では、中央政府からの出向者が部長となるか、あるいは県土整備部の場合は、技術系職員の次長が昇任して部長となる場合がある。これらは、この部長ポストが専門性を問うポストであるため、専門性の高い職員でなければ業務遂行が困難なためである。

4．人事異動制度における非公式な昇任メカニズム

　以上のように、三重県の人事異動制度における昇任メカニズムは、「遅い選抜」メカニズムとなっていたのである。たとえば、事務系上級職における競争で職員間に差がつくのは、前掲の「表6-2」が示しているように、50歳代に入ってからであった。このように、県職員の公式の処遇は平等主義的であった

が、現実世界での処遇は、必ずしも平等主義的ではなかった。とくに、事務系上級職員の場合は、早い時期から同じ職位内での競争が始まっていたのである。

　これまで、事務系上級職員が採用されると、基本的には全員が本庁組織に最初の2年間配属され、そこで基本的な業務遂行について学び、その後5年間程度地域機関（2か所程度）に配属されたのち、本庁組織に勤務することとなる[12]。大学新卒者が上級職として採用されると、その職員は、30歳前後で本庁に戻ることとなるので、35歳～36歳で係長級に昇任するまでに、本庁組織の1～2課室に在職することとなる。ここで在職する課室あるいは自分の担当職務によって、そこから生まれてくる成果にも違いが生じ、基本的なその後の進路もかなりの程度決まることになる。この意味で、上級職員にとって、30歳代前半は重要な年代となる。

　とくに、係長級への昇任年齢はほぼ横一線であるが、この勤務する課室が事業部局主管課あるいは企画課・職員課・予算調整課など知事官房部門の課に配属されると、県幹部候補生として同年齢の上級職員の中での数少ない「エリート」となる、というように実質的な序列付けが行われている。また、重要なポストの業務には、特別な力量のある人材が配置される。同様に、失敗すると三重県政にとって影響が大きいような重要な業務にも、それを任せられるだけの優れた人材が配置されることになる。このように、年齢重視で昇任していく係長級において、すでに県職員が担当する業務に関する重要度のウエートが大きく異なることになる。この意味では、「遅い選抜」メカニズムは、公式の昇任メカニズムとして行われているにすぎず、実際には非公式にかなりの早い段階で選別が行われていたといえる。このことについては、前述の部長職人事からも明らかである。

　この非公式の昇任メカニズムである「早い選抜」メカニズムでは、昇任年齢や給与がほぼ横一線であっても、また同じ係長級でも、どこの課所に配置されるか、あるいはどの事務を担当しているかで「主流」と「支流」とに区分され、その序列は、30歳代半ばから固定化していくことになる。さらに、この「早い選抜」メカニズムは、初期の昇任職位の段階（係長級や課長補佐級）でほぼ決まり、その後の敗者復活はほぼ行われないために、実質的には「遅い選抜」メカニズムは建前にしかすぎず[13]、また県職員がそのことを良く知っている

ことから、早い時期から官房部門への上級職を中心とした人事異動希望者が絶えず激しい競争を行うことになったのである。

「早い選抜」メカニズムは、同年齢の職員とは給与も職位もほとんど差がないにもかかわらず、この選抜による序列には極めて大きな差が生じることになる。また、「早い選抜」メカニズムでは、公式的には同じ職位内での人事異動の場合も、実質的には、同じ職位内での序列化が自由にできるのが特徴である。たとえば、本庁の各部局の課室長も県民局の部長も、公式的には同じ職位の課長級職であり、給料等級の格付けも同じであるが、暗黙の序列の差は歴然としている。また、同じ部局内でも、主管課長のような官房部門の主流ポストと、その他の事業実施部門の課長ポストとが明確に区分されており、個々の県職員にとっては、主流的なポストに近いことが公式のポストや給料等級よりはるかに重要となっている。つまり、同じ職位でも、主流のポストとその他のポストとの所管する業務の質が異なり、そのポストが三重県における県職員個々人の評価のシグナルとなっているのである。また、給与や業績は、県職員本人と上司しか知られていない個人的情報であるが、ポストは公開された社会的情報であることから、どのポストへ異動するかは、個々の県職員にとって、勤務評定が公開されるのと同等のインセンティブとなっているのである。

さらに、情報共有型システムの組織では、このような人事評価が公式の人事評価として蓄積されていくため、一旦、主流のポストから外れると、その後なかなか戻れないことになる。このことは、ポストあるいは担当する業務が県職員へのインセンティブとして重要であることを意味しているのである。この人事評価は短期的な給与格差とは結びつかない。しかし、人事管理部門における集中的な人事管理と相まって人事評価として蓄積され、幹部ポストへの昇任や最終到達職位・ポストへの影響がでることになる。つまり、管理職までの段階において職員間の競争と、その結果としての職務業績内容への評価が積み重ねられることによって、県職員個々人の将来ポストが決まってしまうのである。すでに、前述したように、たとえば旧人事課（職員課）及び旧財政課（予算調整課）経験者が部局長職に昇任する確率が非常に高かったことである。2001年度では、総務局長、総合企画局理事（2名）、生活部長、農林水産商工部長、地域振興部長、環境部長、出納局長計8名というように、知事部局の本庁部局

長職のうち、中央政府出向者である総合企画局長、健康福祉部長、県土整備部長及び技術系職員のポストである県土整備部理事を除く、すべてのポストを占めていた。そして、県民局長も7名中4名が経験者であった。この昇任格差は、中央政府のキャリアほど大きな生涯給与格差をもたらすことはないが、とくに上級職員の同年齢（中央政府の場合は入省年次である同期）間の競争は、採用時から熾烈のものとなっていたのである。このように、実質的な「早い選抜」メカニズムは、県職員に対して金銭的なインセンティブよりも、次に配置されるポストや担当させる職務内容によりインセンティブを与えるという、はるかに人件費的には安上がりな人事管理制度であった。

　このことから、三重県の行政組織の官房部門には、圧倒的に上級職員が多く、とくに企画・人事・財政部門には際だって上級職員が多くなる。しかし、上級職員であれば、誰でもがこのような官房部門のポストに就けるわけでなく、このようなポスト、とりわけ企画・人事・財政部門のポストに配置されるために、上級職員間の激しい競争が行われる。さらに、上級職員が近年急増しているため、上級職員で資質があっても、ポスト不足から昇任できない状況になりつつあることから、この競争は一層激化することになる。このような激しい昇任競争の結果、部局長職には、職務に対する高いモラールを維持した上級職員がポストを占めることになっていったのである。そのうえ、こうした人事評価のもとになっているポストや担当する業務内容自体に差が拡大していくことにともない、昇任や給料等級の昇格のスピードに差が開いていくことになったのである。この意味で、同じ職位でも、いかに将来の昇任につながるポストに就くか、またどのような業務遂行にかかわったかにより、将来の昇任や給与に大きな差がつくことになったのである。

　以上のことから、公式の昇任メカニズムは、実質的に早くから同じ職位内での非公式な競争メカニズムが組み込まれ、県職員に早くからインセンティブを与えていたのである。この結果、組織活動の効率化がはかられていたのである。一方、公式の昇任メカニズムは、この競争での敗者や不参加者がドロップアウトする危険性を回避し、県職員全体の人的資源を最大限度動員するために、「遅い選抜」メカニズムをベースとして維持しつつ、県職員間に生じる格差をできるだけ小さくして落後者を見捨てないといった合理的な人事管理制度で

あった。つまり、三重県の昇任メカニズムは、「遅い選抜」メカニズムと「早い選抜」メカニズムとが一体となり、県職員に対するインセンティブ機能を果たしていたのである。

　三重県職員の定期人事異動は、3年に一度、あるいは早い者は、2年に一度という頻繁に行われていた。この頻繁な定期人事異動制度は、県職員に多くの職場を経験させてゼネラリストを養成するOJTの機能を持っていた。また、この人事異動制度は、自らが従事する業務の質をめぐる「仕事競争」によって、県職員の行政活動に対するモチベーションを維持させるようなインセンティブを働かせるメカニズムにもなっていたのである[14]。さらに、一般的には、「職務についての個人の不満足が大きいほど、（個人の［筆者注］）組織間を移動する知覚された願望は大きくなる」[15]といわれる。しかし、3か年前後という比較的短いサイクルでの定期人事異動では、次の人事異動の見通しが立つことから、実際にはその願望が実行に移されることはほとんどない。このように、人事異動制度が県職員の職務遂行に対するモチベーションを維持させるようなインセンティブを働かせるメカニズムにもなっていたと考えられるのである。

5．三重県の昇任年齢と昇任メカニズムの特徴

　三重県の昇任年齢は、上級職の場合、課長補佐級の昇任年齢が平均43歳であることから、課長補佐級までの横並びの年数は、これまでの勤務年数21年間（22歳の大学新卒採用者の場合。また、この者の定年までの総勤務年数は38年間となる）となり、同じく初級職の場合、昇任平均年齢が46歳であるので、横並びの年数は、これまでの勤務年数28年間（18歳の高校新卒採用者の場合。また、この者の定年までの総勤務年数は42年間となる）となり、定年までの生涯勤続年数の約6割程度と長期間の横並びの年数となる。三重県の昇任スピードについて、「表6-4　同期採用者の昇任政策に関する都道府県の比較」[16]に基づき、全国の都道府県と比較すると、係長までの横並びの昇任政策をとっている都道府県が最も多いが、三重県の場合は、課長補佐級まで横並びであるので第2集団に属していることがわかる。また、この横並びの年数を日本の民間企業のそれと比較すると、圧倒的に長く、約3倍の開きがある[17]。

　三重県の場合、係長級及び課長補佐級への昇任年齢については、課長級以上

表6-4 同期採用者の昇任政策に関する都道府県の比較　　単位：％

項目	現状	今後
最初から実力主義	14.6	19.5
係長まで同時昇任	48.8	58.5
課長補佐まで同時昇任	31.7	17.1
課長まで同時昇任	2.4	2.4
退職まで同じ	0.0	0.0
その他	2.4	2.4
計	100.0	100.0

注：　数値は、出所の原文のママ。
出所：山本清 1997 年　79 頁の表 4-21-a を筆者が一部修正して作成。

の職位と同様に 2001 年度の定期人事異動から、係長級・課長補佐級とも昇任年齢基準が廃止された。しかし、昇任は、これまでの年齢を基準に慣例的に行われており、この年齢基準に縛られないような若手職員の抜擢は、目立つほどしか行われていない。たとえば、上級職の場合、2001 年度の定期人事異動では、係長級昇任は早くて 35 歳、また課長補佐級昇任も 41 歳の昇任が若干名であった。

また、同様に「表6-5　大卒者の課長昇任年齢に関する都道府県の比較」により、課長級への昇任平均年齢を全国の都道府県と比較すると、三重県の上

表6-5　大卒者の課長昇任年齢に関する都道府県の比較　　単位：％

年齢区分	最も早い者	平均者
40 歳 – 44 歳	27.5	0.0
45 歳 – 47 歳	35.0	20.5
48 歳 – 50 歳	37.5	33.3
51 歳 – 53 歳	0.0	46.2
計	100.0	100.0

出所：山本清 1997 年　82 頁の表 4-26 を筆者が一部修正して作成。

級職の場合は、48 歳が多いことから全国平均よりも若い年齢区分である。また、最も早く課長級へ昇任した年齢区分では、三重県の場合は、46 歳である

ことから全国平均よりも若い年齢区分となる。ただ、上級職の場合は、少しの昇任年齢の違いはあっても、課長級へは横並びの昇任が行われていることを考慮すると、三重県の昇任スピードは、課長級へは他の都道府県よりも早いが、ほぼ同年齢・同時昇任が課長級までとなっている。このことから、三重県の場合、他の都道府県と比較して上級職の横並びが長く続いているともいえる。この場合、課長級への昇任年齢を48歳と仮定すると、昇任競争期間は、60歳定年までの12年間となり、差のつく職位も次長級と部長級となってしまうのである。

仮に、三重県も、同年齢・同時昇任が最も多くの都道府県が属していた集団と同じ係長級までと仮定すると、上級職の場合は、36歳前後で昇任することになるから、課長級までの場合に比べ、12年間競争期間（生涯勤務年数36年間のうち、22年間が差がつく期間となる。）が長くなり、差のつく職位も、課長補佐級、課長級、次長級、部長級と6職位中4職位となる。このように現行の昇任メカニズムでは、他の都道府県と比較し、差のつく昇任競争期間は、比較的短期間といえたのである。

以上の試験区分による格差とは別に、三重県の昇任格差には能力・業績による格差がある[18]。しかし、人事管理がメリット主義（地方公務員法第15条、第17条）になっているものの、「遅い選抜」メカニズムにおいては、昇任競争となる職位の幅も期間も短いため、本来の能力と業績を給与に連動させ格差をつけるという合理的・効率的な人事管理制度が硬直化してしまっており、能力・業績による格差付けは十分とはいえない。ただ、この人事管理制度は、可視的な明らかな理由なしに昇任から漏れた場合に生じるであろう県職員のモラールダウンを防ぐためには、合理的な制度であった。しかし、現実には、現行の人事管理制度がすべての県職員のモラールダウンを防止していたわけではない。たとえば、三重県職員に対する2001年度の三重県職員の満足度アンケート調査結果である『三重県職員満足度アンケート2001』（中間結果報告）によると（「表6-6　『三重県職員満足度アンケート2001』中間報告結果（人事管理関係）」参照）、25歳から39歳までの県職員は、昇任など人事管理制度の職員満足に影響を与える重要度が全県職員の平均点以上になっている。また、この年代の県職員は、人事管理制度の重要性を認めている一方で、現行の

人事管理制度に対する満足度が全県職員の平均点以下となっていたのである[19]。この年代の現行の人事管理制度への不満の要因は、公式の昇任メカニズムが硬直化し、年齢で順番に昇任すること、また昇任競争する職位の幅も期間も短いことと推測できる。このことは、現行の人事管理制度が全県職員のモラールダウンを防止することが困難となってきていることを意味しているのである。

6．公式の昇任メカニズムの限界とインセンティブ問題の発生

このような公式の昇任メカニズムに対する25歳から39歳までの県職員の不満は、昇任の程度がこの年代の県職員のライフプランにとっての不確定要素となるからである。このため、役職ポスト制約下での人材のモチベーション管理が重要となる。このことについて、2001年度の三重県職員の職員満足度のアンケート調査『職員満足度アンケート2001』（中間報告結果）によると、「人事異動や昇任の仕組みは適切なものだと思いますか」という問いに対して、職員自らの満足度にとっての重要度が「高い」36.0％、「普通」52.3％、「低い」10.6％という回答結果であった。また、現状の満足度については、「そう思う」と「やや思う」が35.4％で、「あまり思わない」と「思わない」が64.1％と不満足度が大きかった。このことから、県職員は、現行の昇任制度には不満足であり、新たな昇任制度を望んでいると考えられる。このように、県職員は昇任志向に関心が強く、昇任管理が県職員のモチベーション管理にとって重要であることは明らかである。しかし、これまでの公式の昇任メカニズムである「遅い選抜」メカニズムは、できるだけ昇任競争を遅くし、同年齢者全員に業務遂行へのモチベーションを長く維持させるインセンティブ効果があったにもかかわらず、先のようなアンケート調査結果となってしまった。この要因としては、組織膨張の停止、県職員の高学歴化、県職員の高齢化という内部環境の変化がある。そして、この環境の変化がこれまでの「遅い選抜」メカニズムの改革を迫ることになるのである。

社会・経済が拡大していく時代には、三重県においても、さまざまなポストが新設され、ある基準に達すれば、大多数の県職員は、管理職に昇任することができた。しかし、今日の外部環境の急激な変化により、三重県においても、

表 6-6 「三重県職員満足度アンケート 2001」中間報告結果(人事管理関係)

アンケート項目	①給与関係			②人事異動関係			③人事システム関係		
対象者	満足度	重要度	差	満足度	重要度	差	満足度	重要度	差
(職種別)									
事務職員	3.06	3.20	0.14	2.40	3.41	1.01	1.94	3.14	1.20
技術職員	2.90	3.33	0.43	2.54	3.49	0.95	1.95	3.22	1.27
現業職員	3.16	2.92	−0.24	3.29	3.15	−0.14	2.34	2.57	0.23
研究職員	3.34	3.24	−0.10	3.31	3.89	0.58	2.09	3.28	1.19
(年齢別)									
25歳未満	3.28	3.38	0.10	3.06	3.49	0.43	2.19	3.27	1.08
25歳−29歳	3.02	3.37	0.35	2.61	3.70	1.09	1.95	3.36	1.41
30歳−34歳	2.87	3.31	0.44	2.62	3.69	1.07	1.95	3.36	1.41
35歳−39歳	2.94	3.31	0.37	2.62	3.57	0.95	1.97	3.26	1.29
40歳−44歳	3.00	3.38	0.38	2.49	3.56	1.07	1.98	3.14	1.16
45歳−49歳	3.03	3.08	0.05	2.37	3.26	0.89	1.90	3.02	1.12
50歳−54歳	3.05	3.09	0.04	2.44	3.16	0.72	1.98	2.89	0.91
55歳以上	3.25	2.98	−0.27	2.78	2.97	0.19	2.15	2.72	0.57
(役職別)									
課長級以上	3.30	3.21	−0.09	2.80	3.20	0.40	2.31	3.12	0.81
課長補佐級	2.96	3.11	0.15	2.22	3.17	0.95	1.83	2.93	1.10
係長級	3.02	3.36	0.34	2.42	3.53	1.11	1.96	3.20	1.24
一般	2.97	3.25	0.28	2.73	3.59	0.86	1.98	3.14	1.24
全体平均	3.01	3.24	0.23	2.57	3.45	0.88	1.98	3.14	1.16

注: ①「①給与関係」とは「自分の仕事に見合った給与を受けているか」という質問の回答結果。
②「②人事異動関係」とは「自分自身の人事異動に満足しているか」という質問の回答結果。
③「③人事システム関係」とは「人事異動や昇任の仕組みは適切か」という質問の回答結果。
④満足度及び重要度とは各設問5点満点での平均点を表す。
⑤差とは大きい数字ほど改善の必要性を表す(差=重要度−満足度)。
⑥調査対象者とは県立病院関係・県立学校事務を除く全職員5,549人で、有効回答者4,575人(有効回答率82.5%)である。また、調査期間は2001年11月から12月。

出所:「職員満足度アンケート 中間報告」『第100回中央委員会議案書』(三重県職員労働組合 2002年3月)により筆者作成。

定員抑制や組織のフラット化等により、定員管理や人事管理が厳しくなってきている。また、このポスト制約下では、県職員にとって、昇任のチャンスが減少し、管理職の条件を満たしても昇任することが困難となってきている。そのうえ、外部労働市場が十分に発達していない状態では、転職も困難である。また、たとえ転職ができたとしても、これまで若年期からの自らの投資を給与や退職金から受け取れなくなる可能性が大となる[20]。さらに、これまでは、転職者に対する「世評」も厳しい。このことから、転職希望者が転職するには、短期的な利得と長期的損失を比較計量しなければならない。今日、日本企業においては、日本的雇用システムが多様化してきていることもあるが、制度的補完性の下では、新しい中途採用者の人口が一定数に達し、一定程度の影響力を持つまでは、これまでの雇用慣行がそう簡単には変化しないと考えられる。

次に、県職員の高学歴化である。県職員の高学歴化により、大学卒業者の行政職給料表適用全職員に占める割合は、各年の三重県人事委員会『職員給与等に関する報告及び勧告』「第7表　給料別、級別、学歴別職員数」によると、1990年には45.2％、1995年には53.2％、2000年には57.6％、2001年には58.2％、2002年度には60.0％へと着実に増大している。今後も、引き続き高学歴化が進むのは必至である。とくに、近年の採用は「表6－7　年度別三重県職員試験区分別採用者数」の通り、上級職採用者の増加と初級職採用の減少という傾向が県職員の高学歴化を進めることになる。この結果、「表6－8　三重県知事部局職員の採用試験別・年齢階層区分別構成比」で明らかなように、30歳代以下の年齢では上級職が初級職を絶対数で上回るに至っては、上級職員について、課長級までの同年齢、同時昇任という「遅い選抜」メカニズムを維持することが困難になると考えられるのである。

このような県職員の高学歴化の背景としては、高校生の大学進学率が上昇してきたこと、また行政ニーズの高度化・複雑化にともなって、県職員の資質を向上させる必要があること、職場でのOJTなどによる能力開発以外にも、より短期的に能力開発の効果を上げるため、最初から高学歴者を充当せざるを得ない状況が生まれてきていること、などがある。このこともあり、「表6－8」の通り、2000年度の知事部局に属する県職員の20歳代上級職及び中級職（20歳代はほとんどか上級職かつ大学卒業者である）の占める構成比が57％、ま

た係長級職あるいは係長級昇任候補である 30 歳代の上級職及び中級職の占める構成比が約 64％ というように、県職員の高学歴化が進んでいる。

表 6-7 年度別三重県職員試験区分別採用者数　　単位：人

年度	1995	1996	1997	1998	1999	2000	計
上級(A)試験採用者	84	97	90	56	65	68	460(55%)
中級(B)試験採用者	18	23	22	12	3	3	81(10%)
初級(C)試験採用者	31	36	29	18	10	15	139(17%)
選考試験採用者	26	28	21	23	26	26	150(18%)
合計	159	184	162	109	104	112	830(100%)

注：　教員・小中学校事務職員・警察職員は除く。
出所：三重県職員課資料により筆者作成。

しかし、上級職全員が管理職になれるほどポストがなく、またすべての上級職員が管理職になれる能力もないと考えると、上級職の増加は、管理職になる段階での選別をせざるをえなくなる。たとえば、「表 6-8」により上級職員と初級・中級職員との構成比を比較すると、40 歳以上の初級・中級職員に対する上級職員の比は、0.93 程度であるが、20 歳から 40 歳未満の場合は、1.46 程度と逆に大きくなっている。このように、上級職員の絶対数が若年県職員では、初級・中級職員を大きく上回ることになる。このことから、上級職員全体に対する年代別の上級職の構成比も、50 歳代 23％、40 歳代 21％、30 歳代 40％、20 歳代 16％ と 30 歳代の構成比が非常に大きくなっている[21]。この年

表 6-8 三重県知事部局職員の採用試験別・年齢階層区分別構成比　　単位：人、％

年齢層	10 歳代		20 歳代		30 歳代		40 歳代		50 歳代		計	
	職員数	構成比	職員数	構成比	職員数	構成比	職員数	構成比	職員数	構成比	職員数	構成比
上級(A)試験			351	49	875	52	461	35	517	42	2,204	45
中級(B)試験			54	8	196	12	125	9	42	4	417	8
初級(C)試験	5	100	201	28	389	23	470	35	415	34	1,480	30
選考試験			105	15	215	13	275	21	246	20	841	17
合計	5	100	711	100	1675	100	1331	100	1220	100	4,942	100
年代別構成比		0		14		34		27		25		100

注：　2001 年 4 月 1 日現在の職員数（単純労務職員は除く）。
出所：三重県職員課資料により筆者作成。

代は、管理職昇任前の職員であることからも、従来通りの「遅い選抜」メカニズムによる昇任ペースを維持することは、困難になると予測されるのである。たとえ、役職ポストの増設があったとしても、「表6-9　年齢階層区分別行政職員数の構成比」が示す通り、増大する30歳代前半の行政職員の昇任予備軍をさばくことは非現実的であり、一方で、現実には「遅い選抜」メカニズムさえ、これまでの昇任年齢を維持するといった機能を果たしえないという状況になってきており、この年代に対するインセンティブ問題を発生させることになる。

これまで、採用時に試験区分に基づき厳格な選抜を行ったのは、以後の業績管理の困難性を入り口の能力評価でスクリーニングをし、採用後県職員間でのハンディー付き競争をさせるものであった。その意味で、採用区分試験という潜在的能力により、一定の質を選抜する工夫は、合理的な仕組みであったので

表6-9　年齢階層区分別行政職員数の構成比　　　　単位：％

年度	18-20	21-25	26-30	31-35	36-40	41-45	46-50	51-55	56-60	計
1990	2.2	12.9	15.1	13.6	16.0	11.4	11.2	10.1	7.5	100.0
1991	2.5	11.8	16.1	13.2	14.9	13.5	10.8	9.4	7.8	100.0
1992	2.5	12.7	16.5	13.1	14.7	14.8	9.5	8.6	7.6	100.0
1993	2.2	12.5	15.7	13.8	14.5	16.4	9.0	8.4	7.5	100.0
1994	1.9	12.4	16.3	14.2	13.3	16.8	9.5	9.1	6.5	100.0
1995	1.3	11.9	16.3	14.5	13.6	16.1	10.9	9.7	5.7	100.0
1996	1.0	11.2	16.0	15.6	13.5	15.0	12.7	9.7	5.3	100.0
1997	0.9	10.1	16.2	15.7	13.6	15.3	14.4	8.6	5.2	100.0
1998	0.7	8.3	17.1	15.4	14.0	15.0	15.8	8.1	5.6	100.0
1999	0.4	7.3	16.1	16.3	14.5	14.1	16.4	8.7	6.2	100.0
2000	0.5	5.8	15.6	16.7	14.9	14.2	15.8	10.0	6.5	100.0
2001	0.4	5.0	14.2	16.7	16.1	14.0	15.5	12.1	6.0	100.0

注：　①「18-20」とは、18歳から20歳までの年齢階層を示す。他も同様に年齢層を示す。
　　　②この構成比は行政職給料表適用職員数の構成比である。
出所：各年の三重県人事委員会『職員の給与等に関する報告及び勧告』「第6表　給料表別、級別、年齢別職員数　行政職給料表」により筆者作成。

ある。しかし、上級職採用者の増加は、上級職の幹部職員候補という色彩を薄め、単なる大卒者の採用というように、採用区分的にも変化しつつある。つまり、上級職の採用が増加すると、この採用試験による選抜の工夫も合理性が喪失することになる。このため、上級職採用者の増加は、採用段階で幹部職員として選抜するのではなく、採用後の昇任時点において何らかの選抜を行う仕組み、つまり客観的な昇任管理が必要となる。

　この問題に対して、これまでは、職務資格等級とライン役職ポストとを切り離す主査・主幹などの職を増加させることで対応してきた。この結果、おおむね課長補佐級職までの同年齢・同時昇任が維持されている。一方、このことは、業務の高度化・専門化により、専門的知識・技能を活用した業務が増加してきているため、主査・主幹という職の増加がこのような業務の一定範囲で責任を持つ職制として、公共サービスの範囲の拡大・増加に対応するという合理性もあったのである。しかし、これからの主査・主幹の増設は、新たな組織分化を生ぜず、また権限を分散させず、さらに一般担当者と同様な一定の権限の範囲内でその行使をゆだねる形で主査・主幹に実質的な責任を負わせていくこととならざるを得ない。このことは、一方で担当者と同様な業務遂行による不満などのモラールダウンが主査・主幹に生じる可能性がある[22]。また、組織のフラット化によるポスト減少は、県職員間に競争することよりも、昇任の可能性が不確実になることの不安、一部の抜擢人事に対する不満あるいはあきらめなどのモラールダウンが生じる可能性がある。

　この結果、県職員のモラールダウンが生じた場合、情報共有型システムの三重県の行政組織では、県職員個々人の事務分担が明確になっているものの、事務権限・責任が明確にされていないこともあり、フリーライダーが生じる可能性が大となる。また、ある県職員の手助けを他の県職員がすれば、組織としての業務遂行上に支障はないが、手助けをする県職員の負担が増加するため、その県職員の不満が生じることとなる。すなわち、この昇任メカニズムが県職員間に業務と結果の配分についての不公平感を現実世界で生み出しているのは、有能な県職員が業績に応じた成果のシェアを受けることなしに、より重い責任を実質的に引き受けざるをえないからである。この問題を解消するためには、県議会の人件費統制のため、県職員個々人に対する給与制度による金銭的イン

センティブ機能が十分に働かないことから、課（チーム）のマネジメントを行う管理職の課長（マネージャー）が課員（チーム員）間に私的・精神的な結合の意識を作り出し、協力体制を発展させることが、また職員個々人の自律を指導・支援していくといったことで内発的なインセンティブを職員に与えることが管理職の非常に重要な業務となるのである。

また、有能な県職員のモラールダウンを防止するための次善の策として、人事管理面から主査・主幹への昇任と、それに対応した給料等級の格付けが行われている。この場合、主事→主査→主幹との格付けによる給与格差は、生活保障給的な格差と考えられる。このことから、「表6-10 課長補佐級（主幹等）の給料等級からみた職員構成比の変化」で明らかなように、年齢構成の問題もあるが、このような人事管理政策の結果として、組織のフラット化にもかかわらず、上位の職位の人員構成が確実に増加することとなった。

しかし、主査・主幹といった等級資格的な職制の増設による対応がはかられることは、県職員の一定のモラールダウンを防止したが、稟議制度の下では単なる「資格」として設けられたポストが徐々にラインに組み込まれていき、情報処理過程が複雑化するなど業務遂行上の情報効率性の問題が発生したのである。このような情報効率性の低下や総人件費の抑制などから考えると、ポストの増設にも限界が生じざるをえないのである。この結果、従来の「遅い選抜」といった昇任メカニズムは、ポスト数との関係から改革せざるを得なくなってきている。

さらに、政策形成能力などの専門的な能力が県職員の資質に要請されるようになり、民間企業経験者などの専門家の中途採用（上級職）が導入されることとなった[23]。しかし、外部労働市場が不完全な状況の下で30歳代の中途採用を増やすことは、同年齢層の上級職員間の昇任競争を激化させることから、上級職員の業務遂行へのモチベーションを失わせる危険性がある。また、中途採用で専門家を採用した場合、その専門分野の環境が変化することによって、その職種が不要となったときには、配置転換などの処遇問題が生じる。さらに、現行の給与制度では、中途採用者にとって、給料等級決定や退職金など経済的にも不利な制度となっている。この意味で、新学卒者を採用し、そしてOJTなどによって、三重県の特殊的なキャリア形成することは、長期雇用・年功的

表 6-10　課長補佐級（主幹等）の給料等級からみた職員構成比の変化

項目	1991年	1996年	2001年
6級職員数	26.6%	21.3%	22.7%
7級職員数	4.6%	9.5%	11.4%
全職員の平均年齢	38.5歳	38.3歳	40.1歳

注：①構成比とは、行政職給料表における構成比を表す。
　　②6級職員数とは係長級職（主査等）・係長及び課長補佐級職（主幹等）。
　　③7級職員数とは課長補佐級職及び課長補佐。
　　④全職員の平均年齢とは行政職給料表適用一般行政職の平均年齢。
出所：各年の三重県人事委員会『職員給与等に関する報告及び勧告』により筆者作成。

な雇用慣行による閉鎖的な人事管理制度と不可分の強い補完性がある。現行の人事管理制度では、中途採用者も、採用後は三重県の行政組織の中で既存の昇任メカニズムに基づき昇任していくことになる。このことから、中途採用者制度が導入されても、基本的には、これまでの昇任メカニズムが成果主義による開放的な昇任メカニズムに改革されたわけではないのである。しかし、今回の組織フラット化による中間階層の役職ポストの減少や中途採用者の増大は、県職員がキャリアデザインした管理職への昇任階段を瓦解させる可能性があり、また県職員のキャリア形成や管理職の業務の性格に及ぼす影響が大となるなど、少なからず現行の人事管理制度の変革につながっていくことになる。

第3節　三重県の給与制度

1．給与制度

　以上の人事異動制度とインセンティブ機能について考察した結果、人事異動制度のインセンティブ機能は、給与制度のインセンティブ機能と補完しあっていることが明らかになった。人事管理制度のサブシステムである人事異動制度と給与制度とが相互に補完することにより、人事管理制度のインセンティブ機能が強化されることになっていた。このことから、この節では、三重県の給与制度について考察し、インセンティブ機能がどのように働いているのかを明らかにする。

　給与制度とは、金銭を活用して職員のモチベーションを維持・管理する目的があるが、この給与制度は、人件費統制という形で議会からコントロールを受けることになる。この人件費統制とは、支出予算の範囲内に収めることが財政上要請されることであり、またそれに応えることである。そのうえ、地方政府の給与制度は、地方公務員法において、給与制度の定め方については、国家公務員の給与制度との権衡を考慮しなければならないこと（法第24条第3項）、また諸手当の種類についても、国家公務員の手当に対応すること（法第204条第2項）、と規定されている。このように、地方政府の給与制度は、国家公務員に準じた給与体系となっている。さらに、第2次臨時行政調査会の答申以降、旧自治省（総務省）による地方公務員の給与の適正化指導が強く行われている。とくに、旧自治省は、事務次官通達（1993年5月）により、地方政府に「勤務実績に基づかない時間外勤務手当の支給や制度の趣旨に合致しない特殊勤務手当、不適切な旅費」など、給与等の適正化を指導するとともに、1994年には「抜本的な検討を行い、是正措置を講ずること」、とより強く適正化を指導したのである。

　これら外部環境からのコントロールの下で、三重県は、国家公務員の給与制

度に準じた給与制度の設計を行っている。三重県の給与制度は、給料（職員個人に関する部分である生活保障給と職務に関する部分である職務給で構成）[24]、及び期末・勤勉、住宅、扶養、調整、時間外、通勤、調整、管理職などの諸手当が「職員の給与に関する条例」（1954年　三重県条例第67号）で定められている。この条例では、給料の給料等級は、基本的に職員の年功と査定（「給与条例」第8条3項及び「職員の初任給、昇格、昇給等の基準に関する規則」第33条の昇給についての監督の地位にある者の勤務成績の証明）に基づいて決定される。しかし、この査定にあたっては、経験年数と必要在級年数のような客観的判断基準については考慮できるが、主観的判断基準である成績が十分に考慮できない可能性がある。また、職務区分が包括的に決められていることから、県職員の能力や業績に対する合理的な評価も困難である。このため、能力・業績評価が昇給・昇格決定の重要な要因となってはいるものの、実質的には昇給・昇格が能力・業績と連動させるメリット主義よりも、経験年数（必要在級年数）と試験区分により管理されることになっている。とくに、経験年数（必要在級年数）が昇給・昇格の基準となった要因は、経験年数（必要在級年数）が客観的判断基準であるということ以外にも、これまでの地方政府の業務執行方法の性格にも起因したと考えられる。すなわち、機関委任事務体制の下で、公共サービス提供事務の大半を遂行する地方政府にとって、中央政府の運用方針を熟知し、よく理解していることが公共サービス提供の効率性の向上につながることであった。このことから、公共サービス提供の効率性の向上には、このサービスにかかわる事務事業遂行経験の豊富な職員の存在が重要となった。また、地方政府には、独占的・安定的・継続的に提供しなければならない公共サービスが多く、このサービス提供を維持するためには、職員が定着化し、そして文脈的技能を形成することが重要であった。たとえば、県税事務を遂行する場合、事務執行については、地方税法で規定されているほか、総務省（旧自治省）からの通達等で運用等が詳細に規定されており、三重県が独自に新しい税を創出したり、運用を行うことはほとんど不可能であった。このことから、県税担当職員は、独創的な能力よりも、これまでの県税事務の運用についての知識・情報をより多く蓄積していることが県税事務の効率性を高めることになったため、経験年数の多い県職員が優秀な職員と評価されていたのである。

この意味で、職員個々人の能力を判定する基準としては、経験年数が重要な要素となり、経験年数に基づき昇給・昇格が管理されることには、一定の合理性があったのである。

　三重県の給与制度では、昇給・昇格は、現実対応として、査定が厳格には行われず、「年功（主に年齢と経験年数・必要在級年数）」にウエートがおかれているのである。この結果、毎年、必ず定期的に昇給するようになっている。「年功」による給料等級の昇格はある範囲内では自動的であるが、そのために職員間の競争や格差がなくなるわけではない。三重県の給与制度では、新規採用職員は、その採用試験区分に応じた下位の等級に発令される。また、一定レベルまでは、勤続年数による昇格が行われるが、係長級以上は、国家公務員と同様に査定の積み重ねとしての昇任の有無により、給与額の差がつく構造となっている。たとえば、行政職の場合、初級職で課長補佐級まで、また上級職で課長級までは、ほぼ同年齢に昇任することから、年々の昇給・昇格がほぼ横並びとなっていたのである。それ以上の職位の職制へは、昇任競争が行われ、そして昇格にも差がつくことになる。この結果、前掲の「表6-2」に示されているように、初級職では、50歳過ぎには一部の優秀な県職員は課長級となるが、課長補佐級のままの県職員、そして55歳過ぎて一部の優秀な県職員は次長級に達するが、課長級の県職員や定年退職間近に課長級に達する県職員、さらには課長補佐級止まりの県職員もいる。一方、上級職では、一部の優秀な県職員が55歳過ぎには部長級に達するが、課長級止まりの県職員もいるのである。以上のような県職員個々人の昇任に違いがあるために、同じ勤続年数でも、給料額の差と管理職手当額の差により、給与額に大きな開きがでることになる。しかし、この格差は、指定俸給表が適用される国家公務員ほどの開きにはならない[25]。

　このように、昇任競争の勝敗が決定するのが極めて遅く、その時点まで県職員の業務遂行上のモチベーションを維持させ、最後に、退職手当額が何年か先に保証されていれば、退職時までそのモチベーションが維持できることになる。とくに、県職員が生涯に稼ぐ所得の内で最も重要なものの1つである退職手当額は、勤続年数と自己都合退職か定年退職かで大きく違ってくる。たとえば、三重県では、35年以上勤務し定年退職した場合は、一律62.7月分の退職手当

額であるが、自己都合退職の場合は、35年勤務で47.5月分、45年勤務で60月分の退職手当額にしかならない（2001年4月1日適用の基準）。以上のように、県職員は、勤続年数と文脈的技能の発展にともない職位が上昇し、それに合わせて昇給・昇格することで、給与額が上昇していくことになり、給与額の格差が広がっていく。そのうえ、退職手当額にも、差がつくのである。

2．給料等級の昇格とインセンティブ

　三重県の給料等級の昇格は、経験年数に規定される側面が昇格基準の中に組み込まれているため、実質的に一定の等級までは、年功的な運用になっている。たとえば、行政職給料表適用職員の場合、昇格基準は「表6-11　行政職給料表昇格基準」で示されているように、5級までは完全な経験年数となっている。

　このため、同一採用試験区分・同一学歴なら全く格差は生じない。また、採用試験区分が異なってもあまり差がつかない。たとえば、採用区分別に昇格の

表6-11　行政職給料表昇格基準

等級の昇格区分	昇格基準
1級から2級へ ＊2級：一般	在級4年（大卒中級在級1年、中級在級2年）または高卒経験4年かつ在級1年
2級から3級へ ＊3級：一般	在級3年（大卒中級在級2年）または高卒経験7年かつ在級1年または修士修了在級1年
3級から4級へ ＊4級：一般	在級6年または高卒経験13年かつ在級2年または経験在級条件なし34歳以上
4級から5級へ ＊5級：係長・一般	上級は在級5年または36歳以上、中級・初級は在級6年または37歳以上
5級から6級へ ＊6級：係長・主幹	上級は在級3年かつ在職（係長級）1年または39歳以上、中級・初級は在級3年かつ在職（係長級）1年または40歳以上
6級から7級へ ＊7級：主幹・課長補佐	45歳以上かつ課長補佐級の在職1年以上または55歳以上の課長補佐級
7級から8級へ ＊8級：課長・補佐課長	課長級、52歳以上かつ課長補佐級の在職3年以上または59歳以上の課長補佐級

注：　＊印は給料等級に対応する職位・職制を表す。
出所：自治労三重県職員労働組合『賃金・労働条件集』NO.22の「級別標準職務表」（1998年4月1日適用）を筆者が一部修正し作成。

第3節 三重県の給与制度　319

表6-12　行政職給料表適用者昇格時年齢及び等級・号給モデル

試験区分	2級	3級	4級	5級
上級職（A試験）	22（2-3）	25（3-3）	31（4-4）	36（5-7）
中級職（B試験）	23（2-3）	26（3-3）	32（4-4）	37（5-7）
初級職（C試験）	23（2-3）	26（3-3）	32（4-4）	37（5-7）

注：①（　）の外数は昇格年齢、内数は昇格等級号給。
　　②上級職は大学新卒採用者（22歳）、中級職は短大新卒採用者（20歳）、初級職は高校新卒採用者（18歳）と仮定する。
　　③初任給は上級職大学新卒者の初任給は2級3号である。また、中級職短大新卒者の初任給は1級8号で、次の昇給は6月短縮され半年後となる。さらに、初級職高校新卒者の初任給は1級4号である。
　　④このモデルでは上級職と初級職の昇格・定期昇給日とも4月1日とする。
　　また中級職の昇格は4月1日であるが、定期昇給日は採用時に次期昇給日が6か月昇給短縮されるため、次回からの定期昇給日は10月1日となる。たとえば、3級の場合、上級職は25歳で3級3号となり、次の定期昇給は翌年の4月1日3級4号に昇給する。中級職は26歳で3級3号となり、次の定期昇給は同年の10月1日3級4号に昇給する。初級職は26歳で3級3号となり、次の定期昇給は翌年の4月1日3級4号に昇給することになる。
出所：自治労三重県職員労働組合『賃金・労働条件集』NO.22の「級別標準職務表」（1998年4月1日適用）により筆者作成。

表6-13　年齢階層区分別・等級別職員数構成比　　　　　　　　　　単位：％

年度	年齢階層区分	5級以下	6級	7級	8級	9級	10級	11級
2001	46-50	2.0	37.0	49.5	10.5	0.8	0.1	0.1
	51-55	0.4	10.7	21.4	52.0	12.3	2.8	0.4
	56-60	-	9.4	3.2	60.9	12.4	8.8	5.3
1996	46-50	1.5	34.2	49.0	16.9	0.3	-	0.1
	51-55	0.7	20.3	23.6	46.5	6.0	2.1	0.8
	56-60	0.6	11.0	6.5	48.1	19.0	8.7	6.1
1991	46-50	4.7	76.4	11.7	7.2	-	-	-
	51-55	4.2	29.1	22.5	40.0	2.9	1.1	0.2
	56-60	1.5	13.9	15.7	52.8	5.5	6.4	4.2

注：構成比は、行政職給料表適用職員数の構成比を表す。
出所：各年の三重県人事委員会『職員の給与等に関する報告及び勧告』「第6表　給料表別、級別、年齢別職員数行政職給料表」により筆者作成。

等号給を比較すると、「表6-12 行政職給料表適用者昇格時年齢及び等級・号給モデル」に例示したように係長級に昇任していない上級職と中級職の差は0.5号差、上級職と初級職との差は1号差となる。

　ところで、課長級のポスト不足から昇任できない団塊の世代の初級職員等は、7級のままでは最高号給を超えることから、50歳代の早い時期から昇給月数が12月以上となってしまう。このため、1998年度から、課長補佐級職員は、52歳で8級への昇格が可能となったのである。たとえば、2001年の三重県人事委員会の『給与に関する報告及び勧告』（2001年10月）「第7表　給料表別、級別、年齢別職員数　行政職給料表」によると、7級には、51歳の県職員が130名、一方、52歳の県職員が10名と激減する。また、8級には51歳の県職員が36名、一方、52歳の県職員が143名と急増している。また、同『勧告』の「第5表　給料表別、級別、号給別職員数　行政職給料表」によると、7級の最高号給22号には、県職員が132名、一方、最高号給を超えたいわゆる7級枠外1号給には、県職員が53名となっている。このことを重ね合わせると、課長補佐級職員の場合、7級22号給以上となっている51歳の県職員が多く、また52歳の県職員の多くが8級に昇格していると推測できる。現実には、ほとんどの県職員が課長補佐級以上の職位に昇任することから、50歳代後半には、「表6-13　年齢階層区分別・等級別職員数構成比」が示すように、8級以上の職位の県職員が増加している。たとえば、2001年度には、この年代の9割近い県職員が8級職以上となっており、課長補佐級職員と課長級職以上の職員との給料上の格差は緩和されているのである。

　さらに、「表6-14　52歳以上の7級と8級との定期昇給比較モデル」に従い、51歳の課長補佐級職員の60歳定年までの定期昇給について考察する。このことについては、すでに前節の採用試験区分による昇任格差に対する緩和策において考察したことであるが、再度、「表6-14」のモデルにより考察すると、このモデルの県職員の場合、7級のままであれば、次の定期昇給については、枠外1号給へは12月昇給、また次の枠外2号給へは18月昇給、さらに次の枠外3号給以上へは24月昇給となるため、58歳の昇給停止までに、3度定期昇給することになる。一方、7級のままでは、52歳で枠外1号給に昇給する県職員が8級に昇格すると、1999年適用給料表では、7級枠外1号給に対応す

表6-14 52歳以上の7級と8級との定期昇給比較モデル　　単位：円

年齢	52	53	54	55	56	57	58以上
7級の定期昇給の号給	枠外1 444,400	枠外2 448,100	昇給なし	枠外3 451,800	昇給なし	枠外4 455,500	昇給停止
8級の定期昇給の号給	17号 450,500	18号 454,400	19号 458,000	20号 462,000	21号 465,800	枠外1 469,600	昇給停止

注：①「各年齢の号給」は昇給した号給を表す。
　　②上段数字は号給、下段の数字は支給額を表す。
　　③支給額は1999年4月1日適用行政職給料表による。
　　④「7級の定期昇給の号給」の枠外2へは53歳6か月、枠外3へは55歳6か月、枠外4へは57歳6か月に昇給する。
　　⑤58歳以上は昇給停止。
出所：筆者作成

る8級の号給が17号給となり、最高号給21号給との差が4号給あることから引き続き12月昇給が確保され、その県職員の業務遂行上のモチベーションの維持につながることになる。

　すなわち、この仕組みは、管理職としての職務遂行能力を十分に備えているにもかかわらず、役職ポスト不足が原因で管理職員になれない県職員にとって、職務遂行上のモチベーションを維持する機能があった。また、この仕組みは、管理職の昇任競争に負けた県職員に対して1つの職務資格を賦与し、モラールダウンを防ぐ機能もあったのである。このことから、この給与制度の仕組みには、インセンティブの見地から十分な根拠があったのである。つまり、能力があっても下位の県職員と給与額が変わらないと、その県職員の職務遂行上のモチベーションを下げることになり、またモチベーションが下がった県職員を多く抱えると、組織活動全体の効率性に悪影響を及ぼすことになる。さらに、上位の職位の職員と能力があるが昇任できない下位の職位の職員との給与額に極端な差をつけると、下位職位の県職員のモチベーションを引き出すことが難しいことから、この給与制度の仕組みは、インセンティブの見地から十分な根拠があったのである。ただ、この仕組みにより、年齢を重視し、課長補佐級職員の8級への昇格が可能となると、本来の8級資格職である課長級職員からの不満が生じることになるため、ラインの課長級職員は、一定期間の在職を要件として給料等級が9級に昇格できることとなった。これらのことは、県職員間の給与上の平等性が確保できるものの資格等級と担当職務にギャップが大きくな

り、能力や業績を反映した給与とならないことから、県職員に対する金銭的インセンティブが欠如してしまう可能性が生じることも否定できなくなるのである。

一方、高位等級に昇格しても、経験年数が少ないと低位号給に位置付けられ、下位等級の高位号給者より高い給与額が支払われないことも、下位職位の県職員のモチベーションを維持することになる。こうした給料等級格差のわりに、給与額格差が小さいことが、県職員の採用試験区分による職務区分が曖昧にもかかわらず、採用試験区分制度を存続していける要因の1つとなっていると考えられる。

次に、同一年齢・同一学歴・同一試験区分採用の県職員は、昇格、昇任のスピード差により、給与額にどの程度差がつくことになるのかを三重県人事委員会資料で考察する。

たとえば、大学新卒採用者上級職の行政職員の場合、2001年の三重県人事委員会の『職員の給与等に関する報告及び勧告』（2001年10月）の「第5表　給料表、級別、号給別職員数　行政職給料表」に基づき、最高号給（11級枠外1号）となっている部長級職員の給料月額と最高号給（8級枠外5号）となっている課長級職員の給料月額（2001年4月1日適用の行政職給料表）とを比較すると[26]、602,100円と488,600円で113,500円の差があり、これに管理職手当や期末・勤勉手当を加えると、年収での差は、次の通りとなる。
1年間の給与総額（給料＋管理職手当＋期末勤勉手当）は
　部長級職員　602,100円×12月＋602,100円×0.25×12月＋（602,100円＋602,100円×0.2＋602,100円×0.2）×4.75＝13,035,465円
　課長級職員　488,600円×12月＋488,600円×0.12×12月＋（488,600円＋488,600円×0.15）×4.75＝9,235,762円
であり、両者の給与総額の差は、3,799,703円となり、支給額は1.42倍の差となる。

さらに退職金額も、給料月額が基礎となることから、大きな差がつくことになる。退職手当額は、（現在等号給＋1号）×62.7月（両者とも35年以上勤務していると仮定する。）となることから、退職金額の差は部長級職員（602,100円＋9,600円）×62.7月＝38,353,590円と課長級職員（488,600円

第 3 節 三重県の給与制度 323

＋7,600 円）×62.7 月＝31,111,740 円の差（38,353,590 円－31,111,740 円）7,241,850 円となり、支給額は 1.23 倍の差となる。以上のように、同一学歴、同一年齢・同一試験区分採用でも、部長級まで昇任した県職員と、課長級止まりの県職員との年収の差は 1.5 倍弱、退職金額の差は 1.2 倍強となる。

　ただ、この給与額格差は、部長級職員も課長級への昇任が 40 歳代後半であることから、その時点から徐々に格差が広がり始めることになるが、給料月額や管理手当額で明らかに格差が広がるのは、次長級（10 級職）以上に昇任してからである。この給与額格差について、更に詳しく行政職の場合について考察してみると、給料月額の格差のほかに、①管理職手当額（2002 年 4 月 1 日適用の基準）は、給料月額の部長級は、0.25（部局長・県民局長・理事）と 0.23（その他）、次長級は、0.22（10 級職）と 0.20（9 級職）、課長級は、0.19（総括マネージャー）〜0.12（副参事）である。さらに、②期末・勤勉手当額の算定基礎に含まれる加算として、管理職加算と職務段階別加算がある。まず、管理職加算は、部長級と次長級の職員に加算されるもので、給料月額×管理職手当支給割合（部長級 0.20、次長級 0.15）である。また、職務段階別加算は、給料月額×給料表別傾斜配分割合（11 級・10 級が 0.2、9 級・8 級が 0.15）である。このように、10 級職の次長級と課長級の 8 級職の副参事と比較すると、2 級の差による給料月額の差及び諸手当の比率の差等により、明確な格差がつくことになる。

　2001 年度の定期人事異動において、次長級に最も若く昇任した県職員の年齢が 51 歳であった。これまで、次長級職への昇任は、通常 53 歳前後で昇任する。この場合も、審議監などの 9 級職のスタッフ職への昇任がほとんどであったことから、10 級への昇格は 50 歳中頃となったのである。このことから、課長級の県職員とは、50 歳代中頃から格差が広がる（ただし、58 歳で昇給停止）ことになり、60 歳定年退職までの数年間に、職位による給与額格差が広がることになるのである。以上のように、三重県職員の給与構造においても、国家公務員[27]と同様に、役職・職位により、同一年齢でも相当の格差が生じるが、その期間は、大学新卒採用者（22 歳）の場合、勤務年数の 5 分の 1 程度の短期間でしかないのである。

3．給与制度に対する県職員の意識

　三重県の給与システムに対する県職員の意識については、2001年度に総務局と三重県職員労働組合が共同で実施した職員アンケート調査『職員満足度アンケート2001』の結果から明らかになる（前掲「表6-6」参照）。まず、給与関係については、「自分の仕事内容や責任に見合った給与を受けていると思いますか」という問いに対して、「そう思う」「やや思う」という肯定的な回答が67.6％あったが、一方で「あまり思わない」「思わない」という否定的な回答が32.1％あった。また、この職員満足度の傾向は、年齢が30歳代と40歳代前半が平均点より低く、とくに30歳～34歳が最も低くなっている。一方、職員満足度に影響を及ぼす「給与」の重要度については、「高い」44.3％と「普通」48.3％が「低い」と答えた6.6％を大きく上回っている。この重要度の傾向は、年齢が45歳以上が平均点より低く、とくに55歳以上が最も低くなっている。また、満足度と重要度について年代別に見ると、20歳代の県職員は給与の重要度が全体平均よりも高く、また現行の給与に対する満足度も高い。このことは、現在の自分の業務と給与との均衡感からの満足度を示していると考えられる。一方、30歳代の県職員は、給与の重要度が県職員全体の平均よりも高いにもかかわらず、給与に対する満足度は、県職員全体の平均点よりも低くなっている。このことは、この年齢層が年功的に決定される一律平等的な給与制度に対して、現在の自分の職務と給与との不均衡感からの不満を示していると考えられる。また、40歳代後半以降の県職員の場合、給与の重要度は、県職員全体の平均点より低くなっているが、逆に現行の給与に対する満足度は、県職員全体の平均点よりも高くなっている。とくに、この年代での重要度は、55歳以上が最も低くなっているが、逆に現行の給与に対する満足度は、55歳以上が最も高くなっている。このことは、現行の給与体系が年齢的に決定される一律平等的な生活給的要素が組み込まれていたことから、また昇任競争についても、ほぼ決着がついていたことから、この55歳以上の年齢層は、自分の業務と給与の不均衡感がなくなっていると推測できる。

　以上のように、県職員の年齢が高くなると給与に対する関心が低くなる一方で、満足度が高くなるといったように、加年齢により県職員の給与に関する重

要度と満足度に逆の相関関係が成り立つのである。このことは、三重県職員の想定している給与制度は、給与が年功で上昇し続けることではなく、年齢に応じた生活費を保証するような給与水準を維持できることであり、給与が年功給というよりは、むしろより平等主義的な生活保障給となっていることを意味しているのである。

　以上のアンケート調査結果では、現行の給与制度は、給与額の格差がつくのが遅いこと、また県職員の給与に対する意識が生活保障給となっていることから、給与制度が県職員に対して、成果主義的なインセンティブを提供していないと考えられる。しかし、職員満足度に影響を及ぼす給与の重要度については、昇任競争がほぼ終了した年齢層以外では、非常に高い数値となっている。また、業績（成果）主義に反対し、平等主義を主張する三重県職員労働組合の要求とは異なり、現行の給与制度に対して、不満が大きい30歳代の場合は、能力・業績に応じて報酬が支給される「公正」観を支持している県職員が増加してきていること示していると推測できる。

　この現行の給与制度に対する重要度と現実の満足度とのギャップを解消するには、本来、職務内容・業績と給与とが明確に連動する制度を創設しなければならないのである。このことについて、このアンケート調査の1年前に実施した「職員満足度アンケート2000年」の結果によれば（「次章第2節」参照）、県職員は、「職責や能力、業績を中心とした給与体系にした方がよいと思いますか」という問いに対して、「思う」17％、「やや思う」42％と過半数以上が「業績等を考慮した給与体系の導入」を支持している。このことは、給与と実際の担当事務とのギャップが次第に大きくなり、県職員間にも、成果主義を肯定する県職員が多くなってきていることを意味しているのである。

第4節　三重県の人材育成制度

1．OJT と人事異動

　人材育成は、基本的に職員研修により行われる。職員研修について、地方公務員法第39条第1項では、「職員には、その勤務能率の発揮及び増進のために、研修を受ける機会を与えなければならない」と定められ、また同条第2項では、「前項の研修は、任命権者が行うものとする」と定められている。この研修イメージは、職員研修所などの合同研修のイメージである。しかし、情報処理形態が情報共有型システムの組織では、OJT が最も重要な職員研修となる[28]。つまり、情報共有型システムの組織で必要とされる職員の能力は、起こりうる課題に対して職員個々人が自律的に対処することを可能にするような幅広い技能である。また、この職員の技能が分権化されたアドホックな課題処理と整合的であるためには、より視野の広い理解力、そしてコミュニケーション能力が必要となる。しかし、社会システムや教育システムという外部環境が地方政府が必要とする人材の幅広い技能形成に対して、必ずしも適合的でないため、この職務能力のある職員を採用したくても採用することが非常に困難である。このため、三重県の行政組織は、職務能力のある人材を OJT で育てるしかない。この意味では、どういう職務・職場を経験させるかということが県職員を育てていく上で重要となる。つまり、人材育成という観点からは、人事異動などの人事管理が OJT とは不可分となる。

　ところで、三重県では、行政職員の採用は、事務系職員と技術系職員に大別されるが、事務系職員の内部は細かく分かれていない。このため、事務系職員の場合、三重県に採用された10年間ほどは、事業、庶務、総務、財務など職能分野を越えた広域の異動が行われている。事務系職員は、定期的にさまざまな部局や課室に異動させられる結果、狭い構成地盤の利害に縛られることなく公共的利益をより広い視野で理解できるようになる。ただ、一定のこのような

人事ローテーションの後、ある時期からは、異動の範囲も特定の職能内に納まる傾向もある。とくに、専門性が要求されるような政策分野では、各政策分野ごとに「畑」と呼ばれる職能的区分が存在する。たとえば、福祉政策なら福祉畑、税務政策なら税務畑というキャリアを歩む職員がいる。つまり、ゼネラリストではないがスペシャリストでもない特定の職能集団が形成される可能性が生じるのである[29]。

　一方、技術系職員は、これより少し狭いキャリアタイプである。たとえば、土木技術職員の場合は、原則的に特定職種として採用される。また、その後のキャリアもその職能内で形成され職能を越えた異動は少ない。技術系職員に求められるコアキャリアは、少しは企画判断性を帯びていてはいるが、企画・判断力そのものよりも、むしろ設計能力などの職種内在的な専門能力に近いものである。また、技術系職員は、事務系職員よりも人事ローテーションの頻度も範囲も狭い傾向がある。さらに、同じ技術系職員であっても、医師・看護婦のような職能型の外部労働市場を構成するタイプの職種は、教育訓練なしに直ちに有用性を持っている。ただ、この職種の外部労働市場は、三重県の行政組織外にあり、人材獲得のためには外部組織と競争しなければならない。この意味で、この職種の県職員は、転職者が多く、過去の職種と現在の職種に連続性があり、転職もこの延長上で行われている。このような職種は、医師・看護婦など医療技術関係者などの免許職種か、あるいはパート職員などの未熟練非常勤職員である。

　ところで、三重県が必要とする職員は、すべてが外部労働市場で調達することができるわけではない。医師・看護婦のような職能型の外部労働市場を構成するタイプの職種以外のほとんどの職種は、三重県が自らの教育的訓練を通じて人材育成・能力開発しなければならない。このような教育的訓練は、OJTを通じて行われ、再訓練、異動、昇任などを通じてキャリア形成が行われる。つまり、三重県では、職員が長期間在職することを前提にこうした職員に教育投資が行われ、職員のキャリアを向上させることになる。

　このOJTによる人材育成・能力開発は、各政策分野に関する知識を独自に専門化するよりも、組織内に知識や情報を蓄積させ、共有化することで政策対応が行われる情報共有型システムの情報処理方法に対応した人材の蓄積形態で

ある。ここに蓄積される人材は、スペシャリスト的なキャリア形成された人材ではなく、むしろゼネラリスト的なキャリア形成された人材の蓄積となる。

2．OJT と中間管理職の役割

これまでの三重県の行政組織内でのOJTは、課所の中間管理職が要となって実施されてきていた。課所の中間管理職は、①対外的には、主査・係長・主幹・課長補佐・グループリーダーなどの肩書を持っている、②年齢的には、多くは30歳代後半から40歳代がほとんどである、③人事評価権はないが課長を補佐し、下位の者を指導育成している、といった特徴があった。また、ほとんどの県職員が長期欠勤・病気・職務遂行能力の著しい欠如といった特殊理由がないかぎり、多少の昇任時期に格差があっても、ほぼ年齢に応じて中間管理職に登用されることになっており、また課長級以上に昇任するためには、中間管理職を経験しなくてはならなくなっていた。

この中間管理職の職務は、「三重県行政組織規則」（1998年　三重県規則第35号）に次の通り定められている。課長補佐は、「課長を補佐して、課の事務について部下職員を指揮監督し、課長に事故あるときは、その職務を代理する」、係長は、「上司の命を受けて係の事務を所掌し、部下職員を指揮監督する」、主幹は、「上司の命を受けて課における特定の事務を処理する」、主査は、「上司の命を受けて課若しくは係における特定の事務又は課若しくは係の一般の事務を処理する」、そして、グループリーダーは、「上司の命を受けてグループの事務を掌理し、グループ内の職員を指揮監督する」、と規定されている。

ところで、1998年度の組織機構改革による本庁組織の課室内組織の係制が廃止され、組織がフラット化されたことから、これら中間管理職のうち係長職が廃止された。また、課長補佐職も、課長を補佐するという命令系統の職制から、職員の資格を表す職制に実質的に変更された。さらに、2002年度の組織機構改革では、課制が廃止され、チーム制が導入されたため、課長補佐職も廃止されたのである。一方、1998年度の組織機構改革の際、係制の廃止にともないグループ制が導入されたため、新たにグループリーダー職が命令系統の職として新設された。この職は、主査・主幹・課長補佐（あるいは課長級職員）の中から任命されている。また、2002年度のチーム制の導入により組織のフ

第4節　三重県の人材育成制度

ラット化が一層進展し、主査・主幹も一般職のスタッフと同じチーム員（グループ員）となる。このことから、これまでのように、職務において、明確に下のクラスと峻別することが困難化するため、グループリーダーは、グループ員の中からキャリア、指導性、職位等について総合的に判断され、適任者がグループ員の中から選ばれることになった[30]。しかし、現実にはグループリーダーは、年功序列的な任命が行われており、主幹・課長補佐クラス（場合によっては課長級クラス）の職員がグループリーダーに任命されている。この意味で、グループリーダーは、課長の一歩手前の役職となる。これまでの係長・課長補佐という命令系統系の2段階の職制が1段階の職制となることから、グループリーダーは、課長代理としてグループのスタッフを指導・支援することで、業務遂行を円滑に進めるというリーダーシップがより強く求められることとなったのである。しかし、グループリーダーは、自分が責任を持つグループ員へのアドバイス、スケジュール管理などの進行管理が主な職務と定められており、中間管理職的色彩が薄い。このことから、これまでの係長の場合より、グループリーダーはグループ員との間には一体感がある。しかし、グループリーダーは、グループ員の一員として担当業務を遂行しながら、同時に管理者グループの一員として一般職から主幹まで混在するグループ員の指導・育成を行わなければならない。つまり、グループリーダーは、1人のグループ員としてグループの中の最も高度な業務を分担するだけではなく、未熟練グループ員や熟練グループ員の教育・指導というOJTも行わなくてはならないという人材育成の要でもある。

　このOJTの過程では、これまでの中間管理職と同様に、グループリーダーは、自ら処理した方が効率的だと思える業務も、基本的にはグループ員にやり方を教えて業務の遂行を任せなければならない。このため、グループリーダーは、実務を通してグループ員と日常的に接することとなり、部局長・課長（マネージャー）等の事務処理方針を理解していなければならないのである。また、OJTであっても、業務の遂行には変わりないことから、グループ員が期日までに業務の処理をしなかった場合、グループリーダーが業務の処理を行わなければならないのである。このようなOJTは、グループリーダーに、グループ員の事務処理代替機能という過大な負荷をかける管理職員養成のOJTともい

えるシステムになっている。この過大な負荷をかけられたグループリーダーの行動が自主的・積極的におこなわれるのは、集権的な人事管理制度の下で、自らの人事評価が長期に官房部門に蓄積され、管理職ポストへの昇任に影響がでることに起因するのである。

3．OJT と 2002 年度の組織機構改革

　2002 年度の組織機構改革で、課制が廃止され、チーム制が導入にされたことにともない、グループ制は任意設置となった。この結果、グループ制を導入しないチーム内の OJT を実施していく役割は、文脈的キャリアを形成した経験豊富なマネージャーが担わざるを得なくなる。三重県の行政活動や行政システムが破綻を来さずに済んでいるのは、これまで、超過的な負荷のかかった中間管理職の自主的な行動が大きな要因となっていた。このことから、マネージャーが果たさなければならない職務は一段と増加することになる。

　一方、チーム員は、自らが所属する組織のそれぞれの「新率先実行取組」の内容を理解するとともに、自らの担当業務を遂行にあたって、「自己決定」・「自己責任」が果たせるような自律した県職員となることが求められる。このような要請に応えられる人材を育成するための課題は、電子県庁化や県職員間の対話の促進による知識・情報の共有化の進展と県職員の高学歴化により、将来的には克服されていくものと考えられるが、マネージャーは、チーム活動のマネジメントに加え、チーム員の OJT も行わざるをえない。マネージャーがOJT をしなければ、チーム員は一人前にならず、一人前の業務遂行ができない。また、「チーム・マネージャー『率先実行取組』」の目的を達成するためには、チーム員を組織統合していかなければならない。しかし、情報共有型の情報処理形態の下では、チーム員に情報が蓄積することから、マネージャーが情報資源を集中してチーム員を統合することは困難となる。このため、社会的交換として、チーム員との対話やチーム員の面倒をみるなどの不安定な資源を影響力の源泉とせざるを得なくなり、多忙となるのである。このように、マネージャー制の導入により、県職員の人事評価は、地位が低い県職員には職務遂行能力が重視され、また管理職員には更に調整能力にも重きを置かれることになるのである。

第5節　業績評価と勤務評価制度の導入

1．従来の勤務評価制度と限界

　従来は、努力すれば、必ず成果が上がり、成果にともない役職ポストも増加したことから、職員がなるべく長期間にわたり高い貢献水準を提供するようにする「遅い選抜」メカニズムが合理性を有していたわけである。つまり、貢献度、能力重視による人事管理が業績中心の人事管理よりも、職員間の公平性を維持でき、結果として、業績向上が実現しているかぎり、人事管理制度を改革しようとするインセンティブは、生じなかったのである。また、職員が出世コースに一旦乗ると、よほど失敗しない限り昇任したが、一方、敗者復活が不可能な人事管理制度であったことから、協調性・規律性などに重点をおいた保守的な勤務評価が中心となっていた。さらに、地方政府の目的が抽象的な事業の場合は、業績測定自身が困難となることから、おのずと態度や能力中心の評価とならざるを得なかった。このように、勤務評価制度も成果主義的な勤務評価が行われていなかったのである。
　ところで、今日の外部環境の急激な変化の下では、公共サービス供給側の観点のみでは、住民に対して有効な公共サービスが供給されるとは限らなくなっている。とくに、地方政府は、外部環境と相互依存関係にあるオープンシステムであるため、外部環境の影響を完全に遮断できない。このため、外部環境の急激な変化が生じると、所期の目的達成が困難となることから、地方政府は、常に外部環境に注意を払い、外部環境に適合するように、行政目的・行政活動自体を恒常的に見直さなければならないのである。たとえば、今日の公共事業問題に見られるように、ただ、公共施設を造れば、住民に歓迎されるという現象は起こりにくくなっている。このような課題に対処するためには、成果主義による行政活動を行っていかなければならない。この意味から、行政活動を担っていく職員に対しての成果主義的な人事管理を徹底していく必要性が

生じる。この成果主義的な人事管理を行うためには、業績基準に基づき、いかに合理的かつ公平に評価して職員選抜・昇任決定をしていくかが重要となる。

2．勤務評価制度導入と人事管理制度改革

地方政府には、公共サービス提供の競争相手がない場合が多く、公共サービス改善のインセンティブが十分に働かない。このことから、今日の財政危機の下で、成果主義的な人事管理制度を導入することにより、組織内部に個人単位での競争状態を作り出し、公共サービス提供活動の有効性・効率性が向上するように、インセンティブを働かすことが求められている。このような課題に対処するため、行政改革の1つとして、職員の業績を評価する勤務評価制度や業績給制度を導入し、成果主義的な人事管理制度を強化する東京都を代表とする地方政府が出現してきている[31]。

三重県においても、大学卒業者の大量採用により、上級職員の人材のばらつきが一段と大きくなってきたことから、有能な県職員は、ますます忙しくなってきており、またいろいろな業務にかかわりを持たざるを得なくなってきている。このため、人事管理制度を県職員個々人の仕事ぶりに応じてメリハリのあるものにしなければ、行政活動の効率性や県職員のモラールの向上が望めなくなってきている。このことは、これまでの県職員に対するアンケート調査結果でも明らかになっている。すなわち、県職員間に勤務評価制度の導入と実績格差を許容し、総じて人事管理制度を成果主義にしていく方向が提唱される声が県職員の中にも強まっているのである。このことから、三重県では、成果主義的な人事管理制度改革に向けた取組の1つとして、勤務評価制度が導入されたのである[32]。具体的には、課長級以上の管理職員に対して、県職員の人材育成・能力開発や人事管理（昇任、異動、昇給・昇格等）に反映されることを目的とした「定期勤務評定」及び勤勉手当の成績率に反映させる「特別勤務評定」という2種類の評価制度が2000年度に導入されたのである。これまでは、勤勉手当の成績率による格差配分は実施されず[33]、平等主義的色彩が強かったが、「特別勤務評定」の導入により、初めて管理職には勤勉手当の成績率に格差が生じることになった。

さらに、この勤務評価制度は、非管理職員についても課長補佐級から順次全

職員に2002度以降導入される予定である。

3. 三重県の勤務評価制度の内容

三重県の勤務評価制度である「定期勤務評定」と「特別勤務評定」は、課長級以上の管理職を対象としている。「定期勤務評定」では、被評定者が主体的に目標を設定し、その目標に対する「業績」、目標達成するための「能力」「意欲」が評価されることになる。

まず、この「業績」「能力」「意欲」の内容について、「表6-15 評定要素の適応区分」に従い考察する。「部長級」と「次長級・課長級」に共通して求められる「業績」及び「能力」という評定領域における部下の人材育成にかかわる「指導育成実績」及び「指導力・管理力」という評定要素は、情報共有型システムの組織の管理職に必要とされる資質である。つまり、即戦力でない県職員を入り口で一括採用し、職場に配置することから、OJTを通じて、文脈的技能の蓄積を進めなければ、三重県の人材が育成されないのである。

ただ、成果主義に基づく人材育成の問題点は、勤務評定の導入による短期的な成果達成に追われるといった可能性が生じることである。たとえば、職員を

表6-15 評定要素の適応区分

評定領域	評定要素	部長級	次長級・課長級
業績	実績	○	○
	指導育成実績	○	○
能力	知識・技能、情報収集管理		○
	決断力	○	○
	政策立案力	○	○
	指導力・管理力	○	○
	折衝力		○
意欲	責任感		○
	積極性		○
	規律性・執務態度		○

注： ○印は評定要素を表す。
出所：「管理職員定期勤務評定実施要領」（総務局長通知） 2001年

職場内で配置転換等により、職場内での担当事務の幅を広げたり、また新しい業務に取り組ませることは、人材育成に結び付くことになる。しかし、それを行うと、短期的には効率性が低下し、成果達成が難しくなる。また、上司自身が忙しすぎて人材育成に時間が割けないこと、職員数の削減、そして短期的な成果と報酬の結び付きの強化などが人材育成機能の低下をもたらす可能性は大である。さらに、上司が短期的な業績に縛られると、上司は、有能な部下を自己の職場に長期間止める傾向が生じ、能力開発に結びつくようなキャリアを当該職員に提供することが阻害される傾向が生じる可能性もある。つまり、短期的実績を重んじる成果主義は短期的には成果が上がるが、長期的には人材育成の点で決してプラスとなりにくいというトレードオフの関係をどう調整するかが今後の大きな課題となる。

　この課題に対処するため、「定期勤務評定」では、このような短期的な業績の要求が職場における人材育成の阻害要因とならないように、評定要素として人材育成を重要視することになり、「定期勤務評定」の第1の目的も、県職員の能力開発・人材育成とされている。この結果、人材育成に関する事項が「業績」及び「能力」の両評定領域の評定要素として入っているのである。このことは、「定期勤務評定」では管理職の業務に部下を指揮・命令して目標を達成するだけではなく、部下に関する人材育成・能力開発が含まれていることを意味する。また、同時に「定期勤務評定」に「目的管理手法」が導入された結果、「定期勤務評定」は、「業績計画」→「実施」→「期末評価」→「キャリアアップ計画」→「業績計画」という事業目標達成のためのマネジメントサイクルの実施を被評定者に求めるとともに、評定者にも、「仕事の割り当て（計画）」→「指導・援助（実施）」→「評価」→「仕事の割り当て（計画）」という被評定者の人材育成マネジメントサイクルの実施が求められることとなる[34]。つまり、評定者の部下育成方法には、部下の能力向上につながるような担当事務事業の配分や適切なアドバイスなどのOJTの実施、職場外の教育訓練機会への参加、自己啓発の奨励等が含まれるのである。以上のように、「定期勤務評定」において、人材育成が重視された結果、評定者が第1次評定・第2次評定とも直属組織の上司となっている。このことは、県職員個人レベルにおける人材育成のマネジメントサイクルでは「人」と業績がリンクすることから、勤務評価

に対する人事管理と事務事業の実施との連動が重要となるからである。

　次に、「部長級」と「次長級・課長級」との間に求められる資質に違いもある。「部長級」では、「決断力」・「指導力・管理力」という「能力」及び「実績」・「指導育成・実績」という「業績」といった成果が強く求められる。これに対して、「次長級・課長級」では、「部長」に求められた「能力」や「業績」に加えて、「知識・技能、情報収集管理」・「折衝力」といった「能力」と「責任感」・「積極性」・「規律性・執務態度」といった「意欲」が求められる。この違いは、部長級の職位が最も上位に位置していること、また部長級職員は、大局的な観点からの部局のマネジメントが求められていること、一方、次長級職員及び課長級職員の場合は、次長級職員にあっては複数の課室を統括し、また課長級職員にあっては実際の業務の１つの単位となる課室を統括し、日々の業務を推進していることが反映した結果と推測できる。

　ところで、情報処理形態が情報共有型システムの組織では、同位の組織との水平的な調整を頻繁に円滑に行わなければならない。この組織間の水平的な調整が行われなければ、情報共有型システムの組織では、内部組織の遠心化が起こり、組織がバラバラになってしまう可能性が生じる。この調整の主体となる次長級職員及び課長級職員に文脈的技能、情報収集力及び折衝・交渉能力が必要となるのは、情報共有型システムの組織を維持・活性化していくために必要不可欠な技能であることと一致している。また、「意欲」という評定領域の評定要素は、権限が下位組織へ委譲されることにともない現場組織の長として組織目標を「自己決定」・「自己責任」により、積極的・効率的に達成するため、下位組織の統一化（組織規律化）をもはかっていかなければならないことと符合している。このように、次長級職員及び課長級職員は、多様な能力と「自己決定」・「自己責任」の原則に基づく意欲が求められることになる。この結果、評定領域では、「部長級」と「次長・課長級」が違ったウエート付けが行われる。「業績」評定領域のウエートは、「部長級」が7.0、「次長・課長級」が4.9、「能力」評定領域のウエートは、「部長級」が3.0、「次長・課長級」が3.0、「意欲」評定領域のウエートは、「部長級」にはなく「次長・課長級」が2.1、と評価基準点が配分されている[35]。この評定基準点の配分からは、部長級職員には、一層の業績向上が要求され、また次長級職員及び課長級職員には、積

極性とか規律性といった意欲が一層重視されることになる。

　三重県の勤務評価制度のうち、「定期勤務評定」は直属の上司の第1次評定者と更に上位の第2次評定者とがいずれも絶対評価を行い、そして最終評定が確定する。この場合、勤務評価による県職員間の不公平感が生じることや県職員個々人の行政活動に対するモチベーションを下げることは、組織の業績向上にはマイナスとなることから、勤務評価は、県職員個々人のモラールダウンを防止し、またモチベーションを維持・向上するものでなければならない。このため、県職員個々人を納得させる説明責任が重要となる。三重県の勤務評価制度では、評定者の上司と被評定者の部下との面接によって対話が確保され、評定者が被評定者の「評価できる能力」と「今後の向上が望まれる能力」について、被評定者へフィードバックすることで、被評定者の業務遂行上のモチベーションの向上がはかられることになる。

　三重県のもう1つの勤務評価制度である「特別勤務評定」は、「定期勤務評定」の評定結果が活用される。「業績」評定領域の「実績」評定要素を5段階に区分し、また「指導育成実績」評定要素を5段階に区分することで合計25のランクに区分される。「特別勤務評定」の評定は、直属の上司の評定者が絶対評価で、更にその上の上司が調整者として相対評価を行い順序付けを行うこととなる。この順序により、上位者に勤勉手当の成績率が加点されることになる。この加点結果に基づき、成績率は、部長・次長級が6月分0.8～1.0、12月分0.75～0.95、課長級が6月分0.6～0.8、12月分0.55～0.75というように、最大0.2の差がつくことになっている。2001年度実績としては、「これまでのボーナスに反映させていた家族手当（＝扶養手当〔筆者注〕）をカットし約800万円を捻出。相対評価で約15％の職員に0.1カ月分（成績率0.1上乗せ〔筆者注〕）ずつ上乗せし配分」[36]された。

　ただ、「特定勤務評定」の相対評価の欠点は、部局単位の母集団の違いにより、勤務評価が不公平になる可能性が生じることである。たとえば、2001年度の場合、三重県の農林水産商工部のような課長級以上の職員が約70名余り在職する組織と生活部のように40名弱しか在職しない組織が存在する。この結果、生活部は、成績率が加点される管理職の絶対数が少ないため、相対評価による順位付けの選考がより難しくなる。一方、絶対評価にはこの危険性はな

いが、勤務評価の差がつかない可能性がある。とくに、絶対評価の場合、評価基準が抽象的であったり、評価者が差をつけることをためらえば、差のつかない評価という余り役立たない評価となる可能性がある。このため、三重県の「特定勤務評定」では、勤務評価は直属の上司である評価者が絶対評価、その上の職位の調整者が相対評価という形で組み合わせられている。この仕組みにより、絶対評価は、相対評価を経て勤勉手当の成績率に反映されるため、絶対評価の問題点である格差がつかないことが解決されることとなる。ただ、県職員の業績に報いるためには、給与総額の変動が必要となる。この給与総額の変動は、県議会の決定（地方自治法96条）に基づく予算の人件費の範囲内に限定される。このことからも、相対評価による順序付けが必要となる。しかし、給与総額に対する県議会からの民主統制のため、その相対評価結果に対して十分に報いられない可能性も生じる。この結果、成果主義的な人事管理制度も、昇任格差や給与格差がインセンティブとなりえる水準を満たさないと、内部競争が十分に機能しないこととなる。実際に「特定勤務評定」による管理職の勤勉手当の成績率の格差は、0.1～0.2（5～10万円）という程度であるが、良好な成績を上げさせるインセンティブとしては、この金額では決して十分ではないと考えられる。

4．「定期勤務評定」の目標設定と業績管理

人事管理制度とは、人を通じた行政運営管理制度であることから、人事管理制度では、組織成果を向上するための一連の過程、すなわち組織構成員個々人の業績管理の機能が重要となる。しかし、必ずしも構成員個人の業績評価が組織全体の業績向上には結びつかない。ここでは、構成員の個人目標と組織目標を関連付ける目標設定が重要となる[37]。このため、「定期勤務評定」では、まず被評定者が自らの責任で主体的に目標設定を行うことから、つまり目標達成に関する業績評価が基本的に被評定者個人をベースに行われることから、個人の人格に代わる客観的な業績評価項目が設定できるか、また組織目標・業績を個人目標・業績にどのように関連付けるか、が問題となる。

三重県の場合、業績管理機能を果たす仕組みとしては、政策推進システムのサブシステムであるみえ政策評価システムがある。このシステムは、「新しい

総合計画」第2次実施計画の政策・事業体系に基づいて施策、基本事業、個々の事務事業の目標を掲げる。そして、このシステムは、それぞれの目標に対する実績・成果を検証・評価するというように、施策・基本事業・事務事業の計画進行のマネジメントを行うことができる仕組みとなっている。具体的には、事務事業、基本事業に加えて、施策のレベルでも目的評価表が作成される。施策評価は総括マネージャーが、基本事業評価はマネージャーが、そして事務事業評価はチームのグループリーダーあるいは担当者が、それぞれ目的評価表を作成することになる。また、この目的評価表の策定過程では、施策→基本事業→事務事業という流れでトップダウンによる事業取組方針が明示され、同時に事業取組方針に従い、水平的調整と上司と部下の垂直的対話（調整）とが行われ、目的評価表が作成される。さらに、段階的に設定された施策目標、基本事業目標、そして事務事業目標の達成を目指し、それぞれ目標を設定した総括マネージャー、マネージャー、そしてチームのグループリーダー（あるいは担当者）が職務遂行のマネジメントを行うこととなっている。

　もう1つの業績管理機能を果たす仕組みとしては、「新率先実行取組」という組織運営管理システムがある。このシステムでは、政策推進システムでカバーされていない人材育成や職場環境などの組織運営全般にわたったマネジメントが行われる。このマネジメントは、各部局長（県民局長）・総括マネージャー（県民局部長）・マネージャー単位に重層構造化された「新率先実行取組」に基づき、それぞれの段階で行われる。具体的には、年度当初に部局長（県民局長）が部局の行政活動に関するミッション及びマネジメント方針を定めた「部局長（県民局長）『率先実行取組』」を部局職員に提示する。そして、この提示を受け、総括マネージャー（県民局部長）が所管の施策分野における行政活動のミッション及びそのミッションを実現させていくために、必要な基本的事項及びその目標を定めた「総括マネージャー（県民局副部長）『率先実行取組』」を部下の職員に提示する。この提示を受けたマネージャーは、チームの行政活動のミッション及びそのミッションを実現させていくために、必要な事項及びその目標を定めた「チーム・マネージャー『率先実行取組』」をチーム員に提示する。

　各職位での「新率先実行取組」は、目標を設定し、その目標を達成すること

第5節　業績評価と勤務評価制度の導入　339

を部下の職員に自覚させることが重要となる。このことから、それぞれの「新率先実行取組」は、部局長と総括マネージャー、総括マネージャーとマネージャー、マネージャーとチーム員との対話（調整）に基づき作成されることになる。そして、部局長（県民局長）・総括マネージャー（県民局部長）・マネージャーは、それぞれ設定した目標が達成されるように、それぞれの「新率先実行取組」に基づき、組織運営のマネジメントを行う。また、その過程で、上司は常に部下との対話（調整）をはかり、部下をサポートするとともに、必要に応じ目標を修正していくことになる。一方、それぞれの部下は、上司の策定した「新率先実行取組」に基づき、担当業務を遂行していくことになる。

　この業績管理の２つの仕組みは、一体となって業績管理機能を向上させることになる。すなわち、総括マネージャー（県民局部長）及びマネージャーが計画した「新率先実行取組」に記載された「施策の実現」項目の目標がみえ政策評価システムの施策目標、基本事業目標、事務事業目標等の達成と共通することになっている。このことから、政策推進システム（みえ政策評価システム）と「新率先実行取組」に基づき、三重県の行政組織全体の「県政戦略方針」を部局（県民局）の目標→施策分野の目標→チームの目標などに具体的に分解し、チーム員のレベルで割り当てられた県職員個々人の目標と行政組織全体の共通目標を関連付ける目標設定が段階的に行われることになる。この結果、県職員個々人の目標・業績が明確に行政組織全体の目標・業績と関連付けられることとなったのである。つまり、政策推進システムの導入により、施策目標が具体的に数値化され、この目標に沿って行政活動資源配分が行われることから、この数値が業績指標の数値として代替可能となり、県職員個々人の業績向上が組織全体の業績向上に結び付くことになる。さらに、県職員個々人の業績が向上できるように、県職員の職務遂行が「新率先実行取組」によってサポートされることになるのである。

　以上のように、「職務遂行」が「個人的業績」として評価されることから、業績評価は、職務遂行上の「決定」に対する「責任」という形で個々の県職員に帰属することとなり、業績評価が個々の県職員の勤務評価となる。また、このことが可能なのは、基本的には職務遂行の責任と権限の区分が曖昧であるが、チームあるいはグループを構成する個々の県職員に事務が割り当てられており、

個々の県職員がそれぞれ担当する事務を自らの責任のおいて遂行する仕組みが存在するからである。このような業績評価の仕組みは、責任と権限を明確に個々の県職員に割り振る前提条件を形作っていくとともに、他方では、人数は限られていても「自己決定」・「自己責任」を十分に果たせるような真に優れた県職員を何人か養成し、この者を選抜して枢要な職位に据える成果主義的な人事管理の要請に応えるような意味合いがある。つまり、将来的な県幹部職員への昇任に対して勤務評価結果が重要な要素となるのである。

5．「定期勤務評価」の運用

この勤務評価システムの導入にあたって注意しなければならないのは、勤務評価制度が不完全であると、成果主義的な勤務評価制度が機能しないだけでなく、勤務評価制度や評価結果に関する県職員の信頼性が低下する。また、成果主義的な勤務評価制度では、能力の要素は客観的な物差しで計れるという仮説を前提にしなければならないが、物差しが客観的でも、運用には必ず非合理的な主観が入る。このことから、たとえ勤務評価制度自体が合理的かつ公平であっても、勤務評価制度の適用が評定者に依存するため、制度自体のみならず、評定者による運用のあり方が問われることになる。このように、勤務評価制度が不完全であったり、運用方法を間違うと、県職員のモラールがダウンするといった事態が生じる可能性も無視できないことになる。

「定期勤務評定」における被評定者の目標設定過程において、評定者である上司は、部局等の目標を「新率先実行取組」に基づき、被評定者に明らかにする。そして、上司は、被評定者との面談・対話（調整）を通じて、被評定者がこの「新率先実行取組」の目標をブレークダウンし、自らの目標を設定することをサポートすることが求められる。その意味で、被評定者自身の目標は、部局等の「新率先実行取組」の目標と連動するため、両者の目標の乖離は生じず、被評定者の「定期勤務評定」の目標が「新率先実行取組」の目標と一致することになる。このように、両者の目標の食い違いとか乖離がないようにするのが、評定者と被評定者との面談・対話（調整）の役割である。ここで重要なのは、目標達成ができなかったとき、一方的に被評定者である部下だけが悪く、部下のみが責任をとらねばならないのではなく、評定者である上司も計画を承認し

た以上、評定者である上司の責任もあるという判断がここから導き出される。この意味で、勤務評定を行う評定者に対しても、その評定の出来不出来により、評定者の勤務評価することが重要となるのである。

　この「定期勤務評定」に関して明らかなことは、成果主義的な人事管理制度の目標管理は、その出発点となる目標の設定がいわば上司と部下との共同決定により行われ、したがって、結果が悪ければ、上司にも責任が及ぶという仕組みであるということである。この仕組みの円滑な運用には、上司が部下の目標を達成できる能力や意欲を持っているかという見極めと目標や業務の難易度を見極めるといった両方の能力を兼ね備えなければならなくなる。このことから、次長級職員や課長級職員は、「業績」以外にも、「能力」及び「意欲」といった評定領域も重視されることとなるのである。

　以上の上司と部下の共同による目標設定や部下の目標達成への上司のサポートが円滑に行われるのは、2002年度の行政システム改革においても基本的に稟議制度が維持され、大部屋主義が依然として維持されていることに加えて、「新率先実行取組」が行われていることである。つまり、上司と部下が同じ職場空間を共有しており、そして「新率先実行取組」では、常に上司と部下との対話（調整）がはかられ、それらのことが知識・情報の共有化をもたらし、上司と部下の間に野中郁次郎のいう「暗黙知」効果[38]が生じていること、また上司が部下の行動を常にモニタリングし、監督・指導というリーダーシップ行為をすることができるからである。

6．勤務評価制度と「新率先実行取組」「行政経営品質向上活動」

　成果主義的な人事管理制度では、組織構成員個々人の達成業績に対して、報酬等（給与だけでなく昇任も含む）を与えることになる。しかし、組織構成員は、報酬等によるインセンティブだけでなく、構成員自身の行動規範を成果志向に変えないと成果・業績の向上効果には限界がある。つまり、情報処理形態が情報共有型システムの組織の特徴である曖昧な職務の権限や責任区分の下での業績評価（＝勤務評価）の査定の強化は、評価が困難な上に、協調して業務を遂行すれば、組織活動の効率性を上げられる場合でも、囚人のジレンマに陥り、共有すべき情報を隠したりして、組織効率性を損なう可能性が生じるから

である[39]。また、勤務評価は、個々の組織構成員を対象とすることから、個々の組織構成員は、自分の行動による他人の行動への影響を考えずに競争的・独立的に行動したり、あるいは他人の成果から正の効用を得ないという意味で、利他的でない場合は助力をしなくなってしまうのである。つまり、組織構成員個々人の業績により勤務評価されるような競争的・独立的な業務遂行では、他人を助ければ業績高で不利になり、自分の昇任の機会が減じることになることから、他人を助けようとはしなくなる可能性が生じるのである。このように、職場での相互支援を促進するだけでは、組織構成員が結託して働かなくなる可能性が生じることになる。このことから、個々の組織構成員が組織目標と関連付けて自分の個人目標を達成することが重要となるように、組織構成員個々人の組織活動を成果志向に変えること、また個々の構成員が目標達成のための適切な判断ができる共通の価値規範・行動規範が要求されることになる。

　三重県が取り組んでいる施策・基本事業・事務事業の目的評価表の作成を通して、個々の県職員に対して目標の確認・成果に対する意識を植え付ける「みえ政策評価システム」、個々の県職員に対する事業目標管理にもなる「新率先実行取組」、及び「住民満足度の向上」といった観点から行政運営を常に改善する「行政経営品質向上活動」が創る三重県の行政組織文化は、県職員に共有する価値・行動規範を形成するものである。また、「新率先実行取組」や「行政経営品質向上活動」の活動基準が県職員の高度な倫理の拠り所となることから、業績測定の制約を組織文化で補完することの意義も大きい。

　新しい行政組織文化の形成効果は、行政活動に対する県職員個々人の業務遂行上のモチベーションの維持、判断基準の確立及び県職員間のコミュニケーションの増加となり、協調的な行政活動が行われるようになる。このような協調的な業務遂行体制が確立していれば、県職員間での助力が一方の職員の業績高が減少しても、他方の職員の業績高の増加分が減少分よりも多くなることで、結果として行政活動の効率性が向上することになる。すなわち、このような行政組織全体の共通目標をすべての県職員が認識し、組織運営されている組織は、内部的には業績測定コスト及びモニタリングコストを縮減するメリットがある。さらに、同じ価値観による三重県職員としての「一体感」が生まれ、県職員相互の思考体系も近くなり、そして意思疎通が円滑となり、結果的にコミュニ

ケーションコストも下げるといった経済的合理性が向上することになるのである。このことについて、J. K. ガルブレイスも、刑罰を科する可能性を示すような威嚇的権力による強要や利益を与える報償的権力よる報酬への意識付けよりも、説得や教育により個人の信念を変更させるような条件付け権力は、組織構成員から無意識の服従性と自発性を調達でき、組織内モニタリングコストの縮減を可能とする手法であることを示唆している。

　業績に基づく勤務評価システムと行政組織文化との補完的関係について、三重県の勤務評価制度創設の担当責任者が同様の趣旨を業績管理の側面から明らかにしている。すなわち、三重県が2001年度から導入した「勤務評価制度の究極の目標は、『住民満足度の向上（CSの向上）』であり、『職員満足度の向上（ESの向上）』である」[40]とし、職員執務態度を変化させる手段として、勤務評価制度の導入を位置付けている。つまり、勤務評価の目的は、業績と人事管理（昇任、異動、昇給・昇格、研修等）をリンクさせることで、業績向上を意識した成果志向の文化・環境を形成するのに資することとしたのである。このように、勤務評価制度の導入は、三重県の行政組織文化の変革との関連で重視されたのである。

第6節　三重県の成果主義的人事管理制度改革計画案

1．人事管理制度改革計画案の主な特徴

　三重県では、人事管理制度のサブシステムである人事異動制度が県職員の高学歴化等の内部環境の変化により、「遅い選抜」メカニズムを継続することが困難化していること、またもう1つのサブシステムである給与制度も、今日の財政逼迫により、平等主義的・生活保障的な給与制度を維持していくことが困難化している。このような状況下で、これまでの「年功序列」的な人事管理制度は、県職員にインセンティブを有効に与えることに成功しているであろうか。このことについて、三重県の人事管理制度に対する2001年度の県職員の職員満足度調査アンケート結果によると[41]、50歳以上の県職員にとっては、自らの満足度に影響する「給与」の重要度が職員全体の平均点よりも低く、逆に満足度は高くなっている。また、自らの「人事異動」や「昇任」の仕組みに対しても、職員満足度に影響する重要度が平均点よりも低いが、満足度は、とりわけ55歳以上になると平均よりも高くなっている（前掲「6－6」参照）。このことは、40歳代後半から昇任競争により差をつける三重県の公式昇任メカニズムとしての「遅い選抜」メカニズムがすでにこの年代にとっては満足度の飽和水準に達しているため、管理職が多数を占める50歳代に対してインセンティブを与える機能的役割を十分に果たしていないことを意味する。すなわち、これまでの人事管理制度では、この年代の県職員に対して、効率的な生産に献身するインセンティブを与え続けることができなくなったのである。このことからも、人事管理制度改革では、インセンティブ制度の再構築が急がれるのである。ただ、成果主義的な人事管理制度は、現行の組織構造・職務分担を所与として、業績志向のインセンティブメカニズムを組み込むだけでは十分でない。どのように、人材を職務に配分して組織業績を向上させるかという具体的な手法の設計＝人事管理制度設計も重要である。すなわち、組織業績を改善・向上

表6-16　三重県の人事管理制度改革(案)の概要

項目	内　　容
	名称　新しい人事システムをめざして(案)—人事システム改革の骨子—
Ⅰ 目的	①　行政活動資源の中でも最も重要な「ひと」を最大限活用するために、行政経営のマネジメントができるスキルを身につけた職員の育成と的確な人事配置をする。 ②　これまでの「管理型」から「能力開発型」の人事管理制度へ改革する。 ③　職員が新しい人事管理制度の下で、選択と自立(律)によって自身のキャリアデザインの実現をはかりつつ、職員が意欲と情熱を持って最適の行政サービスを提供することに満足感を感じ(職員満足度〔ES〕の向上)、成果を上げることで県民満足度(CS)の向上をはかる。
Ⅱ ポイント	①　キーワードは「選択(Select)」と「自立(律)(Self-support)」(能力開発型への人事管理制度改革でのベース)。 ②　三重県は、職員1人1人が意欲を持って主体的に自己の能力開発に取り組み、自己実現と人生設計をはかることができるよう豊富なリソースを提供。職員は、その中から主体的に選択し、自己の「責任」において人生設計を行う。 ③　新しい人事管理制度の5つのポイント。 　イ　全員が「行政運営」のプロ 　　徹底したコスト意識と県民が満足する高度な行政サービスを提供。 　ロ　「ひと」を最大限有効に活用 　　「ひと」を資源として有効活用し、組織パフォーマンスの最大化をはかる。 　ハ　十分な職員サポートとメリハリのある人材マネジメント 　　職員への「サポート」の徹底、不適格と認めた職員への厳格な対応。 　ニ　女性職員が働きやすい職場環境の実現。 　ホ　部局長の権限と責任を強化し、機動的な「マネジメント」の実現 　　各部局長等が自らの判断と責任による適切な労務管理、人材育成、人材活用ができる体制の構築。
Ⅲ 求められる職員像	1　自らが課題を創造して、解決できる職員 2　高度な専門的能力で行政を運営できる職員 3　リーダーシップを持ち、事業を推進できる職員 4　コスト意識を持ち、最小の経費で最大の効果を発揮できる職員 5　強い意志と実行力を持ち、率先実行して地方分権を進める職員 ★　「与えられた仕事を時間をかけて無難にこなす」といった姿勢から、課題を自分で創造し、能力開発に積極的に取り組むことによって、率先実行して解決をはかっていく姿勢へ。 ★　また人件費もコストであることを自覚し、最小の経費で最大の効果の実現していく意識改革。 　　このような姿勢を持つ県職員を確保し、育成をはかるため、採用から退職までを一連の人事管理制度としてとらえ、人材のPlan-Do-See、つまり人材サイクルマネジメントとして新しい人事管理制度の導入。 ★　従来の人事管理制度からの脱皮を目指していることから、あえて「スタッフ」「チーフ(主幹・主査)」などの名称を課長補佐級、係長級という名称に変えて使用。
Ⅳ 多様な人材確保	1　採用試験区分の抜本的見直し 　採用試験区分を「総合行政職」「研究職」「資格技術職」の3つに統合。 (1)　総合行政職(A試験) 　①　A試験として実施する職種は、原則として、すべて「総合行政職」として採用する。その試験分野については「教養」「社会」「環境」「工学」など大括りにまとめ、試験分野ごとに合否決定。 　②　配属先は、従来のように、事務と技術を明確に区分せず、職名についても、「主事・技師」から「スタッフ(仮称)」に統一し、採用時から職種意識を払拭。 　③　採用試験の実施方法も、専門試験での選択解答方式の拡大や2次試験での人物重視な

項目	内 容
Ⅳ 多様な人材確保	どを基本に具体的な検討。 (2) 研究職 　主に研究を専門に行う職員を大学院修了以上を受験資格とし選考職として採用、研究に非常に高度な知識を必要としたり、期間が限定されている場合などは、期限付きの採用の積極的な活用。 (3) 資格技術職 　医療にかかる専門的知識を必要とする職員を必要とする免許を受験資格として採用。 2　多様な経験を持った人材の確保 ① これまでの県庁組織文化を大きく変えていくために、民間企業経験者を積極的に採用。 ② 資格や経験を持った即戦力の人材が必要とされる場合、主として「チーフ(主査)」以上を対象にした採用試験実施。 3　バリアフリーの推進 　身体障害者の法定雇用率を満たすことを主な目的として試験に加え、身体障害者の置かれている状況に応じて「働く場」を提供するという観点から、SOHOでの勤務を念頭した採用試験の実施。
Ⅴ 必要な職員の育成	1　キャリアデザイン等を中心とした人事異動の実現 　職員の持っている意欲や能力を十分に発揮し、県民が満足する行政サービスを提供するため、職員の選択、キャリアデザインを重視した人事異動の実施。 (1) キャリアデザイン制度の導入 ① 2001年度から、26歳、31歳、36歳及び41歳の職員を対象に、「キャリアデザイン研修」の実施。 ② この研修を必須の研修として、職員が職務の中で、マネージャー等上司のアドバイス等も踏まえ、組織と一体となって描いたキャリアデザインにできる限り配慮した人事異動の実施。 (2) 行政運営のプロとなるための訓練 ① 事務系の職員は、年齢によって3年間から7年間を自分自身の適性等を見定める訓練期間として位置付け、原則として異なる業務の分野に配属され、多様な業務を経験。 ② 技術系の職員は、専門的分野のエキスパートとして育成、幅広い知識と経験を身につけるため、チーフ(主査)に昇任するまでに最低でも3年間は、全く異なる分野に配属され専門的分野以外の業務を経験。 (3) スペシャリストの育成 ① 主として事務系の職員を対象に、スペシャリストコース(たとえば、税務、福祉、予算・経理、広聴広報など)を設定し、30歳以上でチーフ(主査)に昇任前の職員を対象に公募。 ② 技術系の職員については、事務系職員と同様の職員層を対象に専門分野に限らずさまざまな分野での勤務を行うゼネラリストコースを設定し公募。 ③ このコース選択を前提に、その分野や人数など具体的に検討を進めるとともに、スペシャリストコースを選択した職員については、関係部局長が責任を持って育成をはかれるようなシステムを導入。 ④ これらのコースを選択した職員も、たとえば、5年間経過後において、再選択ができる機会の確保。 (4) 課長級への昇任と複線型人事 ① 課長級への昇任にあたっては、マネジメントを中心にした職と、専門的な知識や経験が活用できる職にし、職員がその意志と適性などに基づいてコース選択ができる「複線型人事」を導入。 ② 上記の「専門職」について検討。 ③ 新しく設置する試験区分(研究職、資格技術職)で採用した職員は、課長級昇任までの一定の期間他の分野との人事交流を行い、課長級昇任段階でマネージャーなど総合行政職か、いわゆる専門職かの選択制とともに、人材の有効活用についての具体的検討。 (5) 職種間及び本庁と地域機関との人事交流の拡大 　事務と技術間、技術と技術間の人事交流、本庁と地域機関との人事交流

第6節　三重県の成果主義的人事管理制度改革計画案　347

項目	内　　容
Ⅴ　必要な職員の育成	(6)　自己申告(公募)制度の充実対象となる職を早期に確定し、その応募状況や結果の公表、マネージャー以上の職についても、公募対象としてその範囲の拡大、自己申告できる職員の対象は前回の人事異動から2年以上経過した者 　2　「勤務配慮期間宣言制度(仮称)」の導入 　　育児、介護などの家庭事情でとくに勤務に関する配慮が必要と認められる場合、職員自身が「勤務配慮期間の宣言」を行うことを認め、その間は自宅から最寄りの地域での勤務にできる限りの配慮をする。 (1)　勤務配慮期間は、時間外勤務の制限、「在宅勤務」も選択可能 (2)　「育児休業」などの取得によって長期間休業後に復帰する場合、その期間中や復帰前に職員の希望によって自宅などでも受講できる研修の導入 　3　各部局等による適切な人事・組織マネジメントの実現 　　各部局長等が、自らの判断と責任によって、「ひと」のマネジメントを行い、人材を「育成」「活用」できる体制の実現。 (1)　課所単位で決定していた定員数について、マネージャー等以上を除いて、部局・県民局単位で一括して決定し、早期に決定する仕組みの導入 (2)　マネージャー等以上の職員を除く定期人事異動は、各部局・県民局単位で一括して内示を行い、各チーム等への配置はそれぞれの部局長・県民局長等の権限で行う。総務局はその際に情報の提供などサポートを行う。そのため、人事異動案(総務局案)をできる限り早く、各部局長・各県民局長等へ提示する。従来の所属長内示は廃止する。 　4　適正な昇任の実施 　　①　組織のフラット化により係長級、課長補佐級、課長級等への「昇任」自体の抜本的な見直し。 　　②　緊張感と意欲を持って自ら問題解決をはかる職員を目指していく人材を育成していくためには、スタッフからチーフ(主査・主幹)、マネージャー等管理職への昇任も必要。 　　③　従来はややもすると職員に対する処遇から昇任を認めてきた経緯もあることから、今後はその基準を明確にした「選抜」へ。 　　④　とくに、管理職ポスト管理の徹底。 (1)　昇任資格制度の導入 　　①　チーフ(主査)については、33歳以上、課長級については45歳以上の職員について、職員の希望を前提に昇任資格を認める制度の導入。 　　②　チーフ(主査)への昇任資格については、政策開発研修センターが実施する研修の中で、指定した研修の修了を前提に、基本的な知識について確認する論文試験、または外部機関等による研修の修了による資格の認定。 　　③　課長級への昇任資格については、行政経営品質向上活動研修やマネジメント研修の修了を条件。 　　④　各部局長等が課長級資格研修修了者の中から推薦する者のマネジメント能力について、知事をはじめ三役を中心に面接試験を実施し、その合格による資格の認定。 　　⑤　実際の昇任は上記資格者の中から、定期勤務評価の結果なども考慮して必要に応じて決定。 (2)　自主降任制度の導入 　　職員自身の申し出に基づく「自主降任制度」を導入。 (3)　国の「公務員制度改革」の状況を踏まえて、昇任資格制度も、新しい資格制度として再度見直す。 　5　スキルアップをはかる研修の充実 　　①　各部局等の人材育成方針を踏まえて、研修を実施主体別に体系立てて、各部局等が主体的に実施する研修については、各部局等に設置する「能力開発担当(仮称)」が調整する。 　　②　研修を通して能力を向上させていくことは非常に重要であることから、政策開発研修センター等が実施する研修を昇任資格を得るための条件として位置付けるなどポイント制の導入をはかる。 　　③　自治大学校派遣研修、国・市町村派遣研修、民間企業派遣研修等についての積極的な評価。 (1)　階層別研修及び「キャリアデザイン研修」の充実

項目	内　　容
Ⅴ 必要な職員の育成	① 新規採用職員に対する研修や昇任者等を対象に実施している階層別研修の見直し。 ② 「キャリアデザイン研修」を必須の研修として位置付けるなど充実。 (2) マイセルフ研修の充実等 　① 職員として必要な知識・スキル等の取得を促進し、意欲の向上をはかるため、マイセルフ研修を充実するとともに、一定の研修の修了を昇任のための資格取得の条件として位置付け。 　② 職務と直接関連しない場合でも、大学や研究施設で勉学や研究にあたる場合、長期（3年以内）無給休職を認める「研修休職制度」を導入するなど、職員の自主的研修に対する支援の充実と積極的な評価。 (3) 勤務評価制度を活用した能力育成 　定期勤務評価を実施に併せ、職員の能力を的確に把握し各種研修を積極的に活用した職員の能力向上。
Ⅵ 勤務評価制度の導入と充実	1 全職員を対象に勤務評価制度の導入 　① 職員の能力開発と公正な人事異動を目的として、2000年度から、課長級以上の管理職員を対象とした「定期勤務評価制度」の導入。 　② 管理職員以外の職員に対しても、異動や昇任等にかかる人事管理制度全体を能力や意欲及び実績等に基づくトータルシステムとして機能させるため、より客観的で納得の得られる新たな勤務評価制度の導入、2002年度は「政策推進システム」の導入やフラット化を促進する組織改正が実施されることからチーフ（主幹）から順次対象を拡大。 (1) 勤務評価あたっては、政策推進システムによる評価結果を「業績評価」の重要な要素として活用 (2) 評定者と被評定者との面接によってコミュニケーションを確保し、その結果（評価できる能力と今後向上が望まれる能力など）を被評定者へフィードバックすることで意欲の向上をはかる。 (3) 被評定者からの評価や他の評定者からの評価を導入するなど、いわゆる「360度評価」についての検討 (4) 評価に対する相談窓口を設置することなど、評価制度のより適正な運用 (5) 評価制度を的確に運用することにより、職員の優れている能力や開発が必要な能力を把握し、各部局等の「能力開発担当」や政策開発研修センターと連携して、職員に効果的な研修の実施 (6) その評価結果については、人事異動や昇任等を行う際の重要な参考資料として活用
Ⅶ 十分な職員サポートとメリハリのある人材マネジメント	1 職員へのサポートの充実 　職員の自己実現と人生設計を行うことができるように職員に対するサポートを充実しつつ、新しい県庁の組織文化、風土を創造する。 (1) パートナーとしての労使関係づくり 　労使双方が対等と信頼を基本としたパートナーとして、オープンに議論する場として、「労使協働委員会」を設置し、さまざまな課題について議論を行う。 (2) 勤務時間の弾力的な運用 　① 業務の多様化にともなう行政サービスの提供方法や業務の進め方などの変化に柔軟に対応した職員の勤務時間のより一層弾力化を進める。 　② 職員の通勤時間を短縮し、自己実現の機会を確保する。また、職員満足度を向上させるため、時差出勤の試行。 (3) 休暇等制度の充実 　職員の自己実現や人生設計をサポートするにあたり、休暇等制度についても見直す。 　① 大学や研究施設で勉学や研究を行う場合、長期（3年以内）の「研修休職制度」（無給）の導入。 　② 「ボランティア休暇」の充実。 　③ 緊張感のあるパートナーとしての健全な組合活動を保障するため、「組合休暇」の導入。 (4) 疾病を抱える職員に対するサポートの充実 (5) セクハラ対策について (6) 福利厚生制度の充実

第 6 節　三重県の成果主義的人事管理制度改革計画案　349

項目	内　　　容
	2　メリハリのある人材マネジメント 　　必要以上の「身分保障」を抜本的に見直し、次のような制度を導入し、新しい県庁組織文化、風土を醸成するとともに、国に対しての「分限処分」のあり方などを抜本的に見直しを提言 (1)　職員倫理規程の制定 　　　三重県職員として、遵守すべき職務にかかる倫理原則を定めた「三重県職員倫理規程（仮称）」の制定 (2)　「条件付き採用期間」の厳格な運用 　①　採用後 6 か月間の条件付採用期間（最大 6 か月間延長可）は、マネージャー等との面談の機会を保証、各部局等と総務局が一体となって指導等サポートを行う。 　②　改善が認められない場合は正規採用の是非についての判定を行う。 (3)　疾病などによる不適格職員の対応 　　　疾病などによって、通常の職務を行う能力に問題がある職員については、降任、降格等の分限処分や辞職の勧告を行うなど厳格な対応
Ⅷ　給与制度の改革	1　改革の視点 　①　採用、育成、任用、評価などとともに、給与を人事管理制度のサブシステムとして、一体的、かつより効果的・効率的に機能させる。 　②　職員の意欲の向上や生産性の一層の向上につなげる。 　③　国の公務員制度改革の動向も踏まえた具体的な検討。 2　改革の方向 (1)　職員の意欲、働きがいや生産性の向上など公務の活性化を一層推進するため、新たな勤務評価制度などを踏まえ、仕事の内容や能力、業績の適切な反映 (2)　職員全体としての活力保持の観点からも、たとえば、経験の蓄積による職務遂行能力、職責の大きさ、具体的業績の各要素に応じた給与に分割した上で、それらを各職級に応じ適切に組み合わせるなど、経験面、能力面、実績面など多様な貢献度を反映した給与制度の具体的検討、部局長への年俸制の検討 (3)　昇給停止年齢の 55 歳への引き下げや退職手当制度の見直しなど、終身雇用を前提とした年功序列的な給与体系の見直しについての検討 (4)　「総括マネージャー、マネージャー制」を踏まえた管理職手当の整理など組織運営方法の見直しや職務内容の変化に対応した、より簡素で合理的な給与体系の整備 (5)　今後も、引き続き総人件費の抑制　再任用制度の運用
Ⅸ　再任用制度に関するメンタルマネジメント	少子高齢社会、雇用と年金の連携への対応という制度の趣旨に基づきながら、県民満足度の向上、職員満足度の向上に留意して、2002 年度から再任用制度の運用の開始。
Ⅹ　新制度改革の実施期間及び改革にあたった留意点	1　新制度の実施時期 　　新制度については、2002 年度から実施、遅くとも 2004 年度までには段階的に導入。 2　改革にあたっての留意事項 (1)　新しい人事管理制度への改革にあたっては、現在の人事管理等の実態にとらわれずに制度を設計し、断固実行する。 (2)　現在、国においても「公務員制度改革」が検討されているが、その内容の中でも先取りして実行できる制度は、積極的に導入をはかるとともに、職位と職制との関係や身分保障のあり方など、三重県として国に対して提言を行う。

　出所：総務局職員課「新しい人事システム（案）―人事システム改革の骨子―」（2002 年 1 月）
　　　を筆者が一部修正して作成。

するように、人的資源としての人材を組織空間と時間に配置しなければならない。具体的には、入り口としての採用、内部での異動・昇任、出口としての退

職の管理である。また、環境の変化にともない新たな職種を専門家として職務能力に基づき採用したくても、社会システムや教育システムという外部環境が適合的でなく、そのうえ外部労働市場も未発達なことから、三重県の行政組織内部の県職員のキャリアアップに頼らざるをえない。このことから、人材育成の設計も重要となる。さらに、多くの公共サービスは市場取引を行わないために、業務遂行の対価として住民に評価される公共サービスは、福祉サービスなど一部にとどまる。また、人員削減下で、労働時間が増加するという悪循環を招いている。こうした状況下では、個々の県職員が業務の価値・目標を持つという面で業績基準を開発・設定することも重要となる。

　これらの課題に対して、人事異動制度、給与制度、人材育成制度、勤務評価制度などのサブシステムの一体的な改革の取組により、成果主義的な人事管理制度を志向した改革を目指すものとして、改革の最終目標を2004年度とする新しい人事管理制度改革計画案の骨子（以下、「新しい人事システム（案）」と略する）の内容が、「表6-16　三重県の人事管理制度改革（案）の概要」の通り、総務局職員課から県職員に対して、2002年1月に公表されたのである。

　「新しい人事システム（案）」では、三重県の目指す成果主義的な人事管理制度は、県職員個人の能力と業績に基づいた処遇（昇給・昇格、昇任）の実現及び県職員個人の資質、能力、意志に基づいたキャリア開発を支援し、そして持てる能力を最大限に発揮させるように動機付けるといった2点が基本スタンスとなっている。具体的には、①年功序列から能力主義・成果主義への転換、②業績に見合った給与の実現、③人材の専門化など多様な人材確保、④職員による選択肢の拡大、長期人材育成の実現などを目指すこととなっている。

　ところで、現行の人事管理制度に対する県職員の意識は、不満が大きいことが、前述の2001年度の県職員の満足度調査アンケート結果で明らかになっている。このことから組織目標が効率的に達成されるためには、県職員が自らの適性に応じた職務や地位が割り当てられ、また一層の能力開発がはかられるなど、職員満足度が満たされるような人材活用が必要であろう。この意味で「新しい人事システム（案）」が人事管理制度に対する県職員の意向にも十分に適合しているものであるかをこの県職員のアンケート調査結果に沿い、「新しい人事システム（案）」の改革案について考察する。

第 1 に、このアンケート調査結果によると、最も改善が必要となった項目が「人事異動や昇任の仕組み」で、2 番目も「自分自身の人事異動」というように、県職員の意識は、昇任等の人事異動制度に極めて強い関心がある一方で、現行の人事異動制度への不満も大きいことが明らかになっている[42]。このように、県職員の満足度に優位な影響を与えているのが昇任意欲であり、業績管理の観点からも昇任管理が重要となる。

このことについて、「新しい人事システム（案）」では、次の改革案を示している。

① 「新しい人事システム（案）」「Ⅲ 求める職員像」では、組織のフラット化を進めても、自律した人材を育成していくためには、スタッフ（チーム担当者）から中間階層職の主査・主幹に相当するチーフ（仮名）、そして管理職のマネージャー等へという段階的な昇任も必要であるとしている。このことで、組織が必要とする職員の技能が段階的に形成されることになる。つまり、情報共有型システムの組織の人材育成には、文脈的技能形成が必要であることを意味しているのである。加えて、チーム員に主査・主幹などのチーフという資格等級的なポストを残存させることで、年齢ならば順番待ちで昇任できないことに不満を持つ県職員、また年齢ならばいつかは昇任できたものが昇任できなくなることに対する不満を持ちがちなベテラン県職員にも、研修を修了することにより昇任の道を残すという合理的な制度設計が工夫されている。

② 「新しい人事システム（案）」「Ⅴ 必要な職員の育成 1 キャリアデザイン等を中心とした人事異動の実現」では、課長級への昇任の際に、複線型人事管理[43]が導入され、県職員のキャリアが有効に活用されることとなる。

③ 「新しい人事システム（案）」「Ⅴ 必要な職員の育成 4 適正な昇任の実施」では、昇任資格制度（資格取得試験制度）の導入が検討されている。ここでは、昇任基準として「定期勤務評定」の活用が考えられている。つまり、県職員個々人の業績評価に基づく勤務評価制度を導入することで、昇任スピードを調整することなどである。

また、「遅い選抜」メカニズムの限界問題を解決するとともに、組織の

フラット化を進めるために、従来の昇任制度を抜本的に見直すことが必要であるとしている。このため、従来のややもすると「処遇」的な昇任メカニズムを明らかな昇任基準による「選抜」に基づく昇任メカニズムに改革するため、「昇任資格制度」が導入される。この昇任資格制度では、33歳以上かつ指定した研修を修了することを前提に論文試験または外部機関等による研修修了によって、チーフ（主査）の資格が認定される。そして、45歳以上かつ行政経営品質向上活動に関する研修等の修了を条件とし、各部局長から推薦のあった研修修了者に対して、知事をはじめとするトップマネジメント部門が面接試験を実施し、その合格者が課長級資格者として認定されることになる。課長級昇任者は、承認資格者の中から定期勤務評価の結果を勘案して決定される。このような昇任資格は、従来のような採用試験区分でもなく、年齢が限定されるだけで県職員全員に昇任のチャンスが平等に与えられることになる。逆に、このことは今日の大学卒業者が行政職員の5割を越えることになった現在、一度の採用試験で一生のキャリアを相当程度決めてしまう従来の人事管理制度は、組織の安定管理というメリットはあるものの、現行の昇任制度への県職員内部の不満が大きくなってきていることから、客観的な評価尺度などの昇任基準が必要となってきていることを示している。

④ 「新しい人事システム（案）」「Ⅵ 勤務評定制度の導入と充実」では、県職員個々人の勤務評価をより客観的で納得のいく評価とするため、政策推進システムによる評価結果を個人の業績評価の主要な要素として活用し、県職員個々人の個別評価に結びつけられることになる。また、勤務評価が公正でなければならないことから、評定者である上司だけの垂直評価だけでなく、今後は、部下が評定者となる上司の勤務評価も加えた360度評価について検討されることとなる。

第2に、県職員の満足度アンケート調査結果では、「仕事と給与」の連動が職員満足度に大きく影響するという結果であった。しかし、2001年の三重県人事委員会の『職員の給与等に関する報告及び勧告』（2001年10月）「第6表 給料表別、級別、年齢別職員数　行政職給料表」によると、知事部局職員の約8割を占めている行政職給料表適用職員は、51歳以上の職員では75％近くが、

また55歳以上になると88％近くの職員が8級職以上に昇格していることもあり、アンケート調査結果によるこの年代の職員満足度も高くなっている。このことからも、また民主統制による財源制約があることからも、アンケート調査結果で重要性が明らかになった仕事の業績と給与のリンクを現行給与制度の下で強めようとすると、トータルとしての組織業績が低下する可能性が生じる。この意味から、現行の給与制度の抜本的な改革が必要となる。

このことについて「新しい人事システム（案）」の改革案は、「Ⅷ 給与制度の改革 2 改革の方向」で、今後とも、引き続き総人件費の抑制をはかりながら、年功序列的な給与体系を見直し、公務の活性化を推進するため、新たな勤務評価制度等を導入し仕事の内容や能力及び業績を適切に反映した給与制度とするとしているのである。

第3に、県職員の満足度アンケート調査結果では、職員満足度に最も影響を与える重要度の高い項目として非金銭的要素である「仕事のやり甲斐や達成感」がある。「仕事のやり甲斐や達成感」の重要度が「高い」48.9％、「普通」44.8％、「低い」5.4％で、満足度は「そう思う」17.3％、「やや思う」44.2％となっていたのである。このことは、県職員に組織への貢献努力をさせるインセンティブ制度として、人事異動制度や給与制度だけでなく、金銭的要素につながらない業務内容の充実や業務遂行により、自己実現が可能となるような人事管理制度を構築することも重要であることを意味している。

このことについて、「新しい人事システム（案）」では、次の改革案を示している。

① 「新しい人事システム（案）」「Ⅴ 必要な職員の育成 1 キャリアデザイン等を中心とした人事異動の実現」では、県職員のキャリアデザイン形成ができるような人事異動や県職員が行政運営のプロとなるための訓練、スペシャリストの育成、課長級への複線型昇任、自己申告制度などによる県職員の意欲や能力を十分に発揮できる人事異動を行うとしている。すでに、県職員の意欲の重視と人材の発掘を目指した自己申告制度による人事登用が1996年度に導入されている。この制度は、2002年度の定期人事異動では、マネージャーのポストまで拡大される[44]。

② 「新しい人事システム（案）」「Ⅴ 必要な職員の育成 5 スキルアップ

を図る研修の充実」では、各部局に「能力開発担当」を配置するとともに、勤務評価制度とリンクした県職員の自律を基本に置きながら、研修を通して能力を向上していけるような研修制度を整備することにしている。しかし、この研修は、実務を通じながら教育的訓練を行うOJTを必ずしも想定しているわけではない。この結果、マネージャーの過剰な職務は解消されないのである。

③ 「新しい人事システム（案）」「Ⅶ 十分な職員サポートとメリハリのある人材マネジメント」では、県職員が自己実現や人生設計ができるように十分な県職員へのサポートを行うとしている。

以上が県職員の満足度アンケート調査結果に対応した人事管理制度改革案であった。

ところで、成果主義的な人事管理制度の制約の1つに、市場を活用しないサービス提供に起因する資源調達の非自律的過程がある。行政活動による成果、業績が向上しても、そのことが次の拡大再生産の原資を調達することには必ずしもならず、たとえば民間企業におけるような組織業績の向上に寄与した組織構成員に組織成果増加分を誘因報酬等として配分することはできない。つまり、地方政府では、インセンティブコストが予算額以上になった場合、超過額を上回る業績を上げることにより、超過コストを回収するということが不可能であり、議会で議決された予算の範囲内で行政活動を行わなければならない。このことから、金銭による有効的なインセンティブを十分に確保することが困難である。一方、金銭による有効的なインセンティブを確保するために、普通の組織構成員の給与を削減することになれば、その者達のモラールダウンにつながる可能性もある。また、同様に議会の民主統制から構成員数の相対的変動も小さいものとならざるをえなく、構成員数も外部環境の変化に柔軟に適応することが困難である。このように、業績向上による利潤増大部分で賃金や人員増とリンクさせることにより、組織構成員に貢献努力させるインセンティブを働かせることができる民間企業とは異なり、地方政府には、行政活動が非自律的資源調達という限界性のために、民間企業のような業績の向上→利益拡大→給与の増額・人員増→貢献努力水準の向上→業績の向上というマネジメントサイクルが成り立たないのである。

このため、金銭・人員等の物質的要因以外のインセンティブ要素が必要となる。とくに、成果志向の行政組織文化の醸成が重要となる。また、公共サービスが市場機構の活用や業績指標の開発に限界があることに起因した定量化できない要素や目標として設定しない、あるいはできない要素を軽視することを防止するためには、組織文化の規範や価値による要素が重要となる。このため、三重県では、県職員が業務遂行など非金銭的な要因により自己実現できるように、人事管理制度のインセンティブ機能を補完すべく、三重県の行政組織文化を成果志向の行政組織文化へと変革することから取り組まれた。具体的には、「新率先実行取組」や「行政経営品質向上活動」に、三重県の行政組織文化の規範や価値の形成が求められることになる。これらの取組による三重県の行政組織文化の適切な形成は、県職員の努力水準の向上をもたらし、県職員の選好を変化させる効果を生じさせるのである。また、金銭・人員等の物質的な要素によるインセンティブでは、飽和水準に達してしまうと機能しなくなる恐れがあることから、永続的な効果を持つ三重県の行政組織文化には、戦略的価値があることになる。

　このことについて、「新しい人事システム（案）」の改革案では、「Ⅶ　十分な職員サポートとメリハリのある人材マネジメント　2　メリハリのある人材マネジメント」で、これまでの必要以上の「身分保障」を抜本的に見直し、生活者起点の行政サービスが提供できるように、新しい三重県の行政組織文化や風土を熟成するとしているのである。

　次に、公共サービスの継続性、安定性、公正・公平・中立性という性格から、法律（条例）により退職年齢が定められるなど職員の身分保障が確立していること、また地方政府の職員の多くの職種の労働市場が閉鎖的であることが、地方政府の多く人材の固定化につながっている。そのうえ、これまで雇用保障の観点から、組織にとって問題児を早期退職とか出向させることは、原則として行っていなかった。このため、インセンティブ制度により、高い業績を上げた県職員に差別的な報酬等を与え、業務向上に向けた努力を動機付けるだけでは不十分であり、低い業績しか上げられなかった県職員をいかにして動機付けるか、あるいはモラールダウンや業務遂行に対する妨害行動を起こさせないようにすることが重要となるのである。

このことについては、「新しい人事システムをめざして（案）」の改革案では、「Ⅶ 十分な職員サポートとメリハリのある人材マネジメント」で、県職員への十分なサポートを行うとともに、必要以上の「身分保障」を抜本的に見直し、不適格職員に対しての「分限処分」など厳格な対応を行っていくとしているのである。

最後に、昇任とインセンティブの関係であるが、一般的に、昇任意欲の弱い県職員には、業績と昇任を分離し、100％給与に反映させた方が合理的である。逆に、昇任志向の強い県職員には、業績を100％給与に反映させるよりは、昇任管理や人事異動に相当部分を反映させた方が合理的である。すなわち、それぞれの県職員の効用を増大させるように、県職員の価値を交換する方が双方の効用を増大させるために効率的であり、県職員全体の効用合計も大きくなるのである。

このように、昇任とインセンティブの関係を考えると、成果主義による一律の給与・昇任管理を全職員に適応することは、非効率であることから、県職員個々人の意識・動機に応じて複数のキャリアの選択を認めるとともに、選択した業務の内容（スペシャリストかゼネラリストかなど）に応じて、給与・昇任・異動政策を変えることが重要となる。

このことについては、「新しい人事システム（案）」の改革案では、「Ⅳ 多様な人材の確保　2　多様な経験を持った人材の確保」で、民間企業等職務経験者の採用、また「Ⅴ　必要な職員の育成　1　キャリアデザイン等を中心とした人事異動の実現」で、自己申告（公募）制度による公募対象の拡大をはかることとし、さらに、そこではスペシャリストの育成や課長級への複線型の昇任制度が設けられ[45]、県職員のキャリアが有効に活用されることとなる。

以上、主に内部環境の変化に対応して、「新しい人事システム（案）」がどのような人事管理制度改革を目指そうとしているのかを考察した。一方、「新しい人事システム（案）」が目指す人事管理制度改革は、外部環境の変化にも対応するものであった。とくに、今日の急激な環境の変化の下では、当初の行政活動の目標達成が不可能となることが生じる。このことから、常に環境に対して注意を向け、行政活動を環境の変化に適合させて見直していかなければならない。さらには、政策立案の方法すら環境の変化に合わせて変えなければなら

ないのである。もし、政策マネジメントプロセスが常に環境適応力を高めていくプロセスとして有効に機能しなければ、外部環境の変化に対応できなくなる。とくに、個々の県職員が自らの創造性を発揮するような創造的・成果志向でなければ、外部環境の変化に対応できなくなる。このためには、「遅い選抜」メカニズムによる県職員個々人の「貢献」を最大動員するこれまでの画一的な人事管理制度を、個々の県職員が「住民満足度の向上」を志向した「成果」を最大化する人事管理制度に転換していくことが課題となったのである。ここで、考察したように、「新しい人事システム（案）」に示された三重県の人事管理制度改革案は、この課題を解決できる創造的・成果志向的な人材の育成等、成果主義的な人事管理制度の実現を目指すことになる。

2．人事管理制度改革における留意点

　今後、人事管理制度改革に取り組むにあたって留意しなければならないことは、総務局・人材政策チームのリーダーシップにより人事管理制度を年功制から成果主義に変えていこうとする人事管理制度改革だけでは、制度の運用に関係する県職員の制度改革に対する理解と改革への参画が得られないと考えられることである。たとえば、成果主義的な人事管理の中核的制度である勤務評価制度導入について留意しなければならないことは、その評価結果について、県職員に十分に伝わらないと、評価に対する信頼性が醸成されず、県職員が上司の顔をみた行為に終始しがちとなると考えられることである。また、県職員にとって、能力及び業績で昇給や昇任が行われると説明しても、具体的な能力や業績がどのように定義されるかが不明であれば、努力することができないと考えられる。さらに、そのような客観的な基準を設定することは、膨大な時間と労力というコストが必要となるかもしれない。したがって、成果主義的な人事管理制度改革の成功は、人事管理権の分権化と勤務評価過程の透明化（評定者と非評定者との評価手続きにおける情報の対称化、目標の共有化、評価結果の同意など）が一層はかられる必要がある。

　さらに、今後すべての県職員に業績に基づく勤務評価を導入することになった場合、業績管理と昇任管理との関係を考えると、①上位ポストの業績と下位ポストにおける業績との関係を明確にすること、②ポストに必要とされるキャ

リアの明確化とキャリア開発のあり方の検討が課題となる。そのうえ、公共サービス提供の継続性、安定性、公正・公平・中立性という性格から、地方政府は、必ずしも外部労働市場的にすべての人事管理を行えず、各時点の業績管理と同時に昇任管理を通じた長期的な人事管理マネジメントが必要となる。また、成果主義的な人事管理制度は、人事管理と業績管理とを一体化することから、業績の向上と行政運営の改善に寄与する人事管理という組織運営の観点、つまり「新率先実行取組」からの観点が重要となる。すなわち、公共サービス提供の有効性・効率性の向上をはかるためには、その成果目標と成果の測定・評価が必要であり、これらの実効的な業績基準などは、総務局・人材政策チームではなく、現場の事業実施部門でなければ設定できないことから、「新率先実行取組」及び「政策推進システム」による業績管理と人事管理との結びつきが重要となる。つまり、成果主義の人事管理制度改革には、サブシステムとしての勤務評価制度等の諸制度を改革しただけではなく、「新率先実行取組」「政策推進システム」「行政経営品質向上活動」など、一連の行政システム改革と一体的に行うことが必要となるであろう。

注
1) 厚生労働省の2004年就労条件総合調査によると従業員1,000人以上の民間企業の場合、管理職の82.2％、それ以外の職の78.8％に成果主義が導入されいる（「毎日新聞」2004年10月1日朝刊）。
2) 現在は給与制度が実質的に職階制に相当する機能を果たしている（鹿児島重次1996年 282頁）。ここでは、職務内容に応じた異なる給料表が職群・職種に相当するものであり、またそれぞれの給料表に職務の責任の度合いに応じて設けられている数個の等級が職級に相当するものである。このことは、標準職務表としてまとめられ、職務の複雑、困難及び責任の度合いに基づいて職員の職務を給料表の等級に分類する場合に、その分類の基準となるべき標準的職務を表として表されている。
3) 2000年度の定期人事異動までは、課長補佐級昇任者の推薦基準は、上級職42歳以上、中級職44歳以上、初級職46歳以上、係長級昇任者の推薦基準は、上級職36歳以上、中級職38歳以上、初級職40歳以上となっていた。
4) このため、厳密な意味では、内部組織は内部労働市場とはならない。
5) 選考職については、職種も多くそれぞれが小集団であるので考察の対象としなかった。また、験職種の中級職も職員数としては初級職や上級職と比較して少ないことから、中級職を対象とした考察は行っていない。
6) 稲継裕昭　1996年　30-36頁

7) 原則として、勧奨退職する次長級以上の職員を対象に再就職先が斡旋されている。
8) 実際の職務と職務資格等級が実質的に分離しているが、職務資格等級という給料を職務・ポストより優先した分離であり、また能力に応じた職務に対応した職務資格等級というよりは年齢的な要素が強いことが問題となる。
9) 現実には給料の職務表に示されている職制の職務の表記が包括的であるため、人事異動では同じ職位の異動として取り扱われている。
10) これまでは、課長補佐級のスタッフ職は、54歳以上かつ課長補佐級在職3年以上であった。
11) 稲継昭裕　前掲書　55頁
12) ただ、近年上級職の採用が増加した結果、新規採用者すべてを本庁組織に配属できなくなってきており、この人事ローテーションは崩れてきている。
13) 花田光世　1993年　292頁
14) 八代尚宏　1997年　104頁
15) J.G.マーチ、H.A.サイモン　1977年　141頁
16) この表は、1993年に47都道府県と政令指定都市11の人事管理責任者を対象としたアンケート調査結果の一部である。このアンケート調査の回答数は、都道府県41、政令都市10であった。アンケート調査結果の詳細は山本清（1997年　第2部実証分析）を参照のこと。
17) 『平成10年度　労働白書』ではホワイトカラー職種を「専門的・技術的職業従事者」「事務従事者」「管理的職業従事者」「販売従事者」の4職種と定義している（114頁）。県職員の職種は、ほぼこの職種の枠内と考えられることから、本書では企業のホワイトカラーとの対比が三重県職員の雇用関係を検討するのには重要と考える。日本の大手民間企業148社の管理職（1,567人）のアンケート調査によると、昇任選抜の最初に差がつくのは、入社7～8年、ほぼ30歳、昇任の見込みがなくなる時期が入社20年近く立ってから、40歳前半である。また、日本の民間企業の選抜時期は、アメリカやドイツと比べて遅い。初めて昇任に差がつくのが日本7.85年、アメリカ3.45年、ドイツ3.71年、昇任の見込みのなくなる人が5割に達する時期は、日本22.30年、アメリカ9.10年、ドイツ11.48年となっている（日本労働研究機構1998年）。
18) 昇任における年齢と学歴主義の強さを物語っている。同じ初級職でも、大卒者の昇任の場合は年齢的に優先されていた。
19) 総務局と三重県職員労働組合が共同で実施した職員アンケート調査『職員満足度アンケート2001』の概要（中間報告）2002年2月　三重県労使協働委員会
　　調査対象　県職員5,549名（病院・学校職員を除く）有効回答者4,575名
　　調査期間　2001年11月～12月
20) 年功序列システムは、若年職員に三重県への贈与を強要する仕組みでもある。給与制度の支給額は、退職金などを含めれば在職期間の後期に大きく偏っており、若年職員の給与額は限界生産力よりも低く、中高年になってから逆転するために、結果的に若年の県職員は、三重県に「貯金」していることとなる。このため、中途退

職に対しては、その貯金の大部分が失われるなどの「退出障壁」（加護野忠男・小林孝雄　1989年　80-84頁）が存在することとなる。また、県職員が他組織でも必要とされるような特殊技能を有していない限り、仲間と協調し、個人的なつながりを広げる中で蓄積してきた文脈的技能は、一旦、三重県を退職すると、その価値は半減することとなる。

21) 職員定員数は条例により定められており、これを上回ることはできない。また、条例定数を大きく下回ることは、行政サービスの低下や職員労働組合の反発からできない。このことから、ほとんどの地方政府では退職者の補充を主目的として新規採用数を決定している。三重県の場合、30歳代の職員が多いのは、県の新規採用計画方針が長期展望よりも短期的な欠員補充が優先された結果である。

22) 三重県職員の職員満足度のアンケート調査である2000年度の『職員満足度アンケート2000』の結果では、30歳代前半の不満足度が最も大きかった。また、2001年度の『職員満足度アンケート2001』の結果でも、昇任等の人事の仕組みに対する不満は、45歳から49歳代（主査・主幹クラス）が最も大きかった。

23) 1999年度からの4年間で23名がA試験（旧上級職試験）採用された。

24) ただし、この区分は、職員個々人の職務範囲や人事配置が流動的なために、職務区分も曖昧で、また職員に対する業務の評価も幅広い意味での各個人のキャリアや職務の曖昧性に基づいているため、生活保障給と職務に応じて給料が決定される職務給を明確に区分されてはいない。しかし、各「給料表別職務表」で職務と等級が決められ、それが職階区分に代替していることから、職務給の色合いを強く受けてしまう。一方、刑事事件に関し起訴され休職となった県職員は、給与（給料、扶養手当、調整手当、住居手当）の60％以内の支給ができること（「職員の給与に関する条例」第26条）、また懲戒処分の減給率の最高が給与月額の10％であること（「職員の懲戒の手続及び効果に関する条例〈1951年　三重県条例第36号〉」第4条）など、一定の生活保障給が含まれていると考えるのが妥当である。

25) 国家公務員の場合、中央政府の省庁の部長職を超える上位職は「指定俸給表」の適用となるため、大きな差となる。このことについては、稲継昭裕（前掲書　第2章）を参照のこと。

26) ただし、この両者については個人情報であるため、具体的な情報は非公開である。このため、58歳で昇給停止となること、また両者とも枠外号給であることから、ここでは、両者が同一年齢であると仮定した。また、8級職員を課長級職員としたのは、課長補佐級職員では、現実的に定年までにこの号給には達しないからである。

27) 国家公務員に関する分析は、稲継裕昭（1996年）を参照のこと。

28) 大森　彌　1994年　145-150頁

29) 2003年度定期人事異動から「専門監」制度とスペシャリストコースが設けられた。この「専門監」は、特定の分野において、自らの業務を実施しながら、専門的な知識や経験を生かして、その分野の業務について助言や指導を横断的に行う課長級職である（注43も参照のこと）。また、スペシャリストコースは、職員のキャリアデザインの支援を重視したツールの1つで、10年程度の期間、ある特定の分野（例え

ば税務や用地取得など) を中心に勤務することによって、その分野の高度な専門的知識や経験を身につけるコースである。
30) 所属する部局長 (県民局長) の内申に基づき、総務局により選任される。
31) 東京都の人事評価制度については、自治体人事制度研究会 (2000年) を参照のこと。
32) これまで、三重県の人事管理制度では、企画力、知識・経験、正確さなどの要素で評価する「能力主義」が採用されていた。この制度ではインプットで評価されることになる。しかし、三重県の行政運営が成果志向へと改革されたことから、県職員の人事管理制度は、業績という要素で評価する「成績主義」に改革されることになる。この結果、この制度では、アウトプットで評価されることとなる。
33) 総務局長通知「勤勉手当の支給について」 2001年3月
34) 山口和夫 2001年
35) 三重県資料「平成13年度管理職定期勤務評定実施要領」 2001年
36) 「産経新聞」(大阪本社) 2002年2月14日 26頁
37) 職員課の勤務評価制度創設の実務担当責任者であった山口和夫は、評価に対する県職員の意見として、「目標設定に苦慮する」「被評定者の職務行動の把握が困難である」ため、「適正に評価することができないことから、実施すべきでない」「公務になじまない」といったことがあったことを明らかにしている (山口和夫 前掲書)。
38) 野中郁次郎 1990年
39) このような成果主義を先行して導入した民間企業では、理想と現実のギャップが生じ、このジレンマを解決するため、成果主義による人事評価制度の見直しなどの試行錯誤が多くの企業で行われている (「特集きしむ成果主義」『週刊ダイヤモンド』 2002年9月14日)。

　また、『平成12年度版労働白書』によると、社会経済生産性本部の1998年の「職場生活と仕事に関するアンケート調査」の結果、成果主義的賃金制度の導入によって働く意欲が「変わらない」としたものが5割程度と一番多く、また時間の経過とともに「向上した」が減少し、「低下した」が増加するというマンネリ化の傾向があった。さらに、「部下が後輩を育てようという雰囲気」「仲間と協力して仕事をしようとする雰囲気」「1人1人が自由に意見を言える雰囲気」といった項目と成果主義的賃金とはマイナス関係を示していた (日本労働研究機構 2000年)。このことは、成果主義的な人事管理と大部屋主義的な人事管理とのバランスをとることが非常に重要となることを意味している。

　また、同調査では、賃金制度の変更に際して、どのような機能条件が意欲の変化に影響しているかについて、管理職は仕事の分担の明確化が意欲を刺激するとともに、裁量の範囲の減少が意欲を向上させる。一方、一般職は仕事の分担の明確化、裁量の範囲の増加、能力開発機会の増加が意欲を向上させることが明らかになっている。このことから、旧労働省は成果主義的賃金制度の導入により労働者の意欲を向上させるためには、仕事分担の明確化、裁量範囲の配分見直し、能力開発機会の

保証等の施策が重要となるとしている（同書）。
40) 山口和夫　前掲書　76頁
41) 前掲注19を参照のこと。
42)「昇任」の重要度に対しては、高いが36.0%、普通が52.3%、低いが10.6%、満足度に対しては、「そう思う」が5.5%、「やや思う」が29.8%、「あまり思わない」が41.9%、「思わない」が22.2%となっている。また、同じ2000年調査結果では、「昇任制度が適切と思うか」という問いに対して、「あまり思わない」が43.0%、「思わない」が14.0%となっている。

　一方、北川知事は、雑誌のインタビューで「これからの職員像は」という質問に対して、「よく、『出世の道』などと言われるが、そもそも『出世とは何ですか』と問い返したい。そういう価値観がおかしい。県民が満足するような仕事を実現させることが必要なのだ。」と昇任のインセンティブ機能について否定的な回答をしている（北川正恭　2002年1月7日）。しかし、アンケート調査結果では、北川知事の思惑とは異なり、依然として県職員にとって、「昇任」が重要なインセンティブとなっているのである。

43) 2002年度の人事管理制度では、マネジメントを担当するマネージャーという職制とそれぞれの特定課題分野に従事する特命担当監に区分されたが、さらに「新しい人事システム（案）」では、課長級への昇任段階で、県職員自身が「管理コース」と「専門コース」別の選択ができる制度の導入が検討され、2003年度の定期人事異動から、特定の分野において自らの業務を実施しながら専門的な知識や経験を生かして、その分野の業務について助言や指導を横断的に行う「専門監」が導入されることとなった（前掲注29も参照のこと）。

44) 2002年度定期人事異動では自己申告による登用では、課長補佐級を対象としたマネージャーへの登用募集により、マネージャー・推進監へ3名が登用された。また、課長補佐級（マネージャーを除く）以下の職については、25名が登用された。

45) 注29・注43参照

第7章　結びにかえて
―三重県の新しい行政システムと行政システム改革の今後の課題―

　本章は、これまでの議論の結論となる。

　本書では、1990年代後半からの三重県の行政システム改革の取組過程を対象にして、行政システムの変化について分析を試みた。三重県の行政システムの分析にあたっては、行政システムを構成する諸制度は、それ自体独立して機能しうる場合もあれば、機能しない場合もある、また諸制度が1つの行政システムとして統合されている限り、外部環境からの要求に対応して、制度を少しずつ断片的に改善していっても効果は上がりにくい、というシステム論的な観点から、様々な制度の役割と有効性、それら制度を安定的な仕組みとして成立させているインセンティブ機能の構造、それぞれの異なる制度の間の相互依存関係の特徴などを体系的に分析することを試みた。また、行政システムを構成する諸制度のうち、本書の分析対象を主に情報処理（意思決定）システムとそれを相互補完的に支えるインフラストラクチャーの機能を担う行政組織機構や財源・人材といった行政活動資源を管理する諸制度とした。さらに、これらの行政活動資源管理制度は、インセンティブ制度としても機能する。予算編成、定員管理及び組織機構管理などの諸制度は、組織に対して、また人事管理制度は、個々の組織構成員に対してインセンティブを与える。本書は、このような諸制度がどのように変化したか、そしてその結果、行政システムがどのように変化したかを分析することを試みたのである。

　本章では、三重県の行政システム改革により構築された新しい行政システムについて、情報処理形態の変化、行政組織機構の改編、行政活動資源管理制度の変更、インセンティブ制度の変更、そして新しい行政組織文化の形成に関する分析結果を整理し、今後の行政システム改革の課題を明らかにする。

第1節　新しい行政システム

1．目標管理型行政運営システムの構築

　1990年代、既存の行政システムでは、地方政府の存在価値の実現が困難となるような急激な環境の変化があった。外部環境としては、都市新中間層の増大、住民活動の台頭、住民の価値観の多様化、住民の高学歴化、住民の少子・高齢化などが行政運営における「民主制」の確立・推進や地方分権化を促し、また経済のグローバル化、経済の長期不況などによる経済界からの「小さな政府」の要請、中央政府からの効率的な行政運営の実現に向けた行政改革への強い行政指導等があった。一方、内部環境としては、税収減少による財政逼迫化が生じ、また地方政府の行政責任が問われるような不祥事が多発した。このような地方政府を取り巻く環境の変化は、三重県にとっても行政運営の簡素・合理化を中心とした1985年度行政改革のタイプによる新しい行政システムでは環境変化に十分に適応できない質を含んでいた。つまり、三重県の行政運営は、「効率」だけでなく、「民主制」の実現にも取り組まなければ、外部環境から正統性が認められず、地方政府として存続・発展できなくなったのである。

　このため、三重県の行政システム改革では、これまでの「効率」の向上を追求した行政改革の経験に依拠するだけでなく、過去の経験をも否定し、自らの存在価値を常に問い直し、それを具体化する行政運営システムの構築に取り組まれた[1]。この行政システム改革の実行過程で、三重県の行政組織は、絶えず自ら不安定性を生み出し、そのプロセスの中で新たな自己創造、つまり過去からの不連続的な大改革と日常的・改善的・漸進的な小改革を逐次あるいは同時に行うダイナミックな行政組織を目指したのである。とくに、行政システム改革は、外部環境等の変化に迅速に適応するため、「生産者起点」から「生活者起点」の県政が実現できる行政システムの転換を目指すことになった。この「生活者起点」は、情報処理システムの変革を重要な課題とした。このことか

ら、情報処理システムの変革に併せ、行政組織機構の改編、財源や人材のような行政活動資源管理制度の改革、さらには行政活動資源の配分によるインセンティブの操作が変更されることになり、新たに目標管理型行政運営システムが構築されることになったのである。

2．情報処理形態の変化

　目標管理型行政運営システムの情報処理形態の特徴は、すべての情報をトップマネジメント部門に集中することで、組織内交渉・調整問題を減らし、行政組織を管理するのではなく、情報をできるだけ事業実施部門の「現場」に分散したままで、情報を持った組織・職員間の合意形成によって行政組織を運営する点である。これは、集中管理に適さない時間的・空間的に制限された生の情報を分権的に処理することによって、行政組織の柔軟性や行政活動の効率性を高め、地域社会・経済環境からの行政ニーズに対して、有効的・効率的に公共サービスが提供できる「生活者起点」の行政運営が実現すること、そしてこの行政運営により地方政府の存在価値を実現することである。

　しかし、情報処理形態が情報共有型システムである三重県の行政組織では、事業実施部門に情報資源が蓄積されることから、行政活動における情報資源の利用に関しては、トップマネジメント部門が十分に事業実施部門をコントロールすることができない。すなわち、この情報処理形態の課題は、行政組織内の交渉問題や機会主義的な行動等をいかにコントロールできるかということである。

　三重県の行政システム改革の手法である NPM は、行政組織における企画管理機能と事業実施機能を分離することに特徴がある。このことから、三重県の行政システム改革でも、この機能分離が行われた。組織的重要性を持った中枢管理的な政策に関する意思決定は、三重県の行政組織のシステム環境に関する情報を大局的に処理するトップマネジメント部門で専門的に取り扱われる一方で、個別環境の情報に直接携わる事業実施部門の「現場」レベルに多くの情報処理権限が委譲さたのである。事業実施部門は、トップマネジメントによって決定された大局的な枠組みの範囲で、「現場」レベルにおける意思決定と「現場」間の総合行政に関する調整と意思決定を行うことになった。

以上のトップマネジメント部門の機能と事業実施部門の機能の分離は、情報処理システムにおける集権化と分権化といった双対原理を成立させることになる。このことは、集権化を強めると成果志向のマネジメントが損なわれ、また分権化を強めると組織一体性が弱まることになるため、集権化と分権化とのバランスの中で、権限の配分が行われることを意味する。結果として、双対原理が成立した情報処理システムは、組織内の交渉問題や県職員の機会主義的な行動等のコントロールシステムとして行政システムの一体性を確保することになる。つまり、集権と分権を両立させることによって、有効的・効率的な情報処理システムへの変化をもたらしたのである。

さらに、「生活者起点」の行政運営を推進するために、組織ヒエラルキーでの下部レベルの組織に大幅な権限が委譲される。この権限委譲は、急激に変化する環境に対する三重県の行政組織の合理的反応を反映するものである。このことが可能となったのは、県職員の教育的・知的達成度の高度化とコミュニケーションや情報処理技術の急速な発展及び利用可能性が生まれたことである。とくに、2001年度から県職員全員にパソコンが配布されるなど、三重県庁のコンピューター・ネットワーク化による電子県庁が進展し、県職員間の知識・情報の共有化と知識の形式知化がはかられる基盤整備が行われたことである。この結果、これまでの組織や個々の県職員に蓄積された知識が形式知に変換し、組織内の行政運営等に反映され、情報処理の効率性が向上することになる。そして、この形式知の移転を通じて、中枢管理機能以外の分野でも、さらに権限の分散化が進展することになったのである。そのうえ、各事業部局・各チームは、意思決定の際して、みえ政策評価システムと連動することで、行政活動資源を効率的に組織内配分・利用することが可能となったのである。

以上のことは、外部環境が急激に変化する条件の下では、個別環境情報の観察を重要視せざるをえないことから、大局的な意思決定と局所的な意思決定との分離が行政運営の「効率」の向上に貢献することを意味したのである。このように、「生活者起点」の行政運営を行う三重県の行政組織の情報処理形態は、個別環境情報を重視することから、情報共有型システムが高度化した水平ヒエラルキーへと進化していくことになったのである。

3．情報処理形態の変化と組織機構の改編

　これまでの三重県の行政組織は、異質な業務や事業を同一組織に抱え込むことにより、組織の意思決定が遅れ、調整機能（つまり中間管理段階）ばかりが肥大することとなっていた。このような組織の硬直化は、規模の大きさというよりも、組織目的の複雑さから発生していたのである。一方、行政組織が個別環境情報を重視する水平的ヒエラルキーの情報処理をシステム補完的に支えるインフラストラクチャーとしての機能を果たすことができるためには、行政組織がそれぞれ機能ごとに明確に分断されている必要がある。

　以上の問題を解決する試みが1998年度の行政システム改革から始まる組織機構の改編であった。この組織機構改革では、中間階層職の廃止など組織のフラット化を進め、情報効率性を高めるために、係制の廃止とグループ制の導入及び係長制の廃止とグループリーダーの導入が行われ、さらに課制の廃止とチーム制の導入及び次長・課長制の廃止とマネージャー制の導入が行われた。とくに、この組織機構改革において、最も根幹的な改革の１つであるチーム制の導入は、業務プロセスの切り離しや統合が可能なように、「新しい総合計画」の政策・事業体系に沿って組織が業務のまとまり（＝機能単位のまとまり）として、モジュール化されたのである。この組織のモジュール化は、基本事業を単位とした機能別のチーム編成を行うことにより、自己完結型の組織編成を行うことで責任の所在を明確にするというものであった。また、この行政組織のモジュール化は、モジュール間のインターフェースを政策推進システムで標準化することにより、三重県の行政組織内に「住民満足度の向上」という行政組織全体の共通目標に向けたネットワークシステムを形成することになった。この場合のインターフェースの役割を果たすのが、すべての事務事業が共通の様式で評価されるみえ政策評価システムによる共通言語であり、そして三重県の行政組織文化と三重県の行政にかかわる知識・情報を共有した県職員のコミュニケーションであったのである。

　また、政策推進システムによる標準インターフェースを用いた「オープン」な関係であれば、どのチームにも所管されていない新たな行政ニーズが発生しても、その行政ニーズに、複数のチームが結合して対応することが可能であり、

またパートナーを替える際も容易となる。そのうえ、新しい行政ニーズに対しては、「新率先実行取組」により、行政組織全体の共通目標を共有化し、そして行政組織文化に同質化した県職員を活用することで対応できる。たとえば、県職員が同質化していることで人事異動が容易となり、プロジェクトグループ等のクロス・ファンクショナルな小さな組織も時々の行政ニーズに応じて機動的に構築できることになったのである[2]。

さらに、「行政経営品質向上活動」により、行政運営も、常に「住民満足度の向上」の観点から改善がはかられていくことになる。このように、行政組織のモジュール化は、組織のフラット化と相まって、行政組織に柔軟性を持たせることになったのである。

一方、三重県が取り組んでいるガバナンスの場合も、政策推進システムによる標準インターフェースを用いた「オープン」な関係であれば、組織外との協力関係が結びやすく、地域社会・経済環境に存在する最も優れた経営資源を組み合わせて使うことができる。つまり、ガバナンスは、地域社会全体が「なるべく資源を持たない」ということが基本となり、結果として、地域資源配分の「全体最適化」に結びつくことになる。

4. 双対原理と行政活動資源管理制度の変更

行政システムの統一性を高く保つためには、情報資源や情報処理権限という行政活動資源管理権限の集中化と財源・人材という行政活動資源管理権限の分散化、あるいは情報資源や情報処理権限という行政活動資源管理権限の分散化と財源・人材という行政活動資源管理権限の集中化という双対原理が成り立つことが必要である。

中央集権型の政府間システムの下で、三重県の各事業部局は、これまで中央政府の関係省庁から、行政活動資源の配分・利用に関するコントロールを受けることになり、中央政府の縦割り行政が三重県の行政運営に反映されていた。この縦割り行政の影響により、各事業部局は、分散的・分権的志向となり、また各部局ごとに行政組織全体の共通目標からの遠心化が働く結果、三重県の行政組織としての統合性が弱くなっていた。そのうえ、情報処理形態が情報共有型システムである三重県の行政組織では、事業実施部門に情報資源が蓄積され

ることから、情報資源の利用に関して、トップマネジメント部門は、十分に事業実施部門をコントロールすることができなかったのである。

このため、情報処理システムが下位組織に分散化される一方で、予算編成、定員管理及び人事管理といった行政活動資源管理の権限をトップマネジメント部門に集中化することにより、行政組織の双対原理を成り立たせ、三重県の行政組織の統合性・効率性の確保をはからなければならなかったのである。この行政活動資源管理の中でも、予算編成や定員管理については、中央政府や県議会からの強いコントロールがあったが、人事管理制度は、外部環境からのコントロールが少なかったこともあり、この集中化された権限の中でも、とくに重要な機能を果たしてきた。たとえば、人事異動において、県職員配置をどうするかは、知事の人事権限であった。とりわけ、課長級以上の管理職人事については、最終決裁権限が知事にあるため、主要管理職ポストの人事配置について、知事の意向が強く反映された。このように、知事は、行政組織の中に強い求心力を作り出すことができたこと、また県職員個々人に対する人事査定の方法が全庁的に統一化・標準化されており、人事に関する記録も職員課で集中管理し利用されているという意味で集権的な人事管理が行われていたことから、人事管理制度により双対原理が確保されていた。

また、地方分権化の進展など外部環境の変化に適応して、三重県の行政組織の情報処理形態は、水平的ヒエラルキーに進化することになる。水平的ヒエラルキーでは、各事業部局がシステム環境情報を共同で観察し、共同で情報処理が行われる一方で、各事業にかかわる個別環境情報がより重要視されることになる。すなわち、各事業部局は、共同で観察したシステム環境情報と個々の事業部局が収集した個別環境情報とを結合した情報に基づいて、個々に意思決定することになる。この場合も、情報資源が各事業部局に蓄積することになる。このため、双対原理を成り立たせるためには、予算編成、定員管理及び人事管理といった行政活動資源管理権限の集権化がやはり必要となったのである。

このことから、三重県の行政組織では、予算編成制度、定員管理制度及び人事管理制度が個別環境情報に迅速に対応することが可能であり、かつ集権的といった制度に変更される。この新しい制度では、予算編成、定員管理及び人事管理等の行政活動資源配分といった組織存続にとって重要な中枢管理機能的な

意思決定は、三重県の行政組織のシステム環境情報を処理するトップマネジメント部門が専門的に取り扱うことになる。つまり、大局的な行政活動資源配分の決定権限は、トップマネジメント部門に属することになる。しかし、一方で個別環境の情報処理に直接携わる事業実施部門の「現場」レベルに、多くの情報処理権限が委譲される。そして、事業実施部門は、トップマネジメントで意思決定された大局的な枠組みの範囲で、「現場」レベルにおける意思決定と「現場」間の総合行政に関する調整と決定を行うことになる。このように、新しい行政活動資源管理制度は、すべての権限をトップマネジメント部門に集中するのではなく、中枢管理的な行政活動資源配分・利用に関する意思決定は、トップマネジメント部門が集権的・トップダウン的に行い、一方、この意思決定の範囲内で、個別事業の選定や個別の事業への行政活動資源配分・利用などの意思決定は、事業実施部門が分権的・ボトムアップ的に行うことになったのである。また、行政活動資源の管理に関する集権化と分権化という「双対原理」を成り立たせることで、トップマネジメント部門は、行政活動の中間過程でのコントロールやモニタリングが軽減されるため、行政ニーズの測定に専念でき、より精度の高い予測が可能となる。このことから、総合企画局や総務局は、横断的知事官房組織としての地位も向上することになったのである。

　以上の行政活動資源管理制度の変更は、今日の環境の変化、とくに地方分権化の進展などにより、個別環境が複雑・多様化する条件の下では、局所的な意思決定と大局的な意思決定との分離が情報処理の効率性、さらには資源配分の効率性の向上に貢献することになる。つまり、分権と集権を両立させることによって、水平的ヒエラルキーに適合した行政活動資源管理制度への変更をもたらしたのである。

5．インセンティブ制度の変更

　行政システム改革の結果、行政システムにおける新しい仕組みが構築されても、その仕組みを動かしていくのは、内部組織や組織構成員である。このため、内部組織や組織構成員への動機付けが重要となる。このような動機付けのためのインセンティブ制度としては、行政活動資源である財源や人材の管理がある。この行政活動資源の管理は、インセンティブの提供による行政活動のコント

ロール手段となる。また、これらのインセンティブ制度のうち、財源を管理する予算編成制度、組織構成員の定員を管理する定員管理制度及び組織機構を管理する組織機構管理制度は、組織構成員の集合である個々の内部組織に対して、主にインセンティブを与え、また組織構成員個々人を管理する人事管理制度は、個々の組織構成員に対して、主にインセンティブを与えることになる。

　ところで、各事業部局が存続・発展するためには、目標達成に有効的・効率的な行政活動を行わなければならない。今日の外部環境の変化により、各事業部局が有効的・効率的な行政活動を行うためには、事務事業にかかわる個別環境情報を重視しなければならなくなってきている。一方、三重県の予算編成制度、定員管理制度及び組織機構管理制度は、中央政府からのコントロールが依然として存在するが、政策推進システムとの連動に基づき、従来型の増分主義的な行政活動資源配分から、個別環境情報を重視した目標・業績に連動する成果主義的な行政活動資源配分へと改革が進められている。このことで、各事業部局の目標達成に必要な行政活動資源が確保されることになり、各事業部局の存続・発展につながることから、新しい行政活動資源管理制度は、成果主義的な行政活動に対するインセンティブを与えることになる。

　しかし、人事管理制度については、勤務評価制度の導入など一部の成果主義的な人事管理制度改革が行われているものの、抜本的な改革はこれからである。このことは、三重県の新しい行政システムに適合した新しいインセンティブ制度に変更されていないということである。

6．インセンティブ制度と新しい行政組織文化の形成

　トップマネジメント部門の構成員が事業実施部門の構成員を信頼して契約し、事業実施部門の構成員がそれに応じて誠実に契約を履行する効率的な関係が実現するためには、単に長期的な関係があるだけでなく、お互いが機会主義的な行動をとらないという共通認識が必要となる協力メカニズムがなければならない。この協力メカニズムでの制約は、多数ある選択肢のうち、特定の基準、つまり「住民満足度の向上」で選択肢を限定し、その範囲内での合理的な選択を可能とする条件である。この合理的選択の判断条件は、個々の県職員が先駆的に持っているというよりは、組織の中で長期にわたり形成されるいわゆる暗黙

知といわれる知識である。三重県の行政組織において、このような協力が成立する条件となる暗黙知とは、三重県の行政組織文化であり、すべての県職員がその文化を共有することが、三重県の行政が組織として存在できる理由でもある。この意味で、三重県の行政組織文化は、認知的な同質性によって、組織内に行政組織全体の統一的な共通目標を作り出す調整装置であり、また共通言語である。

　ところで、新しい行政システムでは、「政策推進システム」「新率先実行取組」「行政経営品質向上活動」という仕組みが導入されている。施策・基本事業・事務事業の目的評価表の作成を通して、個々の県職員に対して目標の確認・成果に対する意識を植え付ける「政策推進システム」のサブシステムである「みえ政策評価システム」、個々の県職員に対する事業目標管理にもなる「新率先実行取組」、そして常に「住民満足度の向上」という観点から行政運営を改善する「行政経営品質向上活動」は、県職員の行政活動を成果志向に変え、個々の県職員が目標達成のための適切な判断ができる共通の価値規範・行動規範を形成するものである。この意味で、これらの仕組みは、三重県の行政組織文化の改革である。また、これらの取組効果は、行政活動に対する県職員個々人の業務遂行上のモチベーションの維持、判断基準の確立及び県職員間のコミュニケーションの増加となり、県職員間での協調的な行政活動が行われるようになることである。

　「政策推進システム」「新率先実行取組」「行政経営品質向上活動」の仕組みは、「住民満足度の向上」という観点から、緻密な情報の流れにより、絶えず個々の県職員が組織全体の規律に服しているかどうかを間接的にモニタリングする。そして、このモニタリングが機械的に県職員個々人に最善の努力を強制することになる。さらに、県職員の行動規範のトップマネジメント部門への統合、つまり県職員の文化とトップマネジメント部門の文化の統合を前提として、県職員個々人の自律性は、三重県の行政活動を乱すどころか、高度なパフォーマンスの源泉となるのである。すなわち、三重県の行政組織文化は、個々の県職員に対して「条件付け権力」（J.K.ガルブレイス）として機能することになるのである。

　そのうえ、意思決定が「住民満足度の向上」という「全員一致」の建前に

よって県職員個々人の意思決定が行政組織全体の中軸的になると、県職員個々人の志気や参加意識が高まる。このようなすべての県職員が有機的に連携する水平ネットワークは、すべての県職員に知識・情報を共有させることなり、最も効率的な知識・情報配分を実現することになる。このことは、結果的に県職員で構成する個々の内部組織のコントロールを実現することにつながることになる。「政策推進システム」「新率先実行取組」「行政経営品質向上活動」は、情報処理形態が情報共有型システムの組織とその構成員をコントロールするための水平的調整装置として機能することで、行政活動資源の配分によるインセンティブ制度を補完し、結果的に行政運営の効率性が向上することになるのである。

第2節　行政システム改革に対する県職員の評価と意識の変化

　行政システム改革は、事業実施部門へ事業の運用レベルの行政活動資源利用権限の分権化を進めると同時に、「新しい総合計画」の政策・事業体系に基づく行政活動資源配分権限の集権化により、行政組織全体の統合機能を高めるといった一見矛盾した目標を同時に達成する目標管理型行政運営システムを構築を目指すことになる。このような行政運営システムに変化するためには、県職員の意識が現行のシステムを維持することが困難であると認識し、そしてそのシステムを構成する諸要素の全部あるいは一部を作り替えようと行動を起こす起業家的な県職員の存在と、その行動を支持する多くの県職員の存在が不可欠である。この意味で、行政システム改革に対する県職員の意識がどのように変化していったかを明らかにすることは、行政システム改革の進捗度を示す重要な指標となると考えられる。

1．三重県職員労働組合による第1回（1998年）職員アンケート調査結果

　三重県職員労働組合は、行政システム改革に関する県職員の意識調査を実施している。まず、1998年8月の第1回職員アンケート調査[3]結果によると、さわやか運動の核であった「事務事業評価システムについて評価するか」という問いに対しては、「評価する」6.2％、「どちらかといえば評価する」20.4％といった肯定的な回答26.6％に比べ、「あまり評価しない」22.9％、「評価しない」13.4％といった否定的な回答36.3％が多い結果となった。否定的な回答の理由としては、①評価結果が予算編成にほとんど反映されず、事務量だけが増えただけ、②すべてを同じ基準で評価するには無理がある、などであった。また、肯定的な回答の理由としては、①事務に対する客観的な評価は必要、②事業を改めて見直す機会になった、③職員の意識改革につながる、などであった。このように否定的な回答の県職員は、評価手法の技術的な未熟さを指摘したのに対して、肯定的な回答の県職員は、職員の意識改革に対する効果を強調

していることが多かった。とくに、この質問に対して課長級職以上の管理職員は、肯定的な回答が52.1%と過半数を占め、課長補佐級職以下の職員の肯定的回答の2倍程度になっている。しかし、全体的には、否定的な意識が強く、この傾向は、組織機構改革についても同様であった。

組織機構については、「組織・機構改革はマトリックス組織の概念と部の再編の両面から進められましたが、今回の部局の再編について評価しますか」という問いに対して、「評価する」2.7%、「どちらかといえば評価する」15.0%といった肯定的な回答17.7%に比べ、「あまり評価しない」32.0%、「評価しない」20.7%といった否定的な回答52.7%が多い結果となった。否定的な回答の理由としては、①わかりにくい複雑な組織となっている、②拙速であり、職員の考え方が反映されていない、③調整・協議する会議・検討会が大幅に増え、通常の業務に支障をきたす、④中途半端、⑤企画・評価部門が充実された分、実施部門の人員が削減された、⑥県だけがマトリックス化しても、国や市町村は縦割り行政のままだから混乱するだけ、といった理由が多くあった。一方、肯定的な回答の理由としては、①既成概念、縦割り行政打破の第一歩となった、②マトリックスという考え方を県職員に浸透させる一因となった、③企画・評価部門が充実された、というものであった。このような結果について、三重県職員労働組合は、理念を理解している県職員が肯定的にとらえており、現実を踏まえて答えた県職員は否定的であるとした。

「グループ制の導入はうまく機能しているか」という問いに対しては、「機能している」3.2%と「どちらかといえば機能している」10.8%といった肯定的な回答14.0%に比べ、「余り機能していない」28.4%、「機能していない」22.4%といった否定的な回答50.8%と半数以上が否定的であった。肯定的な回答の理由としては、①決裁が迅速になった、②個人の仕事量に差が無くなった、③係間の垣根がなくなった、④グループ内での相談が多くなった、などである。一方、否定的な回答の理由としては、①責任の所在が不明確になった、②チェック機能がない、③業務によりグループ制の適、不適があるのに一律で制度を導入したのは問題、④グループリーダーの負担が大きすぎる、⑤役割が不明確、⑥新規採用職員の指導等、人材育成の問題、⑦個人主義となり、協力関係が困難、⑧対外的にもわかりにくく、住民も市町村も困惑、⑨サービスの

低下、⑩グループの大きさに問題、⑪決裁が煩雑になった、⑫人員が削減されただけ、などであった。役職別に見ると、肯定的な回答は、「一般級」職員13.2%、「係長級」職員13.3%、「課長補佐級」職員14.6%、「課長級以上」管理職員21.6%で、否定的回答は、「一般級」職員46.8%、「係長級」職員58.7%、「課長補佐級」職員56.2%、「課長級以上」管理職員48.1%となっていた。「係長級」職員と「課長補佐級」職員の否定的な回答率が高いのは、負担の大きいグループリーダーになっている者が多かったと考えられる。また、「課長級以上」の管理職員の場合は、不確実性の高い情報処理が増加したことが否定的な回答率が高かった理由の1つであったと考えられる。従来、意思決定（情報処理）過程は、「係長級」職員から「課長補佐級」職員へ、そして最終決裁者へといった順序で決裁・合意形成が行われた。このため、最終決裁者となる「課長以上」管理職員は、意思決定にかかる判断材料が多くあった上に、いくつかの可能性からの選択ではなく、部下の選択についての諾否といった極めて選択範囲の限定された形での選択をすればよかったのである。しかし、行政システム改革による組織のフラット化が「課長以上」管理職員の最終意思決定者としての処理すべき不確実な情報を増加させのである。

　一方、行政システム改革に、「職員の意見が十分に反映されたか」という問いに対しては、「反映されていない」24.4%、「あまり反映されていない」43.0%といった否定的な回答が67.4%にもなり、「反映している」1.3%、「どちらかといえば反映している」10.0%といった肯定的な回答11.3%を大きく上回った。役職別回答では、「課長級以上」管理職員の肯定的な回答が24.2%であった。しかし、この肯定的な回答率が他の役職の2倍以上もあったにもかかわらず、否定的な回答が65.8%もあり、肯定的な回答を大きく上回った。

　また、この行政システム改革の目的である「住民満足度の向上につながっているか」という問いに対しても、「思う」4.2%、「どちらと言えば思う」14.5%といった肯定的な回答18.7%に比べ、「思わない」24.2%、「あまり思わない」31.5%といった否定的な回答が55.7%にも及んだ。さらに、役職別回答では、「課長級以上」管理職員は、否定的回答46.2%が肯定的回答34.5%を上回ったが、この肯定的回答率は他の職位の2倍近くあったのである。

2．三重県職員労働組合による第2回（1999年）職員アンケート調査結果

　引き続き、1999年7月にも、三重県職員労働組合は、行政システム改革についての第2回職員アンケート調査を実施している[4]。

　昨年と同様の「事務事業評価システムについて評価するか」という問いに対しては、「評価する」4.5％、「どちらかといえば評価する」20.8％といった肯定的な回答25.3％と昨年に比べ1.3％減少した。また、「あまり評価しない」28.0％、「評価しない」13.8％といった否定的な回答が41.8％と昨年に比べ5.5％も上回る結果となった。否定的な回答の理由は昨年と同様であったが、「予算に反映されていない」という意見が増加した。

　そして、組織機構改革による「本庁の新しい組織・機構は機能しているか」という問いに対しては、「機能している」1.4％、「どちらかといえば機能している」10.9％といった肯定的な回答12.3％と昨年に比べ5.4％減少した。また、「あまり機能していない」36.4％、「機能していない」16.9％といった否定的な回答が53.3％と昨年に比べ0.6％増加した。ただ、「機能していない」という回答が昨年と比べ3.8％減少したことは、県職員に一定の理解が得られつつあることを示しているとも考えられる。否定的な回答の理由としては、昨年と同様であるが、①相互の調整を図る組織力不足、②責任の所在の不明確など、であった。

　「グループ制の導入はうまく機能しているか」という問いに対しては、「機能している」2.4％と「どちらかといえば機能している」13.3％といった肯定的な回答が15.7％と昨年に比べ1.7％増加した。また、「余り機能していない」33.8％、「機能していない」22.1％といった否定的な回答が55.9％と昨年に比べ5.1％増加した。否定的な回答の理由としては、「グループリーダーの負担が大きすぎる」「役割が不明確」などグループリーダーについての意見が多かった。役職別に見ると、否定的な回答は「係長級」職員66.6％、「課長補佐級」職員62.6％、「課長級以上」管理職員51.4％といずれも昨年に比べ増加した。しかし、「行政システム改革のメリットは何か」という問いに対しては、「メリットを感じない」という否定的な回答が38.1％あったが、「意識改革のメリットがある」という肯定的な回答も35.8％あり、続いて「決裁や意思決

定の迅速化のメリットがある」という回答も9.7％あった。このように、行政システム改革に対する肯定的な回答の割合が少しずつではあるが高くなってきていることから、三重県職員労働組合は「改善が図られず6割以上が不満」として、改善を要求しながらも、「職員の意識改革が進みつつあるという認識が強まっている」として、県職員の意識改革が進んでいることを一定評価したのである。

以上の2回のアンケート調査で明らかになったことは、当初、県職員は、行政システム改革の進め方に対して不満を持っており、その原因としては、事務事業評価システムの制度的・技術的未熟さ、事務量の増大や具体的な改革の成果が職員定員数削減・歳出削減といった形でしか確認できなかった点にあると考えられる。つまり、県職員にとって、トータルとしての行政システムの作り直しを目指した行政システム改革が「住民満足度の向上」「行政システムの改革」といった従来の行政改革で経験していない改革であり、そこで使われる「情報公開」「アカウンタビリティ（説明責任）」「政策評価」「透明性」「住民参加」あるいは「コラボレーション（協働）」という言葉もそれ以前はほとんど使われたことのない言葉であり、また、行政システム改革が知事と一部の県幹部職員の強力なリーダーシップによって進められてきた経緯もあり、多くの県職員の意識改革が途上であることをこのアンケート結果は示していたのである。このことは、行政システム改革を進めるためには、県職員の参加による改革、つまり県職員が主体性を持った改革を進める必要性を意味した。この結果、2000年度からの県職員の自発的・創造的改革である「率先実行」取組が行われることになったのである。

3．三重県職員労働組合による第3回（2000年）職員アンケート調査結果

さらに、引き続き、2000年7月にも、三重県職員労働組合は、行政システム改革についての第3回職員アンケート調査を実施している[5]。

昨年と同様な「事務事業評価システムについて評価するか」という問いに対しては、「評価する」6.0％、「どちらかといえば評価する」31.0％といった肯定的な回答が37.0％と昨年に比べ11.7％増加した。また、「あまり評価しない」24.0％、「評価しない」17.6％といった否定的な回答が41.6％と昨年に比

べ0.2%微減とほぼ同率であった。役職別回答では、「課長級以上」管理職員の肯定的な回答58.8%が否定的な回答33.9%を大きく上回った。

　組織機構改革による「本庁の新しい組織・機構は機能しているか」という問いに対しては、「機能している」3.9%、「どちらかといえば機能している」26.7%といった肯定的な回答が30.6%と昨年に比べ18.3%増加した。また、「あまり機能していない」27.2%、「機能しない」15.7%といった否定的な回答が42.9%と昨年に比べ10.4%も減少した。

　「グループ制の導入はうまく機能しているか」という問いに対しては、「機能している」4.3%と「どちらかといえば機能している」19.5%といった肯定的な回答が23.8%と昨年に比べ8.1%も増加した。また、「あまり機能していない」30.4%、「機能していない」29.9%といった否定的な回答が60.3%と昨年に比べ4.4%増加した。とくに、役職別回答では、「課長級以上」管理職員の回答が肯定的な回答34.2%に対して、否定的な回答が60.1%というように、6割以上が否定的な回答となり、他の質問では、肯定的回答が否定的な回答を上回ったのとは対象的であった。このことは、県職員が情報処理の仕組みの変更について依然として対応できていないことを示しており、行政システム改革の目的達成の正否は、行政システム改革の取組の中でも、この情報処理の仕組みの改革がポイントとなることを意味した。

　また、この年度から始まった職員参加による行政システム改革運動である「『率先実行』取組を知っているか」「評価するか」という問いに対しては、「知っている」約72%が「知らない」約27%を大きく上回った。また、「評価するか」という問いに対しては、肯定的な回答約47%が否定的な回答約26%を上回った。とくに、「課長級以上」管理職員は、肯定的な回答が81.5%にもなり、否定的な回答15.0%を大きく上回ったのである。このように、県職員の主体的な改革活動である「率先実行」取組は、県職員にとって肯定的な改革活動として認知されていたのである。

　さらに、「一番重要な行政システム改革は何か」という問いに対しては、「業務の見直しと改善」が32.5%と最も多く、第2位が「県庁風土・体質改善」26.8%、第3位が「人事改革」14.9%となり、このことは行政システム改革の取組を進めるあたって、県職員が三重県の行政組織文化の再構築や県職員に対

するインセンティブ制度の再構築の必要性・重要性を認識していることが明らかになったのである。

4．三重県総務局による県職員に対する「職員満足度アンケート2000」調査（2000年）結果

2000年に、三重県総務局が実施した県職員に対する「職員満足度アンケート2000」調査[6]結果によると、「三重県は生活者起点の県政に向けて必要な改革を推進しているか」という問いに対しては、「思う」12％と「やや思う」47％とを併せると、59％の県職員が肯定的な回答している。ただ、「思わない」が依然として9％あり、「思う」と「思わない」との間には、県職員の大多数が存在したと考えられる。

また、この改革が「県民から評価されているか」という問いに対しては、「思う」6％、「やや思う」37％と併せて43％が評価されているとする肯定的な回答であった。一方、「あまり思わない」46％、「思わない」11％と否定的な回答57％が肯定的な回答を上回っている。このことは、第2章で考察した三重県の脱産業化やそれに対応した社会階層構成の変動がそれほど進展していないこともあり、県職員が地域社会・経済環境からの行政ニーズに対する要求と三重県の行政システム改革の取組とに乖離があると認識していたことを意味していると考えられる。次に、「三重県職員として満足しているか」という問いに対しては、「満足」9％、「やや満足」50％、「やや不満」34％、「不満」7％となっており、満足している県職員がやや多い結果となっている。

さらに、県職員の総合満足度[7]について、役職別には、「課長級以上」管理職員0.86点が際だって高く、続いて「主事・技師級」職員0.15点、「課長補佐級」職員0.14点となり、「係長級」職員0.07点が一番低くなっている。また、年齢別には「55歳以上」の管理職員0.86点と「25歳未満」の職員0.75点が際だって高くなっているが、逆に「35～39歳」の職員0.18点、「40～44歳」の職員0.03点、「45～49歳」の職員0.18点と総合満足度が低くなっている。この年齢層の職員のほとんどは、「係長級」「課長補佐級」であることから、「係長級」職員と「課長補佐級」職員の総合満足度結果は、三重県職員労働組合のアンケート調査結果と一致するものである。また、この「係長級」職員と

「課長補佐級」職員の総合満足度の低さは、組織のフラット化にともなう情報処理（意思決定）システムの変更によるポストの位置付けが大きく変わったことに対してのとまどいがあったと考えられる。たとえば、係長であれば、「係の総括」、課長補佐であれば、「課長の補佐」といった統括的な職務から、それぞれが固有の職務を所掌する職への転換にとまどいがあったと考えられる。さらに、「30～34歳」の県職員がマイナス0.02点であったことは、満足している県職員よりも、不満のある県職員が多くなった結果である。この理由としては、「30～34歳」の県職員は、一般的に「主事・技師級」に属するが、この階層の点数が低かったことは、この階層が職員構成の中で最大の構成比率である[8]ため、人事管理制度が改革途上であることによる将来的な自らの人事上の見通しが立たないことへの不安があるものと考えられる。

次に、このアンケート結果について、総務局は、アンケート調査結果の中身を民間企業の調査結果と比較分析して、県職員の満足度のレベルは高いとしながらも、職員満足度を向上させるためには、「仕事のやりがい」を持たせ、「勤務条件の整備」を行うことが重要であると分析した[9]。そして、「やりがい」を持たせるには、①職員のスキルが仕事で生かせるようにする、②仕事に対する適性意識の増進＝適材適所、③目標の明確化、④公正な人事評価制度の確立、また「勤務条件」は、①仕事と責任に見合った給与制度、②定期人事異動制度の改善、③休暇のとりやすい雰囲気づくりなどに取り組む必要があるとした。つまり、職員満足度を向上させる手法として、ここでも、都市新中間層に適合した能力主義的・業績主義的な人事管理制度の導入を目指すことになる。

5．三重県職員労働組合による「平成14年度組織改正に関するアンケート」調査（2002年）結果

2002年に、三重県職員労働組合が実施した県職員に対する「平成14年度組織改正に関するアンケート」調査[10]結果によると、県政2大戦略の1つである「政策推進システムは仕事を進めるにあたって、役立っているか」という設問に対して、「思う」1.3％、「どちらかいといえばそう思う」10.2％と肯定的な回答が11.5％であったが、「あまり思わない」34.9％、「思わない」30.2％と否定的意見が65.1％と肯定的回答を大きく上回っていた。また、もう1つの「行政経営品質向上活動は仕事を進めるにあたって、役立っているか」とい

う設問に対して、「思う」2.2％、「どちらかいといえばそう思う」14.4％と肯定的な回答が16.6％であったが、「あまり思わない」35.7％、「思わない」28.2％と否定的意見が63.9％と肯定的回答を大きく上回っていた。

6．三重県総務局による「組織改正にかかるアンケート」調査（2002年）結果

　2002年に、総務局が実施した県職員の「組織改正にかかるアンケート」調査[11]結果によると、2002年度の組織改正の評価が「評価できる」3％、「おおむね評価できる」28％、「どちらともいえない」20％、「あまり評価できない」36％、「評価できない」13％といったように、肯定的な回答の31％に比べ、否定的な回答が49％というように、否定的回答が肯定的回答を大きく上回っていた。

第3節　行政システム改革の今後の課題

　1995年から2002年にかけ、三重県の行政システム改革は、最初に「意識改革」から取り組まれ、続いて「組織機構改革」や「制度改革」に取り組まれてきた。この「組織機構改革」や「制度改革」は外形的な効果を有するが、同時に「制度改革」については、県職員自身の意識が変わらないと制度の所期の目的が十分に達成できないことになる。そのうえ、新しい行政システムでは、個々の県職員が知性・創造力を発揮し、その成果を実行において、大いに活用するような自律した「強い個人」であることが求められてる。このことから、三重県では、最初に県職員の意識改革に取り組まれたのである。その結果、前節の県職員に対するアンケート調査結果で明らかになったように、行政システム改革の取組が進むにつれ、徐々にではあるが、県職員の行政システム改革に対する意識が肯定的になってはきている。しかし、アンケート調査結果では、依然として県職員の大勢が新しい行政システムを十分に理解したとは言い難い状況にある。

　このような状況は、三重県の新しい行政システムが①県職員間の相互信頼と県職員全員が行政組織全体の共通目標を理解・共有することができる一定以上の能力と「自己決定」・「自己責任」という自律した「強い個人」を求めているにもかかわらず、②これまでの慣行からでは、県職員自身が新しい行政システムに基づくキャリアデザインが描けない、つまり昇格、昇任も含めて、県職員としてのキャリアプランの見通しが立たないことである。そのうえ、③そのキャリアデザインを描く拠り所となる新しい行政システムに対応した人事管理制度の改革が進行過程であるため、県職員に不安感を生じさせることになり、県職員が新しい行政システムを運営していくモチベーションを十分に維持できなくなっていることを示していると考えられる[12]。このため、行政システム改革を進展させるためには、県職員に新しい行政システムを運営していくモチベーションを向上させる新たなインセンティブを与えることが重要となること

から、新しい人事管理制度の確立が三重県の行政システム改革を完成させるために急がれることになる。

　これまでの安定的な外部環境では、過去の方法を踏襲することが有効な手段であり、また中央集権型システム下の機関委任事務制度では、中央政府が決定した目標を効率的に達成できるように手段を改善すれば、外部環境、とくに中央政府への適応は可能であった。この状況下での地方政府の行政活動は、個人的な創意工夫よりも、決められた手続き・規則に従い行われることとなった。このため、これまでの年功序列的な人事管理制度は、決められた手順に従い、業務を遂行することに貢献するモチベーションをできるだけ多くの県職員が長く維持する公式の昇任メカニズムである「遅い選抜」メカニズムが効果的であったのである。この結果、県職員は、行政ニーズに対して既存の技術や知識を習熟することにより、行政活動の効率性を向上してきたのである。

　しかし、急激な環境の変化の下では、常に環境に対して注意を向け、行政活動を環境変化に適合させて見直していかなければならないが、県職員個々人のこれまでの技術と知識が新しい行政ニーズへの対応への桎梏となることさえある。このことから、県職員は、常に自らの職務にかかわる環境に注意を払いながら、自らの創造性を発揮し、創造的・成果志向でなければならなくなる。また、新しい行政システムでは、県職員は、知的労働やコミュニケーションを担う、さらには外部環境との「インターフェース」としての重要な役割を担うことが求められるのである。

　一方、下位組織への権限委譲が進められることは、個々の県職員が行政活動過程に結果を反映させる主体となっていくことを求める。ここでは、県職員は、自らの職務について責任を負い、組織の一員として職務を遂行することが求められることから、自律した県職員が新しい行政システムを運営するためには不可欠となる。具体的には、必ずしも命令に規定されず、自発的な活動である「新率先実行取組」「行政経営品質向上活動」等の「自主管理活動」によって、県職員は、知性・創造力を発揮することが求められ、その成果が「実行」において大いに活用されるといった自律した「強い県職員」が求められることになる[13]。このような自律した「強い県職員」を県職員に求めるという考え方からは、県職員個人の「自己決定」・「自己責任」を問うという「リスク」の個人

化と、組織は県職員個人の活動に干渉しないことが最も効率的であるという組織の否定につながる考え方が導き出される。しかし、限定合理的な存在である人間にとって、複雑な環境に対処し、目的を達成するため組織を作ったように、「リスク」の個人化ではなく、「リスク」の集団化が不可欠と考えられる。職務上の「リスク」は、県職員が等しく遭遇する可能性があるもので、特定の職員だけにあるということは、組織の成立根拠とは相容れない。とりわけ、情報処理形態が情報共有型システムである三重県の行政組織では、個々の県職員や各組織が共同で業務を執行する行政運営が基本となることから、「リスク」の個人化とは適合的でない。情報共有型システム下の行政運営システムには、「リスク」の問題が他人事としてではなく、コストを皆で負担した上で共同で解決するといった「リスク」を分散化させる仕組みが組み込まれている。ただ、「リスク」の集団化の問題としては、モラルハザードの発生がある。失敗しても、自分でその責任をとるのではなく、他人が、そして最後には組織がその後始末をしてくれるという安易な姿勢が生まれる可能性が生じることである。この意味で、一定の成果主義的要素を組み込んだ人事管理制度が必要となるのである。

このため、自律した県職員を育成するためには、「遅い選抜」メカニズムによる県職員の「貢献」を最大動員する人事管理制度から、「成果」を最大限動員することで「住民満足度の向上」を目指す人事管理制度へ変革することが重要な課題となる。加えて、創造的・成果志向的な人事管理制度と情報処理形態が情報共有型システムの組織としての相互依存的な人事管理制度の双方を同時に有効的・効率的な制度として形成していくことが課題となる。この成果主義的要素と相互依存的な要素を加えた人事管理制度が求める自律した職員は、他の職員や組織から全く支援を受けずに自らの知識・能力のみで職務を遂行していくことではなく、組織の中で一定の役割を担うために、自らの職務に関する意思決定を自律的に行える職員である。このため、人事管理政策の主要な課題は、こうした自律を支援することであり、これまでのように個人の才能や能力とは無関係に結果の平等を作り出すことではない。この意味で、新しい人事管理政策における平等とは、機会の平等であり、その平等とは、自由競争の中で自動的に達成されるものでなく、制度的に敗者の復活の機会を確保することで、

真に努力した者が報われる人事管理制度を作ることである。

　この相反する制度形成指向の困難性を克服するためには、新しい人事管理制度に一定の行政組織文化の定着が必要となる。情報共有型システムの組織の下で、組織内で協調しつつ、個々の県職員が創造力を発揮できる成果主義・能力主義を公正に実現するには、県職員間の相互信頼と県職員全員が行政組織全体の共通目標を理解・共有することが必要となる。このような行政組織文化が醸成されなければ、新しい行政システムでは、個々の県職員がバラバラになるだけである。そして、結果的に、新しい行政システムは、うまく機能できないだけでなく、このような個々の県職員で構成する各組織の行政組織全体に対する求心性も弱くなり、「全体最適化」による行政組織全体の共通目標の達成が困難となる可能性が大きい。その点、三重県の行政組織には、「政策推進システム」「新率先実行取組」「行政経営品質向上活動」が導入され、新しい行政システムを支える組織文化的条件が整えられているのである[14]。

　この約7年間余りの行政システム改革では、環境の変化に適応した情報処理形態への変化、そしてこの情報処理形態の変化に適合した形で、組織機構の改編、行政活動資源管理方法の変更が進んだことが認められる。三重県の新しい行政運営システムは、第1章で示した日本型「目標管理型行政運営システム」の仮説モデルに整合的なシステムであった。しかし、新しい行政システムを動かしていく個々の県職員に対するインセンティブ制度の改革が十分に行われていない。行政の制度や組織機構がどれだけ理論的に完璧なものであれ、組織を効果的に動かすための鍵を握るのは県職員であることから、その日常的活動に携わる県職員が制度の所期の目的の実現に背くと組織目的が達成されないことになる。行政システムが多くのサブシステムで構成され、システムミックスによって支えられている限り、新しい行政システムの構築に向け多くのサブシステムの変化が進んでも、行政システムの重要なサブシステムの1つである人事管理制度の改革が完了していないことは、新しい行政システムに変化したことにはならない。この意味で、新しい行政システムへの変化は、まだ終わっていないことになる。以上のことから、残された課題は、県職員に対してのインセンティブを与える機能を果たす成果主義的な新しい人事管理制度が未完であるということである。しかし、この課題の解決は困難な問題がある。すなわち、

今日においても、給与関係・職員定員関係の中央政府のコントロールは依然として強く、さらには県議会による民主統制もあることから、地方政府が独自の制度設計を十分にできないといった問題がある。そのうえ、新しい人事管理制度改革の効果が現れるのは、他の制度改革とは異なり、制度が定着し、事例が慣行として県職員に認知される期間が必要なことから、抜本的な人事管理制度改革は、長期とならざるを得ないといった問題がある[15]。

　三重県の行政システム改革は、達成すべき新しい行政システムの構築過程であり、それ故、未完である。今後、この困難な問題を克服し、情報処理形態の変化に適合した制度に変化した新しい人事管理制度が創設され、この人事管理制度が県職員個々に対するインセンティブを与える重要な機能的役割を果たすことで、県職員が行政活動に対するモチベーションを維持・向上することができたとき、行政システム改革の所期の目的が達成されることになり、新しい行政システムが構築されたことになる。このことから、三重県の人事管理制度改革が完成した時点で、改めて三重県の行政システムの変化について分析することが今後の課題となるであろう。

注
1）北川前知事は、朝日新聞の「時流自論」コーナーで、今日の改革について「あらゆる面で、基本的な考え方の転倒、過去との『不連続』なブレークスルーを恐れない勇気と賢明さが、いま求められている」とした（北川正恭　「朝日新聞」名古屋本社　2003年7月27日）。
2）2002年度には、本庁知事部局に14のプロジェクト・グループが設置された。
3）回答者4,371人（回答率76.1%）、回答者職種別　事務職45.1%　技術職46.7%　現業職（単純労務職）7.9%、回答者役職別　一般級55.4%　係長級18.1%　課長補佐級17.7%　課長級以上8.0%（「『行政システム改革』に関する職員アンケート結果報告書」三重県職員労働組合　1998年10月）
4）回答者3,897人（回答率71.1%）、回答者職種別　事務職43.4%　技術職48.6%　現業職（単純労務職）7.6%、回答者役職別　一般級54.8%　係長級18.8%　課長補佐級18.7%　課長級以上6.6%（『自治労三重（県職労版）』1999年9月1日号459号）
5）回答者4,031人（回答率72.8%）、回答者職種別　事務職43.6%　技術職47.6%　現業職（単純労務職）8.3%、回答者役職別　一般級52.8%　係長級19.0%　課長補佐級19.4%　課長級以上7.8%（『自治労三重（県職労版）』2000年9月12日号482号）

6）対象：警察・病院・学校に勤務するものを除く県職員5,964人、回答者3,011人、回答率50.5%（『職員満足度アンケート2000分析結果のポイント』 三重県政策評価推進課　2000年12月）。
7）総合満足度の得点方法は次のように計算されている（三重県資料『職員満足度アンケート　2000分析結果について』　2000年）。

$$得点 = \frac{そう思う \times 3 + ややそう思う \times (-1) + そう思わない \times (-3)}{回答者総数 - 無回答者数}$$

で計算した加重得点である。
8）2001年の三重県人事委員会の『職員の給与等に関する報告及び勧告』（2001年10月）「第6表　給料表別、級別、号級別職員数　行政職給料表」によると、「30歳～34歳」の年代は、三重県の行政職員5,745人中、941人16.4%と最大の構成比となっている。この5,745人に含まれる学校・警察関係職員を除いた職員数は、4,474人となり、全体の行政職員の78%程度を占めることから、学校・警察関係職員を除いた「30歳～34歳」の職員の場合も、前記の16.4%という構成比率とほぼ同様な構成比であると推測できる。
9）社会生産性本部が調査した1部上場大手企業11社　従業員約42,000人の満足度と比較した（「民間企業との比較」三重県政策評価推進課　2000年12月）。
10）対象者は、チーム制・マネージャー制が導入された組織の管理職を含む4,176人、回答者3,152人、回答率75.6%であった。また、実施時期2002年8月であった。この2002年度の組織機構改革に関するアンケート結果について、「政策推進システム」「行政経営品質向上活動」に関する以外の設問では、肯定的意見が約60%となったのは「意思決定の迅速化」だけで、他の設問は否定的回答と肯定的回答が拮抗していた（『平成14年度組織改正に関するアンケート（中間集約）』三重県職員労働組合2002年10月2日）。

　このような改革に対する職員の意識は、三重県職員だけのものではない。連合の研究機関「連合総合生活開発研究所」の調査（2002年10月・11月にアンケート調査を実施。調査対象からの回答は、従業員1,000人以上121社と連合加盟労働組合支部役員500人）によると、業績管理志向の組織改革の結果、従業員の「働く意欲が高まっている」「会社への信頼が高まった」と考えているのが企業側48.1%、51%、労働者側は、共に約20%というように、企業と労働者の意識ギャップが予想以上に大きいことが明らかになっている「毎日新聞夕刊」毎日新聞中部本社　2003年8月4日）。このことは、日本社会の制度的補完性により、行政組織においても、企業組織においても、労働者側に同様の傾向が生じているものと思われる。
11）対象者は、組織改正対象組織（知事部局、企業庁、教育委員会事務局）の職員4,351人で、回答者2,998人、回答率68.9%であった（『組織改正にかかるアンケート調査結果及び分析（速報）』　総務局行政システム改革チーム　2000年6月）。
12）県職員の精神疾患による病気休暇・病気休職者が毎年増加傾向にある。

年度	1998	1999	2000	2001	2002
休暇	71件	68件	133件	139件	136件
休職	13件	11件	11件	14件	26件

出所 三重県職員労働組合「定期大会(第110回)」資料 2003年

13) 坂野達郎は、権限委譲とインセンティブの関係に関して、三重県の行政システムを調査している。三重県の節減予算制度についての調査結果ではインセンティブになっていたといった答えが職員から余りなかったことから、権限委譲は、一部のやる気のある職員のモチベーションを高めることに効果があるとしても、大多数の職員には効果が期待できないと分析している(坂野達郎 2003年 95頁)。このことからも明らかなように、三重県の新しい行政システムは「強い個人」を前提にしていることが明らかになる。

14) 総務省の「新たな行政マネージメント研究会」の報告書「新たな行政マネージメントの実現にむけて―(概要・本文)(2002年)」では、NPM型の行政改革の推進による「組織文化改革」を打ち出している(「第1部 今、行政の何が問題なのか」11-13頁)。

15) 2001年度に引き続き、2002年度においても、県職員に対する「職員満足度アンケート2002」が実施された。調査方法及び設問は、2001年度「職員満足度アンケート2001」と同じであった(2001年度のアンケート結果については、第6章の「表6-6」を参照のこと)。人事管理関係に関するアンケート結果について、2001年度の結果と比較すると〔第6章の「表6-6」の「三重県職員満足度アンケート2001」結果(人事管理関係)と次の表「三重県職員満足度アンケート2002」結果(人事管理関係)による比較〕、職員満足度に影響する重要度は、全体的に大きくなってきている。

このことについて、個別・具体的に考察すると、県職員全体としては、「自分の仕事の内容や責任に見合った給与を受けているか」という質問に対しては、満足度は変わりなく、重要度が3.24→3.32へと自分の満足度に対する重要度は大きくなっている。また、「自分の人事異動に満足しているか」という質問に対しては、満足度が2.57→2.59へと少し大きくなっている。一方、重要度は、3.45→3.58へと大きくなっている。さらに、「人事異動や昇任の仕組みは適切か」という質問には、満足度が1.98→2.03へと少し大きくなっている。一方、重要度は、3.14→3.27へと大きくなっている。この質問に対する満足度は、アンケート調査の全項目中最低点となっている。

また属性別にアンケート調査結果を比較すると、「給与関係」に関しては、給料額の切り下げがあったことから満足度が小さくなったと推測できる。「人事異動関係」に関しては、満足度は50歳代が小さくなっている。これは、組織のフラット制の導入による役職ポストの減少、また職制の大括りによる若年層の抜擢などが影響していると推測できる。また、課長職以上の場合は、更にマネージャー制の導入により、職務内容が変わったことが影響していると推測できる。「人事システム関係」に関しては、課長級以上の満足度が小さくなっているが、この場合も、組織のフ

ラット制やマネージャー制の導入により、職務内容が変わったことが影響していると推測できる。

以上のアンケート結果で明らかになったことは、県職員の人事管理制度に対する重要度が大きくなってきていることである。しかし、県職員の人事管理制度に対する満足度は、2001年度の結果と比較した場合、重要度ほど全体的に大きくなっていない。このことは、県職員へのインセンティブを与える制度としての人事管理制度が実現していないことの現れともいえるのである。

表 「三重県職員満足度アンケート2002」結果 (人事管理関係)

アンケート項目	①給与関係			②人事異動関係			③人事システム関係		
対象者	満足度	重要度	差	満足度	重要度	差	満足度	重要度	差
(職種別)									
事務職員	＊3.09	＊3.32	＊0.23	＊2.49	＊3.57	＊1.08	＊2.04	＊3.31	＊1.27
技術職員	＃2.88	＊3.38	＊0.50	2.52	＊3.62	＊1.10	1.94	＊3.33	＊1.39
現業職員	＃3.15	＊3.00	＊▲0.15	＊3.33	＊3.33	0	＊2.42	＊2.74	＊0.32
研究職員	＃3.22	＃3.22	＊0.00	＊3.50	＃3.84	＃0.34	＊2.30	＊3.34	＃1.04
(年齢別)									
25歳未満	＃3.17	＊3.95	＊0.78	＃2.81	＊3.84	＊1.03	＊2.16	＊3.73	＊1.57
25歳-29歳	3.02	＊3.57	＊0.55	＊2.75	＊3.83	＊1.08	1.95	＊3.46	＊1.51
30歳-34歳	＊2.94	＊3.36	＃0.42	＊2.67	＊3.82	＊1.15	＊1.98	＊3.47	＊1.49
35歳-39歳	＊3.06	＊3.37	＃0.31	＊2.65	＊3.73	＊1.08	＊2.07	＊3.34	＊1.27
40歳-44歳	＊2.99	＊3.39	＊0.40	＊2.53	＊3.65	＊1.12	＊2.02	＊3.36	＊1.34
45歳-49歳	＊2.95	＊3.21	＊0.26	＊2.47	＊3.41	＊0.94	＊2.11	＊3.12	＃1.01
50歳-54歳	＊2.93	＊3.20	＊0.27	＊2.42	＊3.30	＊0.88	1.98	＊3.06	＊1.08
55歳以上	＊3.19	＊3.00	＊▲0.19	＊2.72	＊3.08	＊0.36	＃2.14	＊2.91	＊0.77
(役職別)									
課長級以上	＊3.22	＊3.29	＊0.07	＊2.73	＊3.36	＊0.63	＃2.27	＊3.27	＊1.00
課長補佐級	＊2.88	＊3.18	＊0.30	＊2.24	＊3.34	＊1.10	＊1.89	＊3.07	＊1.18
係長級	＊3.03	＊3.32	＃0.29	＊2.52	＊3.61	＊1.09	＊2.02	＊3.36	＊1.34
一般	＊3.00	＊3.39	＊0.39	＊2.75	＊3.72	＊0.97	＊2.05	＊3.33	＊1.28
全体平均	3.01	＊3.32	＊0.31	＊2.59	＊3.58	＊0.99	＊2.03	＊3.27	＊1.24

注： ①「①給与関係」とは「自分の仕事に見合った給与を受けているか」という質問の回答結果。
②「②人事異動関係」とは「自分自身の人事異動に満足しているか」という質問の回答結果。
③「③人事システム関係」とは「人事異動や昇任の仕組みは適切か」という質問の回答結果。
④満足度及び重要度とは各設問5点満点での平均点を表す。
⑤差とは大きい数字ほど改善の必要性を表す（差は重要度マイナス満足度）。
⑥数字には、2001年度調査との比較により、大きくなった場合が＊印、小さくなった場合が＃印が付いている。
⑦アンケート調査実施主体：総務局及び三重県職員労働組合で構成する中央労使共同委員会。
⑧調査対象：県立病院職員と県立学校事務員を除く職員5,613人、有効回答者5,126名（有効回答率91.32%）
⑨実施時期：2002年11月
出所：「『職員満足度アンケート2002』の結果概要」三重県（2002年12月）により筆者作成。

引用・参考文献

青木　昌彦　『日本企業の組織と情報』　東洋経済新報社　1989年
青木　昌彦　永易浩一訳　『日本経済の制度分析情報・インセンティブ・交渉ゲーム』　筑摩書房　1992年
青木　昌彦　『経済システムの進化と多元性』　東洋経済新報社　1995年
青木　昌彦　「官僚制多元主義国家と産業組織の共進化」　青木昌彦・奥野正寛・岡崎哲二編著　『市場の役割　国家の役割』　東洋経済新報社　1999年
青木昌彦・奥野正寛編　『経済システムの比較制度分析』　東京大学出版会　1996年
青木昌彦・滝澤弘和　「企業内コーディネーション」　青木昌彦・奥野正寛『経済システムの比較制度分析』　東京大学出版会　1996年 a
青木昌彦・滝澤弘和　「企業システムの生成」　青木昌彦・奥野正寛編　『経済システムの比較制度分析』　東京大学出版会　1996年 b
秋月　謙吾　「人事交流と地方政府（一）―公共部門における人材戦略」『法学論叢』京都大学法学会第147号第5号　2000年年8月
秋月　謙吾　『行政・地方自治』　東京大学出版会　2001年
秋吉　貴雄　「参加型政策分析の概念」『わが国の政策決定システムに関する研究（第Ⅱ期）』（上）　総合研究開発機構　2000年
阿部　謹也　『日本社会で生きるということ』　朝日新聞社　1999年
天野　正子　「近現代における『生活者』概念の変容」『CEL』　第58号　2001年
荒木昭次郎　『参加と協働―新しい市民＝行政関係の創造』　ぎょうせい　1990年
荒木昭次郎　「わが国の新しいガバナンスと行政評価」『政策研究21世紀を目指すガバナンスと行政評価』　総合研究開発機構　第13巻第2号　2000年
新たな行政マネージメント研究会　『新たな行政マネージメントの実現にむけて―（概要・本文）』　2002年5月　http：//www.soum.go.jp/gyoukaku/kanri/020524--l.html
淡路富男編　『「行政経営品質」とは何か』　生産性出版　2001年
安保　則夫　「転換期の福祉国家と社会保障の改革」『経済学研究』　第48巻3号　1994年
D. イーストン　山川雄巳訳　『政治体系』（第2版）　ぺりかん社　1976年
五十嵐敬喜　「自治体の都市計画―分権論の構築に向けて」『自治体学第6号　自治体で生きる―魅力と可能性―』　良書普及会　1993年
池田　昇三　「サブシディアリティ原理と介護保険」　大森弥編著　『分権改革と地域福祉社会の形成』　ぎょうせい　2000年
池田　信夫　『情報通信革命と日本企業』　NTT出版　1997年
磯部　力　「分権新時代にふさわしい自治体のイメージ」『地方自治』　第610号　1998年10月

伊丹敬之・加護野忠男・小林孝雄・榊原清則・伊藤元重　『競争と革新―自動車産産業の企業成長』　東洋経済新報社　1961年
井出　嘉徳　「行政と参加」　辻清明編　『行政の過程』　東京大学出版会　1976年
伊藤　太一　「テクノクラシー理論と中央・地方関係―自治省と地方公共団体―」『レヴァイアサン』　第4号　1989年
伊藤　太一　「行政管理の動向とその課題」『季刊行政管理研究』　第55号　1991年9月
今井　勝人　『現代日本の政府間財政関係』　東京大学出版会　1993年
今田　高俊　『混沌の力』　講談社　1994年
伊丹敬之・加護野忠男　『ゼミナール経営学入門』　日本経済新聞社　1989年
居戸利明・福井敏人　「産業廃棄物税の創設に込めたもの」『地域政策　あすの三重』NO.1　三重社会経済研究センター　2001年
稲継　裕昭　『日本の官僚人事システム』　東洋経済新報社　1996年
稲継　裕昭　『人事・給与と地方自治』　東洋経済新報社　2000年
井上　純一　「都市文化の危機と再生」　加藤哲郎・鈴木浩・橋本和孝・三井逸夫・吉原直樹編著　『東京』　青木書店　1990年
今井　賢一　『情報ネットワーク社会』　岩波書店　1984年
今井賢一・金子郁容　『ネットワーク組織論』　岩波書店　1988年
今井賢一・伊丹敬之・小池和男　『内部組織の経済学』　東洋経済新報社　1982年
今村都南雄　『組織と行政』　東京大学出版会　1978年
今村都南雄　『行政学の基礎理論』　三嶺書房　1997年 a
今村都南雄　「公共サービスへの接近」　今村都南雄編著　『公共サービスと民間委託』　敬文堂　1997年 b
今村都南雄　「地域社会の政治と行政」　星野　智編　『現代政治学の透視図』　世界書院　1999年
岩崎美紀子　「分権時代の基礎自治体―市町村に何が求められるか―」　岩崎美紀子編『市町村の規模と能力』　ぎょうせい　2000年
岩見隆夫、北川正恭　『朝令暮改でいいじゃないか　北川正恭の革命』　PHP研究社　2000年
マックス・ウェーバー　世良晃四郎訳　『支配の諸類型』　創文社　1970年
上山　信一　『行政の経営改革』　第一法規　2002年
江波戸哲夫　『成果主義を超える』　文芸春秋　2002年
遠藤　宏一　「地方分権の税財政学」　遠藤宏一・加茂利男　『地方分権の検証』　自治体研究社　1995年
D.オズボーン・T.ゲーブラー　野村隆・高地高司訳　『行政改革』　日本能率協会　1995年
マンサー・オルソン　依田博・森脇敏雅訳　『集合行為論』　ミネルヴァ書房　1983年
太田　和紀　「地方公共団体の事務の種類」　朝日信夫・松浦正敬編著　『総則新地方自治法講座①』　ぎょうせい　1997年
大蔵省財政金融研究所　榊原英資編　『日米欧の経済・社会システム』　東洋経済新報社

1995年
小沢辰男・二宮厚美監修・自治体問題研究所編　『続・自治体リストラ』　自治体研究社　1995年
大住荘四郎　『ニュー・パブリック・マネージメント』　日本評論社　1999年
大住荘四郎　「入門パブリック・マネージメント」（1）～（12）『経済セミナー』　2000年7月号～12月号　2001年1月号～3月号
大住荘四郎　『NPMによる行政革命』　日本評論社　2003年
大嶽　秀夫　「テクノクラシー論の再構成―比較政治学の一枠組として―」『レヴァイアサン』　第4号　木鐸社　1989年春
大橋　隆憲　『日本の階級構成』　岩波書店　1971年
大森　　彌　『自治行政と住民の「元気」』　良書普及協会　1990年
大森　　彌　「省庁間の組織と定員」『講座行政学4』　有斐閣　1994年a
大森　　彌　『自治体職員論―能力・人事・研修』　良書普及会　1994年b
大森　彌・飯塚　厚　「ディスカッション"三重の改革" 2　改革の成果を、どう政策の総合化に結びつけ、タテ割りの壁を超えるか」『地域政策』　第8号　三重県政策開発研修センター　2003年
大河内繁雄　『現代官僚制と人事行政』　有斐閣　2000年
岡田　忠克　「イギリスにおける福祉国家の変容　―『サッチャリズム』から『第3の道』へ―」『社会福祉学』　第43巻第1号　日本社会福祉学会　2002年
岡田　直之　『世論の政治社会学』　東京大学出版会　2001年
奥野　正寛　「現代日本の経済システム」　岡崎哲二・奥野正寛編　『現代日本経済システムの源流』　日本経済新聞社　1993年
奥野　正寛　「国家システムの改革」『エコノミックス』　東洋経済新報社　1999年秋号
奥野正寛・村松幹二　「企業内インセンティブと雇用契約」　青木昌彦・奥野正寛　『経済システムの比較制度分析』　東京大学出版会　1996年
奥村　　宏　『会社本位主義は崩れるか』　岩波書店　1992年
小原　隆治　「戦前日本の地方自治制度の変遷」　西尾勝編　『自治の原点と制度』　ぎょうせい　1993年
J.K.ガルブレイス　山本七平訳　『権力の解剖』　日本経済新聞社　1984年
鹿児島重次　『逐条地方公務員法』（第6次改訂版）　学陽書房　1996年
加護野忠男・小林孝雄　「資源拠出と退出障壁」　今井賢一・小宮隆太郎編　『日本の企業』　東京大学出版会　1989年
梶田　孝道　『テクノクラシーと社会運動』　東京大学出版会　1998年
柏原　　誠　「予算制度改革の方向―三重県の事務事業評価システムを事例に―」　大阪自治体問題研究所「大阪地方財政読本」編集委員会編　『大都市圏「自治体破産」―「経営」視点なき財政運営と税源移譲なき地方分権』　自治体研究社　1999年
加藤　栄一　「西ドイツ福祉国家のアポリア」　東京大学社会科学研究所編　『転換期の福祉国家（上）』　東京大学出版会　1988年

金井　利之　「イギリスNPMと日本での示唆」　日本都市センター編　『行財政改革の新しい手法と都市自治体の選択』　日本都市センター　2000年
金子　　勝　「閉塞状況の底にあるもの」『QUEST』　第11号　2000年
金子　　勝　「経済格差とセーフティーネット」　社会政策学会編　『自己選択と共同性』御茶の水書房　2001年
金子　　勝　「企業社会の形成と日本社会」　東京大学社会科学研究所編　『現代日本社会5 構造』　東京大学出版会　1991年
加茂　利男　『都市の政治学』　自治体研究社　1998年
加茂利男・大西　仁・石田　徹・伊藤恭彦　『現代政治学』　有斐閣　1998年
川崎　信文　「地方自治の政治学」　田口富久治・加藤哲朗編　『現代政治学の再編成』青木書店　1994年
関西経済同友会　『地域からのブレークスルーを目指して』　1996年
ジョン・キャンベル　小島昭・佐藤和義訳　『予算ぶんどり　日本型予算政治の研究』サイマル出版　1984年
北川　正恭　「物言わぬ会議はいらない　行政改革は永久革命だ」『日経ビジネス』1996年12月16日
北川　正恭　「行政改革、実現の道」『季刊行政管理研究』　1997年12月
北川　正恭　「三重県における行政改革」『日本公共政策学会年報』　1998年
北川　正恭　「『宇宙人』と呼ばれても貫いた意識改革と事前目標の数値化」『Ashita』1998年6月号
北川　正恭　「地方で始まった『市民革命』の源流」『論争　東洋経済』　2001年5月号
北川　正恭　「失敗をおそれず、『だけどやろう』—北川正恭・三重県知事に聞く」『ガバンス』　2001年12月号
北川　正恭　「2層構造がベスト　都道府県が消滅する日も」『日経地域情報』　第382号　2002年
北川　正恭　「インタビュー　北川正恭—三重県知事」『地域政策』　第8号　三重県政策開発研修センター　2003年
北原　鉄也　「地方行政改革の推進力とその内容」　中邨章編著　『自治責任と地方行政改革』　敬文堂　2000年
クリストファー・ピアソン　田中浩・神谷直樹訳　『曲がり角にきた福祉国家』　未来社　1996年
熊代昭彦編　『日本のNPO法』　ぎょうせい　1998年
窪田　好男　「三重県の事務事業評価システム」『日本公共政策学会年報1998年』　1998年
黒川　和美　『公共部門と公共選択』　三嶺書房　1987年
桑田耕太郎・田尾雅夫　『組織論』　有斐閣　1998年
経済企画庁　『東京の世界都市化と地域の活性化』　大蔵省印刷局　1989年
経済企画庁　『民間非営利活動団体に関する経済分析』　経済企画庁国民生活局　1998年
経済企画庁調査局　『ITと成長産業で変わる地域経済』　大蔵省印刷局　2000年

経済同友会　『地方主権による新しい国づくり―「お上」依存の自治の創造的破壊を』　1998年
ロナルド・コース　宮沢健一他訳　『企業・市場・法』　東洋経済新報社　1992年
小池和男　『日本企業と人材形成』　中央公論社　1997年
国土交通省国土交通政策研究所　『NPMの展開及びアングロ・サクソン諸国における政策評価制度の最新状況に関する研究―最新NPM事情―』　2001年
毎熊　浩一　「NPM型行政責任論―監査とその陥に着目して―」『季刊行政管理研究』第81号　1998年3月
小林　清人　「議員提出条例は何をもたらしたか―県議会改革、三重からの報告」『あすの三重　地域政策』　第4号　三重県社会経済研究センター　2001年
小林　久高　「政治イデオロギーは政治参加にどう影響するのか　現代日本における参加と平等のイデオロギー」　海野道郎編　『日本の階層システム2　公平感と政治意識』　東京大学出版会　2000年
近藤　次郎　『システム分析』　丸善株式会社　1983年
H.A.サイモン　松田武彦・高柳暁・二村敏子訳　『経営行動』（第2版）　ダイヤモンド社　1989年
J.G.マーチ、H.A.サイモン　土屋守章訳　『オーガニゼーション』　ダイヤモンド社　1977年
斉藤　慎　「行政規模と経済効率性」『都市問題』　第90巻第3号　1999年
坂田　期雄　『分権と地方行革』　時事通信社　1996年
坂野　達郎　「長期計画から戦略計画へ」　日本都市センター編　『自治体と計画行政』日本都市センター　2003年
佐和　隆光　『市場主義の終焉』　岩波新書　2000年
B.ジェンプソン　櫻井純理・高嶋正晴・篠田武司訳　「国民国家の将来：政治の脱国家化および市民社会の統治化に対する諸限界」『立命館産業社会論集』　第32巻第4号　1997年
B.ジェンプソン　国広敏文・櫻井純理訳　「国民国家の将来とは？―レギュラシオンの再編成とガバナンスの再発見に関する短評―」『立命館産業社会論集』　第34巻第1号　1998年
E.シュミット＝マスマン　大橋洋一訳　「ドイツ地方自治の新たな展開」『自治研究』　第74巻第12号　1998年
塩沢　由典　『複雑系経済入門』　生産性出版　1997年
椎野　修平　「分権型社会における自治体と市民」『自治体学研究』　神奈川県自治総合センター　第80号　2000年
自治省　『地方自体における行政改革等に関する住民意識調査』　2000年4月
自治体人事制度研究会　『教員・公務員の業績評価制度を問う東京都の人事管理制度とその実際』　自治体研究社　2000年
白川　一郎　『NPMによる自治体改革～日本型ニューパブリックマネージメントの展開～』　経済産業調査会　2001年7月

進藤　兵　「第三次東京改造か？―新しい千年紀にむけての新保守主義的都市化戦略の分析」　東京自治問題研究所編　『東京研究』　第3号　東信堂　1999年a

進藤　兵　「『行政がなすべきこと』と『行政にできること』を架橋する」『都市問題研究』　第51巻第6号　1999年b

進藤　兵　「自治体における新自由主義的行政改革の本格的導入　―NPMとガヴァナンス論をめぐって―」『自治と分権』　第9号　大月書店　2002年

進藤　兵　「ニュー・パブリック・マネージメント論議の批判的検討」　自治労連都職労・都区行財政対策委員会　『NPM批判的入門』　東京自治問題研究所　2003年

新藤　宗幸　『住民投票』　ぎょうせい　1999年

神野　直彦　「『日本型』税・財政システム」　岡崎哲二・奥野正寛編　『現代日本経済システムの源流』　日本経済新聞社　1993年

神野　直彦　『システム改革の政治経済学』　岩波書店　1998年

神野　直彦　「3つの福祉政府と公的負担」　神野直彦・金子勝編　『「福祉政府」への提言』　岩波書店　1999年

神野　直彦　「予算と政策評価」『NIRA　政策研究』　総合研究開発機構　2000年

神野　直彦　『「希望の島」への改革　分権型社会をつくる』　日本放送出版協会　2001年a

神野　直彦　『分権型社会の地方財政』　公人の友社　2001年b

J.E.スティグリッツ　藪下史郎訳　『公共経済学』(上巻)・(下巻)　東洋経済新報社　1996年

鈴村興太郎　『経済計画理論』　筑摩書房　1982年

外川　伸一　「ニューパブリックマネージメント（NPM）と都道府県の行政改革」『都道府県展望』　第527号　全国知事会　2002年8月

曽我　謙吾　「政府間関係」　森田朗編　『行政学の基礎』　岩波書店　1998年a

曽根　謙吾　「アーバン・ガバナンスの比較分析(1)―英・仏・日の都市空間管理を中心に―」『国家学会雑誌』　第111巻第7・8号　1998年b

田尾　雅夫　「地方自治体における人的資源の開発―地方公務員論の試み」　田中豊治・日置弘一郎・田尾雅夫編著　『地方自治体組織変革の展望―人と組織を変える―』　学文社　1989年

田尾　雅夫　『行政サービスの組織と管理―地方自治体における理論と実践―』　木鐸社　1990年

田尾　雅夫　「行政サービスの経営管理（1）―行政サービスとは何か」『経済論叢（京都大学）』　第162巻第1号　1998年

高塚　猛　『組織はこうして変わった』　致知出版社　2002年

高寄　昇三　『住民投票と市民参加』　勁草書房　1980年

高寄　昇三　『市民自治と直接民主制』　公人の友社　1996年

武川　正吾　「社会政策における参加」　社会保障研究所　『社会福祉における市民参加』

東京大学出版会　1996年
武智　秀之　『行政過程の制度分析』　中央大学出版部　1996年
田口富久治編　『ケインズ主義的福祉国家―先進6ケ国の危機と再編』　青木書店　1989年
田中　秀明　「ニュー・パブリック・マネージメントと予算改革（3）　予算のリエンジニアリング」『地方財務』　ぎょうせい　2002年8月号
田辺　国昭　「行政組織と統計情報」『レヴァイアサン』　第4号　木鐸社　1989年春
田辺　国昭　「行政変化を捉えるには」『季刊行政管理研究』　第63号　1993年　田原総一郎　『新・日本の官僚』　文芸春秋　1988年
地方自治研究資料センター　『地方公務員の組織行動』　自治研修協会　1977年
辻　清明　『日本の地方政治』　岩波書店　1976年
辻　清明　『行政学概論（上）』　東京大学出版会　1966年
辻　清明　『新版日本官僚制の研究』　東京大学出版会　1969年
辻山　幸宣　「自治責任と地方自治改革」　山梨学院大学行政研究センター編　『地方分権と自治体改革の課題』　第一法規　1995年
ロナルド・ドーア　品田裕訳　「コーポラティズムについて考える」『レヴァイアサン』　第4号　木鐸社　1989年春
東京都　『行政と民間非営利団体（NPO）―東京のNPOをめぐって』　1996年
富永　健一　『行為と社会システムの理論』　東京大学出版会　1995年 a
富永　健一　『社会学講義』　中央公論社　1995年 b
富永　健一　『近代化の理論』　講談社　1996年
富永　健一　『環境と情報の社会学』　日科技連出版社　1997年
長倉　貞雄　『物語は三重県から始まった～北川知事の3000日の中間報告～』　アスク　2002年
中里　実　「地方税と国際課税」　日本都市センター編　『社会経済動向の変化と都市税制』　日本都市センター　1997年
中島　義道　『〈対話〉のない社会』　PHP研究所　1997年
中谷　巌　『転換する日本企業』　講談社　1987年
長野　士郎　『逐条地方自治法』　学陽書房　1995年
中野　敏男　「ボランティア活動動員型市民社会論の陥穽」『現代思想』　第27巻第5号
長浜　政寿　『地方自治』　岩波書店　1952年
長峰　純一　『公共選択と地方分権』　勁草書房　1998年
中邨　章　「地方行政の『これまで』と『これから』」　中邨章編著　『自治責任と地方行政改革』　敬文堂　2000年
中邨　章　「『ガバナンス』の時代と行政改革―パラダイス・システムへの展望―」『行政と改革』　ぎょうせい　1999年
中村　征之　『三重が、燃えている』　公人の友社　1999年
21世紀政策研究会　『地域主権の確立に向けた地方自治体の自己改革』　1999年
西尾　勝　「行政過程における対抗運動」　日本政治学会年報　『政治参加の理論と現

西尾　　　勝　　　　　　　　　実』　岩波書店　1975年
西尾　　　勝　「効率と能率」　辻清明編　『行政の過程』　東京大学出版会　1976年
西尾　　　勝　『行政学の基礎概念』　東京大学出版会　1990年
西尾　　　勝　『行政学』　有斐閣　1993年
西尾　　　勝　「行政制度の再編成と行政学の再構成」『季刊行政管理研究』　第86号　1999年 a
西尾　　　勝　『未完の分権改革　霞ヶ関官僚と格闘した1300日』　岩波書店　1999年 b
西尾　　　勝　「行政評価の拡張をめざして」　西尾勝編著　『行政評価の潮流』　行政管理研究センター　2000年
西尾　　　勝　『行政学』（新版）　有斐閣　2001年
西尾　　　勝・大森　彌　『自治行政要覧』　第一法規　1968年
西尾　　　勝編　『コミュニティーと住民活動』　ぎょうせい　1993年
西澤　晃彦　「階級・階層生成のダイナミクス」　町村敬志・西澤晃彦　『都市の社会学』　有斐閣　2000年
西村　美香　『日本の公務員給与政策』　東京大学出版会　1999年
日経連労働問題研究会　『平成12年度労働問題研究会報告「人間の顔をした市場経済」をめざして』　日経連出版部　2000年
二宮厚美・自治体問題研究所編　『「国家改造」と自治体リストラ』　自治体研究社　1997年
日本経営者団体連盟　『新時代の「日本的経営」―挑戦すべき方向とその具体策―』　日経連出版部　1995年
日本経営者団体連盟　『エンプロイヤビリティの確立をめざして―「従業員自律・企業支援型」　人材育成を』　日経連出版部　1999年
日本都市センター編　『行政改革の新しい手法と都市自治体の選択』　日本都市センター　2000年
能率増進研究開発センター　『新たな時代の公務員制度を目指して　公務員制度調査会の基本方針』　ぎょうせい　1999年
日本労働研究機構　『国際比較：大卒ホワイトカラーの人材開発・雇用システム―日米独の大企業（Ⅱ）アンケート調査結果』　1998年
野中郁次郎　『知識創造の経営』　日本経済新聞社　1990年
野中郁次郎・竹内弘高　梅本勝博訳　『知識創造企業』　東洋経済新報社　1996年
F.A.ハイエク　田中真晴・田中秀夫編訳　『市場・知識・自由：自由主義の経済思想』　ミネルヴァ書房　1986年
A.O.ハーシュマン　三浦隆之訳　『組織社会の論理構造』　ミネルヴァ書房　1975年
C.I.バーナード　田杉　競訳　『経営者の役割』　ダイヤモンド社　1968年
W.ハンプトン　君村昌監訳　『地方自治と都市政治　第2版』　敬文堂　1996年
ばばこういち　『日本初の大統領にしたい男』　インターメディア出版　2001年
花田　光世　「日本の人事制度における競争原理」　伊丹敬之・加護野・伊藤編　『日本システム』3　有斐閣　1993年

馬場　宏二　『教育危機の経済学』　御茶の水書房　1988年
馬場　宏二　「現代世界と日本会社主義」　東京大学社会科学研究所編　『現代日本社会』　第1巻　東京大学出版会　1991年
早瀬　　武　「選択の構造的側面」　村松岐夫他編　『行政学講義』　青林書院　1977年
原田　尚彦　『地方自治の法としくみ』（全訂第2版）　学陽書房　1995年
原田　尚彦　『行政法要論』（全訂第4版）　学陽書房　1998年
クリストファー・ピアソン　田中浩・神谷直樹訳　『曲がり角にきた福祉国家』　未来社　1996年
C. A. ビアード　斉藤真・有賀貞訳　『アメリカ政党史』　東京大学出版会　1968年
廣田　全男　「地方行革大綱の策定状況と課題」『都市問題』　第87巻第3号　1996年
J. M. ブキャナン　深沢実訳　『財政学入門』　文真堂　1973年
J. M. ブキャナン、G. ブレナン　深沢実ほか訳　『公共選択の租税理論』　文真堂　1984年
福田　行夫　『自治体「改革」を問う』　自治体研究社　2001年 a
福田　行夫　「石原都政の基本的性格」　東京自治問題研究所編　『東京研究』　第5号　東信堂　2001年 b
福田　歓一　「日本における政治学史研究」　有賀弘・佐々木毅編著　『民主主義思想の源流』　東京大学出版会　1986年
藤村　正之　『福祉国家の再編成』　東京大学出版会　1999年
古川　俊一　「アカウンタビリティの制度化と政治的権威」『ECO-FORUM』18（2）統計研究会　1999年
R. ベンディックス　折原浩訳　『マックス・ウェーバー』（下）　三一書房　1988年
Joacim Jens Hesse 編　『国際比較から見た地方自治と都市問題　先進20カ国の分析 I・II』　北海道比較地方自治研究会　1995年
リヴァイアサン・ホッブズ　永井道雄解説・訳　『世界の名著　ホッブズ』　中央公論社　1979年
法学協会　『註解日本国憲法』（改訂版）下巻　有斐閣　1954年
法貴　良一　「政策の位置づけをめぐって」　橋立達夫・法貴良一・斉藤俊明・中村陽一著　『政策過程と政策価値』　三嶺書房　1999年
保坂　直達　『大きな政府か　小さな政府か』　有斐閣　1982年
星野　　智　「現代における政治とは何か」　星野智編著　『現代政治学の透視図』　世界書院　1995年
細井　雅夫　「訳者あとがき」　ドナルド・サスーン編　細井雅夫他訳　『現代ヨーロッパの社会民主主義』　日本経済評論社　1999年
増島　俊之　『行政管理の視点』　良書普及会　1981年
町田　洋次　『社会起業家』　PHP新書　2000年
町村　敬志　「『世界都市』　東京の構造転換」　東京大学出版会　1994年
松下　圭一　『市民自治の憲法理論』　岩波新書　1975年
松下　圭一　『現代政治の基礎理論』　東京大学出版会　1995年

松下　圭一　『日本の自治・分権』　岩波新書　1996年
松本　英昭　『新地方自治制度詳解』　ぎょうせい　2000年
真山達志・藤井　功・林沼敏弘・正木　卓・戸政佳昭　「地方政府の行政改革とガバナンス・イメージ」『同志社政策科学研究』　第2巻第1号　2000年
丸山　仁　「『新しい政治』の挑戦」　賀来健輔・丸山仁編著　『ニュー・ポリティクスの政治学』　ミネルヴァ書房　2000年
ポール・ミルグロム、ジョン・ロバーツ　奥野正寛他訳　『組織の経済学』　NTT出版　1997年
デニス.C.ミュラー　加藤寛訳　『公共選択論』　有斐閣　1993年
三　重　県　『三重県「さわやか運動」推進大綱』　三重県行政改革推進本部　1996年
三　重　県　『新しい総合計画　三重のくにづくり宣言』　1997年
三　重　県　『三重県人材育成ビジョン』　三重県自治研修所　1997年　3月
三　重　県　『第1回　事務事業評価研修テキスト』　三重県自治研修所　1997年
三　重　県　『三重県の広報広聴活動に関する県民アンケート調査報告書』　1998年
三　重　県　『平成10年度　行政システム改革』　1998年
三　重　県　『三重の財政』　1996年　第1回　2000年　第1回
三　重　県　『生活者起点の1996年第1回行政経営戦略　～エクセレント・ガバメント（三重県モデル）を目指した行政システム改革～』（未定稿）　2001年4月
三　重　県　『政策推進システムについて基本的な考え方』　2002年4月
三　重　県　『新しい人事システムをめざして（案）―人事システム改革の骨子―』　三重県総務局職員課　2002年2月
三重県議会　平成15年第1回2月定例会（速報）平成15年第一回三重県議会定例会議録　第2号　2003年2月19日02号
三重県社会経済研究センター　『広域連携と市町村合併―「市町村のあり方に関する研究会」調査研究中間報告書―』　1999年3月
三重県地方自治研究会編　『「事務事業評価」の検討―三重県の行政改革を問う―』　自治体研究社　1999年
水口　憲人　「市民運動と行政」『講座　行政学　6巻』　有斐閣　1995年a
水口　憲人　『「大きな政府」の時代と行政』　法律文化社　1995年b
宮川　公男　『政策科学入門』　東洋経済新報社　1995年
宮川公男編　『政策科学の新展開』　東洋経済新報社　1997年
宮川　公男　「ガバナンスとは」　宮川公男・山本清編著　『パブリック・ガバナンス』　日本経済評論社　2002年
宮本　憲一　『社会資本論』　有斐閣　1967年
宮本　憲一　『都市経済論』　筑摩書房　1980年
宮脇　淳　「地方分権化の動向と今後の課題」『運輸と経済』　2002年2月
向井　正治　「評価が支える総合マネジメントシステム　三重県の新たな『三層評価』のシステム構築へ」『地域政策　あすの三重』　第2号　三重県社会経済研究センター　2001年8月

向井　正治　「三重県におけるにニュー・パブリック・マネージメントの取組」『ESP』社団法人経済企画協会　2001年9月号
村尾　信尚　「行政システムの改革」　村尾信尚・森脇俊雅著　『動き出した地方自治体改革』　関西学院大学出版会　1999年
村上　泰亮　『新中間大衆の時代―戦後の日本の解剖学―』　中央公論社　1984年
村上　泰亮　『反古典の政治経済学』　中央公論社　1992年
村上　順　「地方自治法の40年と自治の動態」『地方自治法』　学陽書房　1989年
村松　岐夫　「行政改革」　村松岐夫ほか編　『行政学講義』　青林書院　1977年
村松　岐夫　「補助金制度の政治行政上の意義」『自治研究』　第57巻第9号　1981年
村松　岐夫　『地方自治』　東京大学出版会　1988年
村松　岐夫　『日本の行政』　中公新書　1994年
村松　岐夫　「『旧来型行政システム』の改革―『最終報告』と地方分権化『諸勧告』―」　京都大学法学部百周年記念論文集刊行委員会編　『京都大学法学部創立百周年記念論文集　第1巻』　有斐閣　1999年
村松　岐夫　『行政学教科書』　有斐閣　1999年
村松　岐夫　「新公共管理法（NPM）時代の説明責任」『都市問題研究』　第15巻第12号　2000年
村松　岐夫　「行政における企画立案について」『法学論叢』　第148巻3・4号　2001年
森田　朗　「システムとしての政治・行政組織」『社会システムと自己組織性』　岩波書店　1994年
森田　朗　『現代の行政』　放送大学教育振興会　2000年
森脇　俊雅　『集団・組織』　東京大学出版会　2000年
八代　尚宏　『日本的雇用慣行の経済学』　日本経済新聞社　1997年
八代　尚宏　「日本の官僚システムと行政改革」『JCER　PAPER』　日本経済研究センター　第81号　1992年12月
安川一・杉山あかし　「生活世界の情報化」　児島和人編　『講座社会学8　社会情報』　東京大学出版会　1999年
矢田　俊文　「本社と生産機能との間の所得の地域移動について」　千葉立也ほか編　『所得・資金の地域構造』　大明堂　1988年
山岸　俊男　『安心社会から信頼社会へ』　中央公論社　1999年
山口　定　『政治体制』　東京大学出版会　1989年
山口　定・高橋　進編　『ヨーロッパ新右翼』　朝日新聞社　1998年
山口　二郎　『イギリスの政治日本の政治』　筑摩書房　1998年
山口　和夫　「CS，ESの向上を目指しす新たな勤務評価制度の導入」『地域政策　あすの三重』　第1号　三重社会経済研究センター　2001年
山田　鋭夫　『レギュラシオン理論』　講談社　1993年
山田　公平　「広域行政と自治体再編成をめぐる歩み」　水口憲人・自治体問題研究所編　『広域行政と地方分権』　自治体研究所　1993年
山田　竜作　「デモクラシー論の再構築」　賀来健輔・丸山仁編著　『ニュー・ポリティ

　　　　　　　　　クスの政治学』　ミネルヴァ書房　2000年
山本　　清　『政府部門の業績主義人事管理』　多賀出版　1997年
山本　　清　「公的会計にNPMの導入を急げ」『論争』　1997年7月号
山本　　清　「地方自治体の行政戦略と政策評価」(上)(下)『地方財務』　1998年7月号・8月号
山本　　清　「NPMとガバナンス―アカウンタビリティの視点から」『ECO-FORUM』　18(2)統計研究会　1999年
山本　　清　『自治体系と政策評価』　公人の友社　2000年
山本　　清　『政府会計の改革　国・自治体・独立行政法人会計のゆくえ』　中央経済社　2001年
横田　清編　『住民投票Ⅰ』　公人社　1997年
吉田　和男　『地方分権のための地方財政改革』　有斐閣　1998年
吉田　民人　『情報と自己組織性の理論』　東京大学出版会　1990年
吉田　民人　『自己組織性の情報学』　新曜社　1990年
吉原　直樹　日本経済新聞　2000年11月3日朝刊
S.R.リード　森田朗他訳　『日本の政府間関係―都道府県の政策決定』　木鐸社　1990年
労働省編　『平成10年版労働白書』　日本労働研究機構　1998年
労働省編　『平成11年版労働白書』　日本労働研究機構　1999年
労働省編　『平成12年版労働白書』　日本労働研究機構　2000年
厚生労働省編　『平成13年度労働経済白書』　日本労働研究機構　2001年
鷲谷　　徹　「現代の階級構成と労働者の状態」　渡辺治・後藤道夫編　『日本の社会の再編と矛盾』　大月書店　1997年
Rhodes, R. A. W. "The New Governance; Govering Without Government," Political Studies, 1996 pp. 652-667

■著者紹介

吉村裕之（よしむら　ひろゆき）

1947年　三重県に生まれる。
1971年　関西学院大学経済学部卒業、三重県庁入庁。
1994年　名古屋市立大学大学院経済学研究科修士課程修了。
2002年　松阪大学大学院政策科学研究科博士課程修了。
2003年　博士（政策科学）学位取得。
現　在　三重県政策開発研修センター教授、三重中京大学地域研究所研究員。

主要な論文

「自治体行政改革と広報広聴活動　―改革事例を中心に―」日本広報学会行政コミュニケーション研究会『共創型行政コミュニケーション活動の展望』（1998年）

「地方分権時代における地方自治体の広報広聴活動の課題―直接対話型広報広聴活動事例の検討をとおして―」日本広報学会『広報研究』第3号（1999年）

三重中京大学地域社会研究所叢書 7

三重県の行政システムはどう変化したか
―三重県の行政システム改革（一九九五年～二〇〇二年）の実証分析―

2006年2月25日初版第一刷発行Ⓒ

著者　吉村裕之
発行者　廣橋研三
発行所　和泉書院
〒543-0002　大阪市天王寺区上汐5-3-8
電話　06-6771-1467
振替　00970-8-15043

印刷・製本　亜細亜印刷
装訂　濱崎実幸

ISBN 4-7576-0351-7　C3331

◆松阪大学地域社会研究所叢書◆

（価格は5%税込）

1. 伊勢商人 竹口家の研究　竹口作兵衛・中井良宏 監修　上野利三・髙倉一紀 編　三六七五円

2. 尾崎行雄の選挙　世界に誇れる咢堂選挙を支えた人々　阪上順夫 著　四七二五円

3. 地域に生きる大学　中井良宏・宇田光・片山尊文・山元有一 共著　三六七五円

4. 地域政治社会形成史の諸問題　上野利三 著　三一五〇円

5. 21世紀地方都市の活性化　松阪市と小田原市の比較研究　阪上順夫 著　四七二五円

6. 地域文化史の研究　三重の衣食住と高松塚壁画・暦木簡を論ず　上野利三 編著　三三六〇円